数字宏观

数字时代的宏观经济管理变革

陈昌盛　许　伟◎著

DIGITAL
MACROECONOMICS

中信出版集团｜北京

图书在版编目（CIP）数据

数字宏观：数字时代的宏观经济管理变革 / 陈昌盛，许伟著. -- 北京：中信出版社，2022.8
ISBN 978-7-5217-4458-3

I. ①数… II. ①陈… ②许… III. ①中国经济－宏观经济管理－研究 IV. ① F123.16

中国版本图书馆 CIP 数据核字（2022）第 092838 号

数字宏观：数字时代的宏观经济管理变革

著者：陈昌盛　许　伟
出版发行：中信出版集团股份有限公司
（北京市朝阳区惠新东街甲 4 号富盛大厦 2 座　邮编　100029）
承印者：宝蕾元仁浩（天津）印刷有限公司

开本：787mm×1092mm　1/16　　印张：34　　　字数：445 千字
版次：2022 年 8 月第 1 版　　　　印次：2022 年 8 月第 1 次印刷
书号：ISBN 978-7-5217-4458-3
定价：98.00 元

版权所有·侵权必究
如有印刷、装订问题，本公司负责调换。
服务热线：400-600-8099
投稿邮箱：author@citicpub.com

目录

前　言 ··· III

第一章　导论 ·· 1

第一篇
历史演进篇

第二章　农业时代的宏观经济管理 ································ 52

第三章　商业时代的宏观经济管理 ································ 65

第四章　工业时代前期的宏观经济管理 ··························· 82

第五章　大萧条以来的宏观经济管理 ······························ 96

第二篇
微观基础篇

第六章　数据要素的性质、定价及配置 ··························· 118

第七章　数字时代的企业组织形态变化 ··························· 140

第八章　数字要素参与价值创造 ··································· 155

第九章　数字时代的学习曲线与技术扩散 …………………… 172
第十章　数字时代的就业变革 ……………………………… 184
第十一章　数字时代的信用创造 …………………………… 206
第十二章　数字化消费的新框架与新趋势 ………………… 221
第十三章　时间定价：从均衡到涌现 ……………………… 249

第三篇
宏观涌现篇

第十四章　数字时代的价格与宏观挑战 …………………… 266
第十五章　数字渗透与数字经济定量测算 ………………… 279
第十六章　数字经济集中化趋势与挑战 …………………… 291
第十七章　数字时代的收入分配 …………………………… 299
第十八章　数字时代的税制变革 …………………………… 311
第十九章　私人货币再次崛起：稳定币能否稳定 ………… 331
第二十章　数字法定货币：央行数字货币实践 …………… 348
第二十一章　金融科技变革与监管 ………………………… 392
第二十二章　金融科技对货币政策的影响分析 …………… 426
第二十三章　即时预测模型的构建与在中国的应用 ……… 448
第二十四章　总结与展望 …………………………………… 468

致　谢 …………………………………………………………… 486

参考文献 ………………………………………………………… 488

前　言

数字经济已经深刻改变我们的生活面貌。

倘若一个生活在 20 年前的人，突然迈入我们今天的生活，他一定会对这个世界感到非常陌生和惊讶，甚至恍若隔世。数字技术的快速发展和普及，使人们的消费行为、社交方式、支付方式、生产方式，乃至认知模式，都发生了重大改变。而这些改变必然引发经济运行无论在微观领域还是宏观领域，出现不同于以往的特征或者"反常"现象，对建立在工业经济体系基础之上的主流国民经济分析范式形成冲击。

正如托马斯·库恩在《科学革命的结构》中指出的，当现实中出现了反常现象，而不能被已有的主流科学范式解释时，哪怕刚开始大家比较抗拒这种反常，并把它当作例外情况处理，但当这种反常越来越多时，意味着科学革命即将发生，新的范式会逐步出现，并最终代替原有范式，实现"范式转换"。伴随数字转型在微观和产业领域如火如荼的发展，直觉告诉我们，一场宏观经济管理的变革即将到来。

宏观经济管理如何适应数字时代变革，正是本书讨论的核心问题。我们研究的基本逻辑是这样展开的，先梳理各个历史发展阶段引发宏观经济变革的背后力量，寻找以往范式转换的驱动机制（历史演进）。然后讨论数字化背景下微观经济运行出现了哪些反常变化和新的机制，识别出这些新机制的变革性力量和趋势（微观机制），并把这些微观机制对应到宏观场景，看看基于这些微观机制的宏观层面会"涌现"什么样的新困境和反常现象（宏观涌现），进而开放式讨论适应数字时代宏观管理的发展方向和前景。

从历史演进看，最活跃生产要素的变迁是主导宏观经济管理变革的基础力量。宏观经济学作为一门独立学科，诞生的时间很晚，但作为国家的一项基本职能，宏观经济管理则历史悠久。其本质是管理波动和冲击，处理好总量与结构的关系，促进经济平稳运行与持续增长。通过回顾农业时代、商业时代、工业时代的经济运行特点和宏观管理方式，我们发现抓住各个经济时代最活跃的生产要素，更有利于理清宏观经济管理变革的大致脉络。

那么，什么是最活跃要素呢？本书提出，在特定经济发展阶段下，如果某类要素具备以下三个重要特征，则称之为"最活跃要素"。第一，国民经济中资源配置往往围绕这一要素展开，或者围绕其开展的活动成长性最好；第二，这一要素具有广泛的连接性，一旦进入经济循环，往往引发组织模式和交易形态变革，进而加速技术进步和技术扩散；第三，成为拓展经济增长可能边界和引发经济波动的主要来源，比如，农业时代的土地，工业时代的资本，数字时代的数据。

农业时代的最活跃要素是土地，经济发展主要体现在土地扩张和农业产出的增加，农业经济活动紧紧围绕土地要素展开。这个阶段的增长更多表现为量的扩张，质的提升并不明显，往往落入"马尔萨斯陷阱"。宏观经济管理的核心是粮食增产和稳定，比如创新灌溉、育种、历法等技术以增产，利用常平仓等制度解决粮食青黄不接和丰歉调节问题。进入工业社会，创新潜力宛如缝隙中喷射而出的岩浆，融合资本的力量，人类找到了摆脱马尔萨斯陷阱的钥匙，开启了现代增长的大门。技术知识的生产开始专门化，资本积累大幅上升，并加大了经济周期波动，也为经济危机埋下了伏笔。工业时代的最活跃要素是资本，在西方也被称为资本主义时期，经济发展主要体现在资本积累和大规模标准化生产，工业经济活动紧紧围绕资本要素展开。宏观经济管理的核心是资本跨部门跨时空的配置与结构调整，以及在社会化大生产下的供求平衡。总体而言，从农业经济到工业经济，再到数字经济，由于驱动经济增长的最活跃生产要素存在根本性不同，经济要素和市场主体之间的连接性，以及推动经济积累与规模扩大的机制会改变，进而导致微观主体相互作用及反馈机制、经济波动的产生和放大过程呈现较大差异，不同阶段宏观经济管理对象、理念和方式也随之不断演进和发展。

从微观基础看，数据要素正在重塑微观经济运行基础。数据作为一种独立的新生产要素，不仅丰富了劳动、资本、土地、能源、技术等既有生产要素的集合，更重要的是其会进一步改造各种要素，为各种要素重新赋能，重塑微观经济运行基础，并表现为一系列的"反常"现象，打破我们原有的认知。

比如，数字时代所有权的重要性相对下降。产权通常被认为是市场经济的基础，产权清晰是市场经济交易的前提。然而，数据要素广泛拓展并呈现指数级增长，具备边际成本为零的特征，不会因为使用而造成物理损耗，具有天然的非竞争性。数据的价值，在于其不断使用和碰撞，使用越多反而越好，价值越大。而且数据的产生往往是多主体互动的复杂场景，比如我们手机里众多的应用程序

（App）每天都在收集用户的数据，数据应该严格归属谁，归属用户、应用平台还是手机商，抑或政府？这在产权上很难说清楚。在这种情况下，如果任何数据都要立足于界定清晰的产权基础上才能使用，则实践中和成本上都是不可行的。数据的可使用、可连接比拥有更重要，即"可及性"比"所有权"更具基础性和前提性。也正因如此，现在有大量"隐私算法"或"联邦算法"出现，正所谓"不求所有，但求可用"。或者换个角度，在数字时代，所有权可以进一步细分，比如知悉权、访问权、采集权、编辑权、存储权和保护权等。过度强调数据产权归属，反而会限制数据的流动、利用和共享，无法更有效地释放数据的价值。

时间的累积性变得从未如此重要，时间争夺成为竞争的基本形态。传统生产过程中，时间的价值被固化到商品中且不可剥离。比如，生产玉米，劳动的时间价值被固化到玉米之中，生产斧头，劳动的时间价值被固化到斧头之中。一个人生产玉米的时间，不可挪用，不能再用来生产斧头。而且时间上不可积累，即生产玉米后，这段劳动时间就消失了，这段时间的全部价值就在于玉米的价值中。数字时代，数据可以重复使用，在不同领域，使用不同价值挖掘方法，一个人行为的最初时间价值会被再次认识或体现出来。过去行为的时间好像被储藏在装满数字的仓库里，会根据需要不断地被调用出来，拼装成新的产品或者服务形态，并产生新的价值。过去时间的特征被数字化，意味着虽然我们回不到过去，但过去发生的行为时间可以反复被调用，这使得对个人而言"消失"的过去时间，在整个社会中被重复使用，具备了累积性。时间可能不再一去不复还，时间争夺是数字时代竞争的一大特点，这在经济学上将产生革命性影响，时间定价可能变得前所未有的重要。

类似的，数字时代引发的微观基础的变化还有很多。**一是产业组织形态呈现两极化态势**。由于数字技术可以同时大幅降低内部交易成本和外部交易成本，科斯定理的合意企业规模边界被改写。一方面，内部成本降低使企业呈现超级平台化发展；另一方面，企业原来大量的内部职能，比如人力资源、财务、会计、广告、营销管理等都可以软件化、外包或依赖平台，企业可以更灵活、更小型化，甚至出现大量个人型企业。**二是数字要素催生新的产品空间和价值形态**。数据不仅作为一种新要素参与价值创造，还通过提升其他要素的效率，加快技术进步参与价值创造，更重要的是将打破原有的产品边界，大大丰富产品空间。比如，通过非同质化代币（NFT）、元宇宙等方式，实现虚拟与真实世界连接，大大丰富经济价值形态。**三是就业从"长期合约型"向"任务驱动型"转变**。由于搜寻匹配能力提升，工作任务可以通过数字化明确界定，大量灵活就业和幽灵工作出现，劳动就业关系正在从"长期合约型"转变为"任务驱动型"，雇主的劳动监督逐渐从对劳动者的"劳动过程控制"转向"劳务成果控制"，工资黏性作用下降。在元宇宙中甚至出现了"玩耍即劳动"（Playbor）的就业形态。显然，分析劳动就业的传统框架的适用性下降。另外，在数字技术快速扩散中，学习曲线可能由原来的"S"形转变为"J"形，在促进创新加速的同时，给经济运行引入新波动机制。信用创造的过程发生变革，例如，抵押品数字化、去中介化以及私人货币的兴起等。

从宏观涌现看，数字要素引发的微观特征在宏观经济领域"涌现"，呼吁宏观经济管理框架做出适应性创新。以上这些微观方面的新特征、反常现象，在给市场注入新的动力和改变市场参与主体行为的同时，必将给宏观经济管理带来全新的机遇，比如数字经济带来的规模报酬递增效应，利用大数据可以更及时感知经济变化和市场预期等。同时，也会产生不同于以往的困境和挑战。

比如，从"大而不能倒"到"过度连接而不能倒"。在传统的宏观审慎监管考量中，系统重要性企业往往是规模巨大的企业，只要企业足够大，社会就很难承受其倒闭的风险。而在数字时间下，一个企业的重要性可能并不一定体现在规模上，而是要看其在经济网络中的位置。如果它连接的范围足够广，或者在网络节点中的位置足够不可替代，则其就成为宏观稳定的关键变量。特别是一些超级平台，由于网罗了足够多的用户，跨越了各种物理和虚拟边界，某种程度上已经发挥了社会基础设施的作用，其在系统稳定性中的地位就更凸显。维持一个企业的稳定，就有了公共品属性。这对处理市场与政府、宏观与微观的关系提出了崭新的挑战。

现行价格指数不适应新价格形成机制问题。价格是市场交易的基础，也是宏观调控依据的核心指标之一。随着数字经济的发展，受产品细分、转移定价（"羊毛出在猪身上狗买单"问题）、分层会员价、歧视定价，以及虚拟货币结算等影响，价格形成机制逐步发生改变。传统价格指数不能准确刻画物价水平，甚至高估通胀的问题凸显。市场价格可能表现出调整幅度更窄，调价频率更高，价格黏性下降，传统的"菜单成本"机制削弱，市场连通度增加等特点。通胀、产出、利率之间的传统关系变得不稳定，菲利普斯曲线持续扁平化，宏观管理框架需要做出适应性调整。

数字经济集中趋势下如何保障公平竞争。数字经济往往呈现流量集中、市场占有率集中、企业注册地集中、平台收入集中的态势。这是由数字经济的规模效应、网络效应和反馈效应特性决定的，集中化发展有其客观性和规律性，但对其可能带来的损害市场公平竞争、滥用市场权力、拉大地区差距、加剧税源分布不均衡等问题，需要建立新的规制框架。

主流均衡分析框架不适应复杂系统的问题。从宏观经济学的演进看，对传统稳态均衡模型的各种修复，难以解决经济学领域的模式形成、结构变迁问题。数字时代，传统均衡模型固有的局限被进一步放大。技术迭代、结构演变和个人预期调整提速，开放性、连接性增强，均衡或者闭合解不一定是缺省结果。微观个体加总以后，更容易涌现更多个体层面所不具备的宏观特性，宏观调控需要考虑更多复杂性和时间累积效应。行为主体的策略和预期不仅会催生新的均衡，而且新的均衡以及不同主体之间的互动又会反过来塑造行为主体的认知。网络连接性、正反馈、范围经济、规模报酬递增等成为经济系统当中不可忽略的特性。当然，网络连接性和正反馈不仅使系统越来越复杂，有时候也会造成"复杂性的坍塌"，对应的是经济危机或者金融危机。复杂性的逆转，将伴随着资产负债表破坏、大规模失业、动物精神的低迷等，完全不同于传统均衡模型预示的均值回归。

另外，税收、货币等宏观基础工具面临前所未有的课题。税收领域中，目前的国际税制主要建立在纳税主体物理存在和地理清晰边界的基础上，而在数字条件下这些边界都被打破，贸易程度和交易便利度、隐秘程度都大大提高，企业在没有任何实体存在的地区进行经营销售或提供服务也更为便利。这将导致在现有体系下，国家征税权、税源和税基认定、税负公平、有效征管、税收分配与国际协调都变得十分棘手。在货币领域，随着加密货币的不断出现，以及私人发行的稳定币快速增长，支付结算领域出现大量的非法定货币，在虚拟空间中还存在各种代币资产，不同"货币"之间又广泛进行各种兑付或跨境流动，这使得货币当局稳定货币和金融市场面临前所未有的挑战。

在这些众多微观和宏观的反常中，我们还能看到另一种整合的力量可能逐步壮大起来，使百年来的宏观与微观之间的阻隔有望被打通。大萧条后诞生的现代宏观经济学，面临的一大诟病就是缺乏微观基础，造成宏观与微观之间长期割裂。在分析经济现实问题时，现行主流宏观经济理论一般把长期问题与短期问题、供给与需求分开处理，认为需求是短期问题，供给是长期问题，短期宏观管理的重点是经济波动，长期讨论的重点是增长。长期以来，几代经济学家都试图打通宏观与微观的内在机制，遗憾的是，到目前为止这一问题并没有得到很好的解决。数字时代的到来，给宏观经济与微观经济的打通带来前所未有的机遇。数据从小样本走向全样本，从事后走向实时，从低维度走向多维度，微观的整体即构成宏观。更深层次的是，宏观现象的性质很难简单拆解为微观主体行为，这其中存在"涌现"的问题，即微观主体构成的整体，出现了微观主体并不具备的性质。这在传统宏观管理中是无法处理的，而数字化时代则具备处理的条件，可以通过涌现或进化模型分析，推动宏观经济与微观经济回归统一分析框架。就像广义相对论与量子力学，可能终将走向统一一样。

按照以上逻辑，本书一共分为二十四章，按导论、历史演进篇、微观基础篇、宏观涌现篇四个部分展开。主要试图向读者传递这样一种看法，随着数据作为最活跃要素登上历史舞台，迅速成为新经济形态的主角，经济运行的微观机制出现了不同于以往的变化，宏观层面上涌现出新问题和新特征，并正在加速推动宏观经济管理做出适应性变革。2020年暴发的新冠肺炎疫情，可能是这场变革的加速器。众多的"反常"将逐步形成新的"正常"。我们熟悉的工业经济宏观管理范式，正在向数字经济宏观管理范式转换。

数字宏观，变革已经在路上。

2022年5月于北京

第一章　导论

数字革命是继工业革命之后的又一次重大技术变革。伴随国际金融危机、新冠肺炎疫情等一系列重大事件的冲击，数字化进程不断加速，数据成为驱动经济发展的最活跃要素。学习曲线、信用创造、产业组织、劳资关系、财富分配等也因此发生显著改变，经济增长和周期波动机制出现重大调整。建构于工业经济基础之上、基于均衡框架的宏观调控体系面临重大挑战。从长时间维度看，深刻把握宏观调控实质的变与不变，聚焦数字时代的"六新"，即新要素、新价值、新边界、新连接、新组织和新疆域，不断丰富数字时代宏观调控的框架、工具和手段，完善宏观治理方式，将对促进数字经济发展、加快数字化转型、重塑经济竞争力具有重要意义。

最活跃要素与宏观经济管理

宏观经济学作为一门独立学科，诞生的时间很晚，但宏观经济管理作为国家的一项基本职能，则有着十分悠久的历史。宏观经济管理的本质是管理波动和冲击，处理好总量与结构的关系，促进经济平稳运行与持续增长。其核心是回答波动和增长的来源是什么，作用机制是什么,以及如何管理的问题。从农业经济到商业经济,再到工业经济、数字经济,由于驱动经济增长的最活跃生产要素存在根本性不同,因此微观主体相互作用的反馈机制、经济波动的产生和放大过程存在较大差异,不同阶段的宏观管理对象、理念和方式也随之不断演进和发展。

在特定经济发展阶段,如果某类要素具备以下三个重要特征,我们则称之为"最活跃要素"。第一,国民经济中资源配置往往围绕这一要素展开,或者围绕其开展的活动成长性最好,经济规模扩大、经济结构调整更多依靠该要素实现。第二,这一要素具有广泛的连接性,一旦进入经济循环,往往引发组织模式和交易形态变革,并成为最重要的技术进步和技术扩散助推器。第三,这一要素成为拓展经济增长可能边界和引发经济波动的主要原因。比如,农业时代的土地、商业时代的国家资本等(见图1.1)。最活跃要素的特点决定了它将是宏观经济管理的重点,也是引发宏观经济管理变革的关键。

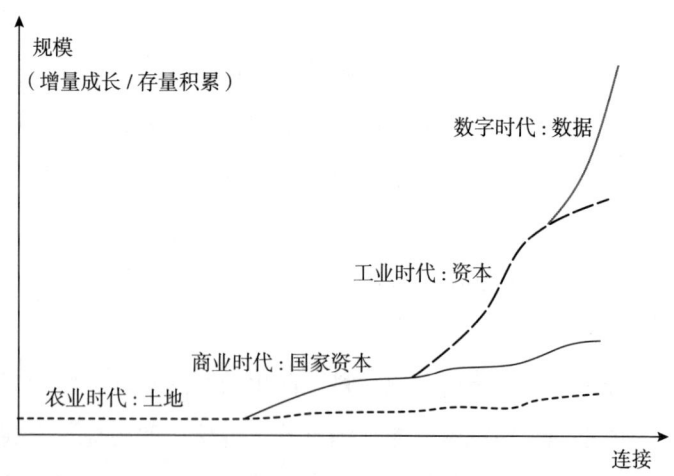

图 1.1 围绕最活跃要素的增长框架示意图

在农业经济时代，增长和波动总体上看是马尔萨斯式的（见表1.1）。最活跃的要素是土地，而人口与土地要素互动以及土地边际产出递减律是其背后的根本动因。农业社会的宏观经济管理主要围绕土地展开，通过完善天文历法、修缮水利、修建运河、引进新的农作物和耕种技术等方式，提高单位土地产出和承载能力，同时强化跨时跨域资源调配能力，对冲农业生产周期波动。田赋是农业社会财政汲取的最主要形式，也是支撑国家政权的主要财力来源（万志英，2018）。遇到灾年，或者在朝代更替初期，为保证社会休养生息，国家往往会采取一些轻徭薄赋的措施促进生产。同时，建立平准制度，通过常平仓等方式平滑农业生产周期（张亚光，2011）。不过，由于农业社会的剩余积累较少，应对自然环境变化的能力有限，社会动荡、灾荒年间人口总量都不可避免地出现较大幅度下

表1.1 不同历史发展阶段宏观管理的本质

时代	最活跃要素	标志形态	调控重点	技术表现	代表性理论框架
农业经济	土地	租佃制度、自耕农	粮食生产	轮作制度、犁、历法	平准制度、马尔萨斯陷阱
商业经济	国家资本	股份公司、殖民地、复式记账法	贸易盈余、产品生产	航海技术、指南针、垄断贸易等	重商主义、重农主义
工业经济	资本	福特生产线、跨国公司、银行	四大目标	蒸汽机、内燃机、工业化大生产	金本位制度、凯恩斯经济学派、新古典综合学派
数字经济	数据	万物互联、平台经济、人工智能		万物互联、大数据、人工智能	

降,农业经济具有很明显的周期性特征,最后还是没有办法逃离马尔萨斯陷阱。

在商业经济时代,大航海活动极大地拓展了贸易、生产空间,同时在黑死病席卷欧洲后,欧洲内部庄园主经济逐步瓦解,剩余人口涌向外部寻求发展。在这两股力量的推动下,部分国家通过海外贸易先后完成原始积累,资本尤其是资本与国家权力的结合,日渐成为最活跃的要素,并在全球扩张,以整合土地、劳动力、技术。人类生产的步调和组织方式开始改变,股份公司、银行逐步兴起,复式记账法成为那个时代比较有效的风险和信息处理方式。这些变革为工业革命做好了铺垫,但也带来了新的问题。17世纪早期荷兰有"郁金香泡沫",1720年前后英国、法国和荷兰等多国产生"金融泡沫"(Goetzman,2017)。这些都预示着,新的金融秩序逐步建立。资本和土地、劳动力等要素之间形成新的反馈,积累巨量资本和财富的同时,也催生了更多危机,宏观经济稳定面临新的课题和挑战。宏观管理的核心从土地治理转向促进财富的快速稳定增长。关于促进贸易盈余还是扩大产品生产,虽然重商主义和重农主义有不同的观点,但国家通过扩大贸易和市场、调整资本和土地的关系、增强资本的动员能力、管理信用创造和金融市场等方式,使增加剩余积累、促进财富增长的理念更加深入人心。

进入工业经济时代,技术和知识生产专门化是这一阶段经济增长的关键,资本和技术的联姻也为资本积累打开了新的空间,分工细化和市场规模扩张,加速了经济增长。但资本天生的不稳定性更加凸显,也为更大程度、更广范围的经济危机埋下了伏笔。以福特生产线、跨国公司和银行为代表的新组织方式涌现,新技术、新发现引发的投资热潮成为经济波动的重要因素。加州淘金热、铁路投资热都引发经济较大幅度的波动（昂伯克，2021）。信贷对经济周期的放大作用引发更多关注，货币和信用管理变得更为积极。与资本和技术要素相比，劳动力相对弱势，失业逐步成为一个连续性、周期性的社会和经济问题，社会保障制度从无到有地建立起来。国家对社会资源的动员和汲取能力增强，财政的再分配功能进一步凸显。

当然，在大萧条来临之前，人们对宏观管理的认识基本上还停留在古典政治经济学的层面，尤其是在英国维多利亚时代，政府在很大程度上秉持自由放任、相对消极被动的立场，资本、技术的力量受约束较少，失业、金融危机频发，甚至引发更为严重的社会危机。大萧条催生罗斯福新政和凯恩斯革命，标志着工业社会的政府开始积极参与宏观经济管理。里根经济学和理性预期革命，则意味着学界对政府角色、市场作用的重新反思，宏观调控理念发生较大转折。但2008年国际金融危机及经济大衰退再次表明传统的宏观调控范式存在很大局限，需要稳定不稳定的资本（明斯基，2015）。随着新冠疫情暴发，全球经济陷入二战以来最严重的衰退，同时，疫情也加速了数字变革的步伐，开放条件下的宏观调控框架面临更多新课题和新挑战。

数字经济时代宏观经济管理的微观基础演变

数字经济时代，数据成为驱动经济发展的最活跃要素，积极参与创造新的价值，人类的生产生活方式正在呈现众多不同于工业经济运行的特征，新的边界、连接、组织和疆域不断涌现，宏观调控的微观基础发生显著改变。

表 1.2 数字经济的标志性特征

主要特征	表观特征	作用机制
新要素	数据规模指数级增长，具有非竞争性、互补性。数据价值的时效性和非标准化特点突出	融合、互补、替代
新价值	消费者剩余、产品快速迭代升级、服务可贸易化	减少信息不对称，增进社会信任
新边界	传统产权、供求、产业间、国家间的边界模糊	打破、重构、开放
新连接	宏观与微观、个体与个体、万物互联	实时感知、网络外部性、正反馈
新组织	平台化、去中心化、大规模柔性定制	成本下降、协作参与、赢者通吃
新疆域	孪生时空、平行城市、元宇宙	强化主观意识对客观世界的塑造

新要素

随着整个经济社会数字化的程度提高、智能手机的普及、传感器的广泛应用、宽带传输技术的升级、算力的不断增强、全球互联和万物互联，数据要素呈现指数增长态势。数据的应用过程中也会产生更多新的数据，形成"数据—算法—数据"的自我积累增长过程。IDC（国际数据公司）估计，到 2025 年，全球数据总量将达到 175ZB（泽字节），与 2018 年相比，年均增长 27%，相当于三年翻一番（Reinsel et al.，2018）。与土地、资本、劳动力和技术等生产要素相比，数据存在以下根本性差异。

数据的复用性很强，具有公共品或准公共品性质。无论是统计机构发布的调查数据，还是各种互联网平台收集的个人数据，都可以同时被多个用户使用，从物理意义上说不会产生任何损失，同时也不会相互影响，非竞争性（Non-rival）特征明显，有点类似于阳光。

数据的价值发挥更有赖于互补和融合，范围经济特征明显。不同来源的数据相互融合，可以提高揭示潜藏线索或者规律的能力，增加单一数据源的边际价值，因此数据在一定程度上具备规模报酬不变甚至递增的特征。通过加大数据开放力度，数据可以和其他要素实现更深度融合，通过互补性、网络性、学习效应等机制延缓甚至消除边际报酬递减效应。

数据的价值实现具有较强的时效性、非标准化特征。数据难以实现传统标准化商品那样的交易，恰恰相反，数据只有在特定时空和场景下才能充分发挥价值。这与数据产品的时效性、场景性有关。由于收集方式、目的和可靠性各不相同，不同类型数据的价值难以互相比较，且会随时间变化。同一批数据往往只在某个时空或场景有效，例如金融反欺诈或信贷审批数据，在更换时空和场景后则会失效。这些数据被用于开发其他新的算法，应用于新的场景时，其价值又会重新产生。数据价值实现的关键，在于快速流通、联结和融合，即尽可能多地应用于不同场景，"用得越多，价值越大"。

新价值

数字化通过减少信息不对称，增进社会信用，实现集约利用时间、降低交易成本、满足更多个性化偏好、提供更多准公共品，从而创造更多附加价值。数字化生产从"以生产者为中心"更多地转向"以消费者为中心"。在消费端，数字化可以为消费者带来更多剩余积累。目前数字化产品更新换代仍大体遵循摩尔定律，新品价格的变化可能不大，但质量会更高。比如，公开数据显示，2021年苹果公司发布的 A15 芯片上搭载晶体管大约 150 亿个，是 2013年发布的 A7 芯片晶体管数量的 10 倍以上。地图导航、数字音乐、电子书等数字化内容丰富度高、可复制性强，消费者能够享受更多免费红利。网络平台的参与者越多，规模效应就越明显。消费者在选择、消费等过程中，其实参与了价值的创造，从而重塑了生产与消费的关系，打破了生产者与消费者的边界。在生产端，随着网约车、外卖配送等共享经济、平台经济和零工经济的发展，供需两端搜寻匹配的效率明显提高，盘活了更多闲置资产或闲暇时间。无人工厂、云工厂的生产方式也提高了现有产能的利用效率。设备销售和在线服务融合，推动商品服务化，商家获得更多拓展业务和挖掘价值的机会。服务可贸易程度增强，提高了服务业劳动生产率，有助于克服"鲍莫尔病"。

新边界

在数字经济时代，数据实时联通、高速传输，全时全域互联互通，传统的产权关系、供求关系、企业与市场的关系、雇佣关系、产业分类、时空边界被打破和重构。从产权来看，私人物品强调产权归属，但数据要素具有非竞争性和部分排他性，具有一定的公共品或准公共品性质，可及性可能更为重要（Varian，2018）。过度强调数据要素的产权归属，会限制数据的流动、共享和再利用，无法释放其潜在价值。在数据时代，绝对产权的重要性已经相对下降。产权被细分为更多的维度，比如访问权、使用权、控制权、收益权等。使用数据比拥有数据更有价值，而且数据产权归属并不是非黑即白的，更可能存在一个广泛的谱系。数字经济时代商品和服务的所有权和使用权界限模糊。比如，共享经济正在快速发展，共享汽车、共享住房等越来越普遍。对产权的界定与保护、对权益和收益的确定日益复杂。从供求关系来看，传统生产和消费的分野模糊，供求互动融合不断加强。数字化技术的普及降低了搜索成本、复制成本、运输成本、追踪成本和验证成本。一方面，供应商可以更加便捷地掌握消费者的偏好信息，及时提供更加匹配的商品；另一方面，消费者不再被动消费供应商生产的商品，而且可以提前参与产品定制，大规模的柔性定制取代福特式的标准化生产线。数字化时代消费者的体验式需求不断增长，供需隔阂被进一步打破。

新连接

数字社会的连接性无处不在，人与人、人与物、物与物的连接更多、层次更为丰富，时空距离被进一步压缩，生产生活方式、创新方式都发生了变革，体现在以下几个方面。一是网络外部性增强。这意味着经济社会的网络复杂性增强，交互界面的兼容性更好。通过跨时空的协作和优化，经济的规模效应更明显，更有助于新技术、新模式、新业态的涌现。二是经济和社会活动的参与性增强。数字赋能使得更多中小微企业和个体具有参与全球化的能力，更多落后地区有机会参与社会大生产协作，传统的比较优势发生改变甚至颠覆。三是供求双方的联系加强。传统生产方式下，生产者和消费者之间连接不紧密，信息传递效率不高，协同性不够，采购、库存、交付环节耗费大量人力和物力成本。数字时代，企业整个经营过程能够借助数字化手段实现高度协同性，获取消费者需求信息也更为便利，按需求组织生产的能力得到提升，产品和服务升级迭代的步伐更快。

新组织

随着连接性的增强，传统边界被打破，数据要素的公共品和私有品的双重属性，使基于传统物理、产权边界的治理有效性面临挑战，这必然导致诞生新的组织方式，以适应上述挑战，主要体现在以下几个方面。一是平台型组织涌现。交易成本决定企业能否存在以及企业规模的大小。数字化大幅降低信息不对称程度，减少了搜寻、匹配、决策和执行等方面的成本，拓展了内部协作范围，各种大型平台不断出现。平台经济的发展，也改变了传统的雇佣关系，产生了更多灵活性就业岗位。例如，美团带动住宿和餐饮业就业人数呈逐年上升趋势，从 2017 年的 245.6 万人上升至 2020 年的 797.1 万人。与传统的线下企业相比，平台经济能够突破地理限制，实现 24 小时全球交易和线上线下联动。二是去中心化使得个体自组织能力更强。区块链、加密货币、开源软件、共享经济等新组织形式，增强了分布式协作能力。依照传统科层制进行管理的效能，并不一定比个体直接管理或者个人组织管理的效能更高。平台型组织大量出现的同时，"一个人"的微型化企业也大规模涌现。去中心化、开源、分布式组织正在成为数字时代创新的重要方向。比如，维基百科就是由各国自愿参与者协作维护和升级的网站，它已经成为世界上最大的单一知识储存库。新组织的变革，必然带动市场结构随之改变。

新疆域

随着新的领域比如数字孪生体、平行城市、元宇宙的诞生，现实世界和虚拟世界的相互影响增强。一是现实生活向虚拟世界迁移的程度提高。数字化生活的形式从在线聊天、网购和视频交流等简单的触网行为升级为沉浸式体验，人际关系的数字化程度更高，现实世界和虚拟世界更加同步。二是产生更多数字资产。物质世界资产数字化的同时，更多资产将原生于数字世界，比如 NFT（非同质化代币）价值，现实世界和虚拟世界的重合度越来越高。数字化也将催生更多具有准公共品或公共品性质的资产。三是主观意识对客观世界的塑造能力增强。人工智能、脑机接口以及云计算技术的进步，提升人机交互水平，进一步促进隐性知识甚至情感显性化。总之，在现实世界以外，将出现一个新的虚拟经济体，这个经济体有自己的货币、信用创造、事件、运行规则等，这也是现实世界里宏观调控难以覆盖的领域。传统宏观治理主要基于物理边界展开，对数字空间和平行世界等跨域管理手段不足。传统的开放宏观经济管理，主要处理国际间的经济往来关系，而在数字新疆域，宏观管理将面临新的管理时空，国家之间、虚拟与现实间的互动、交易、兑换会大幅高频实时出现，管理的维度大幅提高。比如，元宇宙中的货币、税收、就业、资金流动等问题。如果再引入现实的国家和跨国因素，宏观管理的复杂度将呈几何级增长。

数字经济对宏观经济管理提出的新挑战

随着数字技术创新步伐的加快和经济数字化程度的不断提高，经济循环和微观基础发生很大变化，经济增长和波动都表现出与以往不同的特点，传统宏观治理体系面临诸多挑战。

现行核算体系的局限性凸显

一是对数字资产的核算考虑不够。过去的核算考虑硬资产比较多，近年来虽引入了对知识产权、数字产品等方面的核算，但覆盖面依然不够，比如现行的支出法 GDP（国内生产总值）核算，对信息资产或数据资产的考虑就很不够（许宪春，2020），当然这与信息的价值取决于场景、从信息到货币价值的转换很难是有关系的（Laney，2017）。二是物价指数核算难以反映质量改进。数字技术进步很快，使得"一篮子商品"的代表性不够，商品和服务质量方面的改进也不能得到充分反映。OECD（经济合作与发展组织）的一篇工作论文显示，考虑数字化影响之后，2015年OECD成员通胀修正值较公布值低了0.6个百分点（Reinsdorf and Schreyer，2019）。数字化推动产品和服务价格下降，也涉及当前热议的两个话题，即菲利普斯曲线扁平化和长期低利率趋势（Csonto et al.，2019；Charbonneau et al.，2017）。三是总产出核算难以充分体现消费剩余增加。随着数字化的发展，大量免费或者近乎免费的数字服务增加了消费者剩余，增加了社会福利，但这些在传统核算体系中没有被充分考虑，导致所谓的GDP失焦现象（此本臣吾，2020）。四是统计分类的难度加大。共享经济和平台经济的出现，增加了统计分类的困难。类似网约车、爱彼迎（Airbnb）等平台的出现，意味着数字技术可以让过去的消费品转换成直接创造价值的投资品，这也给传统消费和投资支出核算带来挑战。同时，平台经济的跨界和融合发展，模糊了传统行业的分类界限，不同业务之间存在大量的价值转移，这给增加值核算、行业监管带来挑战。五是传统核算框架不能充分反映数字经济发展成果，连带产生"生产率之谜"。索洛（Solow，1987）有句著名的话，"到处都能看到计算机时代的到来，唯独在生产率统计中不能"。不少学者认为，这是因为信息经济或者数字经济的贡献被低估了（Jorgenson，Ho and Stiroh，2008）。同时，也存在一种悲观的观点，即认为信息化很难显著提高生活水平，因为现实生活中的很多东西在信息化以前就已经出现或普及了。

美国的经济史学者戈登认为，1970年之后的创新和经济进步，聚焦于人类活动的一个狭窄领域，主要与娱乐、通信、信息收集和处理有关（Gorden，2016）。当然，还有一类主张调和的观点，比如通用技术（GPT）从发明、应用再到普及融合，往往会经历很长时间，而当前正是数字技术革命爆发的前夜（Brynjolfsson and McAfee，2014）。

数字技术改变信息传播方式

数字经济时代，有效感知和影响市场行为，仍然是宏观调控的重要手段。但随着数字技术的发展、应用和普及，市场信号的传导与反馈机制已经发生很大变化。一是网络连接性和信息集中度增强。不同群体较以往更加容易物以类聚、人以群分，进而造成更大的信息偏差。这与不同种族、不同收入群体的分离和聚合有些类似（Schelling，1969）。在这种情况下，每个人关注的信息，受智识、兴趣、社会关系影响，往往局限在一定范围内。一些推荐算法可以识别人类的意识倾向，进而投其所好，推送更多符合受众兴趣的有偏信息，并过滤其他信息，进一步固化用户认知，使得用户更难走出原来的认知圈，形成所谓的"信息茧房"。这种固化将导致个人沉迷于个性化议题、对公共性议题的认知割裂或者相关信息被忽视，公共议题信息的有效传播被阻隔。二是算法造成的网络"羊群行为"更加突出。搜索引擎的排序，将淹没少数人的意见表达或者长尾信息中有价值的内容。算法的高频交易，可能导致资产交易行为趋同，进而放大市场和经济的波动。极端情况下，人工智能代理人甚至会遭遇信息堵塞，无法进行有效决策，这将加剧资产抛售或者进一步推高泡沫。散户易在网络上抱团，从众行为更为凸显。例如，2021年散户投资者就一度借助美国在线券商Robinhood逼空投资基金。三是信息生成和传播渠道更为多元化，可能冲淡权威机构信息的有效性。数字终端更为普及，每一个人都可以成为数字内容的生产者，负面信息容易广泛传播，并且通过热搜等方式进一步扩大影响，导致社会预期自我强化和实现。

时间累积性效应降低宏观均衡模型效力

在传统的生产或价值形态中，时间的价值被固化到商品中且不可剥离。以生产玉米为例，劳动的时间价值被固化到玉米之中；再以生产斧头为例，劳动的时间价值被固化到斧头之中。这种时间价值具有三个重要特征。第一，不可剥离性，即生产玉米的时间价值不可能从玉米中剥离出来，只有当玉米出售后剔除其他投入成本，剩余的价值才能体现为时间价值。第二，不可挪用性，即一个人生产玉米的时间，不可能再用来生产斧头。第三，不可积累性，即生产玉米的劳动时间在生产完成后就消失了，这段时间的全部价值都体现在玉米的价值中，不可能再用来产生其他价值。下次再生产新一批玉米时，虽然以前的生产会积累一些经验，但仍需要投入新的劳动时间。

数字时代，最根本的变化是数字化记录和万物互联，人的所有行为特征皆可数字化且具有可连接性，劳动和休闲的边界被打破，经济行为都可以转化为时间模块，时间的积累性凸显。比如一个人在网络上的消费行为，如果只是一个人的行为信息和行为时间，则更多地属于个人隐私，不产生价值；但是当人的数量从一人变成几百万人甚至几千万人，并且相互连接后，行为信息和行为时间的价值就会逐步凸显，各种算法会以此为基础开发价值挖掘方法。而且，这些数据可以被重复使用，在不同领域，用不同价值挖掘方法，一个人行为的最初时间价值也会被再次认识或体现出来。过去行为的时间好像被储藏在一间装满数字的仓库里，会根据需要不断地被调用出来，拼装成新的产品或者服务形态，并产生新的价值。这意味着过去时间的特征被数字化，虽然我们回不到过去，但过去发生的行为时间可以反复被调用，这自然使得对个人而言消失的过去时间，在整个社会中被重复使用，从而具备积累的特点。

由于数字时代的时间价值可剥离、可连接、可积累，基于时间可逆、均衡、收敛特点的宏观经济管理面临新挑战。在农耕时代，经济波动呈现马尔萨斯式特征，由于技术变革和经济结构演变非常缓慢，经济的演进和增长基本是停滞的，农耕活动具有很强的时令性，人类被动跟着自然规律走，时间累积效应并不突出。工业革命以来，人类的学习曲线拓展加快，并摆脱了马尔萨斯陷阱的束缚，资本积累增强人类的跨时空配置能力。对于进入稳态增长的工业经济，宏观决策者往往采用均衡模型、基于均值回归的思想来管理宏观经济波动。在均衡模型当中，时间是逻辑意义上的，而且具有可逆性，过去的时间不会对未来产生影响。除了像大萧条、1987年股市崩盘、2000年互联网泡沫、2008年国际金融危机这样的极端事件以外，短期内基于DSGE（动态随机一般均衡模型）这样的均衡模型进行宏观调控，大体上不会出现偏差。进入数字时代，经济行为的数字化程度加深，感知和处理水平提升，加上数据的复用性和网络的连接性，逻辑学和经济学意义上的时间开始呈现更多历史意义和生物学意义，时间的积累效应增强，奈特式的不确定性、外部性、收益递增、正反馈、网络效应导致经济不再如均衡模型预测的那样收敛、回归均值，而更有可能发生长时间偏离，并呈现更多不稳定的特征，基于均衡模型的宏观调控面临挑战。

宏观调控需要考虑新的市场失灵

传统的市场失灵往往来自信息不对称和产权不清晰。前者产生了委托代理问题、搜寻匹配问题、搭便车问题、道德风险。后者则产生了公地悲剧等问题。数字经济时代的市场失灵有所不同，信息问题转化为信任问题，产权问题转化为共享问题。其中，信息问题转化为信任问题，具体来说是信息不对称程度明显下降，识别能力提高，搜寻匹配能力增强。相伴随的是平台经济的出现，使更多个性化的需求可以被满足。金融监管可以做到比以前更加精准。但数据即权力，个人隐私问题、可信任问题、监控问题、数据歧视问题、少数人控制数据问题、数字鸿沟问题等一系列挑战浮现。至于产权问题，在工业经济时代，私人产权是市场经济运行的基石，明晰产权，尤其是所有权至关重要。在数字经济时代，私人产权仍然是基础，但数据天然的公共属性，将创造更多公共品或者准公共品。而且公共品并不是由政府提供，比如数字地图、共享出行等。因此，对于日渐扩大的公共品领域，如何更好地促进资源配置呢？一种方法是明确所有权，类似数字时代的"圈地运动"，然后基于市场交易进行有效配置。数据确权研究取得了一些进展，也达成了一些共识，但要像传统商品或者财产那样清晰地界定产权，则交易成本较高，技术上也有障碍。另一种方法是明确开放共享机制，更多地尊重市场自发演化秩序，推动政府和平台型企业流通应用，同时给予用户可修改、可擦除、可携带数据的权利，数据采集方遵守最小必需原则、告知原则。目前，已经探索出一些模式，比如我的数据（My Data）、数据信托模式（许伟、刘新海，2022）。

金融科技和数字货币冲击主权信用与金融稳定

　　国际金融危机以后，数字技术创新步伐不断加快，移动支付、大数据、云计算和人工智能的应用日趋广泛，加上宽松的货币政策环境、日益严格的金融监管规则以及用户习惯的改变，金融科技迅速成为社会关注的热点（徐忠、邹传伟，2020）。金融科技改变信用创造的方式，在减少信息不对称、提升服务效率、降低服务成本和增强金融服务普惠性的同时，也对金融体系和金融市场造成了冲击，传统的金融监管和金融稳定政策面临挑战。金融科技的网络性、便捷性增加了风险隔离的难度；互联网平台进入支付、数字货币等领域，监管不当也可能产生大而不倒的系统性风险；数据权属不清、消费者权益保护不力，加剧了对用户隐私的侵犯（郭树清，2020）。人工智能、算法交易的大量使用，使投资者行为更为趋同，导致更大的顺周期性波动，甚至造成金融市场闪崩（Lewis，2014）。加密货币投机性、匿名性都很强，不少研究都认为如果放任其发展，将增加金融市场风险。诺贝尔奖得主罗伯特·席勒甚至认为在加密货币等领域，他看到投资者似乎有类似于"狂野西部"的心态。[①] 而 Facebook（脸书）先后推出稳定币 Libra 和 Diem，直接挑战主权信用，也因此被美国国会传召听证。尽管如此，私人数字货币背后的区块链技术还是有很大价值，如果央行能够借此发行法定数字货币，将有助于构建更好的金融基础设施，提升货币政策传导效率和改进金融监管（姚前，2020；Bordo and Levin，2017）。

---

① https：//www.cnbc.com/2021/05/23/robert-shiller-sees-wild-west-in-housing-stock-and-crypto-markets.html.

数字鸿沟导致技术性失业和财富分配差距拉大

　　数字化对劳动力市场既有补偿效应也有替代效应,而数据要素集中也可能影响财富和收入分配公平。有学者认为,数字化技术应用的日益广泛,尤其是对中低技能劳动力的替代,将会导致技术性失业,拉低劳动报酬,扩大收入差距。1999年到2011年,美国的中产家庭实际收入约下跌10%,尽管同期GDP在总体上是增长的。这背后一个重要的原因是虽然技术创造了巨额财富,但只有少部分群体,比如有天赋的"超级明星",能够从新产品和服务中获得大部分收入(Brynjolfsson and McAfee, 2014;Ford, 2015)。阿西莫格鲁等人(Acemoglu and Restrepo, 2020)的研究表明,千人机器人保有量每增加一台,就会减少当地雇佣比0.39个百分点,使当地平均工资下降0.77%。技术兴起的直接效应是机器替代人工,而间接效应是雇佣人工减少,导致当地服务需求降低,从而进一步降低服务行业的雇员数量。当然,过去两百年以来,关于技术性失业以及它可能造成的收入差距扩大的讨论,似乎从来都没有间断过,前两次工业革命期间,人们就为技术对劳动状况的影响产生了不小的争论(Keynes, 1931)。事实是,技术进步和生产率提升的确创造了更多的工作岗位。数字化也可以通过网络连接和垄断竞争互动,即通过网络连接—市场规模扩张—更加细化分工—更加复杂的网络连接形成正向反馈,创造更多的就业岗位。通过数字化赋能,个人和企业参与竞争的能力增强,全球行动的能力增强(Friedman, 2020)。与此同时,各国的教育、社保体系也发生了巨大变革,以适应技术进步对劳动力市场、社会公平和社会福利的冲击。我国过去的教育体系重在培养工业化过程所需要的熟练劳动力,未来则需要培养更多面向数字化和创新型经济、具有终身学习能力的人才，同时也要促进社会公平，让更多人能够享受到数字化红利（McKinsey，2020）。

经济活动线上化虚拟化冲击现行财税体系

数字经济打破了物理边界，从全球范围看，国境的限制在数字语境下变得越来越小，很多原来不可贸易的商品和服务都变得可贸易。比如VIPKID（一家在线教育平台）让美国老师在线上给中国孩子上口语课，原本在中国不可贸易的美国劳动力变得可贸易。可以说，数字经济让美国几万人实现了就业，这就是突破了物理边界的典型。传统国际税收协定的基础是实体，但现在物理存在和虚拟存在的边界被打破，税收征管面临严峻挑战。同时，数字经济打破了企业和个人的边界，收入的性质发生改变。传统意义上的个人收入属于劳动所得，企业收入属于经营所得。而现在很多人都在做微商，C2C（个人对个人）业务迅速发展，个人经营所得与劳务所得的界限被打破。应税收入的界定、所得税征收方式等都面临着新问题。更进一步说，产业之间的边界被打破，传统的增值税体系表现出较大的不适应性。增值税是针对行业链条和各购进环节的增值部分征收税款，但现在数字、销售、制造都可以变成服务，产业划分的边界被完全打破，增值过程发生巨大变化，变得难以认定。当生产者与消费者、产业链上游与下游的边界被打破，传统的增值税体系将面临严重的不适应性。当前，数字经济国际治理中一个非常重要的领域就是数字税收及其国际协定问题。经过反复谈判，2021年10月8日，OECD宣布137个国家及司法管辖区已同意实施其提出的"双支柱"国际税改方案。其中"支柱一"致力于解决征税权的重新配置问题,主要是向跨国公司售出的所有商品和服务征税,即使该公司在当地国家没有实体存在。"支柱二"则旨在解决反税基侵蚀的全球合作问题,核心是解决全球最低税率问题。2021年10月13日,G20(二十国集团)正式批准该声明,标志着这项重大的国际税收多边协定的大局已基本明朗。其中,中国作为重要参与方,已经在原则上同意该方案。如果进展顺利,这个方案有望在2023年开始实施。但这个方案后续还遗留了很多问题,比如各国国内税收制度如何适应,跨国企业在国际间如何有效遵从等。总体来看,数字经济时代,传统的税收体系和税制结构正受到系统性挑战,无论国际税制还是国内税制,都必须尽快做出适应性调整。

数字化打破地理边界并重塑全球供应链产业链

大数据、区块链、移动支付、人工智能和物联网正在深刻改变跨境贸易形式,数字贸易已经成为国际经贸活动中最活跃的部分。数字贸易具有超级链接性,消费、物流和生产环节融合度更高。服务和商品往往更容易绑定销售,交易数量和金额更小,一定程度上改变了服务不可贸易的特性。除了物流成本、协调成本下降以外,信息分享成本下降和经济数字化是数字贸易的重要驱动力,数据跨境流动性、连接性和交互界面兼容性是影响数字贸易的重要因素。通过亚马逊、阿里巴巴等电商平台,更多中小企业、个人具备了全球行动能力,借助数字技术,他们可以进入新的市场,跟踪全球供应链,分析大数据,提供更多新的产品和服务。根据美国经济分析局(BEA)统计,2018年美国ICT(信息与通信技术)相关产品和服务出口贸易额合计2 280亿美元,数字相关的服务出口贸易额接近5 000亿美元,相当于美国全部出口贸易额的一半(Fefer,2020)。

双边数字联系每增强10%，货物、服务贸易额将分别提高大约2%（López-González and Ferencz，2018）。如果和区域贸易协定（RTA）相结合，贸易额还可以额外提升2.3%（OECD，2019）。但与此同时，过时的管制规则、数据流动限制、本地化要求、网络安全隐患、知识产权保护等阻碍了数字贸易的进一步发展（Ferencz，2021；USTR，2013）。OECD的研究表明，按国别来看，我国数字贸易限制程度在44个样本经济体当中最高。为此，我国要加强电商对中小企业和欠发达地区的帮助和支持，提高全球数据流动的国际协调，促进云计算、分布式记账、3D打印等数字服务贸易的快速发展。

数字化为改善宏观经济管理提供了新机遇

与此同时，数字经济的快速发展、数字化技术的创新和普及，为增强宏观经济管理感知能力，加快认知升级迭代速度，畅通政策传导渠道，创造了重大的机遇。

零边际成本与规模报酬递增特性凸显

一般的经济常识告诉我们，生产过程中经济要素需要折旧，且面临边际报酬递减的约束。然而，数据要素往往不会折旧，其规模报酬递增且边际成本为零，即越用越多，越用越好。比如，人工智能就是使用的人越多、数据越丰富，智能化水平就越高。以边际报酬递减为前提的主流经济框架，在数据时代将面临挑战。正如杰里米·里夫金在《零边际成本社会》一书中所写，资本主义经济运行的底层逻辑是通过竞争创造新的技术以获取利润。激烈的市场竞争迫使终极技术诞生，将生产率提高到理论上的最高点，在这种情况下，每件新产品的生产成本接近于零。换言之，如果不考虑固定成本，则每额外生产一件产品的成本为零，这意味着产品几乎是免费的。如果这种情况发生，那么资本主义的血液（利润）就会枯竭。而数字时代，不少领域的零边际成本会加速出现。这意味着数字时代的经济运行，将逐渐由资本运行的旧逻辑转向数字运行的新逻辑。

"数字诱变"将使技术进步加快

经济增长的本质是技术进步，技术进步进而引发经济进步。现实中，新技术并不是被无中生有地"发明"出来的，新技术都是在先前已有技术的基础上被创造（被建构、被聚集、被集成）出来的。换句话说，新技术是由其他的技术构成的，产生于其他技术的组合（Arthur，2018）。同时，经济增长的前沿往往是由技术进步的速度决定的。在复杂性上，经济学不像物理学，而更接近于生物学。生物学进化往往表现为三种重要机制，即重组、变异和突变。自然情况下，进化的速度会比较缓慢，在代际内甚至往往无从察觉。因此在生物学技术上，要加快进化进程往往会采取外部刺激措施，比如"化学诱变"就是最常用的加速技术，利用碱基类似物、脱氨剂、烷化剂等化学诱变剂使DNA（脱氧核糖核酸）发生突变。在数字时代，技术的各种组合和变异都会因数字技术而加快，各类存量技术本身的数字化，使经济中处处都在进行"数字诱变"实验，这将大大加快新技术出现的概率和技术进步的速度。这也是我们后面提出的数字时代下，技术进步由"S"形曲线变为"J"形曲线的基础。

宏观与微观之间的阻隔有望被打通

大萧条后诞生的现代宏观经济学，面临的一大诟病就是缺乏微观基础，造成宏观与微观之间长期割裂。正如斯蒂格利茨（Stiglitz, 2017）指出的，宏观经济理论的微观基础有问题，其代表性的代理人假设不切实际、过于简化，没能包含微观经济主体的异质性问题。所以，在分析经济现实问题时，现行主流宏观经济理论一般把长期问题与短期问题、供给与需求分开处理，认为需求是短期问题，供给是长期问题，短期宏观管理的重点是经济波动，长期宏观管理的重点是经济增长。自20世纪70年代应对滞胀问题以来，新凯恩斯主义就一直在努力构建宏观经济学的微观基础，并引入不完全信息、不完全理性、不完全竞争等假设，从价格黏性、工资黏性、信贷配给等方面，试图打通宏观与微观的内在机制。遗憾的是，滞胀问题到目前为止并没有得到很好的解决。数字时代的到来，给宏观经济与微观经济的打通带来前所未有的机遇。从信息处理方式看，传统经济的信息搜集主要依靠统计体系层层汇总，加总和平均的过程难免使个性化、结构化信息丢失，容易产生信息漏损、时滞和信息偏误。合成谬误和宏观及微观背离的情况常常存在。数字时代，数据从小样本走向全样本，从事后走向实时，从低维度走向多维度，微观的整体即构成宏观。从更深层次来看，宏观现象的所有性质都很难简单拆解为微观主体行为，这其中存在"涌现"问题，即微观主体构成的整体，出现了微观主体并不具备的性质。这在传统宏观管理中很难处理，而数字化时代则具备处理的条件，可以通过涌现或进化模型去分析，推动宏观经济与微观经济回归统一分析框架。

更早更准感知经济运行变化

经济数字化程度的提高,为利用大数据跟踪和分析经济运行状况提供了便利条件。经济学家范里安(2018)运用 Google(谷歌)搜索对美国失业率、经济衰退概率进行了预测。美国联邦储备系统(简称美联储)运用大数据重构了国民经济活动指数(Brave et al.,2019)。在国内,国务院发展研究中心(简称国研中心)宏观决策大数据实验室在 2015 年利用领地模型,结合地图位置数据构建了城镇失业率指数模型(陈昌盛等,2015)。之后,利用互联网平台或者物联网大数据陆续针对商品消费、服务消费、就业、投资、贸易、物流、总体经济等领域运行开发了大数据指数模型,用于监测经济循环重点环节的变化。国研中心宏观决策大数据实验室发挥大数据综合优势,还构建了即时预报模型(陈昌盛和许伟,2019),对 GDP 同比和环比增速进行动态跟踪和评价。上述大数据监测体系在此次新冠肺炎疫情影响和复工复产进度分析中发挥了积极作用。

更快更深入诊断问题和评估政策实施效果

近年来,大数据在政策评估中的应用日益广泛。2013 年,克拉克奖得主、哈佛大学经济系的拉贾·切蒂(Raj Chetty)教授就利用大数据分析社会流动性、税收、教育、创新、气候变化、种族歧视等议题。在近期的研究当中(Chetty,2018),他使用税收大数据分析了美国的接触效应(exposure effect)如何影响社会流动性。国研中心宏观决策大数据实验室围绕关键中间品的进口和使用企业,构建供应链网络,针对来源集中、供应链断供风险点多、关键设备进口难、外资转移外迁等问题进行了分析，为建立重点企业风险评级体系，针对性破解"卡脖子"问题提供了重要决策支持（2020）。

更精准更直接推动政策落实

疫情期间，不少地方都采取了发放数字消费券的方式提振当地消费。发放方式大多是"政商合作"、线上线下联动，发放渠道则依托美团、京东、支付宝等平台。这些平台汇集的商家和消费者较多，能够将消费券发放和商家促销有效结合，放大政策撬动效应（清华大学国家金融研究院，2020）。另外，近年来电子政务进步很快，比如浙江推出的"最多跑一次"、江苏推出的"不见面审批"、上海推出的"一网通办"等。疫情进一步加速了数字治理变革。2020年，我国建立了财政资金直达基层的特殊转移支付机制，新增赤字和特别抗疫国债合计2万亿元，其中绝大部分采用直达方式下拨，进一步推动了财政的数字化转型，提高了财政资金的使用效率和精准性。

构建顺应数字变革的宏观调控框架

毫无疑问，数字经济已经成为经济增长和周期变动当中最活跃的部分，数据要素也成了最活跃的要素。数字时代的宏观调控有必要考虑数据要素引入以后的各种变革性影响，并做出及时的适应性调整，这样才能有效应对数字化转型的挑战，推动数字生产力发展，促进宏观稳定、结构平衡和福利增进。

将数据要素纳入总供给和总需求管理框架

通过分析数字时代供给、需求和收入管理的可能演变,我们将数据纳入经济增长和波动的框架,尝试构建一个数字经济发展背景下的总供给—总需求管理框架。

供给调节方面,数据要素增加,技术水平提升,产品和服务产出增加,总供给曲线扩张,但对劳动投入的影响并不确定。数字经济时代,劳动力市场供给弹性上升,劳动力市场均衡与否将更多取决于劳动力需求的变化。或者说,作为产品和服务生产过程的投入,劳动力的重要性下降,但作为参与经济活动的数据要素的生产者,劳动力的重要性又有所提升。为此,劳动需求变动方向并不明确。当然,这也表明,如果要增加数字转型的包容性,应该让更多的人具备数字素养,使其更容易参与数字化进程。

需求调节方面,数据要素对总需求的影响取决于四重效应,分别是价格缩减效应、货币需求缩减效应、普惠效应以及投资节约效

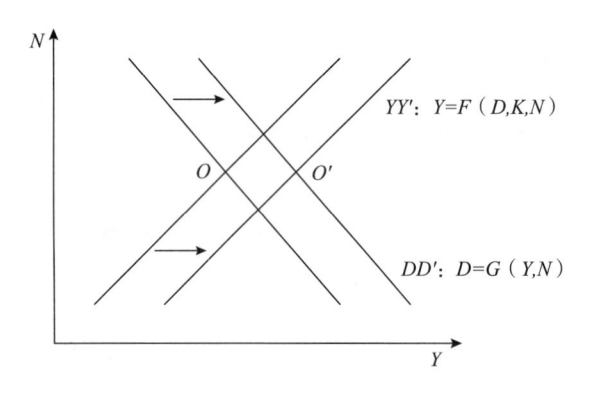

图 1.2　总供给与劳动投入

注:YY' 表示产品和服务生产函数,其中 Y 表示产出,D 表示投入的数据要素,K 和 N 分别表示资本、劳动时间;DD' 表示数据要素生产函数,其中 D 表示数据要素的数量,Y 表示产品和服务表征的经济规模,N 表示投入的劳动时间。

应。其中，价格缩减效应是指，数据要素越多，产品和服务价格越低，真实货币供给越多，利率水平下降，对产品和服务的需求增加。货币需求缩减效应是指，数据要素越多，信用创造机制越丰富，单位实体产出对应的货币需求下降，对应利率下降，总需求增加。普惠效应是指，随着金融科技的发展，更多过去无法获得正规金融服务的群体可以享受相应的金融服务，从而缓解融资约束，减少预防性储蓄动机，进而促使储蓄率下降，推动利率上升。投资节约效应是指，数字化发展对传统投资有一定抑制作用，依靠厂房、机器的传统工业生产模式发生了改变，相应的投资需求有所减少，均衡利率下降。当然，考虑到数字化领域内部也增加了新型基础设施投资需求，这可以缓冲一部分投资节约效应。

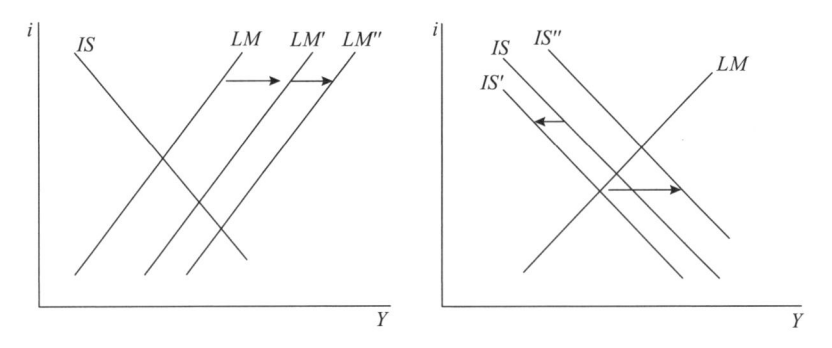

图 1.3 总需求与利率

注：LM 表示货币市场均衡，$M/P(D)=L(i, D, Y)$，其中 M 为名义货币供应量，P 为价格水平，$P(D)$ 表示价格水平受到数字化变革的影响。另外，L 表示货币需求，i 表示利率，D 表示数据要素，Y 表示产出。IS 表示产出市场均衡，$s(D)Y=I(i, D)+G$，其中 s 表示储蓄率，$s(D)$ 表示数据要素变化影响储蓄倾向，G 表示政府支出。

综合来看，当引入数据要素以后，总需求变动取决于价格缩减效应、普惠效应、货币需求缩减效应与投资节约效应的相对大小。前三种效应推动总需求曲线向右移动，扩大总需求，而投资节约效应会让总需求曲线向左移动。利率变动则取决于价格缩减效应、货币需求缩减效应、投资节约效应之和与普惠效应的相对大小。投资节约效应推动总需求曲线向左移动，同时拉低总需求和利率。数字化发展对传统投资有明显的缩减效应，更有可能拉低利率，而且新型基础设施方向不确定、迭代速度快，更适合私人部门投入，通过稳投资来稳增长的传统方式面临较大局限性。未来可能需要更加倚重数字化手段释放居民消费潜力，或者加大民生领域的公共支出。价格缩减效应、货币需求缩减效应也会导致利率回落，而普惠效应将减少储蓄意愿、增加投资需求，从而推高利率。全社会的物价水平走势取决于总需求和总供给曲线的移动。数字要素增加，总供给曲线向右移动，就会压低价格，而总需求曲线变动具有不确定性，综合效应可能是全社会物价水平走低。

完善数字时代宏观调控的微观基础

市场经济条件下，有效的宏观调控需要建立在完善的微观基础之上。无论是依靠总量或价格参数的间接调控，还是政策着力点直面市场主体的直接调控，其政策的有效性都离不开对宏观政策信号感应灵敏的要素体系、分工体系、市场主体作为支撑。数字时代，需要培育和壮大数据要素市场、推动数据要素参与价值创造、促进数字企业规范发展、有效规制算法定价行为，推动高质量数字就业，丰富数字消费应用场景，为实施有效的宏观调控夯实微观基础。

1. 培育和壮大数据要素市场。建设和完善数据市场，是实现数据驱动经济发展的重要前提，需要加快数据交易方式探索，促进数据资源的流通和应用。一是探索多元数据交易模式。出台数据服务商管理条例，实施数据中介注册制，发挥行业自律机制，加快培育数据服务商。数据交易所只是可选的一种模式，而不是主要和唯一的模式，建议谨慎推进。鼓励数据信托、本人数据管理等创新探索，提高传统数据产业如征信体系的发展水平，培育数据交易机构、科研院所及产业孵化场所等数据市场主体。二是促进商业数据流通和应用。鼓励大型互联网平台数据共享，增加中小企业的数据可及性。坚持应用导向，推动数据要素与实体经济、政府管理等传统领域的融合。完善对数据企业在创业、就业、财税、人才等方面的支持政策。注重加强监管和尊重市场自发秩序的平衡，对数据基础设施、数据服务商、征信机构等进行分级监管，促进中小数据企业的蓬勃发展。三是逐步明确数据权属。初期确权宜粗不宜细，建议先区分数据人格权和财产权。明确人格权归属信息主体，将个人隐私保护贯穿数据应用始终。数据处理者享有合法财产权益，财产权具体分配模式由市场主体自主决定。个人拥有可携带、可修改、可遗忘等权利，数据采集者要遵守最小—必要、知情—同意和合法—正当原则。四是促进公共数据开放共享。出台推动数据流通和应用的专项法规，构建公共数据标准化体系，设立专职部门或协调委员会，建立数据分级清单体系，建立"一站式"开放数据平台，创新政企合作模式，按照"共享是惯例，不开放是例外"的原则，推动政务大数据共享开放。五是促进数据安全有序跨境流动。提高跨境数据管理规则的透明度，降低合规成本。出境数据分类管理，把监管资源用在关键领域。简化重新评估流程，尽量缩短评估时间，并设置过渡期。对照《全面与进步跨太平洋伙伴关系协定》（CPTPP）和《数字经济伙伴关系协定》（DEPA），对于必要的低风险、常态化商业数据传输，设立快速通道或者豁免通道。

2. 推动数据要素参与价值创造。抓住数字革命的机遇，提高社会总福利，需要不断提高数据转为价值的效率，推动数据生产力。一是推动生产创新更加转向"以消费者为中心"。鼓励众包平台、零工经济、3D打印、云计算、开源软件发展，提升个人获取信息、协调资源、支配工具、转化创意的能力，提升全民"数字素养"，有效激发个人创业者尤其是年轻一代的企业家精神。鼓励发展开源技术社区，为跨学科、跨行业的技术人员提供交流学习平台，加快数字技术跨领域渗透，促进技术学习和技术创新。二是通过数字化分工，降低协调成本和管理成本。数字经济的最终净受益将取决于市场支配力下降对竞争的促进效应，以及数字连接性增强带来的范围经济红利。宏观管理要处理好防垄断促竞争与规模经济的关系，处理好限制经营范围与扩大范围经济的关系。三是更加关注社会福利改善和消费者剩余。宏观核算体系要更多考虑非有价交易的商品和服务，关注消费者剩余和社会福利的改善，更好地体现技术进步、经济运行的实际，增强宏观政策的针对性和有效性。

3. 促进数字企业规范发展。促进平台的规范和健康发展，塑造中小企业友好型市场环境，激发微观主体活力，对于加快数字转型、提升数字竞争力十分关键。一是规范数字化企业尤其是平台投资行为。"赢者通吃"效应加强，可能使得平台企业只需要几次成功的投资，便可覆盖所有投资成本，因此投资会更加频繁，从而加大经济波动。同时，数字渗透率高的行业更容易受投资者青睐，行业投资可能会出现典型的集中效应，需要完善监管，防止资本无序扩张，引导企业服从和服务于经济社会发展大局。二是提高"个人型"企业信用、税收、就业管理的精细化程度。数字经济催生了大量"个人型"企业，其交易行为的发生更加依赖平台的背书，需要完善第三方平台或第四方独立评测体系。以平台经济为基础的 B2C（商对客）交易很少开具发票，而 C2C（个人对个人）交易模式根本就不可能开具发票，因此需要加快完善税收计征方式，充分掌握计税信息，准确判定纳税义务，避免税收流失。"个人型"企业会随着新需求的产生和消亡快速迭代和发展，劳动力市场短期可能出现较大幅度的波动，需要提升就业优势政策的及时性和精准性。三是强化多层次资本市场对数字企业的支持。引导更多资金进入数字经济的创新、设计、生产制造等环节，进一步深化数字产业化和产业数字化进程。逐步实施"同股不同权"，避免大量优质企业外流，同时建立并完善对损害股东权益行为的具体惩罚措施，完善对持有特别表决权的股东的监督，完善双重甚至多重股权结构公司的信息披露机制。发挥财政政策和货币政策的引领作用，完善风险投资体系，建立多元化、多层次、多渠道的投融资体系。四是促进数字经济竞争治理与产业发展的良性互动。要坚持实施依法、透明和有效的监管，尽快出台禁止投资领域的负面清单，做到法无禁止即可为。规范各种隐性的投资前置性审批，明确审批范围、审批时间、审批机构，设定最长审批期限，稳定企业经营投资的预期。塑造中小企业友好型市场环境，从根本上激发市场竞争的活力，维护市场竞争的公平。

4. 有效规制算法定价行为。与工业时代相比，数字时代价格形成机制的一个重要特征，是更多利用算法，实施更为普遍的个性化定价或者价格歧视。企业通过数字化手段收集更多消费者偏好数据，采取个性化定价，这并不会必然导致消费者剩余和社会总福利减少，关键在于是否能够避免算法和数据支配能力的滥用，是否能够防止损害公平竞争、防止侵犯个人隐私。为此，数字时代的价格规制需要做好以下两个方面。一是提高定价算法的透明度和可解释性。随着数据收集、传输和处理能力的提升,算法在商品或服务定价当中发挥越来越重要的角色。但相关企业应该提高算法的透明度,接受必要的算法监管。提高消费者对算法数据收集的知情权,改善消费者对算法运用的可信任度。这与工业时代的企业生产过程应该接受环保、安全、产品质量等监管类似,运用算法的企业必须承担相关的社会责任。二是反对不正当价格竞争。价格歧视对总体消费剩余的影响,与市场结构和企业行为有关(Bourreau and Streel,2020)。人工智能技术的应用,为不同企业之间利用算法实施垄断定价提供了便利。与传统企业相比,算法定价自动化程度高、共谋成本低。而且,借助大数据分析,不同产品和服务市场的定价更容易达成"默契",而强大的推荐机制会强化"信息茧房"效应,又会削弱消费者"货比三家"的能力,算法共谋的隐蔽性和持续性也更强。必须要提高对算法的监管能力,增强从数据分析当中逆向揭露算法共谋的能力,防止企业利用算法进行横向或纵向的价格共谋,防止其限制或排除正常价格竞争。

5. 推动高质量数字就业。随着数字经济快速发展,劳动就业市场的微观基础和运行机制都在加快重构,劳动就业关系正在从"长期合约型"转变为"灵活任务型",雇主的劳动监督逐渐从对劳动者的"劳动过程控制"转向"劳务成果控制",工资黏性作用下降。这必将引发雇佣关系、劳动分工模式、劳动保障体系,以及就业的宏观管理模式和政策工具等发生系统性变化,基于大工业体系的劳动制度需要重新适应数字变革。一是提高劳动者的数字素养。"十四五"规划已经明确要求"提升全民数字技能,实现信息服务全覆盖"。但目前仍存在数字人才供给不足、数字鸿沟突出、数字培训体系不完善、数字化意识不够等问题。这就需要加强顶层设计，综合发挥政府、学校、企业和其他社会主体各自优势，尽快提升全民数字素养。可以将内涵更为丰富的数字素养逐步纳入义务教育质量评价体系，同时加大对欠发达和落后地区的数字教育投资。加大企业和学校的数字技能培训力度，强化校企对接，解决专业数字化人才供给不足的问题。打造终身学习体系，推动"慕课"发展，完善开放大学课程设置。对低技能人群、老年人口、失业人口、偏远地区人口等数字技能弱势群体，要提供及时便利的基本数字服务。二是加强对灵活就业者劳动权益的保障。明确平台用工性质，是界定灵活就业关系的责权利、有效保障数字经济灵活就业劳动者权益的重要前提。目前在英国、西班牙、意大利都有将平台用工裁定为雇员或员工的判例。国内也进行了相应的探索，《中华人民共和国工会法》修改版明确了新就业形态劳动者拥有参加和组织工会的权利。监管当局也认为外卖送餐员的工作任务来源于平台，通过平台获得收入，平台应通过多种方式承担劳动者权益保障方面的责任。综合国内外的具体实践，需要对灵活就业者的劳动权益保障总体上按照"边发展、边规范、重实质"的原则，超越当前的简单二分法，探索引入第三类工作状态，将平台控制性强、劳动者依附性高的工作类型列入保障范围，逐步完善新业态从业人员的劳动权益保障法律法规体系，更好地应对数字经济发展对传统就业保障体系的冲击。

6. 丰富数字消费应用场景。如果把消费的决策过程分解为问题识别、信息搜索、替代品评估、购买决策和购买后评估五个步骤，那么数字消费可以通过降低搜索、复制、运输、追踪和验证成本，加快重构消费模式，增加消费者剩余、生产者剩余，促进产品和服务创新。新冠肺炎疫情发生以来，数字消费发展提速，下一步要继续丰富数字应用场景、促进日益多元的消费需求，同时推动供应链升级。一是促进互联网消费平台的规范发展。平台需要落实主体责任，强化对信息的筛选和审核，降低在线消费的不确定性。发挥好平台的"看门人"角色，落实消费者隐私和个人数据安全保护措施。使用多元主体合作机制加强网络监管，进一步完善数字口碑声誉系统等平台规则和机制设计，切实保障消费者权益。二是加强对理性消费观念的宣传和引导。规范直播等营销活动，减少盲目性、攀比性消费。规范网络借贷，促进消费者合理消费。避免消费者过分地依赖物质消费来填补精神空缺，或者沉迷娱乐、游戏等信息产品。三是增加数字消费的包容性。着力增强全民的数字应用能力，开展形式多样、内容丰富的数字应用培训，提升中老年人、农村地区人群的数字技能。四是有效应对购买力转移对地方税源的冲击。加强数字赋能，支持欠发达地区的企业"触网上云"，提升数字竞争力。同时完善税制的设计和转移支付机制，增强转移支付力度，缓解数字消费导致的税源流失。五是促进跨境电商贸易健康有序发展。跨境电商面临特许使用费范围界定难度大、信用风险高、纳税主体确认以及跨境缴税复杂等问题，应加强国际协调合作，逐步完善跨境电商相关法规和监管，营造更好的发展环境。

关注三 重新的经济波动机制

数字经济时代，随着要素、分工和组织等微观基础变革，经济波动的机制也出现了新的变化。深入分析数据要素以后，引入经济波动的新机制，对于完善宏观调控框架具有十分重要的意义。

1. 关注学习曲线从"S"形变为"J"形带来的供给冲击。数字时代，学习曲线（主体）从"S"形变为"J"形，加上信息传播（客体）服从幂律，数字技术扩散速度将明显加快，技术创新与结构调整、制度演变之间的不匹配，将产生新的经济波动。一是"创造性破坏"导致经济总量波动。数字技术应用催生了新产品、新服务、新模式，并与传统企业形成竞争。与在位企业不同，新企业不需要承担新旧技术转型成本，优势更为明显，更多传统领域的资源将被重新配置到新兴部门。新的通用技术的应用，将加快企业的进入和退出，并从供给端引发经济波动。二是不同领域数字渗透差异导致结构调整阵痛。在行业内部，数字通用技术在各行业的普及，还需要该行业相关的次级创新配合。次级创新出现时，会产生创造性破坏，导致行业产出波动。在行业之间，数字技术渗透率、次级创新速度与效率存在差异，不可能同时完成新技术对旧技术的替代。新技术需求与旧技术供给之间的不匹配，导致行业间波动。上述波动或将通过投入产出网络，向上下游传导，从而传播至宏观经济层面，造成宏观经济整体波动。三是经济基础与制度约束之间的不匹配累积导致经济波动风险。对创新和专利的过度保护，有可能被以往的创新者和在位企业用来阻止新的创新者进入，妨碍知识和技术传播以及在此基础之上的累积式创新。大数据等技术在各领域广泛应用，数据要素积极参与创造新的价值，经济单元的基本运行方式发生变化，新的边界、连接、组织和疆域不断涌现，现行的宏观管理框架需要及时调整，克服政策越位或者政策缺位问题，避免因制度或政策套利累积更多波动风险。

2. 关注去中心化的信用创造新机制。信用既是经济增长的撬动杠杆，决定个人或企业是否能够支配更多资源，投入技术创新和新一轮的生产过程，同时又是经济波动的放大器，决定了经济周期性调整的程度和持续时间。国际金融危机以后，金融监管框架发生变化，移动互联、云服务、分布式账本等数字技术广泛应用，大科技平台组织的扩张，使金融连接性和触达性增强，催生了更多不同于以往以传统银行为中心的信用创造方式，这就要求改变传统信用周期管理方式。一是从以银行为中心转向以支付为中心。互联网天然的触达性，意味着数字时代的信用扩张，呈现更多社交化、场景化、个性化特征。银行传统的借贷、支付清算、风险管理等功能进一步被原子化、节点化，加上金融科技公司在数据方面的优势，银行与其他市场主体的联系可能被弱化，支付将成为金融价值链上更为基础的功能，信用周期管理的重点也需要相应发生转变。二是更多长尾市场主体参与信用周期扩张。小微企业贷款难、贷款贵一直是传统金融行业面临的难题。支付的社交化、经济活动的平台化，使信息收集成本大幅下降，风险分担主体更为多元，大量违约率较高的长尾市场主体将享受到信贷服务，传统信贷供求错配缺口一定程度上得到填补。但与此同时，相对于大量长尾客户，平台在数据和技术方面具有非对称优势，有可能诱发信用透支、算法歧视，甚至店大欺客行为。三是信用放大从抵押质押机制转向信任机制。不动产抵押、动产质押是传统信用创造的重要方式。数字经济时代，大数据征信将变得更为重要，经济行为的各种足迹都可能被纳入一个信用评分系统。掌握信息流、资金流、物流等信息以后，金融机构风控能力提升。分布式记账技术增加了去中心化验证的可行性，促进第三方征信机构的发展，为社会提供更多的信用资产。即便是抵押质押机制，抵押质押品也将从实物资产转向虚拟资产，从而改变抵押品周期波动机制。四是国家的货币主权受到挑战。独占货币发行权、控制货币发行量一直都被视为国家主权的重要组成部分。

加密货币的出现，开始挑战国家的货币发行权。金融科技对货币乘数、货币需求、货币政策传导机制都会造成显著影响。数字货币跨境使用、虚拟活动增加，加大本国法定货币被替代的风险。央行对信用扩张的管理面临挑战。

3. 关注时间累积效应导致的非线性增长和波动。随着时间累积效应的增强，经济不一定会收敛到原来的均衡水平。由于多重均衡、正反馈、规模报酬等作用机制，国际贸易、区域经济、城市发展、技术进步、财富分配、金融市场等可能更容易表现为非线性特征，即随着时间推移，最初的随机事件可能呈现显著的累积效果。这也就要求宏观调控要超越原有的均衡框架，更多地引入演化或涌现的分析方法。一是在理性设计的同时，也要尊重市场自发的演化秩序。宏观经济不仅是一架精密的机器，更是一个复杂且充满不确定因素的系统。数字时代时间模块的组合可能性明显增多，企业组织、产品形态的演化速度明显加快，演化的方向也变得更为不确定。而且未来平台经济的竞争，不再是一城一地的竞争，更可能是整体生态的竞争。比如，福特汽车的组织形式和产品形式很多年都不会有大变化，但像特斯拉这样的平台型企业，其未来发展很难说和预先设定的方向一致。宏观政策需要设法将经济"轻轻推到"能够生长和自然涌现出合意结构的方向或轨道上。二是重视拐点和风险聚集研究。理性预期视角之外，应基于复杂性、关联性、归纳、存量、结构视角，考虑历史因素对当前或未来的影响。数字化可能会促使人口结构、债务累积、风险集中、收入分配等慢变量的演化提速。需要加强相关转折点的研究，增强对未来趋势和可能风险的预判能力。数字部门在国民经济当中所占的比重快速提升，互联网平台公司在很短的时间里，创造出显著高于传统公司的市值，相关的风险也会快速聚集，一旦市场对企业的预期转为负面，就可能引发金融市场大幅波动。三是促进开放式的增长，避免路径锁定。数字时代，时间作为一种稀缺资源，有可能向少数个体进一步集中，即更少的人支配更多的时间。而工业革命以来技术创新和经济增长的关系表明，维持可持续增长所需要的创新突破时间间隔在进一步缩短，需要打破市场支配力对创新的妨碍，加大知识和信息分享力度，促进人类与人工智能的合作，加快技术—经济范式的转换步伐。需要确保知识、财富、数据等要素不过度集中，促进开放式发展，推动更多新模式涌现，不断突破非线性增长所面临的能源和资源约束。

丰富和完善数字时代的宏观调控手段

1. 适应金融科技对货币政策和宏观审慎管理的挑战

金融科技创新有助于提高效率、降低成本和增强包容性，增加社会福祉。但同时，金融科技没有改变金融行业为时间、风险定价的本质，反而因为打破传统边界、赢者通吃的网络特征，给宏观和金融稳定带来了新的挑战，货币政策和宏观审慎政策要随之调整和完善。

增强货币政策价格传导机制，减弱数量传导机制。金融科技赋能传统金融，可以提高金融体系运行效率，缓解由于信息不对称、信息传播速度慢等原因造成的摩擦，进而改变货币乘数、信贷供给和资产定价。金融科技还通过丰富金融服务类型，改变货币政策的实施环境，间接对货币政策传导造成一定影响。总体上看，金融科技有助于提高信息传递效率、降低交易摩擦、改善预期管理、突破零利率下限以及增加市场流动性，放大货币政策价格传导效应。利率、汇率、资产价格影响重要性上升。与此同时,通过降低信息不对称,减少数量型指标的信息含量,增加替代融资渠道,削弱传统抵押品的作用,能够减弱货币政策数量传导效应,使信贷渠道影响下降。

表1.3 金融科技对货币政策渠道的影响汇总

分类	渠道名称	可能影响方向	作用机制
价格机制	利率渠道	增强	通过改变资产持有成本、财富、公司价值等,影响公司投资机会与居民消费倾向,进而影响产出
	股票价格渠道	增强	
	汇率渠道	增强	
	虚拟资产渠道	增强	
数量机制	银行贷款渠道	减弱	通过影响信息不对称程度,改变可贷资金,进而影响投资和产出
	资产负债表渠道	减弱	信用足迹的记录更加完善

数字货币兴起挑战货币主权。私人加密货币、稳定币等新的数字资产或信用体系的涌现,对中央银行和金融监管机构提出了新的挑战。一是数字货币的出现,挑战了国家的铸币权。如果让私人发行货币或者掌握支付系统,网络外部性和规模效应等特征会导致私人对货币或支付体系的垄断,并可能导致宏观不稳定。二是稳定币的价值取决于其背后抵押品的透明度和质量。如果稳定币提供者无法向投资者充分证明其稳定币背后抵押品的透明度与质量,那么投资者会对支持稳定币的资产储备产生怀疑,并可能引发挤兑,令整个稳定币支付机制受到巨大冲击,损失甚至会蔓延至整个金融体系。三是本国央行数字货币方面发展放缓,也会面临"数字美元化"的风险。

从"大而不能倒"到"过度连接而不能倒"。金融科技可以降低服务成本，提高服务效率，加快金融多样化和去中介化步伐，而且可以触达更多地域和人群，普惠特征更突出。但与此同时，金融科技会破坏现有产业结构，模糊行业边界，加快金融脱媒，会增加传统金融机构的经营压力，催生更多"影子银行"。金融科技公司尤其是大科技公司，可能会利用自身数据和技术能力，通过监管套利、交叉补贴，让无法掌握全面信息的消费者过度借贷，同时相比传统金融机构具有不对称的优势。大型在线货币市场基金相较于传统金融企业缺乏足够的流动性保障，更容易被挤兑。过度依赖第三方提供的基础设施服务，可能会因网络攻击和大规模数据泄露出现系统性风险。去中心化也将加大反洗钱、反欺诈难度。因此，平衡好促进金融科技发展和加强风险防范以及审慎监管的关系，以及深入分析金融科技与宏观稳定的关系非常迫切。

2. 应对数字经济税收挑战

数字经济发展对传统税收体系构成系统性挑战，税收管辖权、税源税基确认、税制税种适应性、税负公平性、国家征税能力、税收分享分配都面临重大变革。税收制度属于上层建筑，必须要立足数字经济治理的相关基础制度、加快产业融合的进度、坚定我国企业"走出去"的步伐，坚持改革方向，坚持问题导向。对内突出"适应、改革、重塑"三阶段，分步骤构建数字时代的税收制度；对外积极主动参与国际税收规则重塑，为我国数字经济发展营造良好外部环境；构建"智慧税收"体系，推动国家征税能力从工业时代向数字时代转变。

（1）积极参与和推动国际规则制定。应高度重视 OECD 税改进展，不仅要积极参与谈判，争取最大利益，还要适时提出中国方案，主动构建未来国际税收新格局。OECD税改方案主要包括两部分，支柱一主要针对跨国数字企业所得税的重新分配，支柱二则是为跨国企业设定最低税率。在相关谈判中，应充分考虑中国数字经济的发展阶段和中国企业的诉求，努力为中国企业争取最大利益。比如，在全球收入门槛、常规利润率、联结度规则等技术细节上，要设计对中国数字化企业更为灵活有利的机制。在全球最低税率方面，一方面要高度关注国际社会实施全球最低税率的新动作，另一方面要基于充分调研、模型构建等测算我国企业税收的"盈亏平衡点"，提出对我国有利的方案。

（2）稳步推进国内税制引领性改革。短期突出"适应"，持续完善现行税制，提高对数字经济的包容程度，不急于开征数字服务税。推进增值税税制改革，增强对数字经济发展的适应性。可逐步将现行税制未覆盖的数字产品和服务纳入增值税的课征范围，增值税纳税人范围应覆盖进口数字产品和服务的单位，以及向我国境内个人消费者提供数字化产品和服务的境外供应商。同时引入跨境进口服务"目的地原则"，区分B2B和B2C，分别制定不同的征税规则，进一步扩大综合所得的范围。重点是扩大征收范围，加快将各类新的个人收入形式——从事网络直播以及各类共享经济、分享经济、零工经济等行业取得的收入——纳入个人所得税的征收范围。进一步完善税收征管，健全税务登记制度，完善个人增值税登记制度，将个人经营网店、微商、网络直播、主播带货等新业态纳入管理范围。中长期则突出"改革"和"重塑"，适时将增值税分享的基础由现有的生产地原则改为消费地原则，解决数字企业税源跨地区转移问题，探索构建新型销售税，重塑所得税制，增强对收入分配的调节功能。

（3）数字时代国家征税能力提升行动。加快推进税收大数据建设。坚定不移地推进政府部门之间数据的共享开放，形成税务部门与其他部门之间常态化、制度化的数据共享协调融合机制。要加强数字交易监测和数据核查，不仅包括平台类和分享类交易数据，也要加强针对区块链、暗网、分中心等特殊形式的监管。加快我国"智慧税务"建设，充分运用区块链、大数据、云计算、人工智能等现代信息技术，完善税收征管的新型基础设施。加快推进电子发票改革，早日实现从"以票管税"到"以数据管税"的转变。要全面升级税务执法、服务、监管与大数据智能化的应用深度融合、高效联动、全面升级。加强税收征管的多元共治，发挥好平台企业在税收征管中的作用，形成多元共治、协同并进的税收征管新格局。

3. 有效应对"赢者通吃"对收入分配格局的挑战

每一轮技术革命都会催生新的收入和财富形式，数字时代除了传统的各类资产收益、劳动者报酬影响国民收入外，数据要素也将参与财富创造和收入分配。数字技术的"赢者通吃"特征，加上数字化要素高度聚集，可能使财富更向"头部"企业集中，并将给收入分配格局带来新的挑战。整体的政策体系设计上应未雨绸缪，建立更有韧性、更具适应性和灵活性的"调高就低"的收入分配调节政策体系。

（1）建立适应数字经济发展的人才培养体系。教育体系的设计是否具有前瞻性，决定了一个国家技术革命的成功与否及最终走向。建议尽快提前布局，建立健全适应数字经济发展的教育体系。一是针对新增人口，在基础教育中逐步普及数字技术相关课程。二是针对新增就业人口，高等教育和职业教育的专业设置应更灵活，适时设置数字技术相关的专业课程和基础课程。三是针对转岗就业人口，建立健全终身职业教育培训体系，完善各类就业资格认证考试。四是适应数字技术革命的国际化特征，探讨引入高端技术移民。

（2）建立更精细化的社会保障制度。数字技术革命对短期的岗位破坏效应较大，为避免出现中产阶层向下流动不可控，社会保障制度设计应更具针对性，灵活执行。除维持对难以再就业的低收入群体提供基本保障的"兜底"功能外，在失业保险制度上应更着重于对中等收入阶层的保障，在中等收入阶层失业转岗期为其提供基本生活保障和再就业培训补贴。与此同时，加快数字经济下各类分散性、流动性、非正规就业群体的收入认证，并将其及时纳入社会保障体系。探讨考虑如何征收AI（人工智能）税，并将其纳入社会保障体系。

（3）推动"调高就低"的税收体制改革。按照马斯格雷夫的分析，所得税类和财产税类调节收入分配的效果较好，所得税类调节流量的收入分配，财产税类调节存量的收入分配，二者相互配合，能够共同发挥税收调节收入分配的作用。今后的税制改革，逐步从间接税为主体，向直接税为主体调整，进一步提高所得税和财产税的收入规模及其占税收总额的比重。科学设置税种，覆盖各类财富形式，调节"赢者通吃"格局，将各类数字相关收入，各类资产收益，财产转让所得，利息、股息、红利所得，规模较大的个人独资企业、合伙企业和个体工商户的生产、经营所得，全面纳入二次分配体系。加快对劳动者多元收入的测度与统计，尽快实现统筹计税。建立更为完善的个税减免体系，充分考虑纳税人的家庭负担、婚姻状况及身体健康程度等情况，适度减免个税，保障中低收入人群权益。

4. 加强数字经济相关的统计和感知能力

要加强对数字经济相关的统计体系建设，及时把握数字产业化和产业数字化进程，为宏观、产业、科技和投资等政策提供重要支撑。同时积极利用大数据优势，增强对经济运行的感知、预测和评估能力。

（1）加强数字经济统计。传统国民经济核算体系难以捕捉数字化进展，引发了GDP被低估、生产率之谜等争论。要充分发挥大数据优势，从供需两端完善对数字化核心部门规模、产业数字化进展的测度。加强对数字资产、数字商品、数字服务的价格统计，为宏观调控、公共服务供给等提供更加坚实的依据。加强政务数据跨部门共享，完善统计数据基础。

（2）完善大数据指标监测体系。加强对大数据的收集、清洗能力，编制移动支付、工程机械、人口迁徙、货物流动、企业购销、灵活就业等大数据指数，加强对国民经济循环不同环节、生产生活不同场景的监测，提高宏观分析的及时性、客观性。尤其是要借助大数据，加强对服务业产出、服务消费、服务价格、固定资产投资、库存投资、调查失业率等重要指标的补充统计。

（3）构建经济即时预报体系。加强大数据融合分析能力，探索大数据和混频数据的有效利用方式，构建即时预报模型，提升短期预测可靠性和政策评估反馈的及时性。

未来的完善方向：从均衡到涌现

过去近一百年的时间里，基于均衡思想的调控在大多数时候表现不错。这有点像牛顿的万有引力定律，在宏观低速条件下近似正确。当然，每一次大的危机，都促使宏观经济学不断改进，比如引入多重均衡分析自我加强和锁定效应，引入有限理性分析短视行为和市场过度波动，引入抵押品机制模拟经济周期大幅波动，等等。因此，在深入理解数字化如何影响政策传导机制的前提下，也可以引入数据变量，改进现有均衡模型。

不过，对传统稳态均衡模型的修复，仍难以解决经济学领域的模式形成、结构变迁问题。凡勃伦、熊彼特等早就注意到了均衡模型的局限性。其中，凡勃伦强调"累积性因果"，认为个人的经济生活历程是手段与目的相适应的累积过程，而且随着这个过程的推进，目的本身也会有相应的累积变化，行为主体和其周遭的环境在任何时候都是既往过程的结果（Veblen，1898）。熊彼特则在《经济发展理论》（1990）当中，将其观点和进化论观点联系在一起，认为企业家的创新活动是引起经济周期的一个内生因素，创新类似于生物学中的"突变"。除此之外，一些更加靠近市场的人士也注意到均衡模型的局限性。有学者（Bagehot，2017）认为"钱不能自己管理自己"。索罗斯（2016）对合理预期理论和有效市场假说等均衡理论进行了批判，认为"那种相信经济市场会自动趋于平衡，同时通过政府干预可以确保资源得到最优分配的观念是具有误导性的"。

数字时代来临后，均衡模型的局限性被进一步放大。数字化背景下，技术迭代、结构演变和个人预期调整提速，开放性、连接性增强，均衡或者闭合解不一定是缺省结果。微观个体加总以后，更容易涌现更多个体层面所不具备的宏观特性。或者说，宏观表现难以还原成单个个体行为。海量个体预期、行为策略甚至个体偏好对总体结果变化的调整适应加快，因此认为他们外生不变，或者渐渐趋于一致的简单假设，更难成立。

与前面基于均衡模型的发展和修补相比，从均衡向涌现或者进化范式的转换来得更加彻底。在涌现的研究范式下，各种制度、技术、政策、资源等约束条件被视为进一步行动策略的触发机制，而且这种系统性的改变，可能会让经济不再收敛到原来的均衡。类似阿瑟提及的技术进化的"垫脚石"、诺思在制度变迁分析当中提到的路径依赖，新均衡的涌现，本质上是一种组合进化，取决于原来的简单技术或者规则，以及对其特定的更复杂的需求。

从均衡转向涌现，意味着宏观调控需要更多地考虑复杂性和时间累积效应。行为主体的策略和预期不仅会催生新的均衡，而且新的均衡以及不同主体之间的互动又会反过来塑造行为主体的认知，并改变其下一步的行动策略和预期（Arthur，2018）。网络连接性、正反馈、范围经济、规模报酬递增等成为经济系统当中不可忽略的特性。当然，网络连接性和正反馈不仅会使系统越来越复杂，有时候也会造成"复杂性的坍塌"，对应的是经济危机或者金融危机。复杂性的逆转，将伴随着资产负债表破坏、大规模失业、动物精神的低迷等，完全不同于传统均衡模型预示的均值回归。

随着信息收集和计算能力的不断增强，涌现分析范式能够与传统经济学模型互为补充，并已经在分析金融风险（Macchiati et al.，2021）、资产定价（Winton Research，2018）、技术创新（Arthur，2018）、贸易分工（Hidalgo and Hausmann，2009）、产业组织（Axtell，2001）等方面发挥了一定作用。基于主体的建模方法（Agent Based Modelling）就被广泛应用于"自下而上"地捕捉复杂系统的涌现进化行为（Turrell，2016；Dawid and Gatti，2018）。比较早的应用案例是谢林在20世纪60年代末和70年代初分析种族隔离（Schelling，1969，1971）。之后，圣塔菲研究所的三位学者就用计算机模拟了股票市场的运行，探讨集群交易、肥尾等非均衡现象（Lebaron、Arthur and Palmer，1999）。英格兰银行也引入该方法分析公司债券和房地产市场波动（Braun-Munzinger et al.，2016；Baptista et al.，2016）。

结合已有的理论发展和实践案例，上述分析大体上可以归纳为"认知与结构—行为与互动过程—总体结果与个体反馈"这样的框架。具体来说，首先要思考规则、政策或技术演变，将给各行为主体带来何种激励。在此基础上，针对特定主体的行为以及不同主体之间的行为互动构建分析模型，类似军事沙盘推演、传染病扩散推演、金融体系风险压力测试。在分析过程中，可以借助大数据和机器学习，采取更少的假设，透视更微观的结构，模拟更复杂的行为。接着导出结果，观察是否合意，识别可能的薄弱环节或者风险点。然后，再进入新一轮的迭代，观察涌现的动态变化。

总的来说，涌现和进化的分析方法还在不断发展，尤其是构建一个相对完整和逻辑一致的模型体系，难度更大，需要拥有良好的编程技巧，并谨慎对待分析结果和合理设定个体行为。但要看到，随着大数据和人工智能技术的发展，涌现和演化的思维与传统分析方法互为补充的可行性进一步提高。这将在很大程度上丰富数字时代的宏观分析手段和宏观政策工具箱，相关创新工作值得深入推进。

第一篇
历史演进篇

宏观经济学的出现是近一百年内的事情，但作为国家职能的宏观经济管理则历史久远。由于关键活跃生产要素的不同，各个发展阶段的增长模式存在较大甚至本质性的区别，经济起伏背后的机制也有所差异，并催生相应的宏观经济管理变革。从长达千年的时间跨度看，不再区分增长和波动的话，那么最大的波动就是增长范式的改变，它的影响是第一位的。其次才是技术周期、信用周期。而最活跃要素往往主导了增长范式的转变，进而主导宏观管理在漫长历史中的延续和变革。

回溯千年，农业时代的最活跃要素是土地。经济发展主要体现为土地扩张和农业产出的增加，农业经济活动紧紧围绕土地要素展开。这个阶段的经济发展主要是量的扩张，质的提升并不明显，增长被严重抑制，或者说"人口的力量，会无限超过土地为人类生产生活资料的力量"（Malthus，1798）。农业时代宏观经济管理的核心是粮食增产和稳定，比如创新灌溉、育种、历法等技术以增产，利用常平仓等制度解决粮食青黄不接和丰歉调节的问题。

回溯五百年，商业社会开始积累市场的力量。商业社会通过市场的扩张，实现了更为广泛的连接，实现了斯密式增长。尤其是大航海时代催生了一批敢于冒险的商人、殖民者。在国家资本和商业资本的推动下，全球开启了一个整合的时代，印度的棉花、美洲的白银、中国的丝绸和瓷器、东南亚的香料随着风帆漂洋过海，商品贸易不断拓宽新的市场。

回溯两百年，工业社会的创新潜力宛如缝隙中喷射而出的岩浆，融合资本力量，开启了现代增长的篇章，更多落后封闭地区被全球化浪潮席卷，人类找到了摆脱马尔萨斯陷阱的钥匙。以蒸汽机为代表的第一次工业革命，以内燃机、电力为代表的第二次工业革命，大幅拓宽了人类发展的轨道。技术知识的生产开始专门化，资本积累大幅上升，并加大了经济周期波动，也为经济危机埋下了伏笔。工业时代的最活跃要素是资本，经济发展主要体现为资本积累和大规模标准化生产，工业经济活动紧紧围绕资本要素展开。宏观经济管理的核心是资本跨部门、跨时空的配置与结构调整，以及社会化大生产下的供求平衡。

本篇把"最活跃要素"作为分析的出发点，梳理了农业时代、商业时代以及工业时代的经济波动机制，分析了不同阶段跨时空的连接、规模和范围经济、信用波动的特征，以及相应的宏观经济管理手段，并试图为探讨数字时代的宏观经济管理，提供更清晰的背景对照和更简明的分析框架。

第二章　农业时代的宏观经济管理

农业的增长和波动总体上看是马尔萨斯式的，人口与土地要素互动以及土地边际产出递减律是其背后的根本动因。当然，农业社会并不是超静态的或者只是简单的盛衰循环，每一轮长周期背后也有一些技术、制度等方面的暂时性变化，虽然变化并不持续和显著。信用本身也深刻影响农业经济的波动，并在一些地区的特定阶段对经济运行有着持久性的影响。受市场分工范围和贸易规模的局限，斯密式的增长往往只在局部发生，而且农业社会积累不多，信用纽带涉及的范围和政府在信用管理中发挥的作用有限。农业社会宏观管理的核心，是围绕土地进行生产、流通和需求管理，从时间和空间维度上对冲风险，因此土地是分析农业社会宏观管理的起点。

劳动为父，土地为母

在狩猎时代，人们通过打猎和采集浆果等方式获取生活资料，居无定所，基本上只有领地意识，很大程度上靠土地上生长的自然作物生存，对土地本身谈不上有效的利用。而游牧民族，往往携带着他们的车马和可以拆卸的帐幕，与他们的牛羊一起流浪，以兽肉和乳料为生，受到攻击的时候就逃走（格鲁塞，1989）。其中，有一部分游牧民族一度建立了比较有影响力的文明或者政权，不过畜牧生产方式决定了他们的迁徙性。历史上，中国北方的匈奴、鲜卑、突厥、契丹等草原民族多次袭扰中原，而这种袭扰具有一定的周期性，有时还与气候条件变化相关。当然，这与中原王朝自身的虚弱是分不开的。游牧文明对农业文明的短暂征服，常常会伴随着人口锐减、耕地荒芜。不过也有特例，游牧民族从北往南迁移，迁徙不定的生活也变得逐步稳定，经济、社会和文化与农业文明更加融合。成吉思汗征服中原，建立了疆域广阔的元帝国。一开始，中原一些地区也经历了农业文明的倒退，耕地一度用于放牧，但内部不乏反对的声音。最终，游牧民族建立的政权或被击退，或定居下来，彻底融入农业文明。

与狩猎和游牧不同，在农耕社会，土地是最重要的生产资料，所谓劳动是财富之父，土地是财富之母（Petty，2010）。农业生产的特点决定了土地是农业社会最为核心的要素，具体体现为生产力变化、财富积累创造、价值分配、生产关系、经济周期波动都围绕土地展开。随着人们驯化动植物能力的逐步增强，可耕地面积成为决定生产总量的重要变量，人类也变得居有定所。农业生产占据国民经济活动最重要的地位，土地要素成为经济财富创造、价值分配的决定性力量。农业社会的繁荣往往伴随着土地的大规模开垦。中国的宋代以及明清两代的繁荣阶段，土地开垦面积都明显增加。其中，靖康之变后北宋人口南迁，南方的大量土地得到开垦，同时两湖地区开始大规模围湖造田，使得宋代可耕地面积大幅增加，为农业经济的发展提供了更为广阔的空间（万志英，2018）。黑死病大流行以前的西欧，可耕地面积也曾显著增长，同时西欧也曾经历一轮经济和人口的繁荣。从 11 世纪晚期到 13 世纪，英国人口从 150 万人增长到大约 450 万人（Thomas and Dimsdale，2017）。人口的增长反过来又进一步刺激了农业生产发展和相关原材料的贸易。

当然，单位土地上的产出也并非一成不变。或者说，通过改良种植方式、引入新品种农作物等手段优化土地利用率，土地投入产出效率也会有间歇性的提高。排水技术进步和水利工程建设，也对农业单产的提升以及围垦更大规模的土地起到至关重要的作用。在中国宋朝时期，随着对南方地区的开发，特别是在宋真宗时期（998—1022 年）对新的早熟稻种（占城稻）的引进，水稻收获两季或三季成为可能，使得农业潜力被大大激发。鼓励作物间作法，使土地的生产力得以提高。同时随着农业技术的改进，农业生产专业化程度不断提高，由此产生的农业剩余也促进了手工业发展和人口的繁荣（Maddison，2007）。980 年到 1110 年，中国户籍家庭数量增长了 3 倍（万志英，2018）。以上变革，主要是对技术的吸收和消化过程，麦迪森也将之视为技术进步。因此，可耕地面积的增加和农业技术的改进，成为推动宋代经济增长的主要因素。

另一个不能忽视的因素是农业生产组织方式的根本性变革。这些变革往往围绕土地展开，每一次土地制度的调整或者重新洗牌都会带来农业生产活动的巨大变化。在宋代，从佃户对土地使用权的稳固占有和使用，再到永久使用，进而发展到自由处置，形成田根与典业的分离，为合理配置、利用土地资源开辟了新的途径，促进了地权的进一步分化，增强了农业经济的内生动力（戴建国，2017）。这些措施激发了百姓开垦土地和耕作土地的积极性，促进了土地资源的更好配置。相应地，围绕土地要素展开的生产方式成为农耕社会的最重要部分。古代中国以农立国、以农为本，来自农业部门的剩余和积累构成了政府岁入的主要部分。即便是在北宋，农业社会商业发展的顶峰，与粮食相关的政府收入占比也在40%左右（万志英，2018）。英国工业革命以前，在整个收入分配结构当中，土地要素相关的分配比重也比较高，地租占英国国民收入的比重最高能够达到25%，但到1860年该比重降至8%左右（Clark，2009）。

难以摆脱的土地回报边际递减律

农业经济驱动力主要来自人口增长和土地利用规模的提高，间歇性的农业技术进步的作用不可忽视，但总体来看技术进步的速度十分缓慢，单位要素的生产效率只有微小的提升。土地扩张和人口增长没有办法摆脱边际回报递减的影响。身处工业革命前夜的马尔萨斯认为，人口的增长速度会无限超过土地为人类提供生产生活资料的增长速度，如果不进行限制，人口就会按照几何量级增长，而生活资料则只会按照算术级增长，人均粮食产量最终可能会低于最低生存要求，从而出现饥荒、战乱、瘟疫等，实现大自然对人口的调节（Malthus，2018）。这意味着，依靠土地的农业生产无法摆脱边际回报递减的约束，繁荣的增长存在限制，而苦难和贫困是大自然限制人口增长的方式之一。马尔萨斯的理论揭示了在以农业为主的社会或者技术进步缓慢的社会中经济长周期运行的本质。短暂的技术进步和土地面积的扩张一般只体现为人口数量的增长，真实人均产出或者工资水平长期看比较稳定（Clark，2009）。1200—1700年，英格兰人均真实工资水平几乎没有变动，但人口从340万人增长到540万人。

在中国两千多年封建社会的历史中，王朝多次更迭，同样也难以摆脱土地边际递减律的限制，人口数量也出现数次大幅波动。不过统治者的干预，比如以丰补歉在很大程度上缓解了饥荒对人口增长的抑制，人均产出虽然没有变化，但人口规模有比较明显的增长。宋朝初年（1000年左右），全国人口接近3 000万人，到乾隆末年（1790年左右），全国人口突破3亿人。历代王朝都建立补偿歉收的制度，包括遍布全国的仓储系统，在18—19世纪，国家甚至每年要拿出5%的库存用来重新分配（李中清、王丰，2000）。可以说，内卷化的发展模式，在一定程度上增加了这片土地的人口承载力，但同时也无法摆脱马尔萨斯式的增长。

而在西欧，即使是工业革命发源地的英国，也只有等到将目光更多投向海外，实现大航海与商业资本主义的结合，才逐步摆脱马尔萨斯陷阱。在1200—1800年，英国人口数量经历了比较剧烈的波动，其中1200—1316年增长较为明显，但其间人均收入水平呈现下降态势。在1316年左右，人口达到600万人以后，黑死病导致英国人口长达上百年的负增长，到1450年左右，英国人口数量缩减至约200万人。之后随着黑死病逐步消退，1540—1640年，英国人口再度增长，但人均收入再度下降。这表明技术进步的速度不足以提升人均收入水平。英国人均收入和人口数量的持续同向增长要等到18世纪末期才开始出现（Clark，2009）。

农业时代的信用波动

农业社会对信用也有着天然的需求。货币的出现，既是政府税收货币化的需要，同时也是农业社会积累和商品流通增加的必然结果，所谓"农工商交易之路通，而龟贝金钱刀布之币共焉"。各种贵金属承担了一般等价物的角色，在改善国家治理、促进市场交换、便利商品贸易方面发挥着重要作用。因此，货币的多寡也成为农业社会经济波动的一个不可忽视的因素。中国古代出现过多次因为市面上流通的钱币不够或者外流导致的经济萧条。其中，唐德宗时期，宰相杨炎于公元780年实施两税法，"以钱定税"，导致社会上流通的钱币明显减少，由此造成比较严重的通货紧缩，商业出现萧条。北宋时期，也出现过钱币供给不足造成的通货紧缩。熙宁八年（1075年），在钱币供给部门任三司使的张方平称："乃自比年以来，公私上下，并苦乏钱。百货不通，万商束手。又缘青苗、助役之法，农民皆变转谷帛，输纳见钱。钱既难得，谷帛益贱，人情窘迫，谓之钱荒。"（何平，2016）当然，除了钱币供给减少或者外流造成通货紧缩以外，也有政府无节制发行钱币或者降低钱币成色，导致通货膨胀的情况。元朝的交钞和大明宝钞也因此退出了流通（朱嘉明，2012）。

在西方，罗马帝国时代的货币经济有了相当的发展，但进入黑暗的中世纪以后，货币经济出现倒退，物物交换盛行，政府和教会的税收多是实物方式。随着中世纪的结束和欧洲本地银矿的开采，货币供给和需求都有不同程度的上升。不过，随着贵金属货币在公私部门之间和境内外的流通，本地货币供应总量也存在较大波动。

农业社会铸币数量的变化，与全社会总产出、总物价水平有显著的联系。16世纪后期，由于明王朝北方战事吃紧，白银大量外流，社会当中白银的流通量下降，进而导致谷物价格低廉，加剧了农业萧条，民生也较为困难。历史上，康乾时期虽然被称为盛世，但银少谷贱的事情时有发生。康熙年间，由于实施海禁，美洲白银输入量减少。另一个主要来源即日本白银的输入，在17世纪60年代之后也明显下降。这背后既有清朝本身的禁海令、迁界令因素，也有日本幕府禁止国内白银输出的问题。据岸本美绪（2010）估计，当时从海外流入清朝的白银每年减少约100万两。同时，户部银库收纳更多白银，据估计，康熙六年到十二年之间，每年退出社会流通的白银大约有300万两。上述几项加起来，相当于每年全社会白银流通量下降1.5%~2%。进入18世纪，中国物价开始回升，且整个世纪都呈现上涨趋势，这与大量美洲白银重新流入中国有很大关系。

信用波动背后的原因，归结起来有以下几个方面。一是财政收支原因，社会上流通的金银或者钱币数量变动较大。二是国际贸易活动导致白银流入和流出。讨论农业时代的信用周期，不能忽视有限贸易活动带来的外部贵金属流入，这毫无疑问也会增加全社会信用的供给。三是市场经济内生的需要。随着经济发展的需要和财税收支货币化程度的提高，社会对通货的需求上升，中央、地方和私人都加大铸钱的力度，在一段时期内还可能会引入新的币种，比如纸币、帛币等。同时，刺激铸币相关的金属矿开采。总体上，农业社会的信用波动更多是对市场经济活动的被动适应。当然，我们不能过高估计信用变化对农业社会总产出的影响。毕竟，农业社会剩余积累不多，很大程度上限制了信用的创造。农业社会的资本积累速度是极慢的，原因主要有两个方面：一是农业社会生产力水平比较低下，剩余产品少，很难有较多的剩余用于储蓄和投资；二是缺乏一个现代化的金融制度将这些剩余储蓄转化为投资，导致资本不能迅速增多。

气候冲击与丰歉循环

农耕文明的劳作方式，决定了农业社会很大程度上需要"看天吃饭"。气象条件、病虫害等外生因素对农业社会经济增长和社会稳定都会造成显著的影响。其中，土地的生产力和降水、气温有很大关系，同时相关的劳动力和其他生产要素投入，也会受到雨雪、季风等气候现象的影响。司马迁在《史记·货殖列传》中就提到，"六岁穰，六岁旱，十二岁一大饥"。大致意思是说，六年一丰收，六年一干旱，十二年有一次大饥荒。无独有偶，早期西方的经济周期理论也将部分经济波动归因于太阳黑子的周期性变化，认为太阳黑子的周期性变化会导致天气的周期变化，从而影响农业收成。由于太阳黑子大约每11年出现一次，因此农业周期大约也是每11年一轮（Jevons，1875）。

与农耕文明相比，游牧民族更容易受到气候变化和自然条件变化的影响。当气候变化不利于畜牧业发展时，居于草原地区的游牧民族对外征战或者迁徙的可能性就更高。美国地理学家亨廷顿在《亚洲的脉搏》一书中指出，13世纪蒙古人的大规模向外扩张，主要是由于他们的居住地旱灾频发、牧场条件恶化。从中国古代气候变化和外患发生频率的关联看，300—630年、1100—1280年、1400—1653年，中国外患发生次数较多，而这些时期中国平均气温明显下降（赵红军，2012）。

气候变化影响农业生产，当然也会间接冲击政府税收基础，同时，灾害发生频率上升，增加了政府稳定社会的成本。收入减少，支出扩张，毫无疑问影响了政府应对内部叛乱、抵御外敌的能力。此外，气候变化导致的自然灾害，在某种程度上也降低了内部叛乱的机会成本。所谓"东亚17世纪危机"（李伯重，2017），就是指17世纪三四十年代，由于全球性气候变化，东亚地区进入一个小冰期，德川初期的日本和明末的中国都发生了饥荒，对中国来说，加速了明朝的灭亡。

尽管农业社会应对自然环境变化的能力相对有限，但不同地区、不同时期气候变化对经济增长和社会稳定的影响程度并不一致。在讨论外部冲击如何通过内因起作用时，不能忽视其他因素，比如治理水平的影响。如果一个王朝实施良治，气候变化对社会的影响不过是如癣之疾，但如果王朝进入暮年，治理不善，气候变化导致的灾害就可能造成致命影响。

缓慢的结构性改变

长达千年的王朝更替、周期循环，除了短暂和零星的技术进步，是否也存在一些结构性的变迁？换句话说，农业社会是否只是如人均收入曲线走势那样，是一个静止或者超稳定的社会，在结构变化上平淡无奇？从更长期的视角看，是否存在这样一种可能，一些外生冲击和内生变化结合，悄然改变了社会运行轨迹，在某些时刻，为有的地区摆脱马尔萨斯陷阱做好了铺垫？抑或我们分析农业社会经济波动时，是否应该置身于经济周期发生的增长阶段和对应的增长范式？回答上述问题，或许能够为我们寻觅从工业化转向数字化的新路提供一些新的启示。

一个常被引用的例子是欧洲的黑死病。14世纪中叶黑死病暴发，之后断断续续持续了差不多300年，其中欧洲人口大量减少的时期，主要是第一个100年。黑死病造成人口大量减少，但同时人均收入显著提高，欧洲人的物质生活有所改善（Clark，2016）。黑死病的出现，加上它在人口稠密地区的传播，使得主要西欧经济体进入长周期的下行阶段，而这种长周期的下行，改变了人口和土地要素的结构和相对价格，刺激了更高生产力的生产方式出现。即便是 17 世纪黑死病逐步在欧洲销声匿迹，欧洲人口再度上升，人均收入有所下降，但与世界上其他地方相比，西欧的英国、荷兰等国的人均收入水平仍然相对较高。这在一定程度上也被视为摆脱马尔萨斯陷阱的第一次突破（Vries and Woude，1997）。

进一步看，黑死病发生后，西欧地区庄园经济逐步瓦解，伴随着人口数量重新回升和城市的兴起，农业价格提高、土地租金上升促使原来的土地产权结构发生改变（North，2009）。同时，劳动力和资本之间的相对价格发生了变化，劳动力紧缺的压力，让土地拥有者愿意投资更多劳动力节约型的技术，这也间接促进了新技术的扩散。

另一个例子是，美洲大陆大量廉价白银流入欧洲，推动了西欧的价格革命（Frank，2017；Fisher，2021）。西班牙殖民者从美洲运回大量白银，最终也导致国内物价飞涨，国际贸易竞争力下降。从美洲运回的贵金属最后又流向其他国家，引发整个欧洲的价格水平上升。尽管生产率没有明显改进，但贵金属的流入，提高了经济货币化的程度，刺激了金融和信贷的发展，这些对于后来的商业和贸易繁荣起到了重要的铺垫作用。货币经济的发展，还刺激了国家通过举借债务增加资源动员能力，一定程度上有助于提高市场一体化程度，并有利于保证商业发展的制度实施。

同时，美洲白银的大量开采，不仅影响了欧洲国家，对亚洲国家也有显著的影响。明清时期，美洲白银通过海外贸易流入中国，增加了社会上的货币流通量，缓解了物价下行带来的压力。中国明朝晚期，封建社会发展到了一个相当的高度，手工业部门也出现了一些资本主义的特征，海外贸易得到一定发展（万志英，2018）。

当然，总体上看，农业社会是一个相对封闭的状态，斯密式的增长往往只出现在局部地区，或者发生在局部领域。贸易范围无法进一步扩大，协作分工更多局限于家庭和宗族，很难进一步细化，也无法支持非农部门的发展，更多体现为农业部门剩余扩大的一种附属性变化，土地仍然是经济发展中最重要的要素。但在一些特定地区，由于要素禀赋、激励机制和外部压力，摆脱马尔萨斯陷阱的积极因素不断积累。

围绕土地开展的宏观管理

总的来说，农业社会的宏观管理主要是围绕土地展开的，通过空间和时间维度上的调配，对冲农业生产周期波动，增加跨时跨域资源调配能力，提高土地承载能力。

改善农业耕作方式增加供给能力。不断完善天文历法，协调不同主体的生产劳作方式。通过修建水利工程，增强抵御气候变化的能力，保证农业生产的连续性和稳定性。修建运河，增强资源在不同空间的调配能力，提高全社会的抗风险能力并促进商品流通。农业社会本身的耕种技术间或也有进步。同时，一些新作物的引进也可以促进土地的利用，扩大土地承载力。但考虑到农业社会积累的剩余较少，应对自然环境变化的能力有限，社会动荡时期、灾荒年间的人口总量都不可避免地出现较大幅度变化，农业经济也有很明显的周期性特征。

建立平准制度平滑农业生产周期。为了避免经济过度波动，尤其是避免关乎基本民生和社会稳定的粮食价格过度波动，农业社会的统治者往往会采取相应的措施，尽可能平滑粮价波动。《史记·货殖列传》中记载，越国大臣计然建议，"夫粜，二十病农，九十病末。末病则财不出，农病则草不辟矣。上不过八十，下不减三十，则农末俱利，平粜齐物，关市不乏，治国之道也"，强调了粮食平价出售的必要性。而《汉书·食货志》记载，西汉时期的财政大臣桑弘羊（前152年—前80年）将以往平抑粮价的思路拓展到所有商品，建立了"平准"制度，原理和对粮价的"平籴""平粜"措施相同，都是以国家力量对物价进行平抑。西汉末年的财政大臣和天文学家耿寿昌则正式设立了著名的"常平仓"制度。《汉书·食货志》（上）记载："令边郡皆筑仓，以谷贱时增其贾而籴，以利农，谷贵时减贾而粜，名曰常平仓。""常平仓"制度的影响极为深远，中国两千多年封建社会的历代政府都沿袭了"常平仓"的做法（张亚光，2011）。

围绕土地实施财政调节和资源动员。土地是农业社会经济制度、社会组织的出发点，财税调节和资源动员基本上围绕土地展开。财政支出方面，则更多围绕封建王朝、领主或者国家的职能展开。农业社会由于财政汲取能力和国家财富积累相对有限，财政支出还集中在统治者自身用度、军事和官吏俸禄等方面。再分配性质的财政支出占比相对较低，主要包括平准市场、救灾赈荒、兴修水利等相对必要的支出，这些都涉及如何利用有限的资源平抑农业生产周期的问题。

农业社会的信用管理相对消极。农业社会并没有成体系的货币管理制度。但出于缓解信用紧张程度、方便政府采买和税收支付、增强财政汲取能力等目的，农业社会的统治者也会对信用进行管理。农业社会的货币以贵金属为主。中国自宋朝以来，经历数次朝代更替，货币逐步从以铜钱为主过渡到以白银为主、白银和铜钱并存的复本位制度。唐朝还使用过绢帛作为等价物，参与价值交换。宋、元、明朝的部分时期，由于缺少足够的金属货币，也曾采用纸币作为辅助，但它并不等同于现代意义上的以国家信用支持的法定货币。尽管封建社会的统治者都曾试图垄断货币发行权，但中国古代货币经济总体上还是处于相对自由放任的状态，信用创造并未被国家垄断，民间在很大程度上也有铸币的实质权利，全社会信用总体上呈现竞争的局面。在货币供给不足的情况下，政府也曾经鼓励私人铸钱和加大采矿力度，增加钱币供应。

第三章　商业时代的宏观经济管理

如果 12 世纪的威尼斯、热那亚代表着古老的地中海贸易，那么由达·伽马、哥伦布和麦哲伦开启的大航海时代，则对应着全球贸易、生产网络的诞生。黑死病以后，欧洲内部庄园主经济进一步瓦解，人口变化迫使土地产权结构发生变化，剩余人口涌向外部发展，同时外部大航海时代来临，发展空间被进一步拓展。在这两股力量的推动下，荷兰和英国通过海外贸易先后完成了原始积累。资本在全球整合土地、劳动力、技术，人类生产的步调开始改变，逐步摆脱马尔萨斯陷阱，并为工业革命做好铺垫。同时也带来了新的问题，商业投机盛行、信用和金融技术的广泛使用，使经济危机发生的可能性上升，宏观管理的核心从土地治理转向资本。

大航海时代前奏开启

15 世纪以前，陆上丝绸之路的发展困难重重，时断时续，贸易活动非常有限。海上丝绸之路则更多局限在阿拉伯、印度、中国之间，欧洲贸易主要集中在地中海沿岸，远洋航行并未形成气候，世界大变局尚未到来（李伯重，2017）。大航海时代开始于 15 世纪末，哥伦布和达·伽马试图打通欧洲和遥远东方的航行之路。之后，罗盘技术和帆船水平的提升，进一步提高了航海能力。王室的支持、航海家的冒险以及相应的金融技术，刺激了航海活动。军事技术的发展，则为海外殖民地扩张和原料地抢夺提供支撑力量。一系列制度的保障，比如股份公司，极大地提升了动员资本的力量。

随着美洲大陆的发现和殖民，全球开启了一个连接的时代，商业资本加大整合土地、人口、技术的力度，形成了新的跨洲三角贸易网络。印度的棉花、美洲的白银、中国的丝绸和瓷器、东南亚的香料随着风帆漂洋过海，随之而来的各种新思想、新尝试纷纷涌现。贸易引领了那个时代的风尚，也不断拓宽新的边疆。

逃脱马尔萨斯陷阱

经历了14世纪黑死病和15世纪末的农业低迷以后，英格兰等西欧地区的人口开始重新增长。同时，英国之前出现的高薪资和过多的闲置土地只是暂时性的，当人口开始恢复增长时，英国重新回到了低薪资和土地短缺的状态。但这个时候与11—12世纪的庄园主经济模式不同，西欧的封建社会结构逐步瓦解。农业已经远离具有依附性劳动力的自给自足的庄园，走向了市场化，习俗性的权利和义务对农民的束缚减弱（North，2013）。西北欧国家之间的贸易更加频繁和复杂。海外殖民地贸易大幅扩张，大航海时代暂时领先的葡萄牙和西班牙夺取了大量金银。通过海外贸易和实施重商主义政策，部分金银又流向西欧其他国家，加剧了当地物价的上升（Fisher，2021）。最终，荷兰和英国后来居上，成为国家竞争的胜者。

而在差不多时期的荷兰，由于其地势较低，荷兰的一些地区遭到海水倒灌，越来越多的农田变得不可耕种。不过，由于大量耕地的丧失，许多劳动力被迫从乡下涌入城内寻找新的机会，荷兰也因此拥有了在当时非常罕见的有弹性的和充足的非农劳动力。而这些廉价的非农劳动力的出现刚好让荷兰为欧洲经济的复苏和消费需求的反弹做好了准备（Vries and Woude，1997）。

16世纪初，荷兰在一些生产技术上的进步也为日后的经济繁荣做好了铺垫。荷兰的捕鱼业出现了新的清理和保存方式，从而变得更加有效率。荷兰在造船业上也慢慢积累了优势，并且开始设计出更容易操控、运载量更大、所需人员更少的商船，显著降低了航行成本。同时，荷兰投入巨大精力完善航海相关的信息整理和语言沟通，不断提高地图绘制水平（Frankopan，2016）。此外，风车和水闸等设备投入使用，也提高了农业生产的效率。

1580年，荷兰、泽兰等10多个省的代表在乌得勒支缔结"乌得勒支同盟"，决定摆脱西班牙的统治。这次独立被马克思视为英国资产阶级革命的原型，给荷兰的经济带来了结构上的变化，从而使荷兰的1581—1672年这段时期被称作"黄金时代"，人均GDP在这段时间达到0.18%的年增长率（Baten，2016）。从1570—1620年，荷兰的非农劳动力维持3%的增长，而1615—1619年真实薪资的水平要比1575—1579年高出62%。"黄金时代"后期，荷兰商船运输的总吨数达到56万吨，约占欧洲总数的一半（Blanning，2007）。

差不多同时，英格兰人则强烈意识到在16世纪初期的大变革时代他们已经处于弱势地位，于是也开始竭力模仿葡萄牙和西班牙发家的方式，试图从西北方向打通与俄罗斯和亚洲的联系，但效果不理想。不过，通过大力发展航海技术和打造海军，英格兰最终在1588年打败了西班牙的无敌舰队（Frankopan，2016）。但随着荷兰的威廉三世登陆英国大陆，英国确立了君主立宪制，同时加快向资本主义转型的速度，围绕资本的生产组织方式不断完善，贸易和国内生产力提升实现紧密结合，这个曾经是罗马帝国边陲的国家开启了向世界中心靠近的步伐。从17世纪中叶开始，英格兰人的收入水平突然跃升。1500—1650年，英格兰人均GDP没有太大变化，甚至还略有回落。但之后，其人均GDP水平开始稳步增长，1650—1700年，年均增速达到1.03%，50年中累计提高幅度超过70%（Thomas and Dimsdale，2017）。

人口与商业的同步发展，使人类社会历史上首次有国家摆脱土地资源的制约，并开始逃离马尔萨斯陷阱。农业时代最为重要的土地要素也开始被一种更有活力的要素——资本所整合。农业自给自足的状态转变为商品农业，释放了大批劳动力，同时也促进了城市发展，为资本大工业诞生做好准备。另外，借助宗教改革，国家没收教会资产，加上资产阶级革命对传统封建贵族势力的打击，促进了要素的流动（王章辉，2013）。16—18世纪的圈地运动，使传统的农地关系发生改变，土地流动性大幅提高。客观上，圈地运动也促进了农业和畜牧业自身的发展，并进一步为非农业发展提供了更多剩余。当然，这也造成了社会阶层关系紧张，人与土地的矛盾也逐步被人与资本的矛盾取代。

新的要素组织平台和动员模式

商业社会的发展和商业城市的兴起，为组织和动员新的要素提供了重要平台。早期的布鲁日和安特卫普,以及后来的阿姆斯特丹和伦敦成为重要的商业和金融中心。1585年荷兰宣布独立,之后荷兰的阿姆斯特丹等港口城市逐渐赶上安特卫普,成为新的贸易中心（Vries and Woude,1997）。两个重要的因素是战争和宗教,使得许多商人和难民选择移民到荷兰,而商人带来的资本和移民带来的劳动力为日后的经济发展提供了动力。阿姆斯特丹由于具备运输中的枢纽位置、弹性的劳动力供给、较低的交易成本和高效率的市场等优势,渐渐发展成当时欧洲乃至世界重要的转口城市。

荷兰这一时期的经济大量集中在商业发展上,对外贸易的高利润也使得荷兰的商人坚持继续对此进行投资。来自各地的商人齐聚在阿姆斯特丹,寻找投资机会,所获取的利润又被投资于更多的探险和贸易,从而进一步促进经济和贸易增长。对海上贸易的垄断,加上其作为转运中心的地位以及其发达的航海运输业,让荷兰获得了"海上马车夫"的称号。

更为重要的是,一些新的金融机构和金融技术相继出现。最有代表性的是筹集资金注册股份制的公司到远东进行探险和贸易。在欧洲中世纪晚期,就已经出现了一些公司的原型,比如1372年诞生于法国图卢兹的巴扎科勒公司（le Bris et al.,2019）。但公司这种组织形式得到快速发展,还要等到海外贸易开始兴盛的时期。大航海时代虽然拉开了西方文明领先世界的序幕,但实际上每一次海上贸易或者对陌生大陆的探索,都是一次大冒险,也意味着财产甚至生命的损失。早期的冒险资本主要来自欧洲各国的王室和贵族,比如达·伽马就接受了葡萄牙王室的支持,另外一位葡萄牙人哥伦布则接受了西班牙王室的支持。欧洲的国王们发现,授予贸易和探险组织在特定地区的垄断经营权力,同时给他们提供一部分资助,就有可能获得巨大的回报。这些组织就包括英国的东印度公司、荷兰的东印度公司和西印度公司，它们采取有限责任制，逐步发展成为筹集长期资本、分担风险的绝佳形式。荷兰和英国也借助公司金融本身和组织结构优势，成功取代葡萄牙和西班牙对海外贸易的垄断。

海外贸易的巨大回报，同时也伴随着巨大的不确定性，这进一步刺激了公司股权的流通。荷兰东印度公司允许投资者转让持有的股份，使得股票认购较为踊跃，阿姆斯特丹也由此逐步发展出第一家股票交易所——阿姆斯特丹交易所（Gelderblom and Jonker，2004）。有意思的是，阿姆斯特丹交易所在运营的前几年里就遇到了一次严重的股价操纵行为，而这也促使荷兰在1610年制定了世界上第一条限制卖空的规定。

随着与欧洲和远洋的贸易规模逐渐增长，荷兰国内商业经济的发展使民众产生了更多的货币需求。由于国内货币质量的参差不齐和大量贸易所带回的外币种类繁杂，阿姆斯特丹银行于1609年应运而生，并开始鼓励民众将贵金属货币存入银行来兑换相对应的银行券。这个过程中的创新点是，阿姆斯特丹银行对不同的存入货币进行严格的称量，进而保证存款质量和对应发行的银行券有足够储备支撑。因而，相比其他商业银行，阿姆斯特丹银行发行的银行券信用更高。随着荷兰海外贸易的兴盛，阿姆斯特丹银行显示出一定的国际银行性质，在国际转账当中发挥重要作用（Stellinga, de Hoog, van Riel, de Vries, 2021）。

远洋运输过程中的风险规避也显得更加迫切，针对商船的保险逐步涌现。这些金融形式的出现不仅激活了资本的投入，在追求高回报的同时，也能够控制和分担风险。早期的航运保险都是在交易所进行，风险价格根据标准货款进行报价。如果船只到邻近港口，保费通常为货物和商船价值总和的1%~2%，对于横跨大西洋探险这样的活动，保费可能高达8%（Goetzman，2017）。

得益于成熟高效的资源动员、风险分担体系，荷兰在17世纪拥有当时全世界最低的融资成本。荷兰的国债利率在1700年降到4%以下（Homer and Thaler，2010）。高效的融资体系也使得荷兰早期在军事上能迅速雇用大量军队，对抗周边的大国。1687年光荣革命时，荷兰的威廉就利用阿姆斯特丹银行家的贷款，组织了一支由雇佣军组成的舰队，征服了英格兰。更重要的是，光荣革命也将荷兰当时的金融创新技术带到了英国。英国在借鉴荷兰的金融创新技术以后，资源动员能力进一步提高。这些金融创新技术在海外探险和贸易中的成功运用，推动了英国实体经济的发展，为工业革命做了铺垫。

新的问题：1720年的金融泡沫

到了18世纪初，随着欧洲各国陆续从农业社会进入商业社会，资本开始在经济中扮演愈发重要的角色，各国也开始面临资本市场相关的经济波动和金融泡沫。早期发生在荷兰的郁金香泡沫，以及1720年产生的涉及英国、法国和荷兰等多国的金融泡沫，都预示着新的金融秩序开始建立，资本和土地、劳动力、创新等要素之间正在形成新的反馈，积累巨大的资本和财富重塑社会的同时，也催生了更多危机，宏观经济稳定面临新的课题和挑战。

荷兰在欧洲率先完成资产阶级革命后，于17世纪利用海上贸易逐渐成为经济强国，而阿姆斯特丹交易所的成立也标志着现代金融市场的诞生。此时，荷兰人享受到商业社会繁荣所带来的财富积累，并开始将目光投向刚传入欧洲不久的郁金香上。欧洲人对当时产量不多的郁金香十分喜爱，拥有一枝郁金香更是成为身份和地位的象征。荷兰人天生的精明和投机意识使得一部分人慢慢看到，郁金香除了能够代表身份和地位，更是一种能够快速升值的投资品。于是，郁金香的价格在荷兰随着需求增长而不断走高，到了1635年，每枝郁金香的价格是荷兰普通技术工人年收入的10倍以上。善于金融技术创新的荷兰人创造了期货市场，期货的存在使更多人开始参与郁金香的投机，而郁金香的价格在短期内疯狂上涨，形成了严重的资产泡沫。但好景不长，1637年初极度膨胀的郁金香市场泡沫突然破裂，引发了郁金香价格的狂跌。

如果说荷兰的郁金香泡沫只是影响了一小部分高收入人群的话，那么1720年前后几乎同时发生在英国、法国和荷兰的股市泡沫，不仅表明金融技术可以用于释放社会的巨大潜力，同时也展示了资本的扩张和逐利性，与人性中的贪婪、恐惧、非理性、投机等成分以及某些大的事件相结合以后，可以催生巨大泡沫，并造成罕见的破坏。

1711年，时任英国首相罗伯特·哈利面对大量的负债，想到成立一家垄断性质的特权公司来解决棘手的国债问题。于是，南海贸易公司成立，它的定位为一家拥有对南美洲和南太平洋广大地区进行垄断开发与贸易权的公司。公司对外宣称，这一地区有丰富的资源和广阔的发展前景，但事实上，公司的成立主要是英国政治的产物，目的是发行股票以换取国债，帮助英国政府解决当时的债务危机。当然，公司也从事贩奴业务，在公司的整个存续期间，一共贩卖了6.4万名非洲奴隶到美洲地区（Goetzman，2017）。

为了给政府筹集更多资金，南海公司一方面发行更多股票，一方面又积极许诺更多美好前景，抬高股价。1719 年，南海公司股价涨势迅猛，从当年 9 月到次年 3 月，在差不多半年时间里从 1 股 116 英镑涨到 1 股 310 英镑，之后又用 3 个月左右时间进一步攀升到 1 股 950 英镑。当南海公司股价上涨到 1 股 775 英镑时，该公司市值已超过 1.6 亿英镑（Garber，2000），而在 1720 年，整个英格兰的 GDP 不足 8 800 万英镑，国债规模不超过 6 000 万英镑（Thomas and Dimsdale，2017）。南海公司股价大幅上涨的同时，许多人抓住机会开始创办股份制公司并发行股票。这些公司大多是有名无实的"泡沫"公司，其中很多标榜着十分荒诞可笑的业务。

1720 年 6 月 9 日，英国议会通过了《泡沫法案》，要求所有公司必须取得皇家特许经营权，并禁止从事与特许经营无关的风险项目。这项法案显然有效地打击了众多规模较小的泡沫公司，但也使越来越多的民众开始对南海公司产生怀疑。最终随着南海公司的股票被大量抛售，股市泡沫彻底破灭。到 1720 年 10 月，南海公司股价跌回 1 股 200 英镑，南海公司的管理人员也因为欺诈被起诉，一些外国投资撤出，不少人倾家荡产。

无独有偶，1720 年的金融泡沫并不只存在于英国，法国、荷兰甚至德国汉堡也有因为公司股票价格波动造成的恐慌。在 18 世纪初，法国在财政上遇到了债务危机。据统计，当时法国政府的债务高达 30 亿里弗（法国的旧时货币单位），而每年法国的税收在除去政府的各项支出后只有 500 万里弗能被用来偿付国债。于是在 1716 年，整顿金融秩序无望的路易十五决定让苏格兰人约翰·劳来推行复兴计划。法国政府指派他建立了一家名为通用银行的私人银行，同时授权该银行管理国家税收并以此作为担保来发行银行券。在货币金融和贸易领域深耕多年的约翰·劳认为银行券的发行是至关重要的，金属铸币将难以满足日益扩张的商业社会的需求。在借鉴了荷兰和英国的经验后，劳为通用银行制定了基本政策，其中对充足的保证金尤为重视。拥有充足保证金和法国税收做背书的银行券一经发行就广受好评，而银行券的流通刺激了商业贸易活动，并最终带来了国家财政收入的增长。

在银行券取得成功后，约翰·劳组建了密西西比公司。而与此同时，通用银行也改名为法国皇家银行。密西西比公司的业务是开发法国在北美密西西比河流域的矿产资源，公司也因此获得了法国政府的贸易特许权。但在随后不久，由于公司获得了赋税代收权和铸币权等新的特权，市场表现出极大的投资热情。

法国皇家银行无视需要持有足够保证金的政策，开始大肆发放银行券，而投资者又用银行券大量购入密西西比公司的股票，从而将股价不断推到新高。此后，随着密西西比公司获得更多的特权和做出高分红的承诺，公司发行的新股也被抢购，公司的股价持续攀高。最终，部分投资者意识到泡沫的严重性，以及银行券的过度发行可能带来的风险，于是开始将银行券兑现。随着挤兑的出现，法国政府开始做出反应，先让金属铸币贬值，继而禁止兑换。不过，皇家银行此时仍然在大量发行银行券，最终导致密西西比公司泡沫的破灭，并给法国经济和社会带来了巨大损失。

在鹿特丹，英国通过《泡沫法案》限制成立新的保险公司，似乎让荷兰的商人看到在金融方面再一次超越英国的可能性。1972年7月，鹿特丹议会批准成立新公司，通过公开募集资本，投资保险业务。公司股票在鹿特丹和阿姆斯特丹的股票交易所交易，股价在1个月之内上涨超过90%。之后，荷兰其他地方也纷纷跟进，开启公开募股和投机的狂热浪潮。不过好景不长,到当年 11 月,股价又跌回原来认购价的 25% 左右,甚至更低。

关于 1720 年股价大幅上涨的原因,有不同的解释。其中,跨大西洋贸易是一个重要的驱动因素。相较于开展亚洲业务或者其他不涉及跨大西洋贸易的公司,参与跨大西洋贸易或者美洲殖民地开拓的南海公司、密西西比公司、皇家非洲公司和荷兰西印度公司的股价涨幅更加惊人。此外,政府赋予个别公司经营海上保险的垄断权,也是助长泡沫的重要因素(Goetzman,2017)。

1720 年的股票市场繁荣横跨多个国家,展示了股份公司作为资本的一种新组织模式,在动员资源和影响公众预期方面的巨大力量。这在农业时代是难以想象的。当然,股市的大起大落,也表现出后来人类社会难以摆脱的矛盾,金融为各种社会改良提供便利,放大了社会力量,但同时与之相伴随的投机欺诈、公司的过度扩张也会影响经济社会稳定。泡沫的破灭造成了经济的衰退,而英国的 GDP 在 16 年之后才重新回到 1720 年的水平(Thomas and Dimsdale, 2017)。

国家的信用

本土城市的发展和海外贸易的蓬勃兴起,资本与土地、劳动力的整合范围不断拓展,整合程度不断加深,传统农业封建经济体制逐步瓦解,越来越多的产品和要素被卷进商品化、资本化的大潮,国内外市场体系进一步丰富。在农业经济向商品经济转化的同时,民族国家也进一步形成,政府调控机制和市场自发调节相互促进。一方面,国家对商业活动实施了更有力的保护,同时在财税、货币、贸易、殖民地等事务方面更多介入，为市场活动提供了更多发展空间。另一方面，贸易和商业的兴盛也为国家增加岁入、扩大影响和控制范围、调节经济提供了更多渠道和手段。

早期热那亚和荷兰的贸易和金融一度兴盛，给予了政府更多动员能力。其中，热那亚曾经利用民间的金融技术，并扮演金融中心的角色，专门成立了交易城市公债的机构。而官方对注册的银行也采取了保护措施。17世纪，荷兰在欧洲的航运、商业方面占据垄断地位，而且阿姆斯特丹取代热那亚、安特卫普，成为新的金融中心。相比同时期的西班牙和法国频繁的战争、过度的贷款、通胀以及债务违约，荷兰则发展成了一个具有现代财政和信用体系特征的国家。而且也正是凭借这套财政动员和资金融通体系，荷兰击败了西班牙、英国和法国等当时的强国。战争期间，尽管债务规模会明显扩张，但因为债务对应偿债基金，而且贸易增加了资本积累和资金供应，所以人们购买政府年金的积极性很高，荷兰利率在当时处于世界最低水平（Homer and Thaler，2010）。

就在荷兰财政模式成为欧洲典范的时候，英国还没有成熟的货币市场、实质性的银行和组织有序的国家债务体系。在17世纪的最后10年，国王借款时常要支付很高的利息（Homer and Thaler，2010）。但在1688年的光荣革命之后，政府巨大的战争开支为英国建立国债体系和特许银行提供契机。当英国商业的发展和荷兰的金融技术有效结合，英国发展出了一套在当时更为先进的信用体系。英格兰银行也应运而生。

1694年，为了再次筹措战争费用，英国通过了一个应急方案，其中包含一项奖励机制，即认购战争贷款的人可以组建"总督和英格兰银行公司"（Homer and Thaler，2010）。英格兰银行在成立时，只获得了11年的经营特许权,而在特许权失效前需要与政府重新达成协议才能继续运营。事实上,英格兰银行在1694—1844年一共更新了9次经营特许权。尽管英格兰银行的成立主要是出于国家财政上的考虑,但同时也满足了商业社会的英国对信贷的需求,对英国的财政和金融体系发展都产生了重大的影响。

在光荣革命之前,英国的财政权被握在国王的手中,但这导致王室不时滥用财政权,包括肆意制定和修改税收政策,以及单方面停止债务偿还等。光荣革命后,财政权转交到议会的手中,随之而来的是一系列金融系统改革与创新。其中一项重要的举措是将短期无保障性的国债转为长期有保障性的国债。国债长期化在一定程度上减轻了英国财政收入的压力,英国政府在短期内只需保证利息的偿还而不需要担心本金的偿还,这也意味着英国政府的收入波动可以变得更加平滑。而有保障性则代表每一笔长期国债在发行时都会明确指出国家将拿出哪些具体的财政收入进行偿还,也增进了英国国债的信用。通过英格兰银行,可以将从股东处筹集的资金以8%的利率贷款给英国政府,换句话说,英格兰银行持有的资产就是国债。与此同时,英格兰银行利用带有垄断性质的特许经营权,吸收政府和公众存款,发行银行券,介入汇兑业务。

银行券的发行和英格兰银行的出现,为市场注入了流动性。因此,虽然当时的英格兰银行还不是当今意义上的中央银行,但其实已经拥有调控经济体系中的信用和流动性的能力。英格兰银行在18世纪中期渐渐意识到,其发行的银行券没有全部得到黄金担保,因此如果大量存款人同时提款,英格兰银行会面临倒闭的风险。于是,英格兰银行开始保留一定数量的黄金储备并相应地对银行券的发行数量进行限制,这也是现代准备金机制的雏形。但这一举措在当时的实际作用并不大，因为英格兰银行没有从政府中独立出来，所以其黄金储备在国家需要时也会被直接征用。直到 1826 年和 1833 年的法案通过，英格兰银行的银行券才在法律意义上成为唯一的法偿货币。

英格兰银行的成立使政府和股东双方都获得了收益。政府不仅找到了一个新的稳定的财政收入来源，并可以利用此机会将短期债务逐渐变为长期债务，政府也将不再需要面对多个国债持有者，这也可被视为一种交易费用的减少。对于股东来说，通过与政府合作来获得银行业的特许经营权让他们获利颇丰，因此每次英格兰银行与政府签署续约合同都会利好股价。同时这也使持有国债的股东获得了原来分散持有时所不具备的流动性，可以更加便利地转让手中的国债。

总之，英格兰银行的成立不仅使政府在债务管理方面得到便利，同时其对金融和社会信用体系的影响也非常深远。通过大量购入金融资产，英格兰银行成功将银行券大量推向市场，减少了交易成本，增加了市场流动性。伦敦的一些小银行甚至开始放弃用贵金属作为储备金，转而使用英格兰银行的银行券。当然，早期的英格兰银行将其影响力的重心放在伦敦及其周边，而英国的其他地区主要还依赖本地银行。同时，英格兰银行也没有刻意履行当今央行的职责，即宏观货币调控与扮演商业银行的银行。一直到 1775 年，伦敦清算所成立，私人银行才被获准通过从英格兰银行取款来进行日常结算，英格兰银行作为央行的职责更为明晰（Homer and Thaler，2010）。

重商主义

当讨论商业社会兴起之初国家与经济活动的关系时，一个难以回避的话题就是重商主义。发现美洲新大陆以后，欧洲贸易范围进一步扩大，经济货币化程度进一步提高，商人作为新兴阶级不断兴起。商人和贸易在国家财富创造当中的作用更加突出，在国家经济和贸易政策制定当中的话语权上升。当时新兴资产阶级的一个重要诉求就是政府应增加对本国商业的保护和支持，加大对海外殖民地市场的拓展。

借助发现新大陆的先机，葡萄牙和西班牙先后积累了大量的金银。因此，当时一个国家财富的增长被认为就是通过殖民或贸易获得更多贵金属。一些早期的重商主义观点，准确来说是金块主义者的观点，认为要通过增加出口换取金银，而且国家要限制贵金属的流出。随着大量美洲黄金和白银的流入，欧洲在16—18世纪经历了物价革命，商品价格急速上涨。比如，英国的物价水平在1400—1500年以及1650—1750年相对稳定，但在1500—1650年，价格水平大约上涨了5倍。对比来看，同期的西班牙也经历了大约6倍的价格涨幅。不过，当时除了行政限制手段，统治者的办法并不多。另外，"富于黄金，贫于生产"也是西班牙建立的贸易帝国衰败的重要原因（Perrotta，1993）。

之后，随着手工业和制造业的进一步发展，制造品在国际贸易中的比重逐渐上升，提高竞争力、抢占市场、保护工商阶层利益成为重商主义政策的重点。在扩大出口方面，欧洲更加注重抢占殖民地市场，并且通过贩卖黑奴、控制殖民地原料输出，保证国内制造业获得更多廉价原料供应。毫无疑问，要在海外市场确立自身或者取消别国公司的垄断权，必须借助国家的支持。这也促成了英国东印度公司等在海外拥有很大特许垄断权机构的出现，以及1650年颁布实施《航海条例》（李新宽，2013）。与此同时，出于保护幼稚产业的目的，关税壁垒的使用也较为常见，并且关税在政府收入当中的比重也进一步上升，成为新的重要收入来源。国家关税体制的形成和完善，对确立国家经济权威具有十分重要的意义。

重商主义还坚持限制利率、农产品价格和工资水平，降低制造业成本，从而增加国际竞争力。就利率而言，似乎当时的基督教和天主教国家都反对高利贷。英国亨利八世和伊丽莎白一世就规定最高利率为10%，詹姆士时期则规定最高利率不超过8%，到1652年最高限制进一步降至6%。在国内粮食匮乏危机时常出现的早期，英国常常限制谷物出口，以保证国内供应，平抑粮食价格。16世纪，英国政府就多次颁布出口禁令，抵消国内减收的影响（李新宽，2013）。不过到了17世纪晚期，随着国内粮食产量的大幅增加，英国开始对外低价出口粮食。

此外，不能忽视的是，在长达差不多三个世纪的时间里，重商主义也是引发战争的重要因素。对海外殖民地和西欧霸权的争夺，引发了多次战争，并对经济造成巨大冲击。比如，18世纪初西班牙爆发王位争夺战，到1713年西班牙人均GDP较战争开始前下降16%，其中1706年一年就下降了15%（Thomas and Dimsdale，2017）。

关于重商主义到底是一种实践，还是一种学说，学术界有不少争论。不过，从重商主义持续影响的近三个世纪的发展来看，更多的可能还是一种实用主义的实践总结。熊彼特总结道，重商主义本质上讨论的都是新兴民族国家面临的问题（Schumpeter，1992）。工业革命之前的英国，相对于西班牙和荷兰而言，某种程度上就是追赶者。同时，贸易危机也会助长重商主义的思潮。当然，随着英国霸权的确立以及经济思想的发展，尤其是亚当·斯密以后，英国开始从重商主义政策转向自由贸易政策，古典自由主义大行其道。

国家对农业、劳资关系、跨域贸易流通、贵金属流出的直接控制逐步减弱，自由市场经济逐步成为普遍的社会经济形式。不过，重商主义中通过贸易和市场创造财富、国家介入经济管理的理念深深影响了后来的经济管理（瓦吉和格罗尼维根，2017）。

总体看，随着文艺复兴、大航海时代的开启，西欧逐步走出中世纪的黑暗。在资本的整合和扩张的冲击下，传统农业社会开始瓦解，商业活动蓬勃兴起。国家力量的海外投射，与资本扩张结合，加上前期技术的铺垫，使全球连接性增强，新的贸易和生产形式开始出现，波及范围不断扩大。但是，西欧国家没有摆脱周期性歉收和食物短缺的影响，政府开始越来越频繁地面对产品滞销对流通和原产地的冲击，贸易周期在经济波动当中的重要性更为凸显。与此同时，封建王室贵族阶层对经济的束缚力量逐步被削弱，市场力量反过来重塑国家的职能，国家在宏观管理中开始扮演更为重要的角色。

第四章　工业时代前期的宏观经济管理

工业时代前期，以蒸汽机、电气化为代表的技术革命推动生产力取得前所未有的进步，中世纪以来的欧洲庄园经济从历史舞台谢幕，资本扩张释放了巨大的经济活力，更多生产要素向城市聚集。工业化与城市化，是这个新时代的主题。在生产力发展迸发巨大能量的同时，种种问题也随之出现，资本的内在不稳定性与技术革新、组织创新发生强烈共振，泡沫与危机此起彼伏，资本家与劳工的矛盾日益尖锐，失业与劳资关系成为西方各国面临的问题。城市生活的普及，使社会对公共服务的需求也大幅增加，这些问题都需要宏观经济管理者交出一份新的答卷。

资本内在不稳定性成为经济波动的重要因素

与以往的技术创新相比，这一时期的技术和知识生产专门化水平不断提高，技术进步的连续性增强，资本深化成为经济增长的主要因素之一。随着蒸汽机、电力通用技术的普及，劳动生产力增速进一步上升，剩余积累增多，市场范围继续拓展，非农部门更加壮大，经济结构发生重大变化。在商业时代，经济增长很大程度上来自资本的积累。以英国为例，1760—1820年，资本存量翻了一番，而全要素生产率几乎没有变化，同期人均资本存量增加15%，人均产出增长大约14%。工业革命以后，技术进步速度加快，并进一步为资本积累打开空间。1820—1920年，全要素生产率增长大约90%，人均产出增长近1.2倍，而技术进步能够解释其中3/4的增长（Thomas and Dimsdale，2017）。

资本积累提速的同时，资本天生的不稳定性成为经济波动的重要因素。矿物燃料、机械化大生产的普及，使生产方式和生产关系都发生了翻天覆地的变化。各种新技术、新发现引发的投资热潮也成为经济波动的重要因素。1790年到1794年，英国出现了"运河热"，各处都大规模兴建运河，即使是南方农业区也不例外。1805年开通的93千米的大联运运河使伦敦与利物浦之间的路程缩短一半（邵会莲，1998）。美国引入蒸汽机技术以后，也掀起了铁路投资热潮。从1830年到1840年，美国铁路总里程由23英里上升到2 808英里。到1840年，美国26个州里面只有4个没有铁路。而到1850年，铁路总里程更是上升到30 626英里。整个19世纪40年代，美国铁路投资达到11亿美元，大部分都是私人投资（Pastor et al.，2009）。狂热的投资为1857年的世界性经济危机埋下了伏笔。

这一期间，信用创造更加活跃，金融和实体的互动增强，企业破产波及银行体系，并引发更大幅度波动，成为新的危机表现形式。比如1825年英国金融危机中，大量银行发生挤兑使得整个伦敦市场的流动性枯竭（Neal，1997）。1907年，美国发生的金融恐慌是第一次有记录的影子银行"爆雷"，当时美国一家信托机构投机失利，导致整个信托行业面临挤兑（Frydman，2015）。

与此同时，第一轮全球化蓬勃发展，贸易、投资和移民活动更加活跃。从19世纪20年代到19世纪80年代，美国移民人数从14万人增加到525万人。而全美国人口在1800年也仅有500万人左右。19世纪70年代到一战爆发前，英国的进出口总额达到GDP的60%，德国为40%，法国为30%。[①] 蒸汽船航线、电报网络、铁路的出现，使空间距离大幅缩短，全球连接性空前增强，这也为危机跨境传导创造了条件。这一时期，主要发达经济体逐步采用金本位制度。实施这一货币体系的关键在于黄金的公信力提升和国际合作加强，同时提高了资本跨境便利性，加大了市场共振，金融危机的影响开始超越边境。1857年，美国爆发经济危机，大量投资美国银行、铁路的英国投资者遭受重大损失，整个危机蔓延到英国及欧洲大陆，这是资本主义历史上第一次全球性危机。1890年，阿根廷主权债务违约，持有大量阿根廷国债的英国巴林银行濒临破产，英国银行业发生挤兑。一战以后，英国内部平衡和外部平衡之间的冲突更加凸显，经济周期外溢效应进一步增强。

从"税收国家"向"福利国家"转型尚未完成

1815年前后，拿破仑战争和英美战争基本结束，英国经济空前繁荣，产能扩张迅速，但之后出现严重的产能过剩和经济危机。1817年，英国第一次提出旨在减轻失业、启动需求的公共工程拨款法案（Flinn，1961）。法案批准拨款100万~200万英镑，资助建设运河、港口、道路和桥梁。这是市场经济国家用财政手段缓和经济危机的较早尝试，比凯恩斯主义的提出超前了100多年。

---

① 数据来源：JST Macrohistory Database。

差不多同期，在其他欧洲国家的财政开支中，基础设施建设占比也有所提升。有学者（Nicolas, 1883）的统计显示，法国在1801—1814年公共设施支出占总财政支出的约2.8%，到了1876—1880年该比例上升为9.4%。当然，虽然政府开始意识到公共支出在宏观经济中的作用，但总体看，政府的公共财政支出非常有限。据卡多索等人（Cardoso and Lains, 2010）的统计，在1860年到1910年，英国的财政支出总体占GDP的5%~10%。法国在1870年之前的财政支出大约占GDP的10%，葡萄牙则更少，整个19世纪都维持在5%左右的水平。若将上述数据中的支出去除国防和政府基本运转的开支，真正用于民生与公共设施建设的部分将更少。

熊彼特曾经在《税收国家的危机》（Schumpeter, 1918）一书中提出"税收国家"的概念。19世纪初期，政府财政支出中军费占了较大部分，当时"税收国家"的财政主要是为了维持政权基本运转、维护和平和稳定秩序。与"税收国家"相对的概念是"福利国家"，即政府会通过税收和支出等手段稳定经济、改善民生（刘守刚，2021）。工业革命以后，社会财富迅速增加，国家财政汲取能力提升，这为政府干预经济运行创造了客观条件。与此同时，工业革命带来的失业问题和劳资关系矛盾，以及城市化带来的公共服务需求，也要求财政扮演更加积极的角色。只不过这一时期，财政支出力度仍较为有限，完成从"税收国家"向"福利国家"的转变，是在20世纪后半叶。在整个19世纪和20世纪初，西方国家依然是"税收国家"模式。

从收入结构看，在工业革命之前，经济以农业为主，税收主要来自土地等不动产或者基于农业的消费品。杜威尔（Dowell, 1965）的统计显示，1792年到1793年，英国直接税，如土地、房屋与马车相关的税收等占比约为22.1%，盐糖酒茶烟布等消费品税收占比约为60.6%。工业革命以后，经济价值创造来源和收入结构发生了变化。相应地，为了让税基合理以及促进税负公平，英国发明了所得税。所得税最早在18世纪末由英国时任财政大臣小威廉·皮特提出，后来被废止，直到1843年又重新征收。所得税的征收范围包含一个居民或者家庭的综合所得，包括劳动土地和其他资本所得。有学者研究（Vocke，1866；Rees，1921）指出，1843年英国所得税占财政收入约为10%，到1919年，所得税占财政收入的比重提高到27%左右。与此同时，土地房产税的占比由原来的8%左右下降到0.2%左右（见表4.1）。

表4.1 英国税收收入结构

税收种类	1843年 金额（千英镑）	占比（%）	1919年 金额（千英镑）	占比（%）
总计	52 583	100.0	1 339 571	100.0
其中：				
关税	21 037	40.0	149 360	11.1
消费税	12 878	24.5	133 663	10.0
所得税	5 249	10.0	359 099	26.8
土地房产税	4 190	8.0	2 640	0.2
印花税	6 948	13.2	22 586	1.7
遗产税			40 904	3.1

资料来源：Vocke（1866）与Rees（1921）。

由于社会阶层分化、贫富差距扩大以及劳资矛盾恶化，英国也出现了作为社会调节手段的累进税机制。杜威尔（Dowell，1965）认为，英国在18世纪末实行的所得税就是累进税，黑克尔（Heckel，1907）的研究指出，1820年德国就将公民划分为5级，分别征收不同的税率。到1890年，德国已经形成比较完善的累进所得税体系，对低于900马克的收入免税，对高于10万马克的收入征收2.82%的所得税（Strutz，1902）。

税收结构的变化，一方面与经济价值创造模式的变化相关。这主要是因为工业革命以来，居民财富来源发生了变化，雇佣工人又改变了劳资关系。另一方面，则与国家能力的增强有关。从以土地和消费品税收为主，转向以所得税为主，征收难度有所加大，必须提高国家征税能力。

金本位从流行到逐步瓦解

19世纪中叶，欧洲大部分国家使用黄金或者白银作为货币。在19世纪的最后25年内，逐渐改为单一的金本位。英国是最早采用金本位的国家。1816年，英国通过了《金本位制度法案》。1871年，德国确立了金本位制度。1873年，荷兰采用金本位，5年之后瑞士和比利时也实施金本位。19世纪末期，世界上主要的资本主义国家都基本确立了金本位。

选择金本位，与黄金稳定的价值有关。毕竟黄金的总量是有限的，主权国家受到约束，不能滥发货币，从而避免了通货膨胀。从1870年到一战爆发，英国年均通胀率为 -0.03%，美国的年均通胀率为 -0.45%（Jorda et la.，2017）。[①] 稳定的币值使得黄金成为硬通货。同时，金本位可以帮助调节国际收支的平衡，贸易盈余国家输入大量黄金使得物价上涨，减弱其贸易竞争力，从而

---

① 数据来源：JST Macrohistory Database。

形成自动稳定器，避免资本持续流入与流出。此外，金本位能够大行其道，也和英国的霸权有关。在科技与经济方面，英国是当时最先进的国家，其他国家为了与英国开展贸易，自愿融入英国已经实施的金本位制度。当时，多国贸易的结算是以伦敦作为枢纽的（Saul，1960）。英镑也是世界货币，具有特殊地位，是主要的储备货币。有学者（Lindert，2000）的统计显示，1913年英格兰的银行储备是黄金，价值约为3 400万英镑，而全世界其他国家共持有8 900万英镑的外汇储备。

不过，一战的爆发使金本位的运行中断。国际金本位体系能够运行的重要原因是黄金可以无限制流动。但在一战时期，黄金被用于购买军火，各交战国限制黄金流通，宣布停止黄金与货币的兑换，以及本币与外币的兑换。一些中立国，如挪威、瑞典和西班牙等为了防止大量黄金流入引起通胀，对黄金进口设置了障碍。同时，国际贸易活动也受到战争影响。由于金本位体系瘫痪和国家交战影响，主要国家都发生严重的通货膨胀。根据国际联盟（League of Nations，1946）的统计，若将1913年英国的消费物价水平标准化为100，那么1920年英国的消费物价水平为278，法国为424，德国为1 158。

一战之后，各国试图恢复金本位体系，但是战后的经济状况难以支撑金本位恢复。以英国为例，其恢复金本位的计划得到了纽约联邦储备银行的支持，美国通过宽松的金融条件减少了英国恢复金本位的困难（Clarke，1967）。1925年，时任英国财政大臣丘吉尔废除了黄金输出禁令，同年通过了《1925年金本位法案》重新实施金本位。并且，为了维持良好的信誉，英国坚持采用战前1英镑兑换4.86美元的汇率。但是，英国的经济状况和国际收支已经无法支持该汇率。虽然英国当局希望保持轻微通货紧缩，同时不影响经济，以维系金本位，但是 1925 年之后英国的物价不断下降（Moggridge，1972），英镑币值高估压力较大。英国政府本来希望对国际资本市场采取自由放任的态度，最终却发现需要被迫对黄金和外汇市场进行干预（Sayers，1976）。大萧条爆发后，英国经济再也无法支持金本位，世界其他各国也纷纷放弃金本位，英国、美国和法国分别于 1931 年、1933 年和 1936 年放弃黄金兑换。金本位就此终结。

除了战争因素以外，工业化和生产力的发展，也是金本位受到冲击的重要因素。一方面，黄金产量无法满足经济增长的需要，经济运行面临长期通货紧缩风险。1890 年，美国通过《谢尔曼白银采购法》，要求财政部大量采购白银以探索金银复本位的可能性。其中一个重要的动机是当时白银生产旺盛，将其作为通货可以避免紧缩以促进经济繁荣。虽然这一想法在 1893 年以引起恐慌结束，但也可以看到，金本位下的通货紧缩压力阻碍了经济发展，无法适应生产力的发展需要（Crete Gore et al.，2016）。另一方面，黄金储备集中度较高，黄金自由流动受到影响，这对金本位体系的运行非常不利。1913 年，全球中央黄金储备约为 4 859 万美元，而美、英、法、德四国的中央黄金储备就占 2 413 万美元。

总的来说，金本位的出现和消亡与生产力水平的发展密不可分。随着工业革命持续推进，金融活动和跨境贸易的需求上升。稳定的货币信用体系使金本位符合当时欧美各国的利益。但是随着生产力的进一步提升，黄金的有限供给和黄金在各大国受到的垄断使得金本位无法满足经济发展的需求。金本位最终在大萧条中退出历史的舞台。

中央银行对信用的管理并不积极

对于该时期的主要中央银行来说，最重要的调控工具是贴现率（Bagehot，1878；Bloomfield，1959）。贴现率的调节主要是为了保持本币汇率稳定，维持金本位体系正常运转，并不直接针对就业与通货膨胀。如果按照央行货币政策目标来划分（Morys，2013），当时的欧洲国家可以分为中心国家（英、法、德、荷、比）与外围国家（挪威、瑞典、奥匈帝国、塞尔维亚、意大利、保加利亚、罗马尼亚等）。中心国家货币政策的主要目标是维持货币与黄金的兑换比率稳定，而外围国家主要是维持央行储备覆盖率（即储备与流动负债的比例），外围国家的政策有效性更弱，需要维持覆盖率以稳定对本币的信心，宏观经济指标反而是相对次要的调控目标。可见，"三元悖论"在金本位时期就已经存在，货币政策的自主性相对有限（Obstfeld et al.，2005）。

在这样的背景下，宏观调控当局在面对经济危机或金融危机时所起的作用也十分有限。由于金本位的限制，央行很难像今天的美联储那样，释放大量流动性资金以缓解危机。以英国为例，1825 年 9 月英国众多实业公司倒闭，到 12 月，危机明显波及金融系统，大量银行发生挤兑。政府在直接面对危机时仅采取两项数额较小的挽救措施。首先政府要求英格兰银行释放 50 万英镑的流动性资金，之后又发放 200 万英镑的财政部汇票以救助企业和银行。这样的救助规模杯水车薪，当时一家公司倒闭时可能无法支付的债务规模就有数十万英镑（徐滨，2017；Neal，1997）。当时的危机主要依靠市场自身进行调节。

美联储成立以前，美国的《国民银行法》也没有授予美国财政部在无抵押情况下紧急贷款的权力，因此当局无法直接开展危机救助。1907年美国的信托机构做空联合铜业股票，遭受巨额亏损，最终引发信托机构的挤兑。由于没有官方组织出面救助，而且信托机构也不是银行间清算所的成员，因此救助难度较大。最后还是依靠摩根大通救市，其充当了最后贷款人的角色（Frydman et al., 2015）。

在实践中，人们也逐步意识到金本位对货币政策的限制，以及通货紧缩会抑制经济发展。因此，大萧条之后，各国纷纷脱离金本位，提高央行积极行动的能力。值得注意的是，虽然金本位时代央行对经济的直接干预不多，但历次金融危机促进的改革，加快了现代金融体系的建立。例如，1825年的金融危机后，英国对银行进行股份制改革，增强了银行体系的稳健性。1907年，美国爆发严重的金融危机以后，在1913年成立了美联储。

自由贸易被更多国家所采用

整个19世纪，西方世界中既有采取自由贸易政策的国家（如英国），又有实行贸易保护的国家（如美国、德国）。这主要取决于该国的工业水平以及在世界市场上的竞争力。

自拿破仑战争以来，英国的工业水平飞速发展，1810年，英国农业对国民收入的贡献比工业高70%，但是到了1840年，工业的贡献已经比农业高60%。英国工业水平稳居世界第一，贸易保护已经不再有利于本国发展。英国保守党一度为了保护地主阶级的利益，使用《谷物法》保护本国粮食产品。但这一做法对英国制造业极为不利，一方面该做法遭到各国报复导致英国工业产品出口受到影响，另一方面，较高的粮食价格会提高工人的工资。英国工商界在1838年成立"反谷物法同盟"对此展开斗争，1846年《谷物法》被彻底废除。该事件标志着英国彻底进入自由贸易时代（McCord，1958）。

英国的自由贸易政策显然影响了当时的欧洲大国。19世纪六七十年代，欧洲出现过一段短暂的自由贸易时期。拿破仑三世曾经在英国长期居留，是自由贸易的支持者。在其推动下，1860年英法两国签订了《科布登－谢瓦利埃条约》，两国互相降低贸易限制，并给予对方最惠国待遇（Dunham，1930）。此后，在1861年到1866年，比利时、德国、意大利、瑞士、瑞典、挪威、西班牙、荷兰、奥地利相继加入《科布登－谢瓦利埃条约》网络（Ame，1876）。在这一短暂的自由贸易时代，欧洲各国平均关税下降50%。

与欧洲国家不同，美国具有深厚的贸易保护传统。1791年，汉密尔顿发表了《关于制造业的报告》，系统阐述了制造业立国以及通过关税保护幼稚产业的想法（Irwin，2004）。而19世纪初期英美的摩擦也促使以农业立国的美国保护与发展制造业。在南北战争之后，北方制造业集团获得主导权，美国彻底实行有利于保护本国制造业的高关税政策。[①] 在1913年左右，英国的制造业关税极低，欧洲大陆的平均水平为19%，而美国的平均水平是44%。大萧条促使美国采取更激进的关税政策，1930年，《斯穆特－霍利关税法案》（Smoot-Hawley Tariff Act）通过，美国关税达到历史上最高水平，许多制造业产品关税达到60%，而作为报复，其他国家也大规模提高了对美国产品的进口关税。

总的来说，工业革命以后，本国工业水平是贸易政策选择的主

---

① 当时南方农业利益集团在国际市场上有比较优势，不希望采用高关税政策。

要推动力。有工业优势的英国根据自己的经济状况，率先选择了自由贸易，而后发的美国面对一开始的工业劣势，选择了"重商主义"路线，进行贸易保护。事实上，在第二次工业革命后，英国的优势渐渐减弱，也出现了多次贸易保护主义浪潮。1881年，英国发生了"公平贸易运动"，1903年张伯伦发起"关税改革运动"，1932年英国实行帝国特惠制（刘强和谢雪，2021）。另一个影响贸易政策选择的因素是本国的利益斗争，主要表现为工业资产阶级与贵族地主阶级的斗争。比如前文提到的英国的《谷物法》与"反谷物法同盟"。而美国的南方农业集团与北方制造业集团的利益斗争也促使美国在19世纪前半叶的贸易政策有所摇摆。

社会保障从无到有

在工业革命前期，国家承担的社会保障职能并不多。从中世纪到工业革命前期，非官方的社会慈善救助尤其是教会的救助，一直是最为重要的救助形式，而官方提供的社会保障措施非常有限。英国相对特殊一些，宗教改革后，政府用《济贫法》和济贫院替代了以教会为核心的社会救济体系。这也是为数不多的官方救济案例（丁建定，2010）。

随着工业化和城市化的进一步发展，原来的教会救济和济贫院体系已经无法适应新的社会保障需求。城市人口增多，潜在保障需求上升。1838年英国济贫法委员会报告认为，流行病和传染病增加了济贫税负，劳动者患传染病后需要救济，劳动者死亡后其家属也需要救济（Fraser，1973）。经济危机登上了历史舞台，失业成为一个周期性的社会问题。工业革命以后，劳动力相对于资本、技术

第四章　工业时代前期的宏观经济管理

要素的弱势，使得工人的权利得不到保障，工人运动此起彼伏：1831年到1834年，法国里昂工人起义；1836年到1838年，英国工人宪章运动；1844年，德国西里西亚纺织工人起义。劳资矛盾以及新的失业问题，迫使西方国家政府重新思考社会保障问题。

19世纪末到20世纪初，一些国家开始实施社会保险制度。有学者（Gough，1979）指出，社会保险是高度工业化时代的产物，在社会风险随着社会财富增长而上升时，需要一种成建制的广泛的保障措施。俾斯麦创立了世界上第一个国家主导的面向社会全体成员的保险制度。这一措施效果显著，被其他国家效仿。英国在20世纪初相继颁布《国民保险法》《国民工业伤害保险法》《失业保险法》，逐步由以教会为主的施舍变为由政府主导的以社会保险为核心的社会保障体系。

尽管如此，罗斯福新政甚至二战之前，系统性的、多层次的社会保障制度并没有出现。到1942年，英国才发布《贝弗里奇报告》，系统阐述了"从摇篮到坟墓"的全面的社会保障体系。德国虽然在《魏玛宪法》中提出要促进社会保障，但大萧条和法西斯统治抑制了其社会保障制度的完善进程。事实上，20世纪初的社会保障制度更多从属于政治目标，动机在于尽可能维持社会稳定。相对而言，公平正义、社会道德、协调发展等经济社会目标则处于次要地位（丁建定，2010；郭林等，2013）。

从客观条件来说，现代社会保障体系的出现离不开社会财富的增加以及国家能力的上升。从需求来说，失业与经济危机、城市化相关的公共需求，都要求政府对居民的生活担负起更大责任。19世纪后期，各国纷纷建立的社会保险制度，正是对这一需求的响应。当然，这一时期的社会保障体系只是初步发展，要到二战以后，完善的社会保障体系才逐步建立。

总体看，工业革命之后，西方国家的经济模式与社会模式发生了天翻地覆的变化，宏观政策也紧跟着生产力发展水平的变动逐步调整。当资本在经济中起到更大的作用时，稳定便捷的货币金融体系显得尤为重要，这促成了金本位的出现与消亡。经济周期随着资本的收缩和扩张，变得比以往更为常见。危机、失业、劳资矛盾等新的问题不断出现，促使政府采取更多的财政与公共政策手段应对。资本在全球范围内整合资源，商品、人员跨境流动更加频繁，关税保护壁垒受到冲击，自由贸易的理念被更多国家所接纳。在工业革命前期，各主要国家在利用宏观政策促进经济社会稳定方面，进行了持续探索，但现代意义上的宏观治理体系还要等到二战之后才逐渐成形。

第五章　大萧条以来的宏观经济管理

20世纪30年代的大萧条以后，罗斯福新政和凯恩斯革命重塑了宏观经济学，政府介入经济事务的范围远远超过斯密的定义。但理性预期革命和里根时期的供给经济学，则标志着学界对政府角色的重新反思。随着东西两大阵营对峙结束，新一轮全球化深入推进，宏观调控体现了更多新自由主义的观点，但同时资本内生的不稳定特性也导致了更大的危机。国际金融危机和大衰退意味着这一轮超级全球化达到顶峰，民粹主义和保护主义思潮抬头，低增长、负利率和高债务叠加，传统宏观调控再一次面临挑战。

大萧条以来的经济增长和波动机制

从片段史的角度看，1930—1970年，尤其是1930—1950年世界经济从萧条走向繁荣，生产率从低迷走向加速体现在多个方面。裁员、工会、战争等因素加快了设备投资对劳动力的替代。战后经济恢复提高了资本利用率，增强了技术"在干中学"。电气化通用技术进一步普及，设备质量加快改进，单位设备动力大幅增加，促使生产的连续性和标准化程度大大提高，大规模生产成为可能。生产、流通和消费的时空特性都发生较大改变。二战以后，作为前沿国家，美国劳动生产率的提升主要来自技术创新，但技术与资本的互动也达到了新高度，创新活跃度与资本市场波动的关系更为紧密，技术进步呈现更多资本偏向性的特点。

表5.1 美国经济核算（贡献率,%）

年份	资本	劳动	TFP	GDP
1955—1965	37.4	31.7	30.9	100.0
1965—1975	49.0	40.6	10.4	100.0
1975—1985	42.0	45.4	12.6	100.0
1985—1995	43.1	37.8	19.1	100.0
1995—2005	45.5	22.2	32.3	100.0
2005—2015	56.3	27.2	16.5	100.0
2015—2019	37.5	36.2	26.3	100.0

资料来源：PWT。

技术和组织方式的改进继续突破时间限制。由于在干中学、电气化、标准化等因素，制造业生产一个新产品所需要的时间大大缩短，企业家更愿意使用集约劳动力。同时，电气化的普及，促使生产的连续性和标准化程度大大提高，大规模生产成为可能。

后发经济体更是呈现压缩式增长的特征。比如，我国经过四十多年的发展，走完了欧美经济体上百年的道路。当然，压缩式增长可能会伴随着更大程度的结构不平衡，这也意味着，后发经济体的增长和波动特征、要素互动的特点、信用作用机制等可能与先发国家有较大差异。就增长贡献而言，除了技术创新和技术引进以外，资本积累和劳动力速度提升都更为重要。1980—2010年，在我国经济增长贡献当中，技术进步贡献了三分之一左右，其余分别是资本、劳动数量和劳动质量的贡献。

　　信用在经济波动中继续扮演着重要角色。大萧条很大程度上是货币当局对信用管理不当造成的一场危机，货币供应超量、银行倒闭、金本位束缚以及国际信用收缩共振，都加重了危机的冲击，导致经济长期陷入萧条。20世纪50年代的美元荒表明以美元为中心的国际货币体系无法避开特里芬难题。而之后的拉美债务违约、亚洲金融危机、互联网泡沫和国际金融危机则意味着，货币错配、资产负债表错配、国际失衡将诱发和放大信用冲击，导致实体经济低迷，而且这种影响会超越国别。

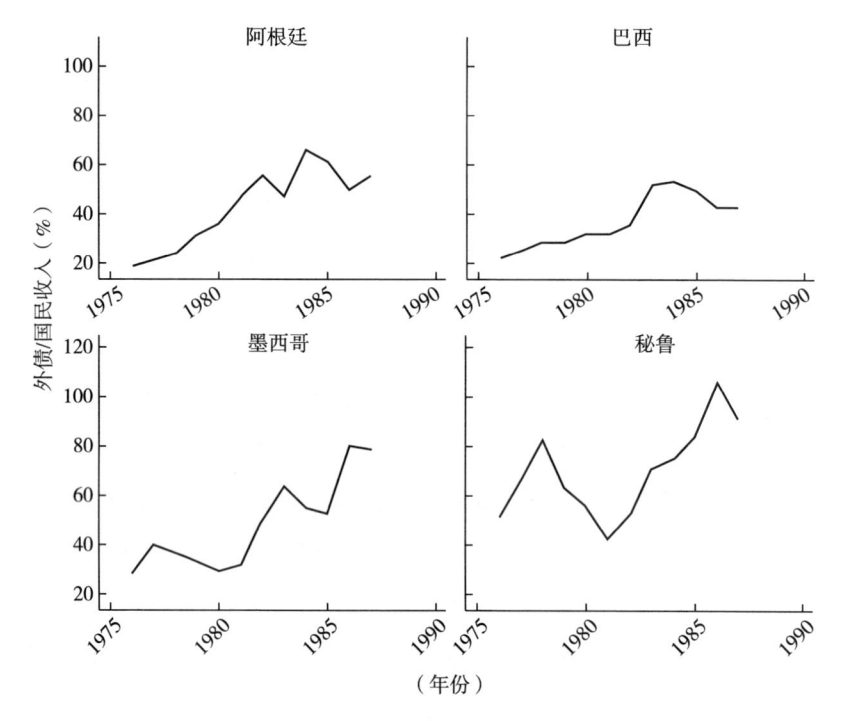

图5.1　拉美国家外债变化

资料来源：IMF。

20世纪70年代，受到发达国家低利率的影响，大量资本流入拉美国家，拉美国家的债务总量迅速上升，1970年到1984年，外债占GDP比重从14%上升到52%，阿根廷从1974年到1984年，外债占GDP的比重从10%上升到65%。但1979年到1982年期间，美联储开始加息，资本回流美国。拉美国家无法再借到外债，从1982年开始，墨西哥首次主权债务违约之后，巴西、委内瑞拉、阿根廷、秘鲁和智利等国也相继发生债务违约或者延期支付，一时间拉美各国面临主权债务违约、银行倒闭和汇率大幅贬值叠加的三重危机。

20世纪80年代末到90年代初，东南亚经济体高速增长，同时大量资本流入。1990—1997年，泰国、马来西亚、印度尼西亚的经常账户赤字占GDP的比重均值分别为6.9%、5.7%、2.6%。资本大量流入的过程中，上述经济体的房地产市场和股市产生了很大的泡沫。同时，外债的积累也让经济变得更为脆弱。1997年前后，国际金融市场的游资开始做空上述国家的货币和股市，维持本币兑美元汇率的难度加大。当这些国家被迫放弃固定汇率后，它们的货币大幅贬值，资本加速外逃，股市暴跌，经济遭受重创。

发达国家同样也无法避免金融危机。20世纪90年代，互联网技术快速发展，加上低利率刺激，互联网公司股价大幅飙升，狂热的炒作使良莠不齐的互联网概念股跟风上市，吹大了股市泡沫。美联储提高利率以后，互联网泡沫随之破灭。2008年国际金融危机则是第二次世界大战之后，对资本主义世界冲击最大的一次危机。美联储长期实施宽松的货币政策，加上金融自由化大行其道，房地产市场火爆，居民杠杆率不断上升。新的金融技术，比如资产证券化，让商业银行把风险转移到表外。以房地产抵押支持证券作为底

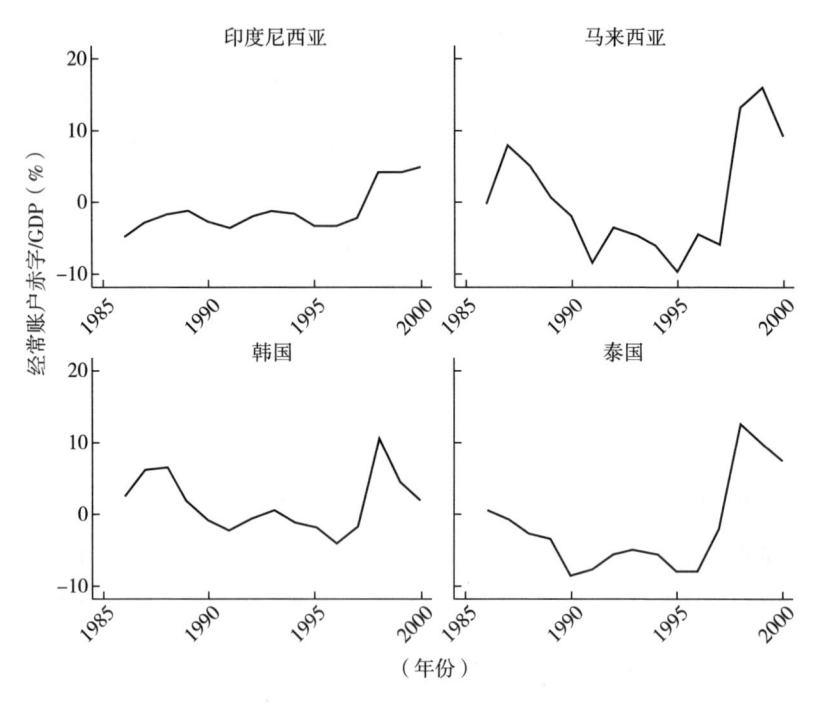

图 5.2 东亚和东南亚国家外债变化

资料来源：IMF。

层资产的衍生品，如信用违约互换（CDS）几十倍甚至数百倍于底层资产。当货币开始紧缩、房价不再继续上升时，房贷违约增多，结果导致大量持有相关衍生品的金融机构亏损甚至破产，最终雷曼兄弟倒闭，引发全球性的金融海啸。

福利国家逐渐成形

20世纪20年代以来，用财政支出占GDP的比重测算，全球主要经济体的政府规模均呈扩大趋势，总体符合瓦格纳法则（Wagner, 1890）。1921—2017年，美国财政收入占GDP的比重从7.5%上升到17%，财政支出占GDP的比重从6.8%上升到20%。英国的财政收入和支出占GDP的比重从20%左右上升到40%左右。同期日本的财政支出占GDP的比重也从9%上升到15%。丹麦、瑞典和挪威等高福利水平的北欧国家，财政收入和支出占GDP比重上升幅度更为明显，到2017年已经平均在40%左右（Jorda et al.，2017）。从演变过程看，尽管在大通胀时期，部分国家选择了减税以及压缩政府支出，但对财政收入和支出总体上升的趋势没有明显影响。

从另一个角度看，西方各国财政收入和支出的增加，意味着国家对宏观经济管理的介入程度更深。美国财政部的数据显示，1913年联邦政府支出中97%以上为国防、邮政、行政以及利息支出，但是到1990年，卫生和福利支出占比上升到46.5%，而国防和行政支出占比降低到46%左右（Stanley，2008）。

大萧条以后，政府更加积极地应对失业和贫富差距等问题，社会保障功能更为完善。1942年11月，英国著名经济学家威廉·贝弗里奇撰写了著名的《社会保险和相关服务》，也就是《贝弗里奇报告》。该报告首次确立了社会保障的普遍性原则，使社会福利覆盖"从摇篮到坟墓"的各个方面，包含九种保险，分别为：失业、伤残和培训保险金，退休养老金，生育保险金，寡妇保险金，监护人保险金，扶养补贴，子女补贴，工伤养老金，一次性补助金（包括结婚、生育、丧葬和工亡四种补助金）（刘晓梅和闫天宇，2020）。不过，贝弗里奇奠定的福利制度运作了大约30年后，"福利国家"的危机开始显现，20世纪70年代的滞胀使人们重新反思福利制度对财政可持续性的影响。保守党政府上台以后，大规模削减福利水平。但从趋势上看，二战结束至今，英国的社会福利水平是在不断上升的（丁建定，2010）。美国在1935年通过了《社会保障法》，该法奠定了美国社会保障制度的基本法律框架（Stanley，2008）。社会保障覆盖的范围和主体均有所扩大。到20世纪70年代初，美国社会保障体系的受益者由65岁及以上的老年人、盲人、未成年人和残疾儿童扩大到95%的美国民众（王楠，2017）。当然与英国一样，美国在20世纪70年代出现滞胀，也迫使政府在社会福利和财政可持续性中间做出取舍。

应对重大危机，也是政府加大财政支出力度的重要原因。无论是2008年国际金融危机，还是2020年新冠肺炎疫情冲击，政府为了对冲经济下行压力，缓解失业和贫富差距等社会问题，都加大了公共财政支出力度。以美国为例，政府支出中社会福利转移占GDP的比重，在1975年之前曾快速上升，1975—2008年新自由主义时期增长相对缓慢，但是金融危机之后则是跨越式上升，从10%跃升到15%左右。而新冠肺炎疫情之后，政府的转移支付占GDP比重再次剧烈上升，最高时接近30%。

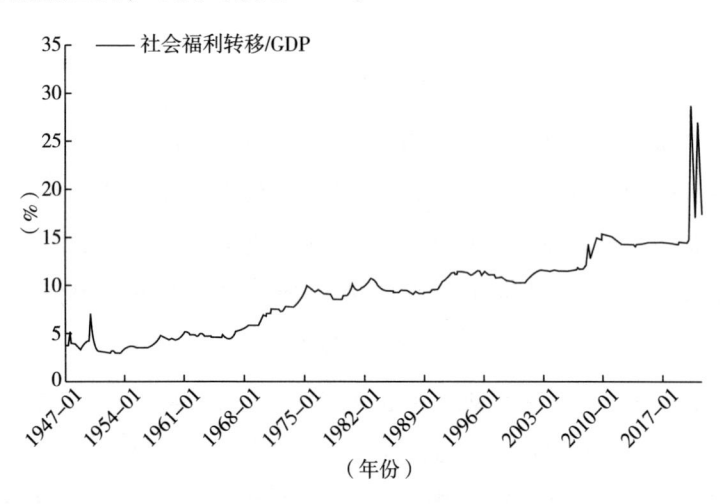

图5.3 美国社会福利支出占GDP的比重

资料来源：FRED。

实际上，日本也采用了扩大财政支出的方法。一战之后，由于地震、农业歉收等因素，日本陷入长期萧条。1932年，时任大藏相（财政部长）的高桥是清，采取了类似于凯恩斯主义的政策，他在不增加税收的情况下通过发行债券大规模增加赤字（Cha，2003；Metzler，2009）。1931—1936年，日本30%的政府开支靠借款，日本国债从60亿日元上升到100多亿日元，在一定程度上缓解了日本经济萧条的压力。若将1929年工业生产指数和就业指数标准化为100，则1938年日本的工业生产指数和就业指数分别为173与154，而同期美国的两个指数分别为72与82（Schumpeter et al.，1940）。

从通胀盯住制到非常规货币政策

大萧条之后，货币政策一度仍受制于财政部门。20世纪30年代到60年代，美国货币政策独立性受财政部的影响较大。尽管美国在1913年就通过了《联邦储备法案》，但直到1951年，美联储和财政部达成协议，前者才正式获得制定货币政策的独立权。此外，在布雷顿森林体系下，美元与黄金挂钩，美国货币政策的自主空间也受到一定限制（陈丰，2017）。

到1970年，西方发达国家面临滞胀挑战。失业和通胀之间的跷跷板效应减弱，菲利普斯曲线失效，权衡取舍的余地明显收窄。同时，财政政策的刺激也在边际减弱。此时，宏观调控当局意识到，货币政策应当把应对通胀作为首要目标。1979年，沃克尔出任美联储主席后，决定专注于应对通胀这一目标，以非常强硬的手段提升利率。联邦基金利率一度上升到15%以上，与之相伴的是短暂的高失业率。随着通胀预期逐步趋于稳定，通胀水平明显回落，经济波动幅度降低，经济进入大缓和时期。新西兰、欧盟等发达经济体也陆续将通胀水平作为制定货币政策的锚。

不过，2008年爆发的国际金融危机，暴露出传统货币政策的不足。零利率下界限制了常规货币政策功能，正常的利率传导机制明显不畅，经济恢复面临流动性陷阱的挑战。美联储以往的公开市场操作主要是购买短期国库券，以压低短期无风险利率。但是当短期无风险利率触及零下限时，再进一步降低利率甚至采用负利率的政策，边际效应就会大为减弱。为此，美联储、欧央行等引入了日本在经济泡沫破灭后的做法，即大幅扩张央行资产负债，实施量化宽松政策，向经济注入大量流动性。量化宽松允许美联储大举购买长期国债和抵押支持债券，从而降低期限溢价和风险溢价。在国际

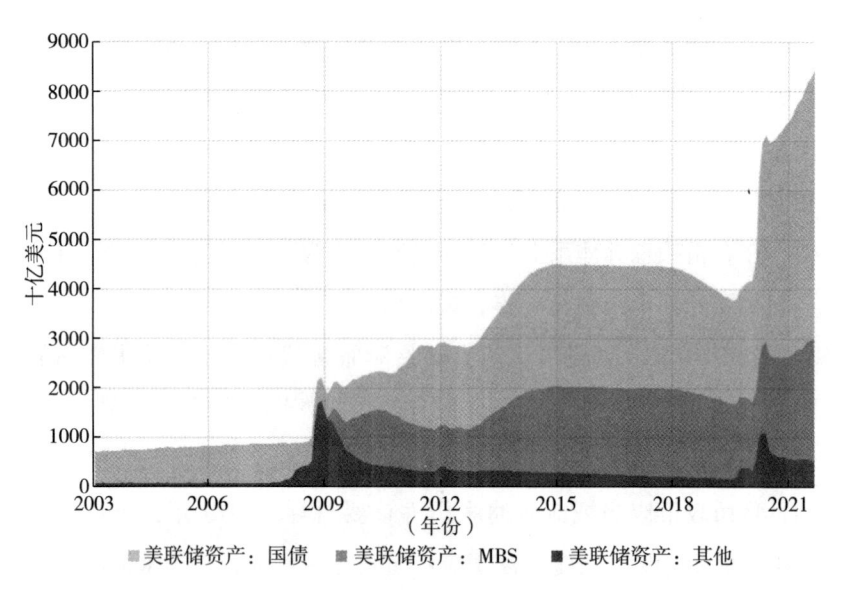

图5.4　美联储资产负债表

资料来源：FRED。

金融危机发生之前，美联储并不持有非国债资产，但金融危机之后，美联储购入了大量抵押支持债券和其他资产。新冠肺炎疫情发生以后，美联储资产负债表规模进一步扩大。2021年的资产负债表规模大约是国际金融危机之前的8倍。

加强宏观审慎管理

在这一时期，金融自由化步伐加快，金融结构也发生了翻天覆地的变化。1950年，50%以上的金融中介资产都是商业银行资产（Goldsmith，1976），但到1970年，商业银行资产比重下降到37.4%，1990年则进一步下降到27%（Federal Reserve，1971）。与此同时，互助基金与货币市场基金从无到有，到了1990年已经占有8.7%的份额（Federal Reserve，1991）。同时，《格拉斯－斯蒂格尔法》设置的分业经营限制也逐步被突破。1998年，商业银行花旗银行与保险业旅行者集团合并。1999年，美国通过现代金融服务法案，进一步允许混业经营。但金融自由化在促进金融创新的同时，也产生了大量的监管空白地带，为后续金融危机埋下了伏笔。

随着非银行金融机构的扩张，表外融资方式不断丰富，其中就包括资产证券化。美国的资产证券化发源于其20世纪60年代的婴儿潮，主要是指金融机构以住宅按揭、信用卡、汽车贷款、应收账款、租赁应收款等资产的现金流发行证券，从而将表内资产剥离。20世纪70年代以后，一些储贷机构相继发生危机，监管部门对金融机构的自有资本比率设限，银行为满足资本充足率要求，将资产证券化的基础资产从住房抵押贷款扩展至其他金融资产，资产证券化产品规模也显著扩张（高蓓等，2016；斯坦利，2008）。2008年

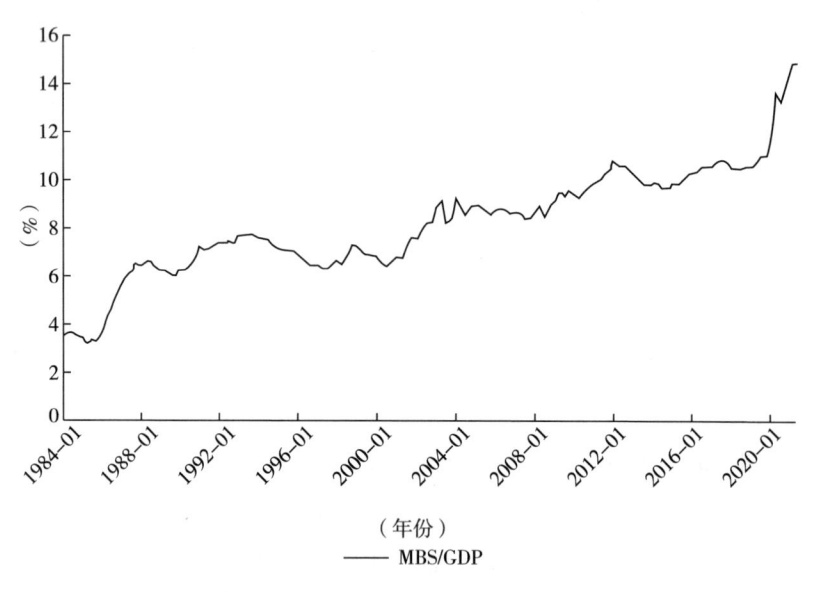

图5.5 美国机构抵押债券占GDP比例
资料来源：FRED。

全球金融危机爆发前，美国金融机构抵押债券大约有10万亿美元，欧洲资产证券化产品规模也有明显增加（高蓓等，2016）。

要应对愈加复杂的金融创新，金融监管也需与时俱进。早在20世纪70年代，明斯基就提出了金融不稳定假说。他认为当经济繁荣时，投资者风险偏好上升，会举债进行大量投资，信贷扩张。但当经济衰退时，投资者无法偿付债务，放贷者会收缩信贷，资产价格崩溃。这一理论意味着宏观当局需要采取措施控制杠杆率和投机行为，即实施宏观审慎管理。不过，一直到2008年全球金融危机之后，各国才开始重视宏观审慎管理。

2010年，美国通过《多德-弗兰克法案》，要求监管机构关注系统性金融风险，禁止商业银行混业经营，加强对银行资本充足率的要求。同时，还创设了金融稳定监管委员会（FSOC）和大型机构监管协调委员会（LISCC）。后者对系统重要性金融机构的资本充足率、资本质量和风险管理提出严格要求。同时，美联储的监管职能也得到进一步扩充，并牵头对大型金融机构进行了压力测试（CCAR）和"综合流动性分析和审查"（CLAR），制定了大型金融机构的破产有序清偿制度。

英国在2008年全球金融危机之后也加强了宏观审慎管理。英格兰银行设立了金融政策委员会，负责宏观审慎，并且强化了央行在整个金融体系中的地位。原来的"金融服务局"被拆分为"审慎监管局"和"行为监管局"。2015年之后改革进一步深化，审慎监管局并入英格兰银行，成立审慎监管委员会。

在国际层面，《巴塞尔协议Ⅲ》陆续被各国采纳实施。商业银行的一级资本充足率由4%上调到6%，同时计提2.5%的防护缓冲资本以及不高于2.5%的反周期准备资本。合计起来，核心资本充足率要求达到8.5%~11%。总的来说，大萧条之后货币政策在宏观调控中的地位更为重要。而金融自由化和信用周期波动，也要求宏观当局对金融机构的加杠杆行为进行管理，宏观审慎监管成为货币政策的有效补充。

提高贸易便利化水平

二战结束后，主要国家汲取了两次世界大战的教训，开始构建新的国际经贸秩序。国际货币基金组织、国际复兴开发银行（世界银行前身）、关贸总协定（世贸组织前身）相继成立，标志着国际经贸治理的框架基本成型。同时，主要市场经济国家之间，贸易和资本流动障碍或门槛不断降低，商品、资金、技术、信息跨境流动的便利性不断提高。20世纪60年代，全球货物出口总额占GDP的比重不到10%，到2008年金融危机前一度接近25%。

在二战之前，美国就已经开始改变19世纪以来的贸易保护政策。罗斯福政府意识到，《斯穆特－霍利关税法》招致的贸易报复可能会引发更严重的经济衰退，同时迫使贸易伙伴转向其他竞争对手。1934年，美国通过了《互惠贸易协定法》，授予美国总统同外国政府进行贸易谈判的权力。

二战以后，美国的经济、科技和军事实力全球领先，更愿意采取自由贸易政策。同时，美国在与苏联的意识形态对抗中，需要团结盟友，促进西欧经济恢复。到20世纪60年代，美国实施了更为自由的贸易政策，以进入欧洲市场。1962年，《贸易扩展法》进一步要求减免关税，并赋予总统更多减税的权力（白彦锋和赵聪，2020；倪峰和侯海丽，2019；Baldwin，2012）。

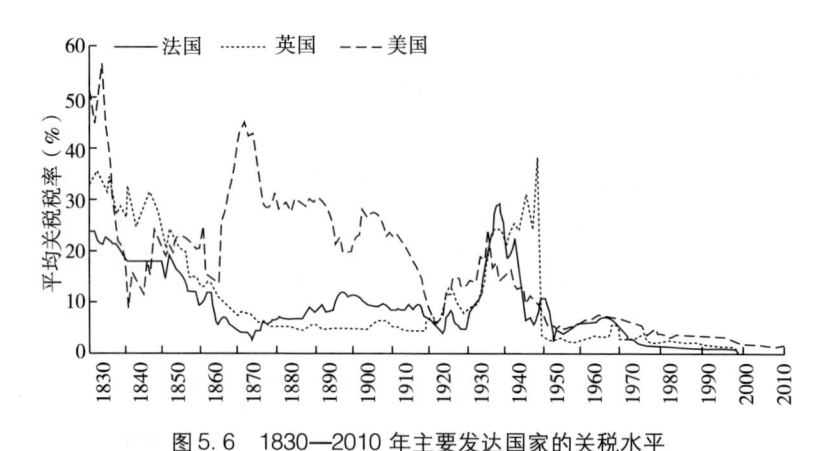

图 5.6　1830—2010 年主要发达国家的关税水平

资料来源：*Lmlah*, *Economic Elements*。

不过，由于发达国家国际收支恶化、国内工作岗位流失，新一轮的贸易保护主义又有所抬头。与旧的贸易保护主义不同的是，新贸易保护政策往往诉诸一些非关税措施，比如反倾销、反补贴、进口许可、环境保护、劳工权益、知识产权保护等。美国在1974年出台的《贸易改革法》，将"自由贸易"改为"公平贸易"，增强对国内产业的保护措施。1984年，美国通过《贸易与关税法》，授予美国贸易代表主动行使301条款的权力，以"公平"之名，行"保护"之实（白彦锋和赵聪，2020；倪峰和侯海丽，2019）。当然，总的来看，二战以来，全球化是一个大的趋势。如果将时间维度拉得更长一些，我们可以看到，二战以后无论是之前采取贸易保护政策的美国，还是实施自由贸易政策的英国，关税税率与整个19世纪相比都显著下降，贸易便利化水平明显提高。

更加注重技术创新和扩散

熊彼特在其著作《资本主义、社会主义和民主》中曾经指出，二战以后工业化的研发模式替代了发明家—企业家模式。以美国为例，研发支出占GDP的比重也由1947年的1%上升到2020年的3%。此外，战争期间国家对军事技术的研发，也让人们认识到国家组织研发的巨大威力。加大国家对技术研发的投入，不仅可以比较快地实现目标，比如"曼哈顿"计划仅用三年就让原子弹从一个理论构想变为现实，而且可以产生明显的外溢性，促进民用领域的快速发展。时任美国总统顾问范内瓦·布什，1945年提交了一份《科学：无尽的前沿》报告，提出政府要加大对有巨大潜在价值的基础科学研究的支持（沈梓鑫和江飞涛，2019）。

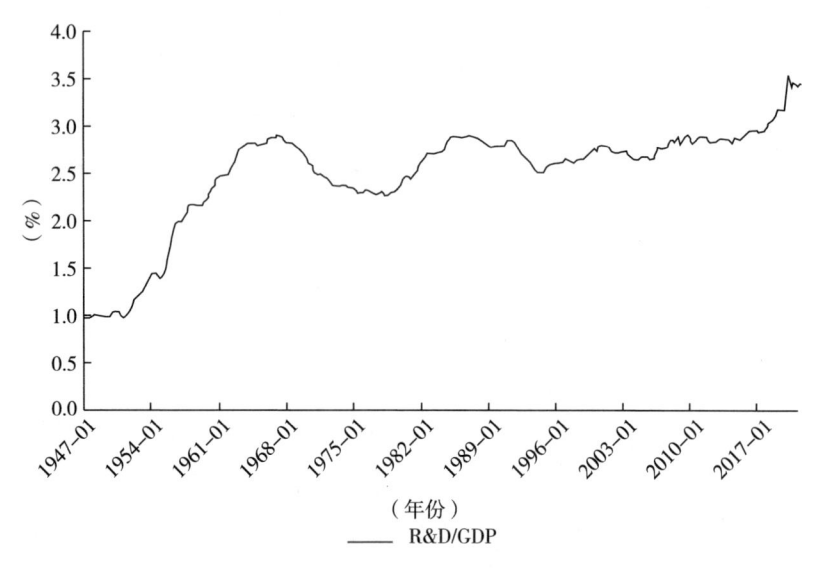

图 5.7　研发经费占 GDP 的比重

资料来源：FRED。

20世纪70年代以后，面对日本和德国的崛起，美国更加重视对基础科研成果进行商业转化。1980年，美国进行了知识产权制度改革，通过了《拜杜法案》，授权小企业和大学保留政府资助研发成果的知识产权。为提高创新主体从事技术创新活动的积极性，1982年美国出台了"小企业创新研究计划"，1992年启动了"小企业技术转移计划"。上述计划不仅向小企业技术创新提供资金援助，同时也帮助它们与非营利性机构开展创新合作，从而提升基础研究的商业转化效率（沈梓鑫和贾根良，2018）。

在二战后几十年的发展中，美国政府对科研的投入打破了私人与公共的界限。1995年，联邦政府将研发资金的36%投入私人企业从事的研究项目中，只有27%投向联邦内部的实验室。与此同时，大学也在基础研究中起到非常重要的作用，1953年美国大学承担了

1/3 的基础研究费用，而到 1996 年美国大学承担了 2/3 以上的研究费用。政府和大学对于基础科学研究的支持，孕育了新的技术和产业。

对于后发经济体而言，由于部分现代化所需的技术可以通过技术引进的方式解决，因此技术升级的不确定性低于技术前沿国家，其政府在一定程度上主导了技术的追赶。日本通产省是最典型的案例。当时日本实施了"赶超战略"，政府主导的产业发展又叫产业合理化计划，涉及钢铁、能源、海运、石化和机电等行业（约翰逊，1982）。当政府确定一个重点发展的行业后，通产省就会确定相关的重点企业。重点企业可以得到通产省各方面的支持，包括技术设备的低息贷款、外资引进以及外汇额度的使用。在通产省实施产业合理化政策时期，钢铁、棉纺、水泥等行业的单位生产耗时率下降了 45%，人均采煤量由 8.7 吨增加到 12 吨（中村隆英，1989；杨栋梁，2007）。

不过，随着日本发展水平的提升，其"赶超战略"也引起其他国家的警觉。为了使自己拥有原创型的科技，1986 年，日本内阁做出了《科学技术政策大纲》决议，明确提出要以"科技创造立国"。自此之后，日本科学技术发展就以基础研究为中心了（宗利成和李强，2021；马跃、陈光和曾东红，2006）。

中央计划调控弊端难以克服

在第二次世界大战之后，以苏联为代表的社会主义国家兴起，这些国家采取计划经济模式。早在 20 世纪 30 年代，兰格与哈耶克就针对市场经济和计划经济展开了激烈的论战。哈耶克认为，企图通过计划的方法来建立整个经济体系的努力注定是要失败的。因为关于经济运行的信息是分散的，而且政府和经济主体存在着信息不对称，计划者无法以计划取代价格信号和激励机制。而兰格则强调市场经济中存在大量的外部性问题无法解决，中央计划者可以通过计划解决外部性问题。

上述论战，其实反映了两种体制各自的优劣。当一个国家选择了一种经济体制时，一定要试图解决该体制下的弊病，才能让经济得到良好的运转。对于采用市场经济的国家，尊重市场规律，采用前面几节中提到的宏观调控手段进行调节，能够在一定程度上缓解市场失灵。

计划经济国家则主要采用苏联模式。从经济发展的角度来说，这和工业化的迫切要求密切相关。不同于站在世界技术前沿的美国和西欧国家，实行社会主义制度的国家往往其工业和技术水平都不高。采取计划经济体制，是加大资源动员和资本积累，实现工业化和完成"用资本生产资本"任务的现实需要。由于需要补贴工业品，必须想办法制造"剪刀差"以提高工业品的价格，压低农产品的价格。同时，在要素投入方面要更加偏向重工业。为了完成这一市场无法达到的分配目标，必须采用指令性经济，确保生产要素流动到重工业部门。

该模式在加速工业化进程的同时，也面临难以克服的弊端。从产业结构上来说，工业品和消费品的比例明显过高，国民经济结构严重失调。更为重要的是，用指令代替价格来调控经济，难以克服信息不对称的问题。匈牙利经济学家科尔奈就在其著作《经济管理的过度集中化》中批判了经济过度集中的弊病。在没有价格信号的情况下，苏联雇用了大量技术人员进行计算，并且发明了物质产品平衡表体系，试图复制供需平衡的结果，但依然无法处理庞大的信息。由此也带来严重的预算软约束问题。企业不是企业家所有，当期出现亏损时就可能会要求政府追加投资，对财政造成很大的压力，导致计划经济体制难以为继。最终，计划经济体制逐步让位于市场经济体制。

总体看，进入工业社会以后，技术创新和知识生产专门化是这一阶段经济增长的关键，资本和技术的联姻为资本积累打开了新的空间，分工细化和市场规模扩张，加速了经济增长。但资本天生的不稳定性更加凸显，也为更大程度、更广范围的经济危机埋下了伏笔。以福特生产线、跨国公司和银行为代表的新组织方式涌现，新技术、新发现引发的投资热潮成为经济波动的重要因素。信贷对经济周期的放大作用引发更多关注，货币和信用管理变得更为积极。调控重点从应对流动性危机，到促进充分就业，再到稳定通胀，近年来又把宏观审慎管理纳入宏观框架。国家对社会资源的动员和汲取能力增强，财政的再分配功能进一步显现，福利国家日渐成型。如果说在大萧条之前，人们对宏观管理的认识基本上还停留在古典政治经济学的范式上，政府对经济危机、失业问题采取消极立场，那么大萧条则催生了罗斯福新政和凯恩斯革命，政府开始积极参与宏观经济管理。尽管宏观调控的理念数次转变，但数次大危机都表明，需要稳定不稳定的资本（Minsky，2010）。随着新冠肺炎疫情的暴发，全球经济陷入二战以来最严重的衰退。但同时，疫情也加速了数字变革的步伐，要保持经济总体平稳，并以此持续改善社会福利，开放条件下的宏观调控框架需做出更多适应性的调整。

第二篇
微观基础篇

数据是数字经济时代最活跃的要素。数据要素与传统要素有着显著不同，具有明显的非竞争性和非标准特性。数据参与价值创造和价值分配，宏观调控的微观基础发生重大改变，传统边界被打破，网络连接复杂性增强，交易成本变化催生更多新的组织。企业形态和边界不断变革，算法成为新的生产函数，平台经济体成为新的社会生产组织方式。企业内部管理成本和市场交易成本的相对变化，推动平台经济体走向纵向化和大型化，更多非平台企业变得专业化，跨物理边界行动力大幅增强。

经济波动的内在机制也相应发生改变。从技术周期看，数字化压缩时空，加速技术扩散，隐性技术走向显性化，创新周期迭代加快，整体学习曲线不断上移，甚至可能从"S"形变成"J"形。不同行业、地区、群体之间技术扩散速度各异，调整摩擦导致的波动将显著增加。从信用创造方式看，数字化改变信用创造过程，对传统抵押品的依赖减弱，智能合约和数字货币的引入让价格调整机制更为灵活，有利于平抑信用周期的大幅波动。但大科技平台、算法交易、加密货币等增强了金融体系的连接性、顺周期性、隐蔽性，传统金融监管从处理"大而不能倒"转向应对"过度连接而不能倒"。更进一步看，奈特式不确定性、外部性、规模经济、正反馈、网络效应加大了经济均值反转和回归均衡的难度，并呈现更多不稳定特征，基于均衡模型的传统宏观调控面临挑战。

传统宏观调控当中，消费和就业更多扮演的是被动和内生的角色。进入数字时代，数字化消费具有传统消费方式难以比拟的无接触，搜索、运输、复制、追踪和验证成本低等优势，能够很好地克服社交和地理隔离带来的不便，供需两端互动进一步加强。消费者不再被动地接受商品和服务，消费者的体验式需求上升，供需隔阂被进一步打破。劳动力和数据要素的结合，使工作的时空约束被放宽，劳动关系更为灵活，岗位和职业导向的劳动将更多地被任务导向的劳动所取代。

为此，本篇将从最活跃要素——数据的基本特征出发，讨论数字要素进入生产函数以后，企业组织将如何变化、如何参与价值的创造和分配。进而分析学习曲线和技术扩散、信用创造机制、数字消费和数字就业变革等议题，试图刻画数字时代宏观管理的微观基础特征。

第六章　数据要素的性质、定价及配置

数据是数字时代最活跃的要素，已经成为推动经济发展和社会变革的关键要素。随着计算、传输、存储技术和基础设施水平的提高，经济数字化的程度加深，微观组织结构和方式的调整加快，数据积累规模呈指数级增长，数据要素深入参与价值创造和分配的格局更为明显。我国在2020年4月首次将数据作为一种要素，与土地、资本、劳动力、技术并列，写进中央文件，并提出要加快培育数据要素市场。新冠肺炎疫情进一步加速数字化转型步伐，推动生产生活发生巨大变革。深入分析数据要素的本质和独特性、研究其价值实现方式，对于实施有效数据治理、促进数据有效配置，更好地认识和把握数字时代的宏观管理，都具有十分重要的意义。

数据是什么

作为一种新的要素，数据日益受到重视。20世纪90年代，时任美联储主席格林斯潘就认识到，美国经济单位的产出"重量"正在减轻。当前美国经济单位的产出"重量"，即耗费的物质重量与半个世纪以前相比大体上差不多，产出的增加值却上升了3倍多。部分物质生产活动被知识创造取代。伦敦政治经济学院的柯成兴（Danny Quah，1996）也提出，我们身处一个减量的世界（weightless world），随着价值创造从过去依赖原子、分子转向更多依靠比特，经济正在去物质化、减量化。波特在《国家竞争优势》中就提到了知识社会的概念，在一个日益全球化的世界中，竞争基础已经越来越多地转向知识的创造。未来学家阿尔文·托夫勒也提及，与第二次浪潮经济不同，知识包括文献、信息、想象、符号、文化、思想和价值观，将是第三次浪潮经济的核心资源。

那么，数据究竟是什么？它具有哪些主要的特征？关于这两个问题，学术界和实务界均有很多分析。一个可以借鉴的分析框架是艾可夫（Ackoff，1989）提出的 DIKW 框架，其中 D 代表数据（Data）、I 代表信息（Information）、K 代表知识（Knowledge）、W 代表智慧（Wisdom）。之后，不少学者（Bellinger et al.，2004；Rowley，2007；徐忠和邹传伟，2020）对此框架进行了拓展和完善，对数据、信息、知识和智慧的不同特征做了区分。

数据是一种符号（Symbol），是一种记录，具体形式可以是一篇文章、一段声音、一张图片。国际数据管理协会认为，"数据以文字、数字、图形、图像、声音和视频等形式呈现事实"（DAMA，2020）。数据往往产生于人与人、人与物、人与自然的互动过程。在万物互联的时代，物联网大行其道，物物互动也会产生海量数据。信息论的鼻祖香农（Shannon），其开创之举就是定义了数据的统计量纲——比特。今天，我们观察到的以指数级别增长的海量大数据，都是以比特的方式存储在特定的介质上。

而信息是经过处理的有用数据，用于消除不确定性。信息是指一些能够回答在什么环境、是什么人、发生了什么事情等问题的事实或细节。比如明天会很热，这句话就是一段信息，能够将明天天气变化的不确定性转为一定的确定性，这也是信息的价值所在。诺思在《理解经济变迁过程》（2007）中讨论不确定性时，也对信息和知识进行过区分，而且提出给定现有的知识存量，可以通过增加信息的方式减少不确定性。

知识是物质和社会环境规律、模式的累积，是基于数据和信息形成的有组织或有逻辑的解释，能够创造新的价值。知识可以分为可编码知识（显性知识）和不可编码知识（隐性知识）。从信息到知识，则是人认知的一种升华，是从外在体验转为内省感悟的一个过程。毫无疑问，尽管数据或信息是海量的，但将其转化为对世界的认知，以及改造世界的知识，是需要更多努力和投入的。通过海量数据或信息得到的算法、模型可以被视为一种知识。或者说，知识类似于生产函数，而数据类似于生产函数的一种投入要素（Jones and Tonetti，2020）。

智慧是对知识的进一步凝练，涉及对价值观、制度和文化适宜性的评判。智慧应对的是未来的不确定性问题。拥有智慧，意味着可以经过推理，在已有知识的基础上，生成新的知识。更通俗地讲，智慧是一种迅速地正确认识、判断和发明、创造事物的能力。从能量节约的角度来说，智慧是以相对低的能量消耗就能快速指导人类行为的知识或模式。

从数据到智慧，是人在认知层面从事物之间的联系，到运转模式，再到原则、价值观的递进过程。可以简单理解为信息、知识和智慧比数据更高级，是处理过的数据。进一步来说，数据是不守恒的，是可以无限扩张的，而能量是守恒的，因此数据的记录、传输、计算、存储都要受到守恒定律的约束。基于数据形成信息、知识、智慧的过程，就是一个"减熵"的过程，必然要消耗更多能量，当然也能够让人更好地洞悉自然或者社会的变化。

有意思的是，上述区分最早并非来自相对严肃的信息科学或者经济学。美国诗人艾略特（T. S. Eliot, 1934）曾经提过："我们在生活中丢失的生命何在？我们在知识中丢失的智慧何在？我们在信息中丢失的知识何在？"1979年，摇滚歌星弗兰克·扎帕（Frank Zappa）在其专辑"Packed Goose"中写道："信息不是知识，知识不是智慧，智慧不是真相，真相不是美，美不是爱，爱不是音乐，而音乐至上。"当然，从上述对数据本身有一点哲学意味的分析，回到更具象和技术的层面，沿着罗默、阿吉翁等人（Romer, 1990; Aghion and Howitt, 1992）的分析范式，本书更愿意将上述 DIKW 的区分进一步简化为数据和知识两个维度。其中，数据是一种要素投入，而知识是一种生产函数。后续的讨论大体上按照这种框架展开。

数据要素的基本特性

既然数据被视作一种新的要素，那它与土地、资本、劳动力和技术相比，就必然存在一些根本性的差异，或者说基本特性。概括来说，与上述其他要素相比，数据要素的基本特性有以下四个方面。

非竞争性

数据容易存储，而且可复制性强。如果不考虑运行维护和存储成本，几乎可以无限制复制。无论是统计机构发布的调查数据，还是各种互联网平台收集的个人数据，都可以同时被多个用户使用，物理意义上说不会产生任何损失，同时也不会相互影响，非竞争性特征明显。一个典型的例子就是 Kaggle 设立的机器学习竞赛，其相关数据就可以被不同参赛者使用。因此，数据与石油等自然资源不能简单类比，因为后者有竞争性，多开采一桶石油，地球上的石油储存量就少了一桶（Varian，2019）。而将数据比作阳光，似乎更为恰当。当然，在实际使用过程当中，数据的获取需要必要的付出及条件，不像获取阳光那样无成本，所以数据仍然存在一定的排他性（Partially Excludable；Carriere-Swallow and Haksar，2019）。正因为如此，根据非竞争性和一定的排他性，数据可以被视为一种准公共产品或者公共品。

当然，数据是会折旧的，有些数据可以无限复制，但其价值会随着时间的拉长逐步减损。最典型的例子，就是金融市场的数据，越早得到，越小范围内使用，价值就越大。随着时间拉长，或者使用范围的扩大，数据价值将急剧下降。另外，相对于传统生产要素，数据要素呈指数级增长，可能更少面临稀缺性的限制，但收集、存储、传输和利用数据的基础设施以及算法则是稀缺的。

互补性

不同来源的数据相互融合，可以提高数据揭示潜藏线索或者规律的能力，增加单一数据源的边际价值，一定程度上可以使数字要素具备规模报酬不变甚至递增的特征。规模报酬不变、网络外部性是经济实现内生增长的重要源泉。克鲁格曼、保罗·罗默是为数不多的认识到数据收益递增的主流经济学家，而圣塔菲研究所的阿瑟对此有系统性的研究（Arthur，2018）。

也有观点认为，数据作为一种投入要素，其边际回报仍然呈现递减特征，这和其他要素没有什么本质的不同。范里安（Varian，2019）举例说明，图像识别的精确度会随着训练时投喂的数据量提高而增加，但改进的速度会逐步放缓。但这样的观点只是强调了数据要素的单一应用。尤其值得重视的是，由于数字技术的发展，原来很难数字化的行为或事物都可以数字化，真正实现了古老哲学中的"万物皆数"，这就为跨界数字融合创造了前所未有的条件，使原来不相干的领域实现了联结。这也是数字时代创新和价值创造不同于工业时代的重要特征。数据具有非竞争性，能够被用于多个用途，而且后续使用边际成本会不断下降，加上互补性和网络性以及学习效应，数据要素仍可能具有规模报酬递增的特点。

外部性

数据分享的确有助于促进研发、改进产品和服务质量，提高效率，但同时，由于存在信息不对称和平台具有市场垄断地位，分享数据的一方未必能够获得足够补偿，因此产生了隐私外部性（Carriere-Swallow，Haksar，2019）。比如，消费者数据可能在不为人知的情况下被转移给第三方，导致更多垃圾信息骚扰或不利的价格歧视（Odlyzko，2003）。这些负外部性很难被消费者和数据采集企业内部化。

由于不同数据之间具有关联性，可以用线性规划等方法，从一类已知数据中推断未知数据，从一组用户的行为数据可以推断另一组用户的行为。但是这样，就可能造成数据公开分享过程当中的用户隐私泄露，引发数据伦理问题。而且还会导致数据过度供给，数据价格过低，从而降低数据市场效率（Acemoglu et al.，2019）。这也决定了数据要素的安全共享使用与加密技术的发展密切相关。

另外，数字化企业可能依靠网络外部性，过度集中数据，并获取大量超额收益。掌握或拥有独有的数据，就像掌握了独有的专利和技术一样，可以使数据掌控者获取一种超额收益。这样，就会强化数据的私有属性，阻碍数据的分享和融合。某种程度上，申请专利和获取独有数据，都是市场主体建立竞争力或"护城河"的重要方式。

指数级增殖性

数据可以看成各种有意识或者无意识活动的附属品。数据的应用过程本身可以产生更多新的数据，加快决策或者算法的迭代。例如，无人驾驶汽车，由基于数据训练产生的算法控制，行驶里程越长，就将产生更多场景数据，反过来可以促进算法的进一步优化，形成"数据—算法—数据"的自我积累增长过程。又比如，德国西门子公司提出的数字孪生体（Digital Twins），将物理世界的各种图像、声音、文件、数据等转变为可以存储、传输的数字信号，并根据这些数字信号构建真实物理世界的虚拟表达，然后再用数据链优化企业产品设计、生产流程。这样的数字化过程也会产生新的数据。随着整个经济社会数字化的程度提高、智能手机的普及、传感器的广泛应用、宽带传输技术的升级、算力的不断增强、全球互联、万物互联，数据要素呈现指数级增长态势。根据全球IT研究和咨询公司IDC估计，到2025年，全球数据规模预计将达到175泽字节，与2019年相比，年均增长27%，相当于每三年翻一番。数据规模是经济规模的增函数，超大规模经济体可能因此积累更多数据优势。

关于数据的指数级增长会对经济增长产生何种影响，存在一定争议。一种观点认为，数据增长对经济有增长效应（Growth

Effect），即数据的规模报酬递增或不变特性，可以实现经济持续增长。由于存在数据反馈环（Data Feedback Loop），企业收集数据就能够获得更大的市场地位，并因此获得更多数据（Farboodi et al.，2019）。巨大的门槛效应以及网络外部性，有助于实现规模经济。此外，围绕数字化产生更多类型的产品和服务，扩大了现有的产品服务空间，从而推动经济的可持续增长。但也有反对的观点，认为数据增加仅有水平效应（Level Effect），或者说受制于边际报酬递减，更多的数据并不会使经济增长的路径发生改变。即使存在规模报酬递增，这种效应也只存在于企业内部，无法适用于整个经济。鲍亚里等人（Bajari，2018）应用亚马逊的数据进行了实证，证明来自数据规模增加的收益存在上限。

数据要素如何定价

数据作为一种要素，其价值实现的关键在于连接融合和开放共享。数据要素和其他要素结合，必然会创造新的价值。数据价值链涉及数据要素的生成、收集、定价、交易、使用等环节，其中数据要素定价是数据价值链的核心。在讨论数据定价之前，需要先区分数据产品（Data products）和数字化产品（Digital products）。前者是指人类活动的客观历史记录，比如人口普查数据、商业型数据库。后者则是以数字化形式呈现的商品或服务，比如一本电子书，一部数字电影，一张数字化的地图，一个数字化的生产解决方案，等等。数字化产品的生产和使用过程又会衍生更多新的数据。下面，分别从数据产品和数字化产品两个角度讨论数据价值的实现。

数据产品

从数据供应链的视角看（见图6.1），数据售卖基本处于数据供应链的前端，具体数据在售卖之前，可能涉及数据收集、清洗、储存、可视化等环节。像彭博（Bloomberg）、万得（Wind）、CEIC、邓白氏这样大家比较熟悉的数据公司，其主要业务就是收集、整理、汇集不同来源或者特定领域的数据，然后卖给下游客户。相关数据有的来自传统统计或调查机构，比如政府统计机构、行业协会，有的来自企业生产经营状况报告，有的则来自对个人行为的各种调查。从规模上看，更多数据来自电商平台、工业互联网平台。数据公司的客户包括金融机构、政府单位、企业、科研机构等。现实中，也存在一些非正规甚至不合法的数据交易，这些数据往往很难通过正规、公开的渠道获得。

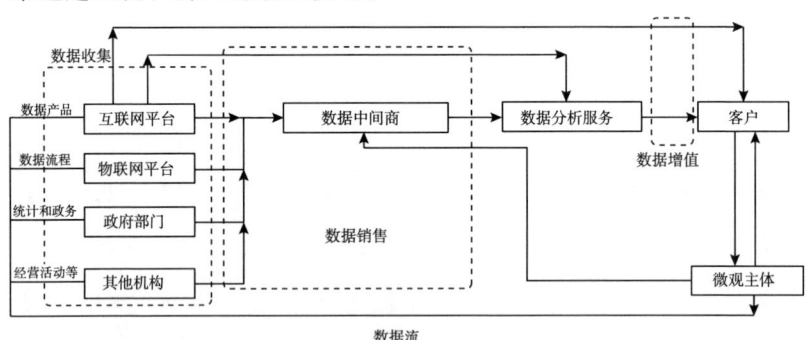

图6.1 数据供应链示意图

数据的价值，往往与数据的可替代性、更新频率、颗粒度、完整性、可获得性等特征有关。但与一般商品不同，数据复制的边际成本接近于零，数据定价更多依赖于需求方的价值评估，而非成本加成，数据定价模式也更为复杂。有时候，数据使用者创造的价值或价值实现的范围，反过来决定了数据定价，表现为事后定价。当下，常见的定价方式包括免费、免费＋付费增值、按需收费、固定费率等。其中，政府事业单位或者其他公共机构的公开数据多为免费的。采取免费＋付费增值的方式，多是用免费数据吸引潜在的客户群体，再吸引其付费购买价值更高的数据或者数据增值服务，因为免费数据通常及时性不强、颗粒度较粗。按需收费的方式，一般是通过 API 接口传输数据，按照具体使用量收费，常见于金融等高频使用场景。固定费率的方式则是客户先购买账号，然后获得一定期限内数据的使用权限。后两种方法也可以结合起来，形成两步定价模式，这种模式更能实现收入最大化，在一般的数据销售当中也比较常见（Wu and Banker, 2010）。

随着数字经济的发展，收集和利用微观个体的信息更为便利，但与此同时，人们对加强个体隐私保护的期待也更为迫切。数据定价需要充分考虑到效率和隐私安全的平衡。前面提到过，数据不是普通的私人物品，如果不考虑非竞争性、隐私外部性，数据定价就会存在扭曲。例如，如果某个要进行的查询（Query）是其他查询的线性组合，或者是通过其他查询推断得到的，那么购买这个查询就是一种套利行为。又比如，由于存在社会网络，不同消费者的个人信息往往具有一定相关性，购买一部分消费者的数据，或许就能推测别的消费者信息。因此这种负外部性会带来数据的过度供给，导致数据价值被严重低估（Acemoglu, 2020）。

目前讨论比较集中的一个领域是无套利定价（Arbitrage-free pricing）。图 6.2 为无套利定价示意图。数据要素的均衡价值 E 取决于隐私和数据价值之间的平衡。一方面，数据购买方的支付意愿随着数据质量的变化而变化，形成价值曲线。数据质量更高，能够

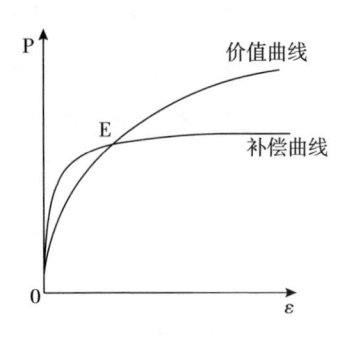

图6.2 数据要素的无套利定价

揭示的信息更多，数据价值就更高。另一方面，数据拥有方（比如个人）一般对隐私比较看重，个人信息被透露需要得到相应补偿，形成补偿曲线。要想数据拥有方提供更多私人的真实信息，就需要支付更高补偿。这种定价方式超越了原来把隐私保护绝对化的做法，把隐私保护和数据使用有效结合。在均衡点E的价格，既能够根据数据质量给予不同数据来源合适的补偿，同时又能够避免数据购买过程当中的套利行为。当然，要实现无套利行为，还需要发展相关加密技术，比如隐私计算。

作为一种隐私计算方法，安全多方计算（Secure Multi-Party Computation，MPC）于1986年由姚期智提出（Yao，1986），近年来备受关注。随着机器学习和人工智能的普及，一种算法的训练和应用往往需要采用不同来源的数据，这就涉及如何保护不同来源的隐私安全，同时又能确定不同来源数据贡献的问题。安全多方计算可以打破数据孤岛，实现数据的可控共享，同时最小化数据泄露风险，具有重要的理论和现实意义。进入互联网和数字化时代以后，数据共享需求更为迫切，安全多方计算也得到了进一步发展，到2018年，谷歌、阿里巴巴等大科技公司已经实现了一些商业案例

(Hong et al., 2020)。

当然，不少掌握数据或者大数据的企业，并不会简单地销售数据，更多的是提供与数据相关的增值服务，数据本身并未发生转移。电商平台、社交平台或电信基础运营商，掌握大量的用户信息，有时候可以利用数据，对个人、企业或者机构进行精准画像，从而为数据的购买者提供引流、价格歧视等服务。比如一家广告商可以在搜索引擎上通过竞价排名，定向投放广告，同时支付一定的费用。又比如，互联网平台公司可以通过产业链促进信息共享，菜鸟裹裹就是与不同快递物流公司进行数据对接，优化物流路径，以解决"双十一"期间物流拥堵的问题。利用大数据精准定位于政策作用对象，政府也可以进一步改善治理，比如识别低收入群体并发放消费券，识别活跃市场主体以实施针对性支持政策等。不少公司通过整合数据，融入自身的智力，通过人工智能、机器学习的方法，提供数据分析服务，比如一些大数据公司提供大数据征信业务。这一类服务由于涉及数据增值部分，其定价方式更难统一。

数字化产品

与一般商品相比，物理上的数字化产品具有不会损耗、可塑性强而且易于传输和复制的特征。从经济学角度看，数字化产品则具有赢者通吃、高固定成本—低可变成本、更加注重用户体验、收入变现渠道更加多元等特点。

赢者通吃（Winner-Take-All）是指数字化产品具有明显的网络效应。按照夏皮罗等人（Katz and Shapiro, 1985）的研究，网络效应分为直接网络效应和间接网络效应。其中直接网络效应是指产品的用户越多，用户之间就越可能通过该产品进行交流，从而进一步扩大使用范围，增加存量用户的黏性。例如，脸书用户约 30 亿人，微信用户超过 12 亿人，其他社交软件与之相差甚大。间接网络效应，是指一款广泛使用的数字化产品，会产生更多互补的产品和服务。比如，随着安卓（Adroid）系统的普及，更多 App 开发者会基于安卓系统开发新产品，从而更进一步丰富安卓生态。赢者通吃会导致高度的市场集中，同时也会带来很强的锁定效应。这在一定程度上也决定了数字化企业会采取与其他传统企业不同的竞争策略，例如前期采取低价甚至免费的策略，积累足够的客户规模，然后等自身成长为市场寡头后再调整定价策略。

高固定成本—低可变成本，是指生产和收集信息、创造数字化产品的成本往往较高，而后期的边际生产成本几乎为零。如果不考虑营销费用，或者软件即服务（SaaS）、数据即服务（DaaS）的升级维护费用，那么多销售一份数字化产品并不会带来成本的增加。数字化产品的边际生产成本低，意味着巨大的规模效应，数字化产品分化越多，固定成本摊得越薄。数字化企业也更容易采取划分不同版本的策略，覆盖尽可能多的客户群体。

数字化产品更加注重用户体验。传统的成本定价策略往往对数字化产品不是很奏效，因为数字化产品必须基于消费者的评价，而不是生产成本来定价（Shapiro and Varian，2017）。这里最核心的一点就是数字化产品更加重视体验。也正是因为重视体验，数字化产品必须和同类型产品有明显的差异，否则会因为锁定效应和规模效应很难在竞争当中取胜。当然，数字化产品的销售也更容易根据消费者的偏好，设计更加灵活的差异性价格策略。比如，一本书发布之后，读者越想提早阅读，就越需要付出更高的价格。此外，由于更重视体验，数字化产品的使用效果也更容易跟踪，数字化产品的定价更加注重互动。其中，竞价排名就是一种重要的互动定价方式。

收入变现渠道更加多元。厂商不仅可以通过销售数字化产品获取收入，还可以通过换取用户信息、取得用户的注意力和时间，来获取间接的或潜在的收入流。企业通过提供数字化产品，产生了至少三种收入流。一是直接销售收入，比如，销售数字音乐、数字电影、电子图书、在线游戏等的收入。二是用户在使用数字化产品的同时，会留下很多痕迹，厂商可以收集相应的信息，转化成收入。比如，现在浏览网站，就会弹出是否接受 Cookies（小型文本文件）的选项，如果用户选择接受，则意味着相关网站可能会对用户的浏览情况进行记录，从而获得用户更多的行为特征和标签信息，并进一步优化自身的产品。同时，企业在 B2B 平台上获得相关信息，也为其改进产品生产流程，进行更大规模的柔性生产提供了便利。三是数字化产品的用户规模很大，能够汇集众多的注意力，从而发展成为一个数字生态的超级入口。平台可以利用用户的注意力，为其他合作伙伴提供流量和导流服务，在增加用户黏性的同时，带来巨大的收益。

谁应当拥有数据：从产权到可及性

通常，清晰明确的产权界定是资源有效配置的基础。科斯认为，最初的产权分配并不重要，只要存在充分竞争，相关的收益和成本能够完全内部化，资源就能实现有效配置（Coase, 1960）。如果把隐私也看成一种权利，那么隐私权利在消费者和作为数据收集方的企业之间如何配置，并不重要。这也是芝加哥学派基于产权的观点（Laudon，1997）。但从数据要素具有非竞争性、隐私外部性、互补性等特点来看，过度采集数据、侵犯隐私、利用数据优势谋求市场垄断权力的现象频频发生，因此从一定程度上说，科斯定理并不适用于数据要素。当然，如果因为隐私保护而严格限制数据使用，则不能发挥数据的规模经济优势（Jones and Tonetti，2020）。在实践当中，平衡效率、公平和隐私等多重目标，才能实现数据的有效利用，数据产权归属并不是非黑即白，更可能是在上述两类观点之间存在一个广泛的谱系。

数据产权的分布对福利有显著影响。数据是经济活动的副产品，企业若能拥有和客户打交道过程中产生的个人数据，则有助于其加大数据收集、分析和利用方面的投资。不利之处在于，企业不一定会尊重客户隐私。同时，由于担心出现创造性破坏，企业更不愿意与其他企业分享数据。凭借数据优势，企业可以拥有更大的市场力量，并可能妨碍其他企业进入市场，影响竞争公平性。有研究表明，如果不能够发挥数据的非竞争性特点，通过连接、融合和共享来实现规模经济效应，全社会福利成本的损失是巨大的。尤其是如果完全禁止数据分享，会导致社会福利比最优水平减少近60%（Jones and Tonetti，2020）。从目前理论研究和实践发展的角度看，如果数据要素归属消费者，消费者则可以自行权衡隐私效用与交换个人数据所带来的经济收益，从而实现数据要素的更有效配置，提升全社会福利。近年来，金融监管者开始意识到这一点，赋予个人更多数据权利，积极推动开放银行（Open Banking）的发展，加大金融数据的开放共享，促进了金融创新和竞争。

私人物品强调产权归属，但数据要素具有非竞争性和部分排他性，具有更强的公共品或准公共品性质，其可及性（access）可能更为重要（Varian，2018）。过度强调数据要素的产权归属，会限制数据的流动、共享和再利用，无法释放潜在价值。同时，有些设计的实用性并不一定强，比如"个人数据的可携带性"，数据主体不仅有权知悉、访问、更正个人被采集的数据，也有权将这些数据转移给第三方。但这可能会导致财产权和人格权的冲突。与数据的人格权归属存在较多共识不同，关于数据的财产权归属问题，目前各方面争议较多。为此，数据可及性才是数字经济时代促进市场竞争、充分发挥数据价值的重要变量（Cremer et al.，2019）。实际上，严格保护个人隐私的欧盟，意识到其数字经济发展落后于美国，已经在 GDPR（《通用数据保护条例》）生效以后，进一步制定《欧盟数据战略》，推出《数字服务法案》《数字市场法案》，试图在保证数据安全的前提下，促进个人和非个人数据开放共享。

增强数据的可携带性和不同数据基础设施接口的转换便利性，有助于提高数据可及性。尤其是物联网加快发展，对基于通用性、标准化程度高的接口来说，实现安全可行的数据交换变得更为迫切。具体实践当中，已经有数据空间、数据银行、我的数据（My Data）等应用模式。但也需要注意，由于数据具有非竞争性特征，加强数据的共享可能会产生规模效应、网络外部性，进一步强化在位企业的数据优势，反过来损害竞争。

如何促进数据开放共享

数据要素是一种基础性、战略性资源，实现数据的开放共享，对于促进经济持续增长和转型至为关键。但在数据要素的实际利用过程中，既存在"数据孤岛""数据烟囱"，即受部门利益阻隔，公共数据资源闲置和浪费现象严重；也存在"数据垄断"，即在位企业滥用数据优势，阻隔数据价值链；还存在"数据黑市"，即个人信息被过度收集，隐私得不到有效保护，导致严重的社会伦理问题。只有实现效率、公平和隐私三者之间的平衡，满足可行的产权认定、有效的隐私保护、合理的收益分配机制、必要的关键信息手段等前提条件，并且有效结合政府规制、社会和市场自发力量，才能促进数据要素的更有效配置。

发挥政务大数据第一撬动效应，加快数据开放共享步伐

一方面，政府职能部门及其部分事业单位在日常事务中积累沉淀了大量数据，涉及经济社会运行的各个方面，数据来源稳定、规模可观，而且真实性、完整性、互补性好。随着电子政务的发展，政府掌握了全社会大约80%的信息资源。政务大数据公共属性最强，关于谁应该拥有数据，争议和纠纷相对较少。因此政务大数据具有很强的示范意义，能够更好地推进全社会数据开放共享。美国于2009年上线了DataGov网站，加大政府数据开放力度；2019年则发布了《联邦数据战略与2020年行动计划》，推动数据的保护、共享和开放。英国在其数字战略当中也提到要转变对政府数据的使用方式。[①] 国内数字政务推动也比较快，其中不乏一些好的案例。比如浙江成立了"最多跑一次"改革办公室，打通公安、社保、房产、税收、教育等部门的数据系统，让数据多跑腿，群众少跑腿。

但另一方面，由于职能部门数据共享制度不健全、信息基础设

[①] 2020年9月，英国数字、文化、媒体和体育部（DCMS）发布《国家数据战略》，支持对英国数据的使用。

施不完备，数据安全面临风险，距离消除数据孤岛，进一步打通数据链还有很大空间。不同政府职能部门之间的行政性壁垒往往也很难打破，数据难以实现共享，或者仅限于统计数据、相对陈旧的数据共享。跨部门获取数据时，即使经过主要负责人协调，有些职能部门依旧能拒绝、拖延或者缩水提供。此外，不少地方的数据归集到一起，受编制、经费等各种限制，开发利用远远不够。

下一步，应把数字化政府建设作为重要工程，完善不同层级、不同部门、不同职能之间数据共享的沟通协调机制。出台并完善数据共享清单，分步骤分层次扩大数据开放，同时建立相关绩效考核机制。加强数字化转型培训，推广各地良好做法，增强数据共享意识，提升政府部门的数字技能。加强政府数据和信息采集、加工和存储标准化，完善政务大数据使用和收费机制，健全数据共享基础设施，增强安全防护能力。

培育第三方数据市场，壮大数据产业

培育和壮大第三方数据市场，是数字产业链分工深化、数据价值充分释放的必然要求。在数据的实际使用过程当中，从数据产生、采集到数据最终需求方，中间可能会经历多个环节，而每一个环节都需要具备相应的专业知识。例如，在银行和贷款人之间，贷款人可以直接向银行提供信息，而银行能够根据贷款人的信息，决定是否发放贷款。但与此同时，银行也可以从第三方征信公司购买贷款人的征信信息，辅助决策。征信公司就承担了收集、整理和分析数据的职能。当然，相关环节采用的数据挖掘工具或技术又来自其他企业。

国内第三方数据服务近年来发展较快，同时也涌现了一批相对专业的大数据公司。部分地方也成立了大数据交易所或者交易中心，在数据开发和利用方面取得了一定进展。但总体上看，国内数据服务企业发展相对滞后，数量超过 3 000 家但规模小。[①] 还缺乏类似路透、彭博、邓白氏、励讯（RELX）这样的数据领军企业。像彭博、励讯这样的数据企业，年收入都超过 100 亿美元。数据市场建设也不完善，市场活跃度和参与度不高，数据价值得不到充分释放。大量数据非法进入地下数据交易链，数据安全事件频发，企业和个人的隐私权益得不到有效保护。

下一步，要进一步鼓励企业提高对数据要素的综合管理能力，并通过行业性组织搭建数据共享平台，制定数据共享标准，不断增加高质量数据要素供给。充分考虑数据要素的特点，积极探索可信第三方、以实物支付（Paid-in-Kind）、俱乐部模式、数据市场等数据共享方式，促进数据要素与各种具体场景的深度融合。加快面向隐私保护的计算技术研发，推动隐私计算与区块链的结合，实现数据在开放共享过程中"可用不可见"，以满足更多复杂和多元的数据需求。通过税收、政府采购、金融和数据开放等措施，积极培育数据服务企业。

加强国内数据立法和监管，提高数据治理水平

随着数据安全治理成为一个不可忽视的焦点，各主要经济体都加强了数据立法实践，加强对信息权利的保护。GDPR 为保护消费者的数据权利提供了范例。2018 年 5 月，欧盟 GDPR 正式生效，旨在为各类企业和机构在业务活动中收集和利用个人信息提供法律指引。

---

① 中国信息通信研究院，《大数据白皮书（2020 年）》。

与之前的数据保护法规相比，GDPR 扩大了数据主体（Subject）的权利范围，增加了数据控制和管理方的义务和责任。GDPR 赋予数据主体七项权利，其中最引人关注的是删除权和被遗忘权（The right to erasure），当出现"个人数据对于实现其被收集或处理的相关目的不再必要"等六种情形之一时，数据主体有权要求数据控制者及时删除其个人相关数据。由于欧盟的经济体量大，GDPR 也产生了明显的外溢效应。

欧盟立法具有一定的示范效应。美国加州、印度、巴西也都在 GDPR 生效以后，逐步开始数据立法。我国也积极从国家和地区层面完善个人信息和数据权利的立法。其中，2020 年 10 月 21 日，全国人大常委会法制工作委员会发布了《中华人民共和国个人信息保护法（草案）》征求意见稿，就个人信息保护有关的立法问题向社会公开征求意见。不同经济体关于数据立法的实践，在一定程度上突出体现了个体对数据的权利和主张。地方层面也加强了对数据利用的规范。2021 年 6 月 29 日，深圳通过了《深圳经济特区数据条例》，内容涵盖个人数据、公共数据、数据要素市场、数据安全等方面，是国内数据领域首部基础性、综合性立法，并且首次提出数据权益的概念，明确了个人对数据享有人格权益，以及企业对基于数据形成的产品和服务享有财产权益。

下一步，在数据立法和监管上还需要处理好三重平衡。一是发展和安全的平衡。我国数字化发展相对走在前列，也遇到不少前所未有的挑战，在数据规范方面理应结合国内实际，提出更多创设性主张。数字经济是全球主要经济体必争之地，数据价值不能得到充分发挥，数据产业发展滞后，数字竞争优势不足，数字化动能减弱，才是最大的风险。二是技术创新和技术伦理的平衡。数字领域是目前创新最为活跃的领域之一，需要实施相对包容审慎的监管，增加容错率，鼓励更多数字前沿的探索。但是大数据、算法推荐、人脸识别等技术应用给每个人带来便利的同时，也给个人隐私保护带来了挑战，个人隐私保护需要始终贯彻数据应用和治理同步。三是政府和社会力量的平衡。数据利用往往涉及多主体、多环节、多来源，在补齐政府监管短板、明确数据权属和竞争规则的同时，必须充分发挥行业协会、联盟等社会性组织的作用，加强行业自律和规范，提升企业数据管理能力，减少安全隐患。

构建高水平的跨境数据流动政策体系，避免被"规则合围"

数据的价值在于流动、连接、融合和共享。实现数据要素有序和便利的跨境流动，是维护全球数字供应链、产业链、创新链，提升投资贸易和营商环境水平，促进全球数字合作的重要前提。有研究表明，双边数字联系每增强10%，货物、服务贸易额将分别提高大约2%。如果和区域贸易协定（RTA）相结合，贸易额还可以额外提升2.3%（Lopez-Gonzalez and Ferencz, 2018）。但与此同时，过时的管制规则、数据流动限制、本地存在要求、网络安全隐患、知识产权保护等阻碍了数字联系，抑制了数字创新。

促进数据要素有序和便利化流动，离不开国际合作。但目前并没有形成全球性的数据跨境规则体系，现有的数据跨境规则更多地呈现俱乐部化的特点。如果从隐私保护、企业竞争、数字创新、国家安全等维度看，各国数据跨境流动规则大体上分为四类。第一类是美国在APEC框架下推动的跨境隐私保护规则（Cross-Border Privacy Rules, CBPR），该规则更加强调数据的自由流动和全球化。第二类是欧盟基于GDPR以及后续法案构建的规则体系，更加强调个人隐私保护和数据本地化。第三类是部分发达国家和新兴市场国家建立的规则，更加强调本地化，同时又尽量向欧盟或者美国的规则体系靠拢。我国可以单独归为一类，总体上强调数据本地化，但也倡导数据安全、有序跨境流动，采取的是"本地化＋安全评估"机制。

　　从趋势上看，尽管欧美对数据跨境流动规则存在较大分歧，但也要看到欧美之间的协调在不断加强。2021年2月，G7发布联合声明，提出将推动数据的自由、可信任流动，完善数字经济治理。此外，日本、新加坡、瑞士等国在规则上逐步向欧美靠拢，希望进一步融入数据自由流动圈。OECD的研究表明，按国别来看，我国数字贸易限制程度在44个样本经济体中最高，面临被"规则之墙"合围、数字经济竞争力受限的风险，因此需要内外结合，积极构建高水平的数据跨境流动规则。具体来说，要完善数据跨境流动的分类分级管理体系，进一步明确数据安全评估标准、程序等具体操作指南；充分发挥自贸区港的制度便利性，开展数据跨境流动规则试点；充分利用参与G20和WTO等多边平台、借助落实RCEP等区域性贸易协定和可能加入CPTPP谈判的机会，参与国际数据流动规则制定，更好地平衡数据流动与数据安全。

第七章　数字时代的企业组织形态变化

数字时代，数据要素与其他生产要素深度结合，将打破传统的企业与市场的边界，企业组织形态、治理结构、投资行为、竞争行为将随之发生重大改变。这些微观基础的变革，也会给宏观管理带来新的挑战。

数字时代下企业组织形态的演变逻辑

企业是价值创造的基本单元。但企业为什么存在？科斯（Coase，1937）认为，由于信息不对称、有限理性以及市场结构等因素，在一定的规模下，组织内部的管理成本会低于市场交易成本，总成本最小化的原则使得企业出现。而且，企业的规模会逐步扩大，直到其内部组织完成一笔交易的成本等于其在公开市场上完成这笔交易的成本。在数字时代，由于信息传播速度更快、成本更低，资本、人力等要素的配置方式，以及业务逻辑、决策模式都会发生较大改变，进而影响企业内部组织管理成本和外部市场交易成本，导致企业和市场的边界发生变化（图7.1）。

而且，内部成本和外部成本的相对变化，可能会进一步加剧数

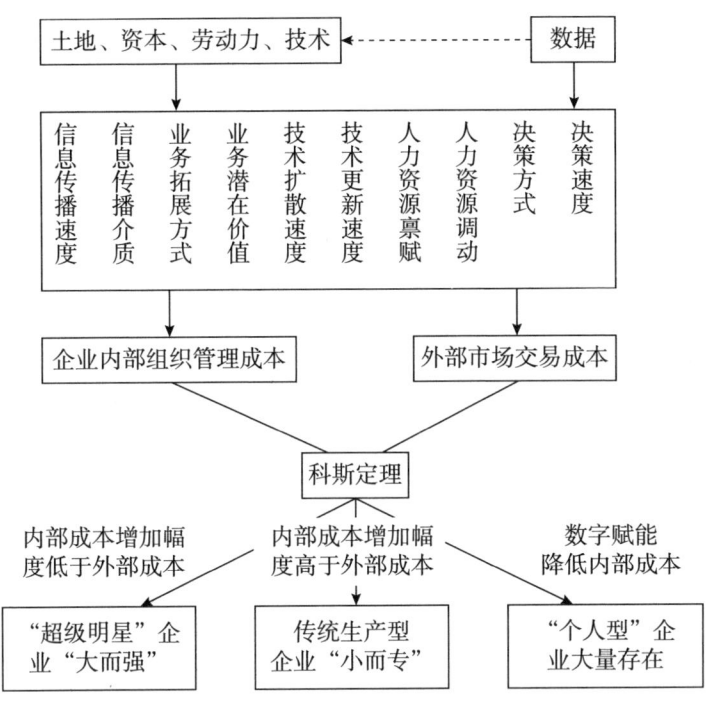

图 7.1　数字时代下企业组织形态变化的逻辑

字时代企业形态的分化。有一类企业会成长为"超级明星"企业，这类企业往往处在数据科技创新的前沿，拥有丰富的数据资源、高技术人力资源和算法资源，网络优势、规模优势和范围优势明显，能够以更低的成本拓展新业务，企业规模可能远超传统生产型企业。相比之下，传统生产型企业和"个人型"企业在扩大投入、拓展业务时，其面临的内部组织管理成本上升的挑战要大于数字化企业。如果数字平台或基础设施趋于完善，"超级明星"企业可以通过数字赋能降低外部市场交易成本，进而扩大经营规模。企业内部和外部成本的相对变化，促使企业不断调整自身业务和规模，最终达到内外部成本的一致，结果就是"超级明星"企业"大而强"，

第七章　数字时代的企业组织形态变化

传统生产型企业"小而专","个人型"企业大量存在。上述变化将推动企业治理的深化变革，治理结构可能趋于扁平化、网络化、虚拟化，治理主体、股权治理架构更加多元化。相应地，投资政策、竞争政策、税收政策等宏观管理方式也需要做出调整。

"超级明星"企业成为数字经济时代典型的企业形态

由于生产力水平和最活跃要素不同，不同发展阶段的生产单元的组织形态存在较大差异。封建社会以农耕经济为主，佃农、租户、渔猎、个体手工业者和家庭作坊等形式的小农经济是主要的生产模式。进入工业时代，蒸汽机、内燃机的发明和电力革命，推动整个能源动力体系变革，更加精细的劳动分工和流水线生产方式诞生，生产组织上的"泰勒制""福特制""丰田式"等标准化方式大行其道，与全球化一道，推动现代化的生产方式和国际分工变革。

在数字时代，数据要素逐步替代土地、资本、劳动等成为最活跃的生产要素，并作用于社会生活的方方面面，深刻推动企业形态演变，使平台经济（如谷歌、亚马逊、阿里巴巴、腾讯）、大型科技制造公司（如苹果、特斯拉、微软）等"超级明星"企业成为当前最醒目的社会生产组织形态。

一方面，数据资源的丰富性、数据价值溢出效应的倍增性和数据产出的边际非递减性，使得以数字为核心生产要素的企业可以突破传统企业发展瓶颈，以数倍于传统企业的速度快速发展。在传统产业中，企业成长主要依赖自身的资源和能力。虽然可以通过融资、兼并等手段加快发展速度，但资源的积累仍会受到各种各样的限制，成长速度有限。相比之下，平台企业触达性强，只要有网络的存在，分布在世界各地的企业、个人都可以成为平台企业的供应商或消费者，突破物理边界和成长束缚（李晓华，2019）。网络效应、尾部效应会随着用户规模增长而增强，因此平台企业规模越大，数字经济的发展步伐就越快。

另一方面，以数据要素、数字技术为核心的无形资产将更加重要。数字化企业会增加对技能培训的投资，同时愿意为改善决策增加相应的软件投资，这些无形的投资在企业创造价值的过程中将发挥更大作用（Sculley et al.，2014；Crouzet and Eberly，2018）。如果把企业的数字资本分为 IT 资本和纯数字资本，纯数字资本的产出贡献大约是 IT 资本产出贡献的 2 倍，也正是这个原因，使得传统企业与数字企业间的差距不断扩大（Tambe et al.，2020）。

从传统跨国公司与平台经济巨头的市值比较来看，截至 2021 年 11 月底，苹果、微软、谷歌、特斯拉等公司的市值已经超过 1 万亿美元，而伯克希尔-哈撒韦作为跨国公司的佼佼者，历经 65 年的发展，其市值才达到 6 000 多亿美元（表 7.1）。按照平均增速计算，每创造 1 万亿美元的市值，平台经济巨头需要 27 年，而传统跨国公司则需要 305 年。

表 7.1　平台经济巨头与传统跨国公司的比较

名称	国家	市值（亿美元）	成立时间	名称	国家	市值（亿美元）	成立时间
苹果	美国	25 726	1976	伯克希尔-哈撒韦	美国	6 358	1956
微软	美国	24 752	1975	摩根大通	美国	4 785	1859
谷歌	美国	18 916	1998	雀巢	瑞士	4 721	1867
亚马逊	美国	17 773	1995	强生	美国	4 191	1886

(续表)

名称	国家	市值（亿美元）	成立时间	名称	国家	市值（亿美元）	成立时间
特斯拉	美国	10 986	2003	沃尔玛	美国	4 040	1962
脸书	美国	9 266	1998	宝洁	美国	3 568	1837
腾讯	中国	5 702	1999	埃克森美孚	美国	2 593	1882
阿里巴巴	中国	3 591	1997	富国银行	美国	1 988	1853
网飞（Netflix）	美国	2 948	1998	美国电报电话公司	美国	1 729	1877
百度	中国	527	2000	通用电气	美国	1 074	1892

注：市值为2021年11月底的数据。
资料来源：Wind。

不同形态的企业发展趋势分化

　　数字技术和数据要素的普遍应用，将同时影响企业管理成本和市场交易成本，而两种成本的相对变化会推动企业边界和组织形态发生改变。一方面，将降低企业管理成本，拓展企业边界。新一代信息技术降低了企业的交通、通信、财务、人工、租金、库存等各种管理费用，缩短企业内部的管理路径，减少企业决策的反应时间，企业管理成本被大幅降低，管理组织更加扁平化。另一方面，将降低市场交易成本，拓展市场边界。智能化、网络化、数字化技术的加速突破和应用，将大大降低市场交易的信息不对称性，企业与消费者之间的搜寻、匹配更加容易，企业能更加便捷地获知消费者需求，消费者也更容易"货比三家"，大幅度降低了谈判和履约成本（杨惠馨等，2008）。另外，平台组织可以增加已有资产的通用性，大幅减少交易成本，进一步提升企业的专业化水平（寇宗来和赵文天，2021）。

头部互联网平台和科技企业更加"大而强"

平台企业的核心资源是海量的黏性用户、海量的数据等，而这些核心资源拓展应用到其他领域的边际成本比较低。对于以数据要素、数字通信分析技术等为核心的轻资产企业或者互联网平台，企业拓展业务可能仅仅是对原有数据资源的再次加工、深度分析等。阿里巴巴、腾讯、苹果、微软等超大规模平台的业务也因此触达生产生活的各个层面。平台拓展业务面临的外部成本主要有两个方面，一方面是与各类机构的协商谈判、合同制定和违约处理等相关的成本，另一方面是满足监管合规要求的遵从成本。

如图7.2所示，C_1代表市场交易的总成本，企业规模的扩大可以减少市场总交易成本，C_1随着企业的扩张而递减。C_2是指企业内部的管理成本，它随着企业规模的扩大而递增。C代表C_1与C_2之和，为企业的总成本。因此企业的规模就被确定于C_1和C_2形成的总成本最低点上。以平台企业为代表的数字企业在拓展业务和规模时，其内部管理成本C_2的上升幅度，低于市场交易总成本C_1的上升

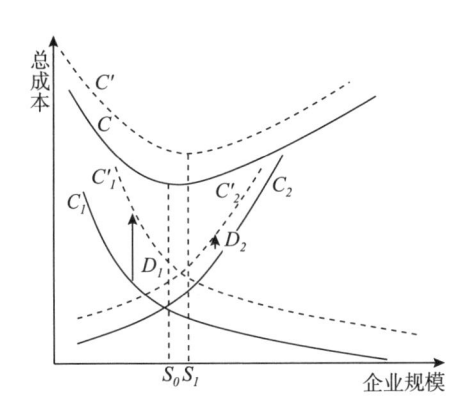

图7.2 巨头互联网平台和科技生产企业的规模和总成本

第七章 数字时代的企业组织形态变化

幅度，即 $D_1 > D_2$，因此在新的均衡点 S_1，企业规模有所扩大。

部分生产型企业更加"小而专"

平台企业将需求端和生产端更加紧密地融合在一起，通过平台赋能，其他众多生产型企业能够以更低的成本提供符合消费者需求的产品。具体来说，一方面，生产型企业能够降低外部交易成本。市场调研和业务联系，是传统企业获知下游需求的传统方式。但在数字时代，企业可以通过平台收集、分析和匹配消费者需求。企业可以每月、每周、每天甚至实时掌握市场需求的动态变化，并及时调整生产策略，改变生产计划，创新产品和服务。另一方面，借助云服务、物联网、人工智能等数字化技术，生产型企业还能节省专用资产支出，进而降低内部管理成本。不过，生产型企业前期有大量沉没成本，且短时间内对机床、生产线等核心生产设备进行改造升级需要花费较多的人力、物力和财力。因此，相较于内部管理成本而言，企业外部交易成本降低得更多。

此外，数字化对企业拓展市场边界的作用更加突出，产品竞争变得更加激烈，倒逼企业不断提升专业化水平。各种电商平台的发展，拓宽了消费者的选择域，消费者可以成本低、时间快地"货比三家"。在这种情况下，产品的优势和不足更容易被发现，具有比较优势的产品会迅速占领市场。物流的快速发展也大大扩展了企业的需求空间，"大而广"的产品生产模式会受到严重冲击，企业必须不断优化产品，集中有限资源从事优势产品的生产，打造专业品牌才能生存。综合来看，当传统生产型企业拓展业务和规模时，内部管理成本 C_2 的上升幅度高于市场交易总成本 C_1 的上升幅度，即 $D_2 > D_1$，在新的均衡点 S_1 上，企业规模较之前有所减小（见图 7.3）。

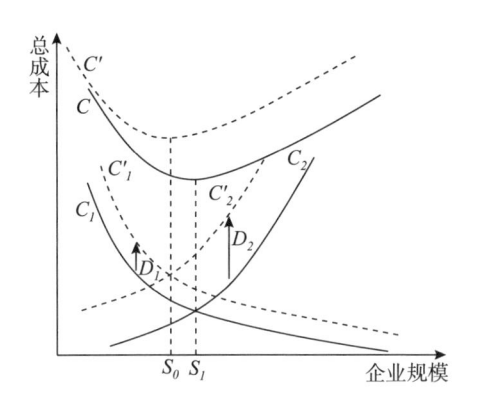

图 7.3 部分生产型企业更加专业化、小型化

"个人型"企业将大量涌现

平台的出现,一方面可以显示更多消费者的需求偏好,使更多个性化的需求得到满足。淘宝、京东、小红书等互联网交易平台,不仅可以交易普通商品,广告推广、图片加工、个性化产品定制、代码编写、跑腿代办等个性化服务的交易也日益增加,甚至在微博、论坛等非交易平台,也存在一些社交账号,提供约稿、约图、拍摄等服务。

另一方面,平台的出现还能够催生更多元的商业模式,进一步增强"长尾效应"。上述个性化需求,尤其是服务需求,具有业务量较小、非标准化的特点,更适合有特定技能的个人来提供。过去,一个人需要承担招聘、财务、生产、销售等全套工作。但在数字平台上,网络效应不断地吸引新用户加入,用户的增加又间接提升了企业曝光度,而且借助内容推送、"上热搜"等方式,企业可以被大众广泛认知(鞠雪楠等,2020)。以"跑腿"行业为例,2019 年"跑腿"行业所在的即时物流市场订单规模达到 184.9 亿单，2013—2019 年年均复合增长率达 64.0%；2014—2019 年人均订单量年均复合增长率达 36.0%。[①] 对于这类"个人型"企业而言，借助各种"数字助理"服务，其内部管理成本被大幅降低，总成本的构成几乎全部来自外部市场交易成本。

而且，"个人型"企业的突出特点是"调头"比较容易，并且会出现类似业务兼营现象，出现所谓"斜杠工作""斜杠经营"。当然，拓展业务的边际成本并不低，尤其是跨度大又缺乏联系的行业，比如一个从事"跑腿"业务的"个人型"企业，转行去从事类似"数据代查""游戏代练"等业务，会有一定难度。这类企业的最优状态就是保持现状并力争在细分市场中做精，可以说"一人吃饱全企业不饿"，并可以随时根据市场需求的变化选择进入或退出。

"个人型"企业拓展业务时其内部边际成本很高，而外部交易成本的变化微乎其微，即 $D_2 \gg D_1$，此时拓展业务，其成本的增加远大于收益。"个人型"企业本来人数就少，而且承担的是某些节点性功能，因此企业规模均衡点最终会回到 S_0（图 7.4）。当然，个人行动相对自由，如果经营环境变化，比如烦琐的管制导致内部成本过高，个人也可能放弃经营企业，转而应聘就业或从事其他新行当。

数字经济对企业治理的影响

理想的企业治理，能够针对内外部环境变化，迅速做出有效的

[①] 数据源自极光（Aurora Mobile，NASDAQ：JG）发布的《2020 年后疫情时代跑腿行业研究报告》。

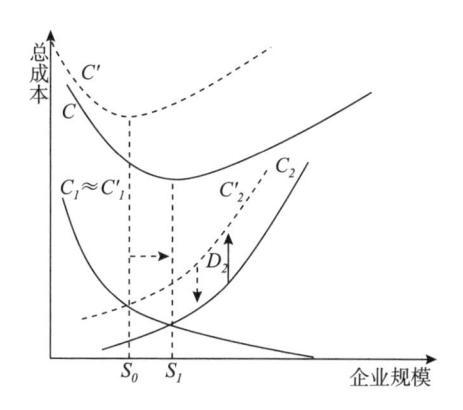

图 7.4 "个人型"企业数量将大规模涌现

反应,并在保障信息顺畅和传递质量的前提下,做出正确的决策和行动。在工业时代,企业采用自上而下的科层组织架构,并通过科学管理等手段提升经营管理效能(蔡宁伟,2021),正如马克斯·韦伯所言,"高度结构化的、正式的、非人格化的科层体系(官僚组织体系)是提高劳动生产率的最有效形式"。随着信息量的增加,为了有效地进行信息传递和决策,衍生出"直线型""部门型"等部门组成形式,通过"股东大会—董事会—管理层"垂直化链条层层管理。在数字时代,瞬息万变的外部环境要求企业必须适应多品种、小批量、个性化、多样化的市场需求,要求公司治理更加高效,治理主体更加多元。

企业治理结构趋于扁平化、网络化、虚拟化

数字时代,企业要快速反应、及时决策并抢占市场,必须冲破过去层级式的职权分明的组织架构,将公司管理层的权力下放,缩短公司的治理链条,建立"分权治理、集权为辅"的治理结构,传统的垂直化链条较长的管理模式要朝着扁平化、网络化、虚拟化的模式转变（戚聿东和肖旭，2020）。其中，扁平化要求企业削减治理中的管理层级，扩大管理控制宽度，缩减层级链条，给予管理人员更多自主权，使其能够及时把握市场机遇。网络化指的是，促进信息无障碍流动，提高不同部门之间的协作能力，并灵活组织团队，充分发挥各部门的比较优势，以高质量和高时效完成既定任务，抢先占领市场。企业的虚拟化则是指，数字化打破了企业与企业间、企业内部部门间的边界，各种要素能够更加自由地流通和配置，企业的功能更加节点化。同时，数字时代消费者和企业的界限变得模糊，消费者一定程度上参与了价值创造。

企业治理主体更加多元化

数字时代，股东之间、公司与外部消费者之间、社会公众之间的信息传播更为便捷和有效，股东意识不断强化，消费者、社会公众参与公司治理的意愿不断增强，公司治理从大股东主导向多主体协同治理转变。中小股东的治理能力、路径和权利会进一步强化。通过信息化技术、IT治理模式和视频会议等手段，中小股东对企业信息有更多的知情权，通过在线投票、网络意见收集等方式，中小股东可以更加方便地参与到公司治理中，更有效地维护自身权益。外部消费者和社会公众参与公司治理的价值也越来越重要。满足个性化需求，成为数字时代企业生产的重要方式，关注消费者诉求是企业价值创造的重要源头。这需要提高企业与消费者之间的沟通交流能力，在产品设计、研发、生产、销售等环节，积极创造条件让消费者参与公司内部治理。此外，充分利用外界各种社交平台上的消费者偏好信息、公众舆论信息，可以形成强有力的外部监督，反作用于内部治理，同时将市场中碎片化的信息转变为公司治理过程中的"大数据",使得公司治理更为有效。

企业股权治理架构更加多元化

在传统的公司治理中,"同股同权"和"一股一票"被认为能更好地确立和保护股东的权威和权益,也是股权设计的基本原则(Grossman and Hart,1987;Harris and Raviv,1988)。但自21世纪以来,随着信息产业的蓬勃发展,越来越多的高科技企业选择发行具有不平等投票权的AB双重股权结构股票。除了谷歌、脸书等美国企业以外,京东、百度、奇虎、优酷等中国企业也纷纷选择双重股权结构模式。数字化程度越高的行业,或组织结构越符合新经济行业发展特点的公司,投资者对双重股权架构的接受度越高(巴曙松,2018)。

"同股不同权"的治理模式,在一定程度上也是数字经济尤其是高科技企业发展的内在要求。随着新模式、新业态和新产业的不断涌现,投融资双方的信息不对称在一定程度上被加剧。企业家和外部投资者即便能够接收到同样的信息,但他们对信息解析的深度和广度也存在较大差异,对于业务模式创新等专业决策,外部投资者不得不交给少数"术业有专攻"的企业家来完成(郑志刚,2019)。同时,"同股不同权"可以使企业更好地专注于长远发展。面对变幻莫测的外部环境,企业面临的不确定性在加大,"同股不同权"的治理架构可以确保创始人有效控制公司运作,不会因为短期的股价波动而频繁改变公司发展方向,有效避免"野蛮人入侵",从而更专注于公司的长远发展,提升公司潜在价值。

企业组织形态和行为变化对宏观调控的启示

规范和引导数字化企业尤其是平台投资行为

与传统企业相比，数字化投资行为有两方面变化。一是投资动机更加强烈。"赢者通吃"效应增强，投资的潜在收益变得更大，数字企业尤其是平台企业的投资范围可能更加广泛。正如查理·芒格所言："如果把我们最成功的 10 笔投资去掉，那么我们就是一个笑话。"平台企业只需要几笔成功的投资，便可以覆盖其所有投资成本，频繁的投资和失败可能会加剧经济的波动。二是数字渗透较容易的行业更容易吸引投资。数字经济赋能浪潮中，更多采用数字化方式生产、销售、创新的行业，更容易受到投资者的青睐，投资可能会出现行业聚集效应。因此，需要依法规范数字化企业尤其是平台的投资行为。同时，引导企业服从和服务于经济社会发展大局，鼓励和支持企业在促进科技进步、繁荣市场经济、便利人民生活、参与国际竞争中发挥积极作用。

进一步完善"个人型"企业管理和服务

数字经济促进了大量"个人型"企业的诞生和发展，C2C 交易模式普遍发生，对就业、税收等管理提出新的挑战。一是交易行为更加依赖于平台背书。在企业对企业、企业对个人的交易中，更多通过合同、发票、商票等来保护交易双方的权利并规定相关义务。而在 C2C 交易中，交易证明介质变得不太重要，更多地通过双边评价体系、平台背书，匹配并完成交易。二是"个人型"企业加大了税收流失风险。以平台经济为基础的交易模式主要有 B2B、B2C、

C2C等几种。除了B2B一般有发票作为原始记账凭证外，B2C很少开具发票，而C2C根本就不可能开具发票，税务机关无法充分掌握计税信息，无法准确判定纳税义务，税收流失风险显著增加。三是"个人型"企业就业管理难度较大。数字经济下，新领域、新业态、新模式的出现和衰败速度均大大提升，加上这方面的统计制度不健全，"个人型"企业对就业形势的影响很难准确评估。因此，我们需要不断完善第三方平台评测体系或者构建第四方独立评测体系，保证"个人型"企业交易顺利进行；加快完善税收计征方式，充分掌握计税信息，准确判定纳税义务，避免税收流失；把宏观经济周期和"个人型"企业生命周期结合起来，提升就业优先政策的及时性和精准性。

强化多层次资本市场对数字企业的支持

数字企业是经济增长的重要推动力量。数字企业的普遍特点是轻资产、重资本、风险高，难以获得传统的信贷资金支持，初创企业的特殊性也需要多层次、多方式的投融资模式。从美国的经验来看，高度发达的资本市场、丰富多样的投融资模式孕育了微软、谷歌、脸书、特斯拉等一大批高科技和互联网企业。与之相比，国内在数字经济生产和技术资源方面的投入相对不足。实体企业数字化改造的需求也非常紧迫。因此，需要进一步完善多层次资本市场、多层次股权架构治理制度，留住国内优质数字企业，让企业家可以放开手脚加快数字变革。同时，充分发挥财政政策和货币政策的引领作用，完善风险投资体系，在创业投资、科技信贷、科技保险等方面不断创新模式，建立多元化、多层次、多渠道的投融资体系。

促进数字经济竞争治理与产业发展的良性互动

平台企业的规模扩张,更大程度上是因为交易成本下降和效率提升,这与传统意义上的垄断有很大差别。后者往往是对特定产品或服务供给、需求乃至交易价格采取排他性措施,并对经济效率和社会福利产生损害。成功的平台企业所获得的市场力量并没有传统市场那么持久和稳固。只要数字技术及其扩散没有停止,在位的"超级明星企业"就需要通过持续创新来维持地位(熊鸿儒,2019)。同时,平台企业集聚了海量用户和海量商家,小企业借助"云网端"以及平台企业的强大商业基础设施,能够以较低的成本与跨国公司同台竞争,共享数字经济发展成果。从国际应对上看,虽然美国、欧盟、德国等主要国家在治理互联网企业的具体规则上有所区别,但监管当局均注重平台共性要素规则的建构,聚焦平台的市场竞争、数据采集使用、算法设计运行等行为(余晓晖,2021)。平台是典型的多边(双边)市场(Rochet and Tirole,2003)。而双边市场不再遵循边际成本定价法则,其价格结构存在不对称性,在反垄断问题的审查上也与传统的单边市场存在很大差异(吴汉洪和孟剑,2014)。反垄断应以公平的竞争秩序作为基础价值目标,从打造国家竞争新优势的高度出发,统筹发展与安全、国际与国内、创新与竞争、保护与利用等之间的关系,从根本上激发、维持市场竞争的持续活力,实现竞争治理与产业发展的良性互动。

第八章　数字要素参与价值创造

要素如何参与价值创造，是经济学研究的基本问题。每一次创新浪潮的兴起，都会催生新的产业，改造旧的部门，推动商业模式、生产流程和生活方式的变革，从而实现更大的市场拓展和价值创造。数字经济时代，数据成为经济发展的重要驱动因素，数字技术的扩散普及，显著影响了微观主体之间的关系、生产组织方式、要素积累和配置过程以及价值的分配，给宏观经济管理带来了新的机遇和挑战。

数字时代的价值创造机制

最活跃的主导生产要素不同，对价值创造的贡献度、要素参与价值创造的方式也会存在差异，进而引起管理和组织方式变革，以及经济增长方式的变动。

按照亚当·斯密的理论，劳动力对商品的原材料处理所创造的价值可以分为劳动者本身的价值、原材料的价值（及资本价值）以及土地所有者的租金等。而分工提高了要素的配置效率和使用效率，是增强价值创造的重要途径。通过分工，每单位生产要素可以创造更多的价值，而且随着市场规模的扩大，分工会进一步细化，价值创造的效率会更高。在数字时代，数据参与价值创造，价值创造的机制将呈现两个方面的主要变化。

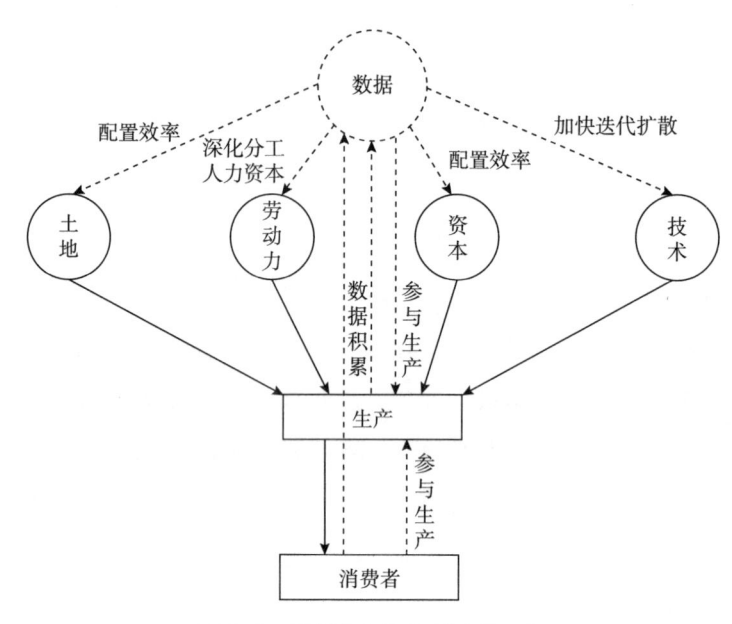

图 8.1　数据参与价值创造的示意

一方面，数字时代参与价值创造的要素规模显著增加。随着经济数字化程度的不断加深，人类活动产生的海量数据被记录下来，特别是信息技术和存储能力的飞速提升，积累了巨量数据资源。而这些数据本身就可以作为生产要素参与到价值创造过程中。同时，数字时代，消费者不再单单是商品生产的接受者，消费者的个性化需求、行为特征、偏好等数据都会融入生产过程，甚至消费者行为本身也是生产过程的有机组成部分。

另一方面，各类要素的生产效率进一步提升。数字时代，生产的规模经济和范围经济特征更加显著，规模边界和范围边界拓宽，分工更加细化,从而可以更好地发挥各类生产要素的专业优势,进而再次提高要素效率。而且,数据的积累和扩散也加快了其他生产要素能力的提升。比如,数据积累加快了技术进步的迭代步伐,促进先进技术的传播扩散。又如,数字时代人们学习知识和技术更加便捷,人力资本积累更快更高。再如,信息广泛共享使得资金、土地等生产要素容易被配置到效率更高的领域。

数字化生产从"以生产者为中心"更多转向"以消费者为中心"

传统的经济循环过程有着清晰的划分,生产、流通、分配和消费各环节相对独立,生产函数当中并不直接考虑消费者作用(这里的消费者是广义的概念,相当于用户,消费者可以是消费最终商品的家庭,也可以是使用中间品的下游企业)。在数字经济时代,随着计算和传输能力增强、移动互联渗透率提高,记录、收集和分析消费者信息的成本显著下降,生产者和消费者的时空距离拉近,消费者在产品和服务创新中的地位进一步提升,需求拉动对生产和创新的影响更加突出,消费者逐步成为数字生产过程的重要组成部分。

数字技术发展和数字商业模式创新,是生产者增强对消费者感知的重要前提。随着互联网的普及,人们每天触网的时间增多,更多的消费活动转向线上,消费者的搜索、浏览、比较、下单等行为也更容易被记录。这为更好地触达消费者、满足其个性化需求创造了信息条件。尤其是一些超级互联网平台,它们本身就像是打破物理边界的大集市,例如,2020年阿里巴巴全球活跃消费者就达到

9.6亿人，而亚马逊在全球拥有超过2亿名会员用户（Prime Member）。同时，遵循摩尔定律，信息收集、存储和处理成本大幅降低。20世纪60年代，戈登·摩尔曾预言，微处理器的性能每隔18个月将提高一倍，而价格下降一半；用1美元所能买到的计算机性能，每隔18个月将翻两番。今天看来，上述典型经验仍然大体适用。此外，商业模式从商品一次性出售转向使用者付费，生产者和消费者之间的黏性增加。过去乐迷们可以通过购买磁带或CD，一次性拥有特定音乐曲目的收听权利。企业对顾客购买之后的使用行为并不了解。现在，在线音乐网站销售音乐，实质上是销售该曲目在某段时期的使用权，而且仅限购买者本人使用，企业在售后能够完全掌握购买者的使用行为。这为企业如何改进服务提供了参考。

更为重要的是，在以消费者为中心的生产模式中，消费者从被动消费转为主动体验，参与感明显增强。传统工业的经营模式往往是企业大规模生产，加上铺天盖地的广告营销，消费者大多是被动接受，参与感不强。传统模式下，产品和服务的创新对消费者尤其是普通消费者的重视程度不够（Godin and Lane, 2013）。新产品开发也通常遵循线性的模式，即先在内部产生新的创意，然后针对目标客户进行可行性和市场潜力调研，之后再进行产品开发、测试乃至大规模制造。但在大数据时代，商业方面的创新更加依赖用户体验及其反馈。这将消费者在创新方面的主动性提高到新高度（Hippel, Ogawa and Jong, 2011）。例如，在电子商务网站上，消费者在商品或服务目录下面的评论和反馈意见，有助于厂商加速产品改进和创新。

像团购这样的新商业模式的涌现，消费者可以主动显示偏好，拥有更大自主权，而企业则可以借助数字化的生产技术，实现大规模定制化生产。在数字化技术广泛应用之前，企业对满足消费者个性化偏好和大规模协作生产难以兼顾，这种模式面临着灵活性、个性化与成本的取舍。在数字时代，依靠大数据技术，企业可以更快识别消费的偏好变化，进行更快捷的产品设计和原型测试。智能制造水平的提升，使得即便是服装、家具、家电这样的传统部门，也可以进行大规模定制化生产。并且，涌现了像红领西服、韩都衣舍、海尔这样一批智能化制造企业。企业竞争力从寻求低成本优势逐步转向满足个人偏好。同时，提高消费者参与度，也能增加消费者对产品或服务的忠诚度。可以说，数字化重构了生产和价值创造的流程。

数字化也为个人转变为生产者和创新者提供了更为便利的条件，消费者和生产者的界限进一步模糊。从生产工具看，个人将创意转化为产品的条件更为充足。众包平台、零工经济（Gig Economy）、3D打印、云计算、开源软件的发展，提升了个人获取信息、协调资源、支配工具的能力，个人可以迅速将创意产品化。从产品和服务的发布渠道看，各种论坛、社交软件成为个人分享创新创造的平台，消费者层面的个人创新更容易被识别。从个人企业家精神的激励作用看，数字化转型更能激发一些非主流群体或年轻一代群体对增长和规模的"叛逆"精神。一开始，这些群体似乎难以建立可靠的商业实体。但随着时间的推移，他们可能在一些新的商品和服务方面，与大中型企业形成竞争，进而有可能成为未来引领潮流的主力（Graham，2021）。数字经济时代，随着大众消费者的数字素养不断提高，"车库""咖啡馆""宿舍""住宅"创业将更为普遍，消费者群体的创新创造才能得到进一步发挥。

数字化分工的规模经济和范围经济特征显著

从"供给侧规模经济"到"需求侧规模经济"

新价值的创造取决于要素生产力的提升，而生产力的提升，离不开分工的深化。在《国富论》的开篇，亚当·斯密指出："劳动生产力的改进，以及指导劳动或者应用劳动时所用到的技艺、熟练能力以及判断力，似乎大部分是劳动分工的结果。"分工和专业化的程度，则取决于市场范围的大小。如果市场范围过小，比如在某一个产业生命周期的早期阶段，其他配套厂商没有规模经济可言，先导企业就只能自己完成商品各个环节的生产。但随着市场规模的扩大，其他企业会因为有利可图进入市场，企业内部的部分工序就可以外包出去，社会分工因此扩大。如果市场规模不再成长，兼并重组就会出现，社会分工有可能回归到企业内部分工（Stigler，1951）。

小农经济时代，生产基本自给自足，经济活动大多局限在本地。古代中国虽有车同轨、书同文，但从经济角度看，由于农业没有多少剩余可以用于交换，市场范围小，分工也难以深化。随着大航海时代的到来，资本积累增加，真正的全球性贸易和生产循环开启，分工开始深化，西方也逐步演化出工业革命。工业革命以后，随着电报、电话、互联网等信息传播方式的出现，交通运输体系日益发达，全球贸易规模快速扩张，全球布局的分工方式更为常见。而到了数字时代，随着数字化程度不断加深，不同经济主体之间，甚至物与物之间的连接性进一步增强，知识和技术的外溢进程加快，协调成本大幅降低，市场范围进一步拓展。

与传统经济领域的分工深化相比，数字经济更有可能产生规模效应。工业时代，企业主要依靠福特式的大规模和标准化生产方式降低单位生产成本，从而获得一定的规模经济效益。边际成本曲线低于平均成本曲线时，企业将继续扩大生产。但当边际成本曲线和平均成本曲线相交时，企业规模扩张的步伐就会放缓。而数字化产品的供给，往往具有高固定成本、低可变成本的特点。数字化产品的复制性较高，每增加一单位供给产生的边际成本几乎可以忽略不计，而且还能够进一步摊薄原来的固定成本。因此，数字化企业的边际成本曲线和平均成本曲线相交的时点会更晚。同时，由于数字化企业对客户的甄别能力更强，产品更容易根据顾客的需求定制，大大降低试错性生产和库存，客户支付意愿在定价当中的权重往往大于边际成本，因而更容易大规模生产。

更为重要的是，数字化技术能够增强不同经济主体之间的连接性，基于需求侧的规模效应更为明显。网络外部性是实现规模效应的重要渠道。按照梅特卡夫定律（Gilder，1993），一个网络的价值与其联网的节点数量的平方成正比。想象一下，如果有一个社交网络，其中有 N 个人，那么每个人就可以和 $N-1$ 个人联系，该网络对每个人产生的价值就是 $N-1$，总价值是 $N(N-1)$。如果该网络再增加一个新用户，那么网络当中每个人获得的价值就会从 $N-1$ 增至 N，总价值则是 $N(N+1)$，因此总价值增加 $2N$，大于新用户获得的价值 N，即网络节点的私人收益小于社会收益。这就意味着，每增加一个用户，其他节点的价值也会提高，由此形成正向反馈循环。反之，如果接入用户减少，网络价值也会快速下降。

基于供给侧的规模经济，企业规模不变或递增效应往往在寡占市场之前就已经耗尽，单个企业很难垄断市场，因此更多的是寡占市场而非垄断市场（Varian、Farrell and Shapiro，2004）。但上述基于需求方的规模效应，由于存在网络外部性和路径依赖，一旦形成就可能更不容易耗散。类似的例子在经济、社会领域并不少见。一个典型例子就是关于电脑键盘字母排序应为 QWERTY 还是 DVORAK 的争论，尽管有研究表明，按照 DVORAK 的方式排序可能更方便，但最后还是 QWERTY 方式的排序为市场所接受。又比如，如果某人周围的人都使用微信进行交流，那他/她使用微信的可能性就更大，不然就会面临较大的转换成本。这或许可以说明，为何腾讯的 QQ 和微信占据绝对地位以后，微软的 MSN、小米的米聊、阿里巴巴的来往、移动的飞信都难以取得成功。

降低了"范围不经济"风险

除了规模经济，数字时代的范围经济也不能被低估。范围经济是指利用单一经营单位内的生产或销售过程，生产或销售多于一种产品，而且产品种类的增加会降低企业平均生产成本。而规模经济是指生产或销售单一产品的企业扩大生产规模可以降低生产或销售的单位成本（Chandler，1999；Panzar and Willig，1981）。与规模经济相比，范围经济更加注重提高投入和资产的通用性，发挥不同类型经济活动的协同效应。在钱德勒看来，新型企业里面，通过联合生产即范围经济推动成本下降的效果会比较显著。成本节约主要的前提是用很多相同的原材料、半成品材料以及中间工序来生产多种产品，从而降低每种产品的生产成本。比如汽车制造行业可以借助 3D 打印实现范围经济。

在工业时代，受制于内部管理和协调成本，并非每一个大公司都能实现范围经济，相反，我们可以观察到很多"范围不经济"的例子。比如，2013 年 3 月，苏宁电器更名为苏宁云商，逐步将业务从主业零售，向体育、文化、金融、地产等多个方向转移。激进扩张的结果是，主业持续亏损，大量债务累积，企业经营每况愈下（沈欣悦等，2021）。但在数字时代，不同产品或服务的互补性和相关性很强，提供相关系列商品的成本较低，而且因为拥有巨大的使用者数量和强大的网络连接性，企业可以节约更多的销售推广成本。大型数字化企业尤其是平台型企业都同时提供多种产品和服务，存在显著的范围经济特性。例如，美团围绕生活服务，通过其平台和配送体系，不仅提供外卖服务，还提供生鲜、常备药、日常生活用品等的送货上门服务，进一步提升了用户的黏性。苹果通过销售 laptop、iPod 和 iPhone 系列产品形成了范围经济。

创造价值的流程和环节多元

数据本身可作为一种生产要素

进入数字时代，投入产出关系和生产函数发生重大改变。数据大量产生于人类生产或生活过程当中。同时，数据又可以作为生产要素，投入数据挖掘、机器学习、人工智能等生产单元，产出各种优化的算法服务等，类似于工业时代的生产线整合资本、技术、劳动力，最终形成商品。一种观点认为，数据对生产函数的影响类似于技术之于生产函数（Jones et al.，2020）。

数据的指数级增长，为提高决策的及时性和有效性提供了更多可能。企业利用消费者数据，持续优化和升级产品研发、制造、销售、营运环节，为企业产品生产全过程赋能，从而实现数据价值创造。现代企业管理系统企业资源计划（Enterprise Resource Planning，ERP）就是以充分的数据为基础，依托信息技术，以系统化的管理思想，为企业决策提供支撑的管理平台。ERP改变了传统的企业管理模式，从供应链角度融合数据、优化资源，有机集成物流、人流、资金流、信息流，实现跨部门、跨地区乃至跨企业的协同管理，提高企业生产管理效率，提升企业价值创造能力和核心竞争力。目前，ERP已被广泛用于各行各业。

数字时代，海量数据就是人工智能的燃料。投入的数据量越大、越多元化，人工智能就越有可能完成更及时和更复杂的决策。当前，人工智能正在得到更为广泛的应用，在成因分析、自然语言处理、视觉成像、机器人、自动驾驶、疾病诊断等方面的应用案例也越来越多。不仅如此，人工智能还能创造新的图像或文本。2019年，人工智能公司OpenAI开发了一种语言模型，它能通过"阅读"互联网上的免费文本来自我训练，而且能够生成新的句子，让人难以分辨是否出自人类之手（Joseph S. Nye，2021）。人工智能算法的训练在很大程度上依靠数据。人工智能的基础是算力，超算、边缘计算、泛在计算、云计算这样的算力正在像热力、电力那样，成为推动数字经济向前发展的新动能、新引擎。

通过加快技术进步参与价值创造

技术是人类在认识自然和利用自然的过程中积累起来，并在生产劳动中体现出来的经验和知识。技术进步有两个主要来源，一个是自身对技术的逐步探索和积累，另一个是从外部获取的技术扩散。对于技术领先型国家，其技术进步主要依靠自身的研发投入和发明创造。而技术追赶型国家可以通过技术扩散较快地向技术前沿靠拢，但随着其技术水平逐步提高，这种后发追赶效应会明显减弱，需要更多地依靠自身努力提高技术水平。

引入数据要素以后，技术水平提高也有两个重要途径。第一个途径是数据加快了技术积累和迭代的步伐。计算机的普及使实验数据的生成和记录更加容易，数字经济的广泛性和信息反馈的及时性使大量用户数据得以及时反馈，数据运算能力大幅提升，这些都使技术的进步和迭代得以加速。例如，新材料的研发得到大数据、人工智能与机器人的协助，可以设置每次实验的最佳温度、压强、材料成分等参数，实现快速迭代开发。人工智能在新药研发方面也发挥了积极作用。以2020年麻省理工学院发现的抗生素海利霉素为例，它源自研究人员让人工智能程序在短短几天内对数百万种化合物建模，探索杀死细菌新方法的尝试。研究人员认为，如果没有人工智能，海利霉素的价格会高得令人望而却步，或者根本不会在传统医药开发实验中被发现（Kissinger et al., 2021）。

第二个途径是数据加快了技术扩散的速度。很多资料都可以生成数字化版本，这些资料和数据通过互联网实现实时传递，学习者进行在线学习也更加便捷，极大地压缩了技术扩散的空间和时间，使人们能够更快更早地共享科学技术进步成果，进而提升自身技术水平。同时，一些开源技术社区为跨学科、跨行业的技术人员提供了交流学习和共同进步的平台，促进了技术学习和创新的步伐。

通过提高其他要素效率以参与价值创造

数据要素的引入，可以提高资本、劳动力、土地等要素的生产效率，进而创造更多价值。资本、劳动力、土地、企业家才能等资源配置的效率，决定了生产效率和价值创造效率，这些要素如何组合配置是影响效率的重要因素，而数据可以大幅提高这些要素的配置及生产效率。

数字时代资本要素的配置及生产效率明显提升。资本是逐利的，但传统经济中资本的投资范围受到信息传播范围和地理空间的限制。数字时代投资信息广泛传播，全国乃至全球的资金都紧盯着最具投资价值的项目，资本流动更加便捷，同时金融科技提高了金融可获得性，使得资本配置效率进一步提升。同时，在生产过程中积累的大量数据比如消费者的需求，有助于进一步改进以设备、生产线等形式存在的资本，进而提高其生产效率。

数据进一步提高了劳动力的配置和生产效率。传统经济中劳动力往往通过报纸、电视、企业网站、熟人介绍等方式求职，职位信息搜寻成本高，求职过程耗时长。但随着各种专业的招聘软件和网站的出现，职位供求信息高度集中，求职者可以找到更加匹配的职位，劳动力配置效率明显提高。以往的劳动过程都有固定的工作场所，而当前线上会议、远程办公、远程诊疗等突破了地理空间的限制，节约了人员流动的时间成本，更多的碎片化时间可以加以利用，劳动力的生产效率明显提高。在线学习日益方便，数据资源越发充裕，有利于个人技能的提高，人力资本快速积累，劳动力创造价值的能力得以增强。

丰富产品空间、资产种类和价值形态

产品空间是随着生产力水平提高而逐步丰富的。农业社会的产品空间主要以农林牧渔产品为主。工业革命以后，煤炭、石油、钢铁等大规模使用，汽车、飞机、家电等新产品不断涌现，商品贸易日趋活跃，产品空间得到极大丰富，价值创造的空间也随之打开。

正是因为新的要素不断出现和投入，才涌现了更多的新产品、新模式、新业态。相较于已有产品质量的改进，增加新产品也是实现内生增长的重要途径（Romer，1987；Judd，1985），可以称之为产品种类增加型内生增长。例如，消费品品种增加使得消费变得多元化，可以提高消费者效用水平，同时，消费品类型增加过程中蕴含的新知识可以提高生产部门生产效率。正是由于这些新产品的正外部性，使得创新的收益可能大于成本，进而可以实现内生增长。

数字时代，产品创新、模式创新、业态创新步伐加快，网上购物深深地改变了人们的生活方式，网络视频、线上直播、在线教育等数字化产品不断涌现。网上零售额增速明显快于社会消费品零售总额增速，实物商品网上零售额将持续提高。2021年，全国实物商品网上零售额占社会消费品零售总额的比重约为24%，对比开始统计网上零售额的2015年，该比重年均涨幅超过2个百分点。据埃森哲研究报告显示，2015—2020年全球跨境B2C贸易额年均增速达到27%，2020年跨境电商市场规模达到1万亿美元左右。据海关初步统计，2020年我国跨境电商进出口1.69万亿元，同比增长31.1%，其中出口和进口分别增长40.1%和16.5%。

新冠肺炎疫情进一步加快互联网渗透和应用，云旅游、云办公、云医疗等新模式得到更广泛应用。以云旅游为例，2021年抖音发布的《抖音国庆旅游数据报告》显示，大量游客在全国百余个景区现场直播分享旅行，有抖音用户在景区开展24小时不间断直播，吸引了数以百万计的观众到直播间云旅游。其中，重庆、北京、上海、成都、广州、西安等城市更受到云旅游爱好者的青睐。据文化和旅游部数据中心测算，2021年10月前7天，全国国内旅游出游人次和旅游收入同比分别减少1.5%和4.7%，但国庆假期中国银联日均网络交易笔数同比增长32%，网络消费增长明显高于线下活动增长。

数字服务贸易占全球贸易总额的比重持续提升。2005年，数字服务贸易占全球服务贸易额的44.7%，占商品和服务贸易总额的9.1%。随着数字经济的快速发展，数字服务贸易在全球贸易中的占比逐步上升。2019年，数字服务贸易占全球服务贸易额的51.8%，占商品和服务贸易总额的12.8%。2020年，受新冠肺炎疫情冲击，全球贸易额出现大幅下降，其中，商品贸易额同比下降7.4%，服务贸易额受到更大冲击，同比下降20.0%，而数字服务贸易额仅小幅下降1.8%，数字服务贸易额占服务贸易额的比重则上升至63.6%，占商品和服务贸易总额的比重上升至14.0%。[①]

NFT（非同质化代币）和"元宇宙"等新事物扩展了产品空间，增加了价值创造的空间，孕育着新的经济增长点。2021年12月，NFT入选《柯林斯词典》2021年度热词榜第一名。NFT作为用于表示数字资产的唯一加密货币令牌，日益受到追捧。推特（Twitter）联合创始人杰克·多西（Jack Dorsey）将自己的第一条推特制作成NFT卖出290万美元。元宇宙是一个虚拟化、数字化世界，2021年是元宇宙元年，全球很多企业都推出了元宇宙产品，包括土地、房产、汽车等。Decentraland是一个基于区块链的特定类型元宇宙，2021年11月，其中的一块虚拟土地卖出243万美元的高价，面积大约565平方米，每平方米售价高达4 300美元。香港的普华永道、海洋公园等也正进入沙盒元宇宙来提供虚拟体验。

数据加快了资本积累，丰富了资本形态。海量数据在经济活动

---

① 根据联合国贸易和发展会议数据库UNCTADstat计算。

中积累下来，这些数据经过清洗、加工、处理后成为数据要素，参与价值创造，其本身就成为数字资产，成为价值创造的新动力。数字时代生产、流通、交易各个环节都形成了数字记录，建立了反馈与评价机制，企业更加注重长期信用，市场信任度得到提高，全社会信用资产进一步积累。同样，消费者等其他市场主体的行为也会被数据记录，由此构建的信用评价体系可以凭借信用开展各类经济活动，降低对实物资产的依赖。从这个角度看，数据增加了全社会的信用资产。

价值测度面临的挑战

从宏观层面看，传统的价值测度是增加值；从微观层面看，它是企业利润和消费者剩余。但在数字时代，免费服务、平台经济、数字资产的出现，使得基于传统生产函数的价值测度面临重大挑战。

数字经济时代，传统的价值测度方式面临失真问题。无论是支出法、生产法还是收入法，GDP核算都是基于有价格的标的。支出法的计算范畴包括消费支出、投资支出、政府购买和净出口，计入支出的都是有价格的商品和服务。生产法的计算范畴包括各生产部门生产出的最终产品和劳务的市场价值总和，纳入增加值计算的是有价格的商品和服务。收入法的计算范畴包括参与生产过程的所有生产要素的所有者的收入总和，也都是用货币来衡量的。但是，众多与数字化相关的免费商品和服务目前很难纳入统计范围，使得GDP统计的增加值与消费者获得的真实福利相差较大。

对于免费的产品、新的产品，现行的核算体系还不能很好地体现两者的价值。比如，过去人们都用胶片相机拍照，而现在都用手机拍照，价格几乎降至0。范里安认为，智能手机和社交网络集成了照片、视频的拍摄、处理、分化功能，如果按照传统的GDP测算方法，这在一定程度上会降低测算结果的有效性（Varian，2017）。根据传统的国民经济核算框架，统计GDP是用总产出量和价格相乘，得到总产值，然后再扣除原材料投入成本、利息和资本折旧、劳动报酬，是增加值概念。这在工业时代不会造成显著的偏差，而且GDP在一定程度上与社会福利改进也是正相关的，比如人均GDP水平与人类发展指数基本正相关。但是，GDP是一种产出的测度，并不是福利的测度（Brynjolfsson，2018）。大量免费产品和新产品无法纳入GDP核算，特别是数字经济时代这一问题更加突出，GDP增速往往并不能真实反映人们福利的改善。

在微观层面，可以观察到一些变化。汽车企业过去测度绩效的标准是售出了多少辆车，未来可能更为重要的标准是汽车行驶的里程数，即从产品过渡到服务（Siegel et al.，2016）。人们生活福利的改善源于价值的创造，而不是支付的价格（Brynjolfsson and Collis，2019）。市场对企业价值的评估也不再局限于利润，很多互联网公司经过多年经营仍处于亏损状态，但是股票市值增长很快，价值创造越强的公司增长潜力越大。

对宏观经济管理的启示

新一轮创新浪潮由数字化技术引领，数据以多种渠道和形式参与价值创造，消费者在数字化生产过程中扮演着越发重要的角色，产品空间和资产种类愈发丰富，数字化分工的规模经济和范围经济特征显著，这些都要求宏观管理做出适应性调整，更好地发挥数字经济时代宏观管理的作用。

宏观调控更加关注消费者。消费者对生产过程的参与度逐步提高，消费需求对生产供给的引领作用增强，宏观调控需要更加关注消费需求，创新生产组织形式，创新宏观调控工具，充分释放消费者的创新活力和潜在需求，推动供给更好更快地满足需求，形成需求引领供给、供给创造需求的更高水平的供需平衡。

加快提高全民数字素养。在数字经济时代，消费者参与到生产过程中，这就要求消费者具备一定的"数字素养"。对消费者而言，如果需要真正创新的产品和服务，那么自己也应该贡献一定的看法或者数据。提高消费者数字素养既有利于数字消费，也有利于数字生产，是数字经济发展的关键前提和重要基础之一。

有效发挥数字化分工的规模和范围经济。如果限制平台经济的经营范围，就可能会降低范围经济效应。监管的最终净收益将取决于市场势力（Market Power）下降对竞争的促进，与范围经济下降造成的成本上升两重因素。宏观管理要处理好防垄断促竞争与规模经济的关系，处理好限制经营范围与发挥范围经济效应的关系。

营造有利于思想碰撞与技术扩散的环境。鼓励发展开源技术社区，为跨学科、跨行业的技术人员提供交流学习的平台。加快数字技术跨领域渗透，促进技术学习和技术创新；加快数字技术跨行业渗透，推动各行业的数字化转型。

更加关注社会福利改善和消费者剩余。宏观核算体系要更多考虑非有价交易的商品和服务，关注消费者剩余和社会福利的改善，更好地体现技术进步、经济运行的实际情况，提高宏观政策的针对性和有效性，构建适应数字时代的宏观核算框架。

第九章　数字时代的学习曲线与技术扩散

在数字时代，微观个体学习步伐加快，信息传播和技术扩散呈现新的特点，学习曲线可能从"S"形转向"J"形，经济增长的可能性边界不断拓展。但与此同时，数字技术对生产函数关键参数的改变、技术快速迭代导致的创造性破坏、不同部门数字渗透的差异，将导致新的波动，而制度适应性跟不上技术变革步伐，也会累积新的经济波动风险。

技术进步、创新浪潮与经济周期

根据麦迪森（Maddison，2010）对长期序列数据的研究，收入与人口的持续且显著增长是近两百年来（1820年之后）才出现的现象。公元元年到公元1000年，全球GDP增长缓慢，人口仅增长了1/6，人均收入水平基本维持不变。与此形成鲜明对比的是，此后的1 000年，全球GDP增长了300倍，人均收入提高了12倍，人均生活水平明显改善。其中，1000—1820年，全球人均GDP平均增速每年不到0.05%，而1820—1870年，年增速达到0.5%。1950—1973年更是达到3%以上。经济持续增长，离不开一轮轮的技术创新浪潮。詹姆斯·瓦特于 18 世纪 70 年代改良了蒸汽机，推动了第一次技术革命；托马斯·爱迪生于 1879 年发明了灯泡，以及维尔纳·冯·西门子于 1866 年发明了发电机，开启了第二次技术革命；费德里克·法金、马西安·霍夫与斯坦·马泽尔在 1969 年发明的微处理器，拉开了第三次技术革命的序幕。

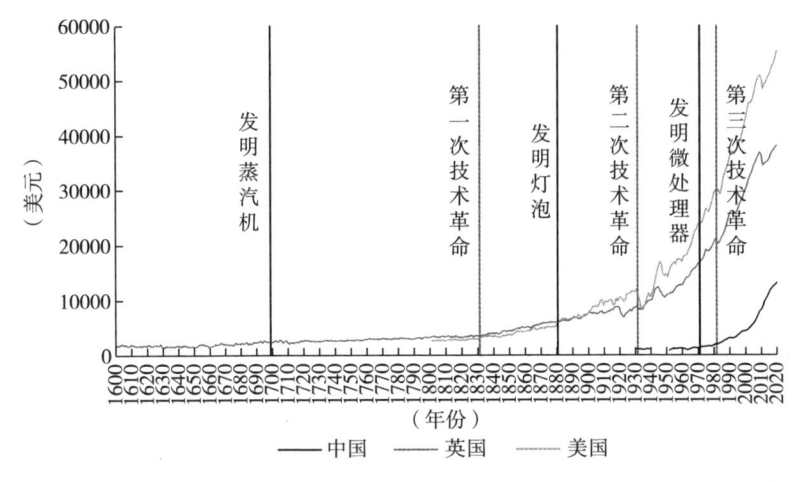

图 9.1　中国、英国、美国 1600—2018 年人均 GDP 水平（2010 年不变价）
资料来源：Maddison Project Database 2020。

从历史的轨迹中不难看出，每一次技术革命都极大地促进了经济增长，而技术的发源地则会获得更具优势的地位。第一次技术革命发源于英国，然后逐步拓展至其他西方国家。在第一次技术革命后，英国的人均 GDP 在全球处于领先地位。在第二次技术革命后，英美经济的相对位置发生了变化。第二次技术革命自 20 世纪 30 年代兴起于美国，以灯泡和发电机的发明为开端，从此，美国人均 GDP 快速攀升，超过英国等欧洲发达国家。二战以后，第三次技术革命开启，各国的人均 GDP 保持持续增长，作为第三次技术革命发源地的美国，综合国力仍然保持世界第一。

经济周期与创新浪潮密切相关。导致经济波动的因素很多，技术变革和创新浪潮即是其中之一。用全要素生产率（TFP）表征技术冲击，从主要经济体的经济波动特点来看，TFP 和人均 GDP 增速变化较为同步。甚至在一定时段内，TFP 增长率的变化略提前于人均 GDP 增长率的变化。当然，在对 TFP 的测算中，关于存量资本和资本折旧的技术处理，可能在一定程度上会将经济周期的影响内生地引入 TFP 波动之中。

技术进步到生产率加速存在时滞。通用技术（GPT）创新是技术变革的根本前提，而通用技术逐步从核心部门扩散到经济生活中的所有部门，需要一系列与之配套的次级创新，而次级创新的发展也并非一蹴而就。蒸汽机发明于 17 世纪末，但直到 1765 年，织工哈格里夫斯发明"珍妮纺纱机"，才揭开了第一次技术革命的序幕。灯泡和发电机的发明与第二次技术革命之间相差 50 年。第三次技术革命与微处理器的发明也相隔大约 20 年。此外，企业内部接受

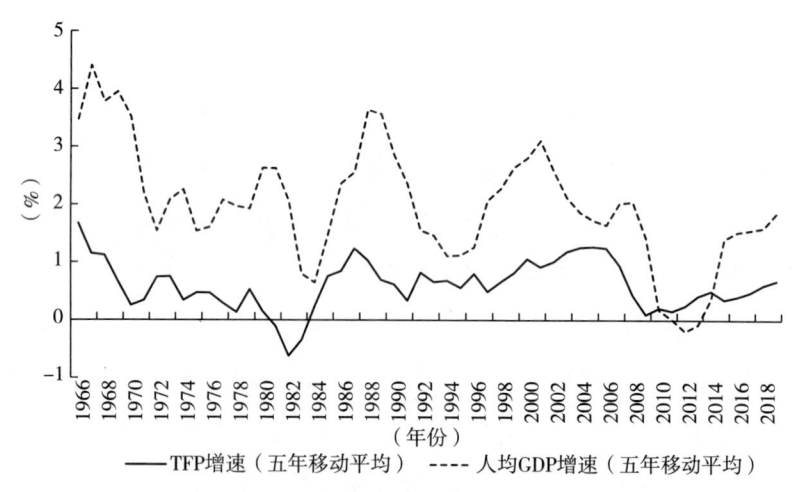

图 9.2　美国 1962—2019 年 TFP 与人均 GDP 增长率
资料来源：Penn World Table 10。

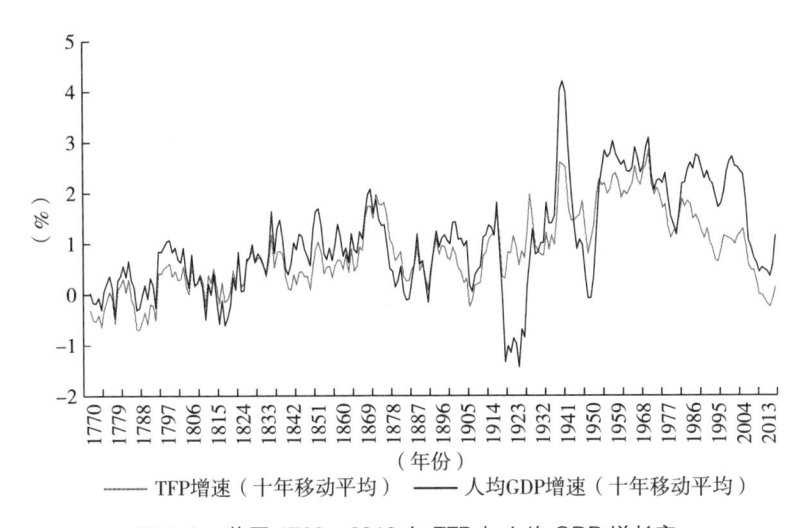

图 9.3　英国 1760—2019 年 TFP 与人均 GDP 增长率

资料来源：A Millennium of Macroeconomic Data for the UK, Bank of England。

新的技术，需要面临巨大的调整成本。新技术替代旧技术，也意味着商业模式、组织架构、人力资本等方面的重大变革，由于理念、既有利益的阻碍，在位企业哪怕是龙头企业也未必能够顺畅推进。

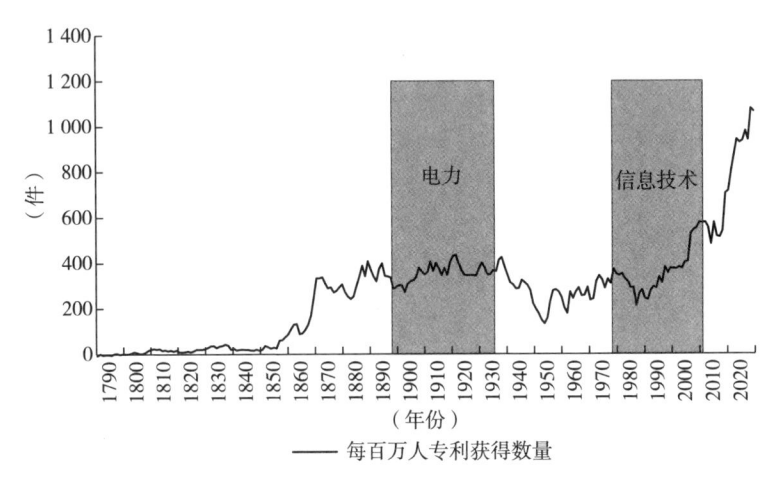

图 9.4　1790—2020 年美国每百万人专利获得数量

资料来源：Table of Annual U. S. Patent Activity Since 1790, USPTO。

第九章　数字时代的学习曲线与技术扩散　　175

例如，诺基亚曾是手机巨头企业，但其迟迟不愿放弃塞班系统，最终该系统逐渐被 iOS（苹果系统）和安卓系统全面超越。同时，消费者接受新的产品也需要时间。1973 年，美国摩托罗拉工程师马丁·库帕发明了世界上第一部商业化手机。1984 年，美国手机普及率仅为 0.03%，经过 30 年时间，到 2014 年，才基本实现了全面普及。

数字时代技术扩散的典型过程

创新技术需要扩散至各行各业，被广泛应用，才能对经济产生根本影响。技术扩散至少需要两个步骤，一是该项技术相关信息被传播至个人或企业，这与信息传播过程紧密相连；二是该项技术被收到该信息的个人或企业学习利用，这里学习曲线决定了学习效率。在数字时代，由于信息技术、人工智能、深度学习等技术加持，学习曲线可能因为迭代加快，由"S"形转变为"J"形。同时，由于信息传播速度快、范围广，尤其是在一些新型社交媒介当中，传播曲线也可能会从"S"形转向"J"形。

互联网是有记忆的，它提供了新的知识媒介与存储方式，而且存储空间不断扩大。1956 年 9 月，IBM 公司制造的世界上第一台磁盘存储系统的容量只有 5MB（比字节），而随着硬盘技术的飞速发展，TB 容量的硬盘已进入普通家庭。同时，数字化技术的应用将显著提高学习效率，固有的线性思维不断拓展，学习曲线不断提升。人脑学习的过程可以分为接收信息、处理信息、做出决策、结果输出四个阶段。在数字时代，搜集信息的渠道明显增多，知识可得性显著增强。人机交互、机器学习可以帮助个体改善思考过程，提升思考效率。

而且，随着数字化程度的不断提高，个人思考成果输出的渠道增多，方式更为多样，普及更广更迅速。随着信息传播的媒介、主体、客体性质发生变化，隐性知识更容易显性化，知识扩散速度整体加快。从传播媒介看，传统的传播方式主要依靠书籍、电视、市场竞争、贸易等，而在数字时代，传播媒介极大丰富，开源软件、知识共享社群、自媒体平台等新的技术扩散媒介不断涌现。从传播主体看，传统的方式主要是依靠权威媒体发声，动机是传播知识或提高本部门的生产率，而在数字时代，传播主体更为分散，除传统动机外，传播主体更加希望获得关注与认同。从传播客体看，传统方式的受众同质性较强，多为统一授课和培训，而在数字时代，传播更能够兼顾差异化的受众，例如在慕课学习的学生，可能是在校学生，也可能是商务人士，可能以中文为母语，也可能以英文为母语。从传播规律看，在数字时代，面向大众的传播转向人际传播，提供社交支持的平台的重要性上升，传统媒体渠道的重要性下降，而基于人际传播的信息扩散更迅速。而且，在大数据和人工智能的支持下，隐性知识显性化，也更容易传播。从传播曲线看，根据罗杰斯于1962年提出的"创新扩散"理论（Innovation Diffusion Theory），新事物发展呈现"S"形曲线。不过，王金龙等（2005）发现，以推特和新浪微博为代表的新型社交媒体的复杂网络，度分布服从幂律分布，而且度相关性为负，具有异配性非均匀的特征，传播速度较快。

表9.1 传统经济与数字经济信息传播的区别

分类	传统经济	数字经济
媒介	书、人、资本、产品、贸易、战争	自媒体、社交平台、专业平台、知识社群、开源软件
主体	权威、集中 动机为知识延续、提高本部门生产率	分散,但非均匀 动机为获取关注、认同
客体	同质性较强	与信息获取能力相关

学习过程通常呈现"S"形的经验曲线,随着熟练程度的提高开始缓慢上升,然后迅速上升,最后趋于平稳。最后的平稳阶段往往对应思维定式或线性化,沿着这样的既定路径下去,将会影响创新。在数字时代,算法优化和迭代的速度更快,学习效率显著提升,推动学习曲线左移(图9.5)。其背后的主要机制是新技术的涌现频率加快,原本被既定技术定义的极限会更快被突破,进而生成新的局部学习曲线。这些局部的学习曲线动态叠加在一起,取其包络线,就会发现在极限状态下,"S"形曲线可能会在一定时间内变成"J"形。摩尔定律就是典型的例子,每块芯片上可容纳的晶体管数目,约每隔18个月便会增加1倍,性能也将提升1倍,个人电脑、手机随之不断创新迭代。此外,传统的时间空间限制被打破,不同个体单元间形成网络连接,也为不同层次的规律随着量变积累形成演化,即为"涌现"提供了可能。

学习曲线与信息传播的变化叠加,将加速技术外溢。除了传统的内部、水平和垂直三个主要扩散渠道,数字时代还有类似网络的新型技术外溢渠道。在企业内部,不同部门充分利用数字技术,提高利用自身知识和经验的能力,扩大投资回报。同时,行业内其他企业也通过模仿某一企业的创新提升生产力。从垂直场景看,数字

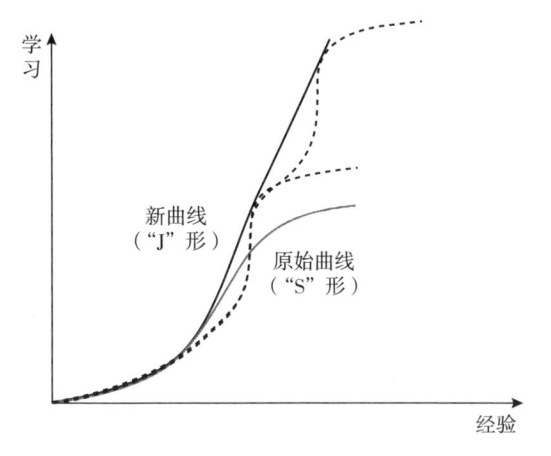

图 9.5　学习曲线变化示意图：从"S"形到"J"形

基础设施水平的提升和数字技术的广泛应用，使产业链上下游更容易联动和打通，数字创新沿着产业链方向的溢出效应尤为明显。更为重要的是，数字化打破了时间、空间的限制，各种开源软件、知识社区涌现，更多的主体参与技术改进、知识传播。这种传播不依赖于传统线性思维下的行业或领域分工，而是更强调共同话题或项目，在行业间相互交错联结。同时，某一特定行业需要的知识，有可能来自行业外，行业内的从业者一开始可能对此完全陌生。如果将个体看作节点，技术溢出方式更像是网络，这也为涌现等复杂系统的形成、加速技术扩散提供了基础。

数字技术的创造性破坏和经济波动

当微观个体的学习过程与信息传播方式发生变化时，宏观经济的波动亦会相应呈现新特点。创新的过程意味着淘汰和调整，总量与结构、技术与制度的不匹配所形成的摩擦，会放大经济波动。在数字时代，技术扩散加速，调整过程可能更为剧烈。不同部门数字的渗透率存在差异，不同行业之间调整步伐不一致，将导致结构性变动。当然，现行制度调整几乎总是滞后于技术进步，技术快速迭代背景下技术与制度的摩擦将更加突出，也可能导致更多波动。

学习曲线提升改变了生产函数的关键参数

微观个体的学习曲线与技术扩散方式发生变化，将对知识存量、知识外溢、人力资本、创新能力等宏观变量产生影响。一个经济体中平均的知识存量越高，单个厂商的生产率也就越高（Romer，1986）。数字时代知识积累水平高于以往，知识外溢的水平也大于以往，因此更有利于提升产出水平。[①] 在知识溢出效应足够强的情况下，生产函数甚至可能呈现知识边际收益递增的特征。例如，由于传感器和新材料的发展，其技术溢出到农业中，我国部分农户将传统种植改造成大棚种植，原来只有夏天才能吃到的草莓，已经成为冬季时常见的水果，农业产出显著提升。

除了知识积累更快、知识外溢效应增强以外，人的学习能力和协作能力增强也会提升生产率（Lucas，1988）。个人学习能力增强，人力资本生产部门的生产率提升，人力资本积累函数斜率增加，总产出和实物资本也都实现持续增长。数字技术的应用，将推动学习曲线更快提升。例如，慕课丰富了人们的学习方式，打破了时间、地点的限制，学习可以随时随地进行。

---

① 根据模型 $Y = K^{\alpha}(AL)^{1-\alpha}\overline{K}^{\gamma}$，知识溢出效应体现为 $\gamma > 0$，知识外溢程度与知识存量、传播媒介、传播渠道等正相关。由于传播曲线变为"J"形，在数字经济时代，γ 会增大，因此，总产出会增加。

此外，新产品的开发数量，往往和研发效率、参与人数以及现有的产品数量正相关（Romer，1990）。在数字时代，不同主体之间的协作加强，社会整体的创新能力也会有所上升。由于人工智能、模拟计算等方式的应用深化，研发效率显著增加，同时，更多消费者可能参与新产品的开发和设计，研发部门产出将会进一步上升，进而推动经济增长。

"创造性破坏"导致经济总量波动

经济创新过程是改变经济结构的"创造性破坏过程"。创新不断地从内部破坏旧结构，生成新结构，从供给端影响经济运行。伴随着新技术、新产品、新模式不断涌现，新企业将与现有企业争夺利润基础，尽管在这个过程中也会产生利润的增量。与在位企业不同，新企业拥有不需要承担新旧技术转型成本的优势。数字化技术的应用，无疑会进一步加快企业的进入和退出。例如，1948年11月26日美国宝丽来公司（Polaroid）推出世界上第一台即时成像相机Polaroid 95，即第一台胶片相机。20世纪八九十年代，胶片相机风靡全球，几乎每个家庭都有一台，但进入21世纪，胶片相机几乎完全被数码相机替代，一大批与胶片相机相关的企业倒闭或转而生产数码相机及相关产品。要顺应经济创新，一方面需要鼓励风险投资者、机构投资者与基金为颠覆性创新公司提供支持，降低在位企业设置的进入壁垒，使新企业可以顺利进入，强化竞争。另一方面，要对在快速调整中失业的人群提供保障，使其基础生活得到保障，建立终身教育体系，使其有机会适应新技术变革，重新回到就业市场。

各领域数字渗透进程不同步导致结构调整阵痛

数字技术在各行业的渗透率不同，各部门因此调整不同步，会导致结构性摩擦，进而通过投入产出网络，将冲击扩散至其他经济部门，引发总体波动。一方面，技术渗透导致行业内波动。数字技术在各行业的应用需要辅以相关的次级创新。当次级创新在某个行业发生时，该行业将会经历一段创造性破坏的过程，并由此引发一些波动。例如部分传统制造业企业，随着技术更新迭代加快，如果不能紧跟步伐，实现升级改造，将在短期内被迅速淘汰。

与此同时，行业间的结构摩擦也会引发整体波动。由于各行业的技术渗透率与次级创新速度和效率不同，不可能同时完成新技术替代，因此不同部门间新技术需求与旧技术供给之间可能会产生结构性摩擦，导致行业间波动。数字时代，数字技术迭代较快，不同行业技术的替代周期不同，本身受到的冲击将不均衡，而该行业对于其他行业的影响也将有所区别，因此经济波动将呈现结构性差异。

网络效应会放大整体波动。由于各经济部门都处于经济循环的某个节点中，每个行业的波动都会通过投入产出网络效应向上下游传导，从而传播至宏观经济层面。这意味着每个行业的小幅波动都可能逐步放大累积，造成宏观经济整体波动。要有效应对上述冲击，需要加强数字经济基础设施建设，前瞻布局第六代移动通信（6G）网络技术储备，加快构建算力、算法、数据、应用资源协同的全国一体化大数据中心体系，高效布局人工智能基础设施。对外溢效应高、前期投入大、合作部门多的产业和项目提供税收减免、产业基金支持。持续关注投入产出网络中的关键节点，通过大数据感知边际变化，即时调整政策，避免风险扩大化。

制度调整赶不上技术调整步伐累积经济波动风险

与迫于激烈市场竞争压力的技术经济领域相比，社会制度框架具有更大惰性（Perez，2003）。技术变革和制度调适，必然会伴随一系列的冲突和妥协。大数据等技术在各领域的广泛应用，数据要素积极参与创造新的价值，经济单元的基本运行方式发生了变化，新的边界、连接、组织和疆域不断涌现。经济基础变化，要求现行宏观调控体系做出调整，进而加快适应数字化转型。如果仍然沿用工业经济的思维管理数字化，可能会延缓创新步伐，加剧经济波动。为此，需根据数字化转型要求，加快技术创新、产业规制等政策转型。

第十章 数字时代的就业变革

数字经济已经成为经济增长最活跃的部分,并深刻改变和重塑了就业形态。美国经济分析局(BEA)曾测算,2020 年美国数字经济就业人口增加至 780 万人,占就业总人口的 5%。[①] 而我国 2021 年年底的数字平台灵活就业量约为 3 300 万人,占全国灵活就业人数总数的比重超过 16%,数字就业在增加就业总量、提升就业质量方面的地位举足轻重。本章将分析就业形态的历史演进、数字化背景下的就业变革,以及数字经济时代就业面临的主要挑战等议题,初步探讨数字时代如何促进高质量就业。

就业形态的历史演化

农耕时代之前,人们常以打猎和采摘作为主要的谋生手段。采集觅食者群体只关注"即时回报",很难为未来做规划。奴隶制时期,人们对于工作并不热衷。比如,古希腊人认为好的生活是投身政治。这一时期,枯燥但必要的工作主要由奴隶完成。随着奴隶制

---

① "Updated Digital Economy Estimates-May 2020." Bureau of Economic Analysis, U.S.

度的瓦解，人们对工作的态度也逐渐发生了转变。

随着人类定居下来从事农耕，自耕农或者受雇的佃农成为主要的劳动形态。劳动受地理和气候影响比较大。人们被束缚在土地上，以血缘为基础、以家庭为单位进行耕种或从事手工业。关注何时播种、何时收获，应对干旱、洪水、歉收和饥荒就已占据了大多数人的全部精力。总体上看，农业社会技术变革相对缓慢，劳动形态变化并不大。

工业革命以后，大量农民离开土地，集聚到城市，工作更依附于机器或流水线，劳动和资本的关系更为紧密。在工场手工业向机器大工业转换的过程中，工作形式发生较大改变，机器逐步取代人力，以大规模工厂化生产取代个体工场手工生产。当然这种转换并不平稳，在一些部门，岗位破坏效应一度大于创造效应，引发了工人摧毁机器的运动。不过，长期来看，增加的需求创造了更多新的就业岗位和机会，最终岗位创造效应远超破坏效应。与此同时，工人大规模进行流水线工作，分工更为细致，劳动协作关系更紧密，并逐步形成了新的雇佣关系。

20世纪70年代以后，信息技术革命蓬勃发展，工作的时空限制在一定程度上被打破，互联网技术联结了世界各地的雇主和员工，人员和资本跨境流动更为频繁，跨国公司将不同国家的劳动者整合进全球产业链。21世纪以来，随着大数据、物联网、人工智能等技术的发展，工作的时空限制被进一步打破，劳动力可以在更大范围内进行配置。雇佣关系较传统社会更为灵活，平台的出现与零工经济的迅速发展，使灵活用工更为普遍，劳动者并不一定需要与企业签订正式的劳动合同。技术发展在短期内导致一些传统岗位被替代，但信息技术提高了劳动力市场的匹配效率，有助于减少摩擦性失业。此外，在数字产业化与产业数字化过程中产生了大量新的工作岗位。

从人类劳动的历史演进看，劳动力流向总是与最活跃要素相结合，产业结构也因此发生显著改变。以英国为例（见图10.1），在工业革命发生前，第一产业就业人员占劳动力总数的比重显著高于其他产业。工业革命以来，第二产业人数迅速赶上并超越第一产业。不过，随着城市化水平的不断提升，服务经济比重逐步超过第二产业。20世纪70年代以后，在全球化、信息化浪潮下，英国的第二产业比重逐步下行，第三产业比重则持续扩大。美国的情况也大体如此（见图10.2）。20世纪下半叶，美国第三产业的就业比重提高了大约20个百分点。

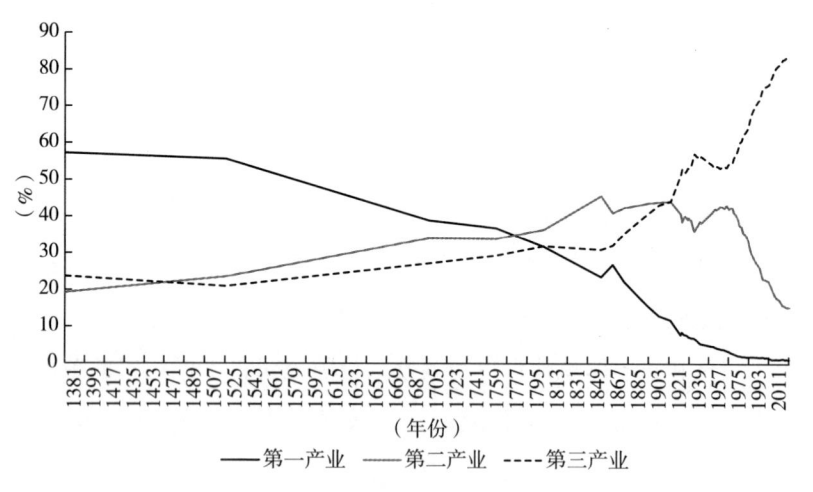

图 10.1　英国劳动力就业结构

资料来源：Broadberry et al.（2015）、Feinstein（1972）和 ONS（various publications）。

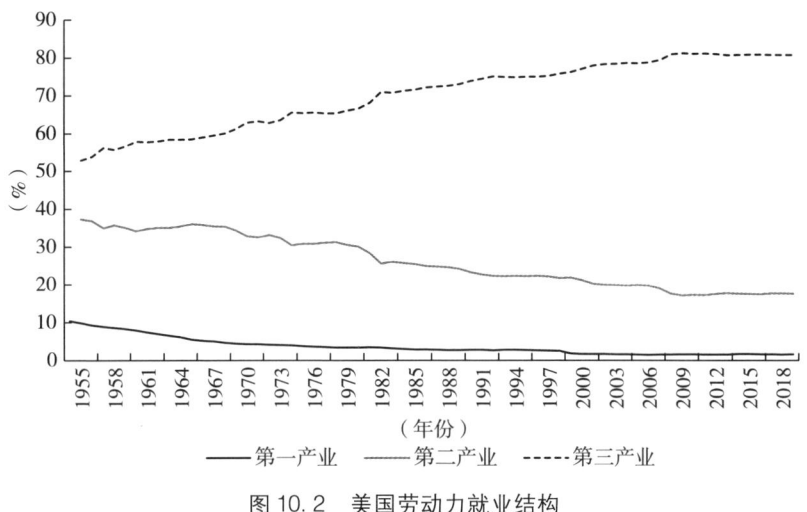

图 10.2　美国劳动力就业结构

资料来源：Wind。

数字时代，数字相关的就业规模将显著提升。21 世纪以来，随着数字技术的普及和应用，数字经济提供的岗位增速显著超过平均增速（见图 10.3）。一方面，数字产业化和产业数字化过程中创造出大量工作岗位，如 AI 工程师、数据科学家等。另一方面，工作的地理边界在数字时代被进一步打破，劳资匹配效率得到提高，产生了诸如"幽灵劳工"这类新型工种。平台经济下零工经济的发展也促使雇佣关系变得更加灵活。从农业时代跨入工业时代后，劳资关系逐渐从人身依附关系转为合同关系。在数字时代，一部分人对长期稳定雇佣关系的偏好发生改变，雇佣关系变得更为灵活，呈现更多任务导向的特征。

尽管从长期看，岗位制造效应更有可能超过破坏效应，但在不同阶段的交替过渡时期，技术的创造性破坏会比较显著。数字技术，尤其是大数据与人工智能的快速发展，可以在加速全球劳动力的网络化进程的同时减少摩擦性失业，但其短期内仍会造成大量的

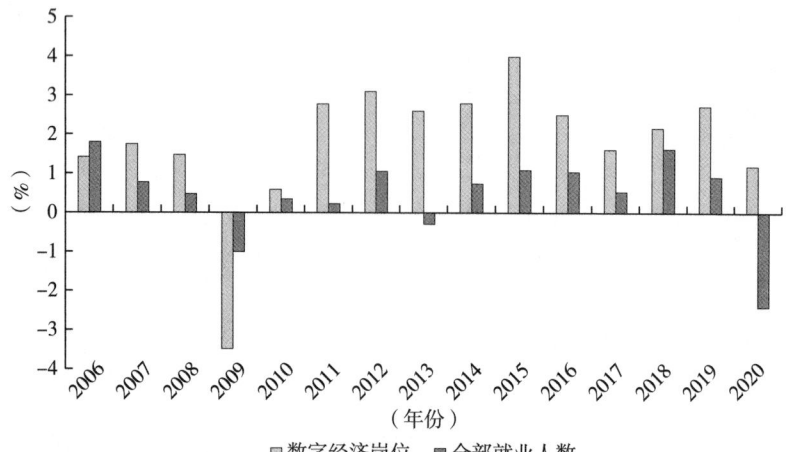

图 10.3　数字经济相关岗位增长情况

资料来源：Updated Digital Economy Estimates，U. S. Bureau of Economic Analysis，May 2022。

替代性失业，且就业结构可能出现明显的"两极化"趋势，即技能水平居中的那部分人的就业份额会发生萎缩。因此，即使通过互联网与算法可以提高劳资匹配效率，从短期看，岗位破坏效应也可能大于创造效应。

数字化转型对就业的影响

数字时代就业的时空限制被进一步打破

数字技术的迅速发展，促进了全球劳动力的网络化进程。一方面，数字化中介平台提高了劳资匹配效率，使全球劳动力的资源配置得到优化。传统经济下，劳动更多地被当作不可贸易的要素，但在数字时代，由于服务的可贸易程度上升，物理边界在数字经济语境下的范围逐渐模糊，劳动跨境流动特征也更为明显。例如，新东方旗下产品比邻中文的线上课程，面向全世界华裔家庭，为其提供中文、中华文化学习课程。劳动的服务半径在数字时代不断扩大，为经济增长提供有力的支撑。

另一方面，企业可以招聘更多数字劳工在全球各地为其服务。例如，数字企业可以雇佣许多来自欠发达地区的"幽灵劳工"，以弥补人工智能的"最后一公里"的缺陷。根据皮尤研究中心的最新数据，目前从事"幽灵工作"的人数约为 2 000 万人。[1] 亚马逊、脸书等公司大量雇佣劳动者按需完成内容审核等任务，评估、分类、注释和完善消费者每时每刻在线产生的万亿字节的"大数据"。雇主可以雇佣全球任一地方的劳动力，却不必为其提供有形的工作场所。

依托数字技术，工作受到的场所限制大大降低。移动办公、远程办公在人们的工作方式中已经占有一席之地，远程与线下结合的方式成为数字时代工作的一大特征。微信、WhatsApp 等社交软件也有助于打破工作时间的限制。人们可以随时开启工作。但由此也带来了劳动者工作与闲暇的边界模糊问题。例如，外卖骑手登入软件后就开始了工作，通过提高配送单数增加报酬，但在等待接单的时间里，他们既无法计入工作，也很难归为闲暇。

数字化冲击下就业结构"两极化"

数字化转型对就业结构产生一定冲击。工业时代生产的机械化使人们的体力获得解放，劳动力市场的需求更偏好专精、熟练高效且注重知识经验沉淀。而数字时代，AI 技术与自动化的发展使人

---

[1] Gig Work, Online Selling and Home Sharing. Pew Research Center, 2016.

们的脑力获得解放，劳动力市场变得更注重劳动者的综合能力，如共情感知、个性化创造、认知迭代等，并对与"适应性"相关技能的需求显著增加。数字时代对非重复性认知技能（比如批判性思维）和社会行为技能（比如能够促进团队合作的管理和识别情感的技能）的需求都呈现上升的趋势，就业的产业边界逐渐模糊。具体来看，对以软件/互联网开发/系统集成、互联网产品/运营管理为代表的职业需求旺盛。这些变化不仅体现在新工作取代旧工作这一点上，还体现在对既有工作技能组合偏好的变化上。

此外，数字时代复合型技术人才将在工作中更为常见，劳动力市场对掌握不同技能组合的劳动者的报酬在增加。例如，对大数据分析师等将数字技术融入其他专业技术领域的人员需求大幅增加。

数字时代，发达经济体劳动力市场中对高技能人员与低技能人员的需求增加，而对中等技能劳动力需求数量降低。① 其中，对非重复认知性的高技能人员如高科技研究人员，以及非重复灵活性的低技能人员如外卖配送人员的需求不断增长，但诸如机器操作等程序性、重复性中等技能岗位则可能向外转移。最常见的情况之一便是网络支付的发展，可能会加速对银行网点从业人员的冲击。这将导致技术性失业以及劳动力市场的"中部坍塌"现象，也在一定程度上加剧了发达经济体的不平等问题（Goos and Manning，2007；

---

① 高技能人员：经理、专业人士、技术员与相关专业人士。中等技能人员：文秘等辅助工作者，销售与服务工作者，手工业及相关行业的交易商，技术性农业、林业和渔业工作者，工厂和机器操作员及装配工。低技能人员：清洁工和帮工等初级工作者，农业、林业和渔业的劳动者，采矿业、建筑业、制造业和交通运输业的劳动者；食品配送业的帮工，街头及相关的销售工作者和服务业工作者。转引自世界银行《2019年世界发展报告》。

叶胥，2021）。《2019 德勤全球人力资本趋势报告》的数据显示，随着自动化和人工智能被不断引入企业生产，全球对劳动力的需求特别是对白领和蓝领技工的需求将减少 700 万人。①从这个维度看，正式雇佣工作任务的逐步分解，可能是数字时代工作性质的一种深刻转变。

但值得注意的是，低收入国家和中等收入国家的情况可能会有所不同。许多发展中国家对高技能人员的需求量仍在持续上升，但由于技术采用率以及自动化程度的原因，各国对低技能和中等技能人员需求量的变化有所不同。世界银行的数据显示，2000 年至 2016 年，约旦的中等技能人员就业比例增加了 7.5 个百分点，但同期孟加拉国的这一比例下降了近 20 个百分点。②无论哪个产业，负责常规性任务的员工都有可能被自动化技术替代，劳动力面临的挑战是如何组织技术，使之成为劳动的合作伙伴，即创造工具、利用工具并与工具合作，而不是被工具替代。

摩擦性失业被技术性失业替代

总的来说，数字时代对劳动力总体规模的影响尚未可知，数字化有利于减少摩擦性失业。一方面，数据传输、存储、计算能力的提升，有助于人们处理大量经济活动中生成的即时信息，并缓解劳动力市场的信息不对称，促进劳资双方找到合适的选项，提高劳动力要素市场的供需匹配效率（Kuhn and Mansour，2014；杨伟国等，

---

① 德勤中国，《领导社会企业：以人为本进行企业重塑——2019 德勤全球人力资本趋势报告》，2019 年。
② World Development Report 2019：The Changing Nature of Work. The World Bank，2020.

2018）。另一方面，数字技术的发展重塑了劳动力资源配置的形式，劳动力的自由流动变得容易。尤其是通过在线教育、在线医疗等平台，更多国家本地的人才可以实现在全球范围内提供服务。产业数字化也会降低一些进入门槛，并吸引大量农村和小城镇劳动力向大中型城市转移，为劳动者跨区域流动创造新的空间。比如，骑手、代驾等数字灵活就业岗位，门槛较低、上手容易、结算较快，越来越多地成为进城务工人员的"第一站"。

不可忽视的是，技术性失业大量存在且受经济波动的影响较大。如前文所述，重复且技术水平较低的工作容易被自动化技术所替代。对这一类失业人员，需要加强数字技术相关的再培训。对那些尚未步入劳动力市场的青年学生，应该在不同教育阶段，设置更多能够帮助其适应数字转型的课程。

数字时代的雇佣关系更为灵活

工业革命以后，雇佣关系发生了根本性转变。劳动的社会化以及生产工具的机械化，使生产工具不再属于劳动者。劳动者仅提供劳动力，生产资料与劳动力分离。与此同时，劳动力逐步走进城市和工厂，雇佣劳动关系由此逐步形成，劳动力得以成为商品参与市场交易。而在数字时代，零工经济迅速发展，企业机构与个体工人达成短期性用工合同，劳动者可能未与企业签订正式的劳动合同，契约关系较工业社会更为灵活。

首先，数字转型过程创造出大量不包含"标准化"合同的短期性工作。"自组织平台"逐渐改变人们的工作模式，催生了"优步化经济"和"零工经济"等新型就业方式，丰富了就业形态。以腾讯为例，仅在 2020 年，由公众号、小程序、视频号、微信支付、企业微信等共同构成的微信生态衍生出的就业机会就有3 684万个。此外，平台的出现也刺激了一大批新的就业形态，如直播带货、外卖骑手、闪送、代驾等灵活就业工种的产生。在这种工作形式下，工作成果大多在线上交付，劳动力供给双方不用见面，也无须签订标准化合同，平台在其中起到了撮合、支付、背书的作用。

其次，数字平台也使拥有较低技能的人群快速获得灵活就业的机会。数字平台上，劳动力供求相关信息更加充分，原本因技术替代造成的传统行业的失业人员可以较快转移到此类灵活用工群体中。在扩大灵活用工范围的同时，也减少了摩擦性失业。借助数字平台，劳动者有了更多增加收入的机会。例如，许多人选择工作时间相对灵活的网约车司机作为兼职以增加额外收入，数字灵活就业成为就业的"蓄水池""缓冲器"。

数字时代，企业生产效率提升以及信息壁垒被进一步打破，由此造成的竞争加剧，迫使企业不断寻找降低成本、提高效率的经营方式，其中灵活用工便是一种选项。

对数字技术的旺盛需求也使一部分劳动者对长期稳定雇佣关系的偏好发生改变。在数字产业内部，一部分熟练掌握高技术的人选择灵活就业。工作的场所较传统雇佣方式更为灵活，也不再需要通过被组织雇佣获得劳动资格或依赖职业身份获得社会认可。有研究发现，与长期稳定的受雇员工相比，个体经营者报告的幸福率和自我价值感更高、焦虑程度更低。[①] 参与平台经济工作，无特定的职业资格或工作经验要求，职业进入方便和退出自由，劳动者可以在

---

① Giulia Giupponi 和 Xiaowei Xu 在《英国劳动力市场自雇率上升表明了什么》中的研究。

业余时间兼职、赚取额外报酬，也得以更好地平衡工作与生活需求（work-life balance）。①

此外，搜寻匹配效率的提高，降低了跳槽或重新寻找工作的成本。数字时代技术的迭代虽然很快，但是数字产业内部相关技术之间的互通性很强，并不会产生很强的代际变化。熟练掌握一门编程语言的技术人员，可以依靠类似的逻辑较快掌握其他类似的编程语言。技能间边界的模糊，给予拥有较高技能水平的数字技术人员更多自主性，能相对主动地选择稳定的雇佣关系还是灵活自由的职业。

更进一步看，数字时代中合伙制或项目合作制可能更为盛行。在传统的就业关系中，雇主先根据岗位类型确定需要招聘的员工，然后再由雇员去完成一项项的具体任务，呈现"先雇用—后任务"的特征，雇员常常会面临不知道下一步任务是什么的情况，雇员之间的任务合作更多地体现为"内部分工"。而在数字时代，工作任务可以更精细化，任务合作可以通过网络实现，雇主可以先明确和细化任务，然后再通过快速的数字联结发布任务，寻找合适的任务承担人，呈现的是"先任务—后劳动交易"的特征，没有具体任务就不会雇人，任务合作更多体现的是"外部分工"。企业会更加扁平化与去中心化，劳动技能和时间也能得到更好的配置。人们或许可以根据自身的技能水平按工作任务精准定位到合适的公司工作，但其本身并不与任何一家公司签订正式的劳动合同。

---

① Friedrich Ebert Stiftung. Digital labour markets in the platform economy: mapping the political challenges of crowd work and gig work. 2017.

数字就业存在的主要挑战

数字产业内部就业质量不均衡

近年来，数字产业相关的就业规模逐步扩大，但内部就业质量参差不齐：既有从事单一、低技术含量工作的"幽灵劳工"群体，也有从事数字产业内的低收入劳动密集型工作，还有业务和技术门槛较高的产品经理、数据分析人才等群体。数字技术的应用和普及，一方面让原来不够标准的工作更加标准化，不需要进行复杂培训，更加容易上手，因而能吸纳更多劳动力。但另一方面，这些岗位或任务被替代的可能性较高。劳动者积累的经验优势，会随着数字技术的发展，变得无足轻重。有研究表明，大约77%的工资差异，可以用经验和个人特征比如培训情况的差异解释（Besson，2017）。因此，从事单一重复、低技术含量工作的薪酬可能增长缓慢甚至停滞不前。而对于有较高数字技能的人才，随着数据要素参与价值创造，增加社会总财富，其自身获得的数字技能溢价更高。尤其是对于学习能力较强的人才而言，数字化技术与其自身技能形成了有益的互补，能够获得更多的数字化红利。而且，在实际工作当中，这一部分群体，利用数字化技术进一步提升自己技能的机会更多，更有把握应对数字技术迭代升级的挑战，进而扩大收入和财富的差距。

灵活就业人员的劳动权益难以得到充分保障

生产经营的季节性或者节约用工成本，通常是企业选择灵活用工的重要因素，同时也造成灵活就业劳动关系的天然不稳定性，劳动者的权益有时候得不到充分的保障。随着平台经济的发展，企业和劳动者之间的关系更为复杂，传统的劳动二分法的适用性下降。平台通过按需分配或者众包的方式灵活用工，劳动者并未与企业签订正式的劳动合同，劳资关系由稳定的"公司＋雇员"模式向灵活的"平台＋履约人"模式转变。平台企业不直接控制劳动过程，而只对其劳务成果做出事后评价，并根据订单完成情况决定报酬，逐渐从对劳动者的劳动过程控制转向劳务成果控制。另外，平台企业将大量业务外包，平台和劳动者之间的关系变得更松散。在用工风险没有消失、法律法规不完善的情况下，灵活就业人员不仅收入稳定性受影响，而且一些基本的劳动权益都很难得到保障。例如，当外卖骑手发生交通事故后，究竟是平台、劳务外包公司还是骑手自己负责，很可能会因为当地政府的一些不同诉求，而导致不同的判定结果。

数字经济对现行税收监管体系提出了挑战

平台经济的网络化、信息化特征，导致税制要素难以确定，加之我国目前对平台经济的行业规则、准入条件等监管措施尚不健全，造成纳税主体认定难度大、征税对象界定复杂、纳税地点确定不直观等问题，对现行税收监管造成挑战。这些问题，在直播带货行业较为突出，主播偷税逃税问题屡见报端。通常，若网络主播通过其经纪公司与平台公司建立业务合作关系，则其税款由经纪公司代扣代缴个税；但若主播设立个人工作室等个人独资企业与经纪公司合作，则由个人独资企业与经纪公司结算，个人独资企业按照"生产经营所得"申报缴纳个人所得税，大幅降低了税率，从而造成税源流失。以一些网络主播为例，通过设立多家个独企业、合伙企业虚构业务,将从事直播带货取得的佣金、坑位费等劳务报酬所得转化为企业经营所得,进行虚假申报偷逃税款。在平台经济快速发展的过程中,如果监管不当,极有可能产生违法行为,在扰乱税收征管秩序的同时,也破坏了公平竞争的市场环境。

就业在宏观经济管理中不再是一个滞后指标

在现代主流宏观管理中,就业指标普遍被认为是一个滞后性指标,即经济运行的变动需要一段时间后才能在就业市场中显现。只有经济持续下滑一段时间后,失业率才会明显上升。解释就业变化的滞后性,主要建立在劳动就业市场存在"工资黏性"这一微观基础之上。一般认为,工资是由劳动合同规定的,在协商合同时,劳动者根据预期的价格水平决定要求的工资的高低,如果劳资双方都同意某一水平的工资,合同便被签订下来。在合同期限内,劳动者按照事前确定的工资,提供相应的劳动。即使在此期间实际的价格水平有所变动,劳资双方也必须遵守合同中规定的名义工资水平或者调整机制。在工资下调压力下,双方达不成新的劳动合同,就会出现解雇问题。经济学理论中,存在从不完全信息、协调问题、内部人—外部人模型等角度解释"工资黏性"的观点,但其背后的微观基础实质上是契约的黏性或长期性。在数字时代,劳动关系中长期合约的重要性正在下降,任务型和项目型合约占比上升,很多平台经济和细分领域更多采用灵活就业合约。基于任务的劳动工资变得非常具有弹性,随时根据市场供需水平进行实时调整,"工资黏性"的微观基础减弱。这样一来,对于经济运行的任何变动,例如企业发布任务的意愿变动或实质变动,就业市场都会快速体现。就业指标与宏观经济运行态势会更加同步。当然,这也要求政府改进现行的就业统计方式，创设新的就业感知监测工具，对就业市场的调控模式也进行相应的调整。

促进高质量数字就业的积极探索

提高劳动者的数字素养

提高劳动者的数字素养（digital literacy），是帮助劳动者适应数字转型、参与价值创造和公平分配的重要条件。通过对不同国家的数字素养进行比较分析，联合国教科文组织将数字素养定义为，"为了就业、体面工作和创业，通过数字技术安全和恰当地获取、管理、理解、整合、交流、评价和创造信息的能力，具体包括计算机素养、信息和通信技术素养、信息素养以及媒体素养"。而且，通过比较分析，联合国教科文组织还提出了《数字素养全球框架》，涉及 7 个主要领域和 26 个具体子项（UNESCO，2018）。

表 10.1 《数字素养全球框架》的主要领域

主要领域	具体子项
0. 硬件设备与软件操作	识认并使用硬件工具与技术； 识别操作软件工具与技术所需的数据、信息和数字内容
0.1 数字设备的硬件操作	识认并使用硬件工具与技术的功能与特性
0.2 数字设备的软件操作	识别并理解软件操作所需的数据、信息与（或）数字内容
1. 信息与数据素养	清晰阐明信息需求，找到并检索数据、信息与内容； 判定数据来源与其内容的相关性； 存储、管理和组织数据、信息和内容

(续表)

主要领域	具体子项
1.1 浏览、搜索与过滤数据、信息及数字内容	清晰阐明信息需求,在数字环境中搜索数据、信息与内容,存取信息并在其之间建立导航; 建立并更新个人搜索策略
1.2 评估数据、信息与数字内容	对数据、信息和数字内容来源的可信度和可靠性进行分析、比较和批判性地评估; 分析、解释和批判性地评估数据、信息和数字内容
1.3 管理数据、信息与数字内容	在数字环境中组织、存储和检索数据、信息与内容; 在结构化环境中组织并处理数据、信息与内容
2. 沟通与协作	运用数字技术进行互动、沟通与协作的同时意识到文化的多样性与代际差异; 运用公共及私人的数字服务及参与式公民身份参与社会事务; 管理个人数字身份和声誉
2.1 通过数字技术进行互动	通过各种数字技术进行互动,并了解在给定环境下适当的数字通信方式
2.2 通过数字技术进行分享	运用恰当的数字技术与他人分享数据、信息与数字内容; 作为中间人了解引用与归因实践
2.3 通过数字技术实现公民身份	通过使用公共与私人的数字服务参与社会事务; 通过适当的数字技术寻求自我赋权和参与式公民身份的机会
2.4 通过数字技术进行协作	使用数字工具与技术参与协作并共同构建资源与知识
2.5 网络礼仪	在使用数字技术以及在数字环境中进行互动时,了解行为准则和实际知识; 根据特定受众调整沟通策略,并了解在数字环境中的文化多样性与代际差异性
2.6 管理数字身份	创建并管理一个或多个数字身份,能够保护自己的声誉,通过不同的数字工具、环境和服务处理产生的数据

（续表）

主要领域	具体子项
3. 数字内容创作	创作并编辑数字内容； 改进信息和内容并将其整合到现有知识体系，并了解版权和许可证如何被运用； 了解如何下达计算机系统可以理解的指令
3.1 开发数字内容	创作、编辑不同格式的数字内容，并通过数字工具进行自我表达
3.2 整合与重新阐释数字内容	将信息与内容修改、完善、改进并将其整合到现有的知识体系中，以创作全新的、原创的且与之相关的内容与知识
3.3 版权与许可证	了解版权和许可证如何应用于数据、信息和数字内容
3.4 编程	为计算系统设计和开发一系列可理解的指令，以解决给定的问题或执行特定任务
4. 安全性（数字安全的素养）	保护数字环境中的设备、内容、个人数据及隐私； 保护身心健康，并意识到数字技术对社会福利和社会包容的作用； 意识到数字技术及其使用对环境的影响
4.1 保护数字设备	保护数字设备与数字内容，并了解数字环境中的风险和威胁； 了解安全性和保密措施，并适当考虑可靠性和隐私性
4.2 保护个人数据及隐私	保护数字环境中的个人数据及隐私； 了解如何在使用和共享个人身份信息的同时使自己和他人免受损害； 了解数字服务使用"隐私政策"来告知用户个人数据如何被使用
4.3 保护健康和福利	在使用数字技术时能够避免健康风险； 能够保护自己和他人远离数字环境中可能的危险（如网络霸凌）； 意识到数字技术对社会福利与社会包容的作用

(续表)

主要领域	具体子项
4.4 保护环境	意识到数字技术及其使用对环境的影响
5. 解决问题的素养	识别需求和问题，并解决数字环境中的概念问题；使用数字工具创新流程和产品；始终跟上数字化发展的最新进程
5.1 解决技术问题	找出并解决操作数字设备与在数字环境中遇到的技术难题（在发现问题中不断优化）
5.2 确定需求并采取技术对策	评定需求并确定、评估、选择和使用数字工具及可能的技术对策来解决这些问题；根据个人需求调整和定制数字环境（例如可访问性）
5.3 创造性地使用数字技术	使用数字工具和技术创造知识并创新流程和产品；单独地或集体参与认知处理，以了解并解决数字环境中的概念问题和情况
5.4 识别数字能力鸿沟	了解自己的数字能力需要改进或更新的地方；能够支持他人的数字化能力的发展；寻求自身发展的机会并紧跟数字发展的最新进程
5.5 计算思维	将可计算的问题变为人与计算机系统服务的有序且有逻辑的解决办法
6. 职业相关的素养	运用专业的数字技术，理解、分析、评估某一特定领域的专业数据、信息和数字内容
6.1 运用某一特定领域的专业数字技术	识别并使用某一特定领域的专业数字工具与技术
6.2 解释并利用某一特定领域的数据、信息与数字内容	在数字环境中理解、分析并评估某一特定领域的专业数据、信息与数字内容

资料来源：联合国教科文组织《数字素养全球框架》，2018。

目前，主要国家针对本国国民的数字素养和数字技能，都制订了相应的提升计划。比如，欧盟在2021年就提出要实施一项"数字欧洲计划"，旨在加强欧盟在人工智能、网络安全、先进计算、数据基础设施、治理和处理等领域的关键能力，并提升劳动者技能，使其适应和掌握先进的数字技术（European Commission，2021）。英国政府在2017年发布《英国数字战略》，提出如何在脱欧以后推动数字经济发展，其中涉及数字技能和包容战略。不过，到2019年英国各种类型岗位的数字技能短缺比例仍在平均30%左右。而且，数字技能的短缺导致英国中小企业生产力缺口达到850亿英镑，大约相当于同期英国GDP的4%（Times Higher Education，2021）。

我国也一直重视提升全民的数字素养。2020年10月，《中共中央关于制定国民经济和社会发展第十四个五年规划和二〇三五年远景目标的建议》中明确要求"提升全民数字技能，实现信息服务全覆盖"。但目前我国仍存在数字人才供给不足、数字鸿沟突出、数字培训体系不完善、数字化意识不够等问题。下一步，需要加强顶层设计，综合发挥政府、学校、企业和其他社会主体的各自优势，尽快提升全民数字素养。在义务教育阶段，可以将内涵更为丰富的数字素养逐步纳入义务教育质量评价体系，替代目前的信息素养，同时加大对欠发达和落后地区的数字教育投资。职业学校要加大数字化技能培训力度，强化校企对接，解决专业数字化人才供给不足的问题。打造终身学习体系，推动慕课发展，完善开放大学课程设置。激励企业加大数字技能培训力度，提高员工数字知识水平。对低技能人群、老年人口、失业人口、偏远地区等数字弱势群体，要提供及时便利的基本数字服务，有效弥合"数字鸿沟"。

加强数字灵活就业人员的劳动权益保障

明确劳动关系状态，是保障灵活就业者劳动权益的重要前提。

为了更好地保障数字经济灵活就业人员的劳动者权益，部分国家已经在法律层面开展了积极探索，试图重新界定平台工作状态，厘清灵活就业关系的责权利边界。2021年2月，英国最高法院在优步（Uber）案中认为优步司机在开展业务的时候，是"从属和依靠"平台的，因而裁定优步司机为员工（worker）。英国的雇佣法案将劳动状态分为三种：正式雇员（employee）、员工和自雇佣（self-employed）。如果优步员工被认为是员工，那么他们将会得到一定的劳动权益保障，比如最低工资和带薪假（Super Court of UK, 2021）。当然，关于这点还存在不少争议。就劳动状态定义而言，如果一个司机可以同时开着多个网约车App，那么在打开App之后到确认接单之前是否算员工，这一问题仍然没有得到英国最高法院的回应。此外，如果一个司机可以同时完成不同公司的订单，那么其可能会被认为是自雇佣者（Ferguson, 2021）。

关于是否应该尽快修改现行法规，进一步明确工作状态，则存在不同意见。英国政府委托开展的一份研究报告认为，明确工作状态对于雇员和雇主都有好处，有助于更好地界定各自的权利和责任，政府应该加强相应的工作状态测试（Taylor, 2017）。报告还建议，工作状态的三分法应该保留，但其对员工的定义比较模糊，建议将员工明确为非独立的签约者（dependent contractor），以更准确地反映现代工作形式的改变，覆盖更多非正式的雇佣关系。但布里斯托大学的一些学者则反驳说，该报告忽视了英国劳动力市场面临的中长期挑战，雇佣关系常常十分复杂，而且会随着经济发展连续变化。如果定义过于明确，可能会限制法院应对各种日新月异挑战的灵活性（Bales, 2017）。事实上，英国政府到目前为止，都没有通过相关法案。

别的国家也面临类似的挑战。2019 年，美国加州通过一则法案，要求优步和 Lyft 等网约车平台将平台上的司机界定为正式雇员。但 2020 年，该法案做出修改，将从事零工的工人（Gig workers）界定为劳动签约者，与雇员相比，其得到的劳动保障权益较为有限。2021 年 2 月，意大利米兰检察官要求外卖餐饮公司给外卖骑手提供安全车辆、事故补偿、工作合同以及培训，否则将对平台罚款 7.33 亿欧元。2021 年 3 月，西班牙通过首部关于外卖员权益的法案，明确外卖员为外卖平台的员工，相关的劳动权益应该得到保障。

国内也进行了相应的探索。2021 年，第十三届全国人大常委会通过了对《中华人民共和国工会法》的修改，并于 2022 年 1 月 1 日开始实施。该法明确规定，工会适应企业组织形式、职工队伍结构、劳动关系、就业形态等方面的发展变化，依法维护劳动者参加和组织工会的权利。这就意味着，新就业形态劳动者拥有参加和组织工会的权利。另外，2021 年 7 月，市场监督管理总局等七部门联合印发《关于落实网络餐饮平台责任切实维护外卖送餐员权益的指导意见》，认为外卖送餐员的工作任务来源于平台，通过平台获得收入，平台应通过多种方式承担劳动者权益保障方面的责任。

综合来看，国内外对数字灵活就业的司法和立法实践，总体上按照"边发展、边规范、重实质"的原则展开。这也为进一步完善国内劳动立法提供了有益借鉴。下一步，需要超越当前的简单二分法，探索引入第三类工作状态，将由平台控制性强、劳动者依附性高的工作类型列入其中，逐步完善新业态从业人员的劳动权益保障法律法规体系，更好地应对数字经济发展对传统就业保障体系的冲击。

总之，随着数字经济的快速发展，劳动就业市场的微观基础和运行机制都在加快重构，劳动就业关系正在从"长期合约型"转变为"灵活任务型"，雇主的劳动监督逐渐从对劳动者的"劳动过程控制"转向"劳务成果控制"，工资黏性作用下降。这必将引发雇佣关系、劳动分工模式、劳动保障体系，以及就业的宏观管理模式和政策工具等发生系统性变化。可以说，就业市场中一场静悄悄的革命已经拉开了帷幕。

第十一章　数字时代的信用创造

信用是社会化生产和生活的润滑剂，对于扩大分工范围、促进经济繁荣、提升社会幸福水平至关重要。在工业时代，市场分工替代传统人际关系，国家垄断铸币权，产权保护力度加强，信用创造从分散走向集中。而在数字时代，更多陌生个体之间的数字联系将更加丰富，也更有机会和条件建立数字信任，进而推动社会信任网络进一步拓展深化，以及信用创造去中介化。

信任演变的一个分析框架

信任问题根植于人与人的关系中。在古代中国和西方的典籍中，对信任都有重要的记载。比如，《论语》中提到"自古皆有死，民无信不立"，说的是信任对一个国家的重要性。信用在西方也和宗教相关。《圣经》《古兰经》当中有不少关于信任的表述（郑也夫，2015）。随着社会现代化水平的提高，经济学家和社会学家对信任的关注程度愈加深入。阿罗（Arrow，1972）认为，几乎每一笔商业交易都包含着信任的元素，尤其是跨时才能完成的交易。一个地区经济落后，往往也和缺乏信任有关。经济强调人都是自利的，任何交易都必须基于严格的契约或强制力量，但这样的成本太高。人与人之间必须有一定信任，这样能够有效降低交易成本，信任可以说是简化交易复杂性的重要机制（卢曼，2005）。信任的建立，在一定程度上是长期、反复博弈的结果，更深层次则涉及文化和理念。

在某种程度上，信用可以看成一种相对狭义的信任，其创造基于更高水平的信任，或者说信用可以看成一种货币化、系统化的信任。信任的基础和表现形式，会随着社会发展阶段的进步而变化。信用创造机制也脱离不了这样的时代背景。参照玛泽拉等人（Mazzella et al., 2016）和福山（2016）的分析，可从两个维度考察信用机制的演变。第一个维度是信用度，它反映了社会关系网当中的信用密集度、社会信用资产的水平以及社会信任程度的高低。第二个维度是信任所内嵌的关系，这些关系可以是个体之间的关系，也可以是个体与中介之间的关系。从上述两个维度划分，信任大致可以划分为四种状态，分别为低信用度、分散式，低信用度、有限中介化，高信用度、中介化，以及高信用度、去中介化。

表 11.1　不同阶段的信用演变框架

①低信用度、分散式 （人类早期）	③高信用度、中介化 （商业和工业时代）
②低信用度、有限中介化 （农业经济）	④高信用度、去中介化 （数字时代）

在第一种状态下，信任关系产生在个体与个体之间，整个社会信任度低。这种状态大致对应人类早期，人与人之间的信任关系往往发生在部落内部或氏族内部，不需要信用中介，货币也不是信用产生的必需媒介或前提。信任更多体现为一些实物交换，相对分

散。比如，一个猎人可以把自己今天多获得的猎物分给别人，方式可以是馈赠，不要求偿还或者回报，也可以是借贷，要求一定时间内归还甚至附加额外的回报。

第二种状态下，信任有限中介化，信任度不高，整个社会并没有太多的信用资产。比如，在农业社会，人们主要通过耕作生产食物，人口开始增长，社会上也有了少量的生产剩余，进而可以在不同群体间进行交换、调剂。原本用于祭祀的贵金属和谷物出现在流通当中，承担了一般等价物的功能。这个时期，家庭、氏族、同乡等熟人之间的信任往往占据主导，因此，更多是熟人社会，陌生人之间的信任度不高。除了城邦、寺庙、教堂参与借贷以外，钱庄、票号、当铺等社会信用中介也得到一定的发展。《管子》中曾经记载高利贷活动，放贷对象是农民、猎户和渔户。古代通过放贷致富的有名例子是齐国的孟尝君，他曾豢养食客数千名。不过，中国古代的官僚富人更愿意窖藏货币，与贷款、汇兑等业务相比，存款业务最不发达，信用中介的影响范围总体有限（彭信威，2020）。

第三种状态下，信任关系中介化特征更加明显，社会信任度更高。伴随着市场分工的扩大、资本的积累、贸易活动的繁荣，信任关系网络进一步拓展，银行等信用中介快速发展，信用形式更加丰富多样。从13世纪起，在意大利热那亚、威尼斯、佛罗伦萨等地，商业银行通过发放贷款或投资获得更多回报，存款金融也颇具规模。在14世纪的巴塞罗那，银行信贷扩张的速度据估计是硬币储备增长的3.5倍（Homer，2010）。随着复式记账法的应用、开放型金融市场的建立、公债和股票的发行、年金和养老金工具的普及以及为财政服务的中央银行的成立（Goetzmann，2017），信用中介化程度进一步提升。工业革命以后，随着市场经济的发展，私人产权得到进一步保护，信任对经济和社会的顺畅运行来说更是不可或缺，金融中介成为信用信息的重要提供方，信任关系中介化的特征更加明显。

第四种状态下，由于数字化技术的广泛应用，信息不对称程度下降，人们的信用甄别能力更强，社会信任度高，信任机制去中介化的特征更加明显。特别是在数字时代，随着大数据、云计算、人工智能等技术的普及和应用，数据的采集、传输、存储更为便利，更多经济和社会行为被记录，人与人之间、人与物之间、物与物之间产生更多联结，个体的信任度也更容易被评估。而且，随着技术创新、产业模式、社会结构的快速变化，传统的信任网络运行成本高，难以适应变革的步伐。在工业时代，信任的建立往往需要大机构、大品牌做前提，而在数字时代，信任发生机制更加多元，数字基础设施也为更多个体之间的信任创造提供了便利。

数字时代信用创造机制的变革

全社会的信用水平显著增加

现代社会是信用社会，现代经济是信用经济，带有普遍性而不只是系于特殊关系的信任，是现代社会生活的基本纽带（福山，2016）。但信任的扩展有赖于社会资本的积累和成长。传统征信和数字化技术的交叉融合，能够显著提高全社会的信用水平。在个人信用方面，信用评级公司一般通过收集个人的特征和行为大数据，构建评价模型，对消费者的品行、资产、能力、抵押品、经济状况以及稳定性进行评估，并给出相应的信用评分

（金融科技理论与应用研究小组，2021）。这种方式已经成为消费金融领域重要的场景之一。与传统银行依赖相对静态的征信报告不同，金融科技平台往往基于电商购物、水电燃气缴费、社交网络使用、驾驶习惯等动态数据，对客户特征和行为进行评估，进而得到更为精准的评分。

信用水平的提升，对开展金融服务至关重要，更多长尾市场主体，比如原来信用水平不高的个人或者中小商户，都可以享受信贷服务。根据公开报道，2020年年底中国人民银行征信系统收录11亿自然人、6 092.3万户企业及其他组织，其中收录小微企业3 656.1万户、个体工商户1 167万户（葛孟超，2021）。但同期，我国注册市场主体户数约为1.4亿户，还有56.5%的市场主体，由于信用记录缺失等问题，无法享受基本的金融服务。基于大数据、人工智能技术，通过鼓励市场化的金融科技机构健康规范发展，有利于填补市场主体需求和传统信用服务供给之间的巨大缺口，促进普惠金融发展。

即便在传统征信产业发达的美国，近年来随着数字经济的兴起，大数据征信也逐步发展成为依靠复杂算法确定一个人信用水平的领域。金融科技公司，尤其是大科技公司在信息和技术上的优势，加上业务闭环，有助于提供更好的消费者或者企业信用评级，进而推动金融业务发展。

信用创造的抵押品机制将发生较大变化

抵押品在传统信用创造中发挥着极其重要的作用，一直扮演着经济波动放大器的角色。在债权人难以保证债务人足额按期偿付债务的情况下，土地、固定资产或证券，可以作为一种抵押品，促进融资活动顺利开展。如果抵押品价格升值，企业外部融资相对于内部融资贴水，融资成本下降，有助于进一步投资，刺激经济繁荣。反之，如果土地、固定资产等抵押品价格贬值，企业外部融资相对于内部融资升水，融资成本上升，投资进一步受到抑制，经济陷入衰退。由于抵押品价值波动的放大机制，一个小小的暂时外生冲击就可能造成经济大幅度调整（Kiyotaki and Moore，1997）。类似的例子很多，比如20世纪80年末90年代初的日本房地产泡沫，以及2008年的国际金融危机，在繁荣上行阶段，抵押品价值上升和经济上行相互推动。但一旦政策收紧或部分债务违约，抵押品减值就和经济周期下行相互影响，进而加剧经济衰退。

  正是因为信贷创造过程中，抵押品发挥着关键的作用，缺乏足够抵押品的企业或家庭会很难得到资金，即便得到了资金，成本也比较高，即所谓的融资难、融资贵。因此，中低收入人群、中小企业往往很难获得必要的金融服务。2021年，美国家庭信贷当中仍有大约79%需要房屋和汽车等实物资产支持。[①] 一些国家或地区曾经试图改变这一状况，例如，发展小额信贷（microfinance loan）满足一部分潜在的信贷需求。这其中比较有名的例子是，2006年诺贝尔和平奖得主尤努斯创造的格莱珉乡村银行模式（Yunus，2006）。但是传统的小额信贷由于还款保障较弱，利息成本和交易费用都比较高，吸引力有限，而且对借款人生活的改善程度也不是决定性的（Meager，2019）。

---

① Federal Reserve Bank of New York，20 Quarterly Report on Household Debt and Credit 2021: Q4. https://www.newyorkfed.org/medialibrary/interactives/householdcredit/data/pdf/HHDC_2021Q4.

进入数字经济时代以后，抵押品在信用创造、经济周期当中的重要程度和作用机制可能会发生改变，主要有以下几种情况。

第一种情况是根据信用评分发放纯信用贷款。可以根据债务人基本特征、职业特点、收入水平、日常缴费、社会关系等因素计算信用评分，然后按此评分发放贷款。在消费金融当中，银行可以利用征信系统或者第三方征信机构提供的记录，发放信用卡贷款和助学贷款。互联网银行基于平台上中小商户的销售状况等指标，提高决策智能化水平，实现了更为便捷、更低成本、更下沉客户的信贷发放。利用大数据模型也能够更好地实施对潜在风险的精准管控。一些网络银行根据信用评分模型，可以实现"最快 30 秒审批，最快 3 分钟放款"。

第二种情况是抵押方式的数字化。目前，已经有人开始利用数字化的抵押方式，在一些中低收入群体中开展信贷业务。美国的一家金融科技公司 PayJoy，利用"闭锁技术（lockout-technology）+ 首付"的模式，将数字化设备销售给客户，然后客户得到设备提供的数字化服务，其间通过分期方式偿付剩余的借贷（Gerter and Green，2022）。如果客户违约，债权方则可以启动设备内嵌的闭锁技术，关闭数字服务，实现设备抵押品的"数字回收"。这种方式既可以增强对债务方的约束，显著降低道德风险和逆向选择带来的债务违约概率，同时又能够避免客户一旦违约，债权方不得不费时费力"物理回收"抵押品。目前，通过这种方式，墨西哥、南非、印度、印度尼西亚和赞比亚等地区已经开始发放小型太阳能发电设备、手机或其他电子设备贷款。

第三种情况则是数字抵押品的种类和数量增多。除了传统的资产可以作为抵押物以外，数字时代会有更多加密资产加入抵押品行列。随着加密资产市场规模的扩大，资产的流动性也会逐步改善。加密资产是价值、权益或者服务的数字通证（token），可以通过分布式账本或区块链技术登记、转让，以避免双重支付（PWC，2021）。目前加密资产主要有以下几类。一是传统资产的通证化（tokenization）。这一类资产往往和自然资源等实物资产相关联。二是私人加密货币。其中一部分有稳定机制，比如稳定币；一部分没有稳定机制，价值波动很大，比如比特币。三是NFT。NFT往往与资产类别、创建时间等特殊信息相关，稀缺性是其价值的关键。随着元宇宙等虚拟空间的出现，还会出现更多的数字资产。

传统信用中介的信息和网络优势被削弱

在传统的工业经济当中，信用创造高度依赖银行等金融中介，银行在现代金融体系当中处于关键地位。20世纪70年代以前，银行往往遵循3-6-3的原则（存款利率3%，贷款利率6%，每天下午3点下班），经营模式很保守谨慎。但20世纪70年代的大通胀，导致原来的金融抑制效果减弱，金融自由化开始冲击传统的商业银行业务，直接融资、投行业务发展很快，金融脱媒现象突出。2008年国际金融危机以后，传统金融业面临严格监管。与之相比，金融科技面临的监管相对宽松，沉没成本和遵从成本较低。数字经济的规模效应和网络效应，也使得金融科技一开始可能固定成本较高，而可变成本几乎可以忽略不计，能够承受多次试错，产品和服务模式迭代速度快。尽管银行能够模仿相关的产品或服务，但要面临严格的监管、内部决策复杂等诸多限制，因而会丢失一些市场份额。例如，在大衰退以后，"影子银行"已经抢占美国抵押贷款市场的相当份额，这些新增的份额当中，大约60%是因为监管不对等，30%是因为技术进步（Buchak et al.，2018）。

如果说面对金融科技方面的一些"单项选手"，银行还可以学习相关经验，发展线上业务，或者采取新的业务模式，比如开放银行等方式来应对，那么，当银行面对大科技公司这样的"复合选手"时，在信息、资金方面不仅不占据优势，而且还可能被显著削弱。有一种说法是，一般的金融科技公司是数字化金融业务，而大科技公司介入金融业务则是货币化数据（Zetzsche et al.，2017）。大科技公司虽然主业在技术，但其庞大的用户基数、宽泛的业务形态、海量的数据收集、强大的算力基础，为其介入金融领域提供了便利。一开始，大科技公司的金融业务可能集中在支付领域，之后会逐步渗透到信贷、保险、证券等业务，这些活动可以独自开展，也可以和其他传统的金融机构合作（Frost et al.，2019）。比如中国的支付宝、财付通，服务广大中小商户，促进线上线下交易的达成。但随着平台连接商家和消费者数量增多，以及可获得海量数据，这些平台开始沉淀大量在途资金，这也为其进入货币基金、互联网银行、助贷、互联网保险等领域提供了方便。

大科技公司开展支付创新，不仅影响了消费行为偏好，催生了更多新型商业模式，而且对现有金融体系也造成了显著冲击。通过开展第三方支付创新，大科技公司涉足的经济和社会运行场景更多，覆盖了大多数商品交易活动。基于社交场景的支付更为便利，消费者触达性强，相对于传统的金融部门，大科技公司具有信息优势。同时，大科技公司开展金融业务也具有成本优势，一方面初期监管相对宽松，遵从成本相对较低。另一方面，大科技公司拥有规模效应、范围经济、网络效应等优势，运用机器学习模型，开展金融业务的成本更低。总的来看，金融科技对现有金融体系的冲击体现在四个方面，一是深度和场景绑定，能够及时把握需求和可能的风险，较银行更有信息优势。二是可变成本低，通过机器学习模型能够服务更多的群体。三是业务模式迭代更快，在某种程度上采取的是硅谷模式，而不是华尔街模式。四是数据成为最活跃要素，企业融资更加偏好资本市场，风险资本地位进一步上升。

货币发行的非国家化

数字时代，货币创造的主体更加多样化。1976年哈耶克提出货币非国家化的观点，认为政府不应该垄断货币发行权，而要允许私人部门参与货币发行，鼓励不同货币之间的竞争以及银行业务的自由开展，这样有利于保持币值稳定（Hayek，2019）。尽管哈耶克提出上述观点时刚好是大通胀时期，西方主要发达国家都面临法定货币购买力下降的问题，但应者寥寥。

一直到2008年，中本聪提出（Satoshi Nakamoto，2008）一种不用经过金融机构的点对点电子现金传输方法，货币非国家化的观点得到了更多关注。在这之后以比特币为代表的私人加密货币快速发展，尽管在部分国家"挖矿"或交易受到严格限制，但截至2022年2月16日，全球有11 801种加密货币，总市值超过2.1万亿美元，相当于花旗银行的总资产（数据来自Coinbase网站）。

不管是哪种形式的货币，其基本职能都有三类，分别是交易媒介、记账单位和价值储藏。以比特币为例，其发行数量不受某一家中央银行控制，而是受制于算法，通过"挖矿"（提供验证和交易服务所需的算力）来生成新的比特币。当然，关于比特币是否能替代法定货币还有疑问。比特币点对点的支付机制以及相对匿名性，有利于其发挥交易媒介功能。但其市场价格波动幅度是黄金的7倍以上，是标准普尔500股票指数的8倍以上。价值波动性太大，难以发挥记账单位和价值储藏功能，应用场景相对有限（Mishkin，2021）。

不过，随着私人加密货币引入稳定机制，其应用场景得到进一步拓展。稳定币可以看成加密世界和真实世界的一座桥梁，稳定币系统一般由三个部分组成。一是与用户交互的机制（interface mechanism），这涉及平台（数字钱包、交易所等）、具体服务的提供商（提供簿记服务），以及做市商（从事稳定币买卖，确保市场流动性）。二是发行和稳定机制，主要包括稳定币治理委员会（比如Meta公司的Libra或者Diem治理委员会）、储备管理以及支付系统。三是转移机制，涉及分布式账本技术、审核和相关的基础设施（BIS，2019）。以目前规模最大的泰达币为例，它和美元的比值大致是1:1，其背后号称有100%的流动性较强的美元资产作为储备。泰达币本身可用于数字资产交易、跨境支付、分布式金融等场景。

与传统的货币相比，私人加密货币绝对规模较为有限，但增长很快，其对国家货币主权、传统信用创造的潜在挑战，以及可能潜藏的风险，已经引起了各方的关注（Hilary Allen，2021）。当然，面对这样的变化，中央银行也并非束手无策，而是可以顺应数字经济发展，通过发行央行数字货币，满足人们对加密货币的部分需求。

货币传导机制发生重大变化

金融科技的普惠特征以及竞争效应会提高货币乘数。货币乘数主要由法定和超额存款准备金率以及现金存款比例决定。金融科技比如移动支付的发展，降低了居民持有现金的必要性，现金存款比例下降，进而提高了货币乘数。同时，金融科技服务效率相对较高，有助于促进银行沉淀资金的使用，增加资金供给。此外，金融科技会加剧"影子银行"活动，而"影子银行"的监管负担相对较轻，漏出效应也可能放大货币乘数。至于货币的流通速度，无论是移动支付，还是点对点的分布式技术，随着金融基础设施的改善，要么降低转账成本，要么减少中间环节，要么提高金融支付的及时性，上述这些因素都有利于提高货币流通速度。

货币需求是否会增加，取决于两个方面的效应。一方面，随着金融科技的发展和应用，金融服务的可获得性和普惠性提高，金融服务效率提升，更多群体能够得到原来享受不到的正规金融服务，从而有助于提升劳动生产率，增加产出，增加对货币的需求。另一方面，资产的替代性上升，信用创造机制发生变化，金融可及性增加，从而降低流动性偏好，减少预防性储蓄动机和货币需求。综合供需两端的情况，均衡利率可能继续下降。从商业时代到工业时代，再到数字时代，通信技术的发展都会增加市场的连通度，丰富金融服务的供给，增加货币或者信用供给。尤其是在数字时代，数据作为一种新的要素，对资本会有一定的替代作用，或者进一步提高资本利用的集约度。从过去上千年的利率趋势看，利率总体上还是下降的（Homer，2010）。金融科技最终对利率的影响也可能符合这一趋势。

金融科技发展将进一步强化价格型货币政策传导机制。一是数字化将提高信息传递效率。大数据、人工智能等技术的应用，增强了市场主体获取和处理信息的能力，提升了政策信号传播的速度和广度。市场主体对政策利率变动的感知越灵敏，对政策变动意图的理解越深刻，就越能促使货币政策更快发挥作用。二是减小交易摩擦，降低了搜寻匹配的难度。金融科技进一步简化原有的烦琐流程，打破不同市场之间的界限，减小市场交易摩擦，促进政策利率到市场利率的传导，同时也降低了信贷渠道的作用。三是金融科技降低了不确定性。金融科技是传统金融与信息科技的融合，能够丰富金融生态，提升金融服务的效率，增加应对不确定性的方式和手段，有助于改善经济主体预期。当经济不确定性降低或者应对不确定性的手段增多，企业将增加投资和雇佣活动，家庭也愿意将更多收入或财富用于当期消费。

数字货币的可编程性会改变货币政策的操作方式。随着未来智能合约的使用，各种合同包括合约的调整更为灵活。货币政策调节之所以不是一层"名义面纱"，很重要的一个原因是它具有黏性。但如果契约调整、价格调整更灵活，数量型货币政策创造机制的作用就可能下降。同时，考虑到未来仍有不确定性，预期和实际之间总是有差异，发挥价格机制调节和预期引导的作用依然重要。此外，央行通过调整CBDC利率来间接影响银行存款利率，这一操作甚至可以打破零利率下限的约束，零下限对货币政策或许不再构成约束。

信用创造机制变化带来的主要挑战

数字时代的信用创造机制变化，给宏观政策和金融监管带来诸多新课题，有以下几点。

首先，容易引发金融监管套利。长期看，银行等受到严格监管的机构特许价值将被侵蚀。监管不应该只盯着机构或企业，还要覆盖其产品或服务，尽量营造公平、透明的竞争环境。例如，一些金融科技公司名义上开展金融创新，但实质上开展了吸储和放贷业务。由于其他业务的关系，金融科技公司拿到的是几乎零息成本在途资金，而这些低成本资金成为金融科技公司盈利的重要来源（Kaminska，2019）。大科技公司介入金融领域，也可能会放大道德风险，造成"大而不能倒"或者"连接太多而不能倒"的问题。例如，大科技公司帮助银行发放贷款或者与银行联合发放贷款，公司主要负责提供技术和数据，而自有资本很少。同时，大科技公司对消费者和借款人的行为也可能存在算法偏见，并导致道德风险。此外，稳定币本质上也是一种"影子银行"，储备资产可能并不是百分之百的高流动性资产。何况，在金融危机当中，平时高流动性的资产也很难变现，比如2008年国际金融危机期间的货币基金。由于缺乏"最后贷款人"机制，一旦稳定币持有人对稳定币背后的储备资产产生怀疑，就很容易引发挤兑。

其次，容易滋生灰色或非法经济活动。基于加密货币的支付，可以绕开金融中介和金融管制，更容易实现跨境资金转移，为洗钱等非法活动提供便利。不同国家或地区对加密货币的监管尺度不一，进一步加大了监管的难度。不法分子可以利用加密货币的隐蔽性和匿名性，为贩毒、恐怖主义等非法活动提供支付便利。暗网"Silk Road"在被关闭之前，就接受比特币支付，为各种地下或非法活动提供资金。数字资产被盗窃的问题也比较突出，2018年大约有17亿美元的加密货币被盗，大概有9.5亿美元发生在交易过程当中，加密货币钱包被劫持的数量较上一年上升了44%（Coin Rivet，2019）。数字资产交易不在传统监管范围之内，容易导致偷税漏税。

再次，容易引发投机炒作。不带稳定机制的加密货币投机性很强，价格大起大落。比特币区块链上的交易量有90%并没有经济意义，更多的是持有者为了避免资金被追踪而进行的虚假交易。即便在真实发生的交易当中，70%也是与投机相关。此外，"挖矿"算力的分布高度集中，前10%的"矿工"掌握了90%的算力，前0.1%的"矿工"（大约50个）控制了接近50%的算力，因此也增加了51%或以上算力共谋攻击的可能性（Makarov and Schoar, 2021）。初始代币发行（ICO）为早期项目提供了一种类似风险投资或天使投资的融资方式（Howell et al., 2019）。但由于信息不对称和缺乏有效监管，ICO过程也充斥着欺诈等乱象，不少是没有实际项目支持、无任何价值的所谓"空气币"。许多不明真相的投资者参与其中，投机炒作盛行，严重扰乱了经济金融秩序。2017年9月，我国就已经全面叫停所有代币发行融资活动。一些数字藏品在国外拍出了天价，引发了更多投资热情，NFT也因此可能成为新的炒作、洗钱工具，导致数字资产泡沫。

最后，算法偏差可能导致新的信用分化。广泛开展大数据征信，可以提高更多长尾市场主体获得信贷的便利程度，增强金融普惠性。但如果信用评分和推荐模型算法本身有偏见，而且不透明，就可能造成新的信用歧视。根据一些特征和行为大数据，某个算法可能认为某一类型的群体不适合获得贷款，那么这一群体就可能被系统性排除在信用体系之外。该算法造成的现实后果，可能会被放到其他算法的训练当中，算法预测结果与实质性影响之间形成一个闭环，最终造成社会的进一步分化。

第十二章　数字化消费的新框架与新趋势

云计算、大数据、人工智能和移动平台等新一代信息技术的应用和普及，在极大程度上促进了数字化消费的蓬勃发展（陈昌盛等，2020）。2021年我国网上商品和服务零售额达到13.1万亿元，相当于同期全社会消费品零售总额的29.7%。新冠肺炎疫情自2020年初在全球蔓延，相关的社交和地理隔离打乱了正常的经济循环，对日常消费活动造成显著的负面影响。而数字化消费具有无接触，搜索、运输、复制、追踪和验证成本低等优势，能够很好地克服社交和地理隔离带来的不便。数字消费也因此在疫情期间得以加速发展，在疫情后方兴未艾。数字化消费作为数字经济的重要组成部分，正逐步成为促进产业转型升级和经济高质量发展的重要力量，对加快构建新发展格局具有重要意义。

数字化消费的定义和相关研究进展

数字化消费的快速发展，引发了国内外学者的广泛关注。学者从不同角度对数字化消费进行了定义和特点概括。有学者（Brynjolfsson and Kahin, 2002）将数字化消费定义为，通过计算机实现信息数字化，进而改变消费的各个环节。有学者指出在数字化消费情景中，消费者愿意购买产品的数据能力并为其进行持续性付费，形成了社群型网状消费模式（朱岩，2019）。此外，张峰和刘璐璐（2020）认为数字化消费是依托互联网和数字技术，以"数据消费"为驱动力来满足需要的过程。

数字化消费在信息获取、便利度和社交互动等方面具有自身特点。具体来讲，数字化消费借助互联网技术赋能突破了购物的时空限制（Rohm and Swaminathan，2004；Wang and Goldfarb，2017），显著提高消费者购物过程的感知便利度（Trenz et al.，2019）和收益（Avery et al.，2009；Montaguti et al.，2016）。

已有研究还探讨了数字化消费对平台设计、企业策略、市场匹配效率和资源分配等方面的影响。数字化消费催生了多样化的平台机制设计，比如数字口碑评价系统（卢向华和冯越，2009；殷国鹏，2012；Chevalier and Mayzlin，2006；Dellarocas，2003）和平台激励设计（付东普和王刊良，2015；Burch et al.，2018；Khern-am-nuai et al.，2018；Li，2016）等。此外，数字化消费推动平台加快商业模式创新，如团购社交化电商（Bai et al.，2020；Cao et al.，2018；Li，2018）、直播带货（Sun et al.，2019；Xu et al.，2020）和平台整合（Huang et al.，2016）等新模式。数字化消费促使企业进行营销策略调整，如折扣策略（Bai et al.，2020；Cao et al.，2018；Lawrence et al.，2019；Li，2018）、退货策略（Ertekin et al.，2021）、广告策略（Dinner et al.，2011；Lobschat et al.，2017；Luo et al.，2020；Montaguti et al.，2016）、定价策略（Kushwaha and Shankar，2013）和产品设计策略（Bayus，2013）等。数字化消费突破时空限制，有利于构建合理的撮合机制，提高市场匹配效率（Peitz and Waldfogel，2012），并能减少匹配时的社会歧视现象（Benson et al.，2020；Cui et al.，2020）。值得注意的是，数字化消费还有利于资源的分配调整，将发达地区或城市地区的优质教育和医疗等资源，通过信息通信技术传播到农村及贫困地区，弥补城乡资源的差距，提高了欠发达地区人群资源的可获得性，促进不同地区教育和医疗的公平发展（Goh et al.，2016；Muralidharan et al.，2019）。

综合来看，数字化消费是依托数字化、网络化和智能化技术构建的消费新场景和新渠道，以数字化的知识和信息作为关键的生产要素，满足商品和服务需求的一种经济行为。从技术端来看，数字化消费以数字技术和信息为基本支撑和驱动，通过技术赋能将数字化、网络化和智能化与消费场景深度融合。数字化消费支持便利且多样化的支付方式，降低了流动性约束（张勋等，2020）。从消费端来看，数字化消费改变了消费者的消费形态和方式，使消费者从在线下实体店的钱货两讫消费转到线上线下渠道的多元融合消费。数字化消费突破了时空的限制，将消费与多场景深度融合，更加重视消费者购物过程的体验，衍生出社交电商等丰富的商业模式。从生产端来看，数字化消费中企业集聚在电商平台，市场和企业的边界模糊，市场表现为明显的多边市场特征，载体平台化趋势更加明显。

理解数字化消费的基本框架：五步降成本

为了更好地理解和探究数字化消费呈现的特征和蓬勃发展的原因，把握数字化消费的本质和驱动因素，构建理解数字化消费的基本框架尤为重要。

消费者交易的决策过程可以抽象为五步，分别是问题识别、信息搜索、替代品评估、购买决策和购买后评估（Dewey，1910）。交易过程涉及物流、信息流和资金流，包括消费者、生产者等利益相关方。在交易过程中，消费者需要花费时间精力进行目标商品的信息搜索，经过多方评估后做出购买决策。在此过程中，生产者希望能够追踪消费者的搜索、购买等行为，以便更好地预测市场需求波动。为满足消费者需求，生产者借助库存和配送系统进行商品调配。在消费商品后，消费者可以在电子商务平台或第三方平台对产品质量、服务体验等进行反馈。借助消费者反馈机制，生产者可以更快地调整生产计划，提供更精准、更符合消费者偏好的商品，由此构成了消费交易的闭环。

从交易全流程来看，存在信息不对称、库存和物流配送效率低等潜在的交易摩擦。具体而言，这些交易摩擦带来的成本又包括搜索成本、复制成本、运输成本、追踪成本和验证成本。数字化对传统交易进行改造、重构和变革，将有助于降低上述五个方面的成本（Goldfarb and Tucker，2019）。下面将这五项成本应用到消费情景中，分析数字化是如何降低消费成本、促进消费发展的，并有助于构建理解数字化消费的基本框架。

第一步，降搜索成本。数字技术和消费的融合降低了搜索成本，即消费者寻找产品或服务等信息所花费的成本（Stigler，1961；Varian，1980）。数字技术使得消费者可以使用较低的成本接入开放、标准的虚拟空间和平台（Afuah，2003）。平台中整合和展示了大量信息，提升了消费者搜索信息的便利度，降低了消费者的时间成本。在数字化消费中，低搜索成本增加了信息透明度，有利于消费者了解多样化的产品，使其更可能购买到匹配其偏好的产品

(Brynjolfsson et al.，2003)，进而提高了匹配效率（Peitz and Waldfogel，2012）。

第二步，降复制成本。数字技术衍生了众多信息产品，如App、线上课程、电子书和电子音乐等。这些信息产品是消费者日常消费的重要组成部分，而且复制成本较低。信息产品具有无形、非磨损的特征，一经生产，传输、复制几乎不产生成本和损耗（Shapiro et al.，1998），生产者只需付出很低的边际成本就可以实现产量的增加，有利于提高生产效率。信息产品还具有非竞争性的特征（Goldfarb and Tucker，2019），消费者对信息产品的消费不会影响他人可消费的数量和质量，产品和服务数量增多也不会影响信息的传播速度（Goldfarb and Tucker，2019）。

第三步，降运输成本。数字技术应用于消费情景，使运输更加便捷，降低买卖双方为完成交易物流所花费的成本。在消费者层面，当线下交易困难或所需费用较高时，消费者可以在线上完成交易，降低了所需的"靴子"成本（Brynjolfsson et al.，2009；Forman et al.，2009；Goolsbee，2000）。在生产者层面，数字化调配有利于对货物进行精准运输，缩短了物流距离，降低了运输和存储成本。物流基础设施的建设进一步降低了城市和乡村间的物流成本，运输的便利性扩大了数字消费市场的范围。在服务匹配层面，数字化突破了空间限制，降低了交通成本，促进了服务的可贸易化和规模扩大化，尤其是极大地提升了跨境服务的匹配效率，如线上学习、众包市场等多样化的服务。

第四步，降追踪成本。数字技术降低了企业获得、记录和存储消费者行为数据的成本，使商家预测更加精准。依托于互联网，消费者在数字化消费过程中会留下浏览、点击等电子痕迹，以及自由生成的数字口碑等。相比于传统消费中使用邮件或问卷了解消费者行为的方法，数字化极大地降低了企业的追踪成本，便于企业监测和收集消费者数据。在此基础上，企业可以从海量的信息中识别消费者行为偏好等特征，刻画用户画像（Archak et al.，2011；Kumar et al.，2019；Wu et al.，2019），便利地实现对消费需求走向的预测、精准化营销（Athey et al.，2018；Goldfarb，2014；Goldfarb and Tucker，2011）和分类定价（Bakos，2001；Shapiro et al.，1998；Smith et al.，2001）。数字化消费形成了逆向整合、需求导向的产销逻辑，使得企业对消费者需求的预测成本降低、生产模式柔性化增强。

第五步，降验证成本。数字化技术降低了参与方在互联网平台上验证身份和声誉所需的成本，使验证更加可信。在数字化消费中，平台的数字口碑系统和用户主页等机制设计，促使消费者和企业便利地知晓双方的声誉和历史记录，降低了信息不对称和验证成本。在消费者层面，数字化消费情景便利地提供了产品和商家的信息，买卖双方不需要进行反复交互，就可以促进彼此的信任（Ba and Pavlou，2002），且引发的信任会转移到整个社区（Bolton et al.，2004）。在企业层面，良好的数字口碑可以降低企业的广告支出（Hollenbeck et al.，2019）。同时低验证成本有利于推动企业更加开放的产品研发模式，企业可以在产品设计阶段引入消费者建议，充分考虑消费者的个性化需求。企业可以结合反馈机制精准定位和识别产品存在的问题，参考消费者评价有针对性地改进产品（Timoshenko and Hauser，2019），更快地开发新产品、抢占市场先机。

将数字技术应用于消费情景，提高了整个消费系统的匹配性，降低了传统交易环节中的成本，减少了交易中存在的摩擦，使消费的搜索成本和复制成本降低，运输更加便捷、预测更加精准以及验证更加可信。五项成本的降低作为数字化消费的驱动因素，促使其呈现丰富的商业形态和快速的发展态势。近十年间，网上零售交易额规模和占比持续增加[1]，诞生了美团等数字消费服务的龙头型企业。

数字化消费与传统消费的比较

数字化改变了消费方式，对买方和卖方的交易成本及剩余进行了变革性重构。以下从数字化消费的"五成本"分析框架出发，具体分析数字化消费与传统消费在消费者剩余、生产者剩余、创新溢出效应和生态外部性溢出效应上存在的重要差异（见表12.1）。

消费者剩余

数字化消费可以降低信息不对称性、提供多样化的选择、精准化的推荐和个性化的体验，提高匹配效率。此外，数字化消费一方面可以通过降低产品价格、提供免费的服务，提高便利度和参与度等增加消费者剩余。但另一方面，也会通过价格歧视、侵犯消费者隐私等侵蚀消费者剩余（见图12.1）。

首先，数字化消费缓解了供需双方的信息不对称程度（李海舰等，2014；Afuah and Tucci，2003），平台中展示了多样化的商品信息并提供了搜索渠道，促使消费者可以便利地获取产品介绍和其他用户反馈的信息。这有利于消费者了解多样化的产品，更容易获得小众产

---

[1] 数据来源于国家统计局。

表 12.1 数字化对消费的重构及相应的经济影响

成本	视角	消费者剩余	生产者剩余	创新	生态
搜索成本		产品价格下降；多样化的选择，匹配效率和质量提高	产品价格下降；消费者留存和维护成本增加；买卖双方、劳动力匹配效率和质量提高，增加了利基商品的市场份额	迫使企业更加关注利用品牌、口碑等吸引消费者注意力；加剧竞争	提高匹配效率和资源利用率，减少资源浪费和环境污染；沉迷消费
复制成本		免费服务	边际成本降低，产生规模效应，劳动生产率提高	信息产品更换换代快；促进资源分配均衡；盗版等侵权行为	提高匹配效率和资源利用率，减少资源浪费和环境污染；虚拟消费
运输成本		节约路途中花费的成本	降低运输和存储成本；产生范围经济和规模经济；提高专业化水平和生产效率	盗版等侵权行为；提高专业化水平，促进创新	提高匹配效率和资源利用率，减少资源浪费和环境污染
追踪成本		个性化体验和精准化推荐①；<u>价格歧视</u>；<u>侵犯隐私</u>	价格歧视；定制化和规模化生产；预测消费者需求，发挥范围经济效应；激发市场潜在需求；信息共享，降低交易成本，提高生产效率	预测消费者需求，加快开发和更新产品；精准化的商业组织模式	提高匹配效率和资源利用率，减少资源浪费和环境污染；被精准消费
验证成本		降低风险，提高匹配效率，参与和交互	增强用户黏性，降低维护成本，降低广告成本	降低市场准入壁垒；促进整合和组合商业模式发展；建立品牌社区以增强用户黏性，将口碑引入产品设计、制造阶段	提高匹配效率和资源利用率，减少资源浪费和环境污染；攀比性消费

① 下划线表示对剩余或外部性具有负面的影响。

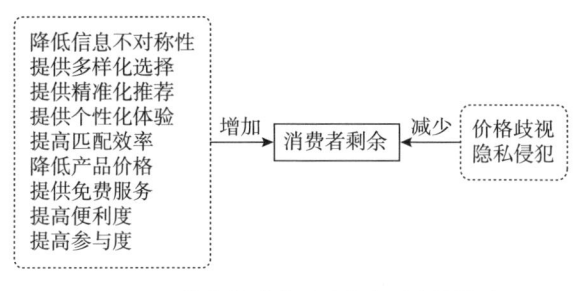

```
┌─────────────────┐
│ 降低信息不对称性 │
│ 提供多样化选择  │
│ 提供精准化推荐  │
│ 提供个性化体验  │ 增加  ┌────────┐ 减少  ┌────────┐
│ 提高匹配效率    │─────→│消费者剩余│←─────│价格歧视│
│ 降低产品价格    │      └────────┘      │隐私侵犯│
│ 提供免费服务    │                      └────────┘
│ 提高便利度      │
│ 提高参与度      │
└─────────────────┘
```

图 12.1　数字化消费对消费者剩余的影响

品（Yang，2013）和未知产品（Zhang，2018）的信息，从而增加了消费者对长尾商品的搜索和购买欲望（Brynjolfsson et al.，2011）。此外，在数字化消费中，低追踪成本有利于商家对消费者数据进行感知和收集，利用海量的信息为消费者画像、识别消费者行为偏好（Archak et al.，2011；Büschken and Allenby，2016；Chau and Xu，2012；Kumar et al.，2019；Wu et al.，2019），从而为消费者提供更加精准的推荐和更丰富的个性化体验。数字化消费借助智能制造等技术、数据驱动的电子供应链系统，满足消费者多样化、零散化和非标准化的需求，为不同的消费者量身定制产品（Lee and Bradlow，2011；Robert，1993）。平台或商家还可以使用定制化的优惠和奖励、精准化的推荐，提供更便捷的购物体验和更具个性化的互动过程，提高消费者个性化体验，为消费者提供适合其偏好的商品和服务，增加消费者剩余。相比于传统消费，消费者在数字消费中获得了更多样化、精准化和个性化的选择，因此更可能购买到匹配其偏好的产品（Ellison and Ellison，2018）。平台的数字口碑系统和用户主页等机制设计，使消费者和企业可以便利地知晓双方的声誉和历史记录，降低了信息不对称和匹配的不确定性风险（黄敏学等，2017），提高了匹配效率，从而增加消费者剩

第十二章　数字化消费的新框架与新趋势

余（Brynjolfsson et al.，2003）。

其次，信息透明度的增加加剧了市场竞争，降低了产品价格，增加了消费者剩余（Brynjolfsson and Oh，2012；Brynjolfsson and Smith，2000；Morton et al.，2001）。线上提供了大量免费的服务，如产品信息搜索、消费者产品评论和提问等，已有研究显示，免费的线上服务每年为美国消费者带来超过1 000亿美元的消费者剩余增加（Brynjolfsson and Oh，2012）。

再次，当线下交易困难或所需费用较高时，数字化消费可以提升消费者便利度，节约购买商品路途中所花费的时间和金钱成本，增加消费者剩余（Brynjolfsson et al.，2009；Forman et al.，2009；Goolsbee，2000）。在参与度方面，数字化消费的非接触性特点促使消费者更希望能够了解用户真实的使用体验。在此背景下，消费者在数字化消费中的自我表达和分享欲望更强，更加注重参与和交互，关注消费体验的全过程。消费者在数字口碑系统中可以自由公开地表达其对感兴趣的产品、商家或事件的评价（Jaber et al.，2020），可以向他人传达专业性、独特性以及社会地位等信号来提升社会声誉，或者实现与他人交换信息的目的，以及将其作为抒发情感和缓解压力的方式（Berger，2014；Lovett et al.，2013），这些参与和交互可以增加消费者剩余。

然而，也要注意到，数字化也会从价格歧视、侵犯消费者隐私等方面侵蚀消费者剩余。数字化消费使商家可以更加便利地基于消费者的历史记录进行价格歧视（Bakos，2001；Shapiro et al.，1998；Smith et al.，2001），如网购、在线旅游和网约车等平台成为大数据"杀熟"的重灾区。[①] 此外，数字化还会增加消费者信息泄露的风险，过于精准的产品推荐也会使消费者感到隐私受到侵犯（Acquisti and Gross, 2009; Gal-Or and Ghose, 2005; Gordon et al., 2002），从而降低消费者剩余。

生产者剩余

数字化消费从降低信息产品的边际生产成本、提高匹配效率、提高物流调配效率、扩大市场需求、产生范围经济和规模经济效应、优化企业策略等方面增加生产者剩余。同时，也会从降低产品价格、增加消费者留存的管理成本等方面减少生产者剩余（见图12.2）。从全社会综合来看，生产者剩余会大幅提高。

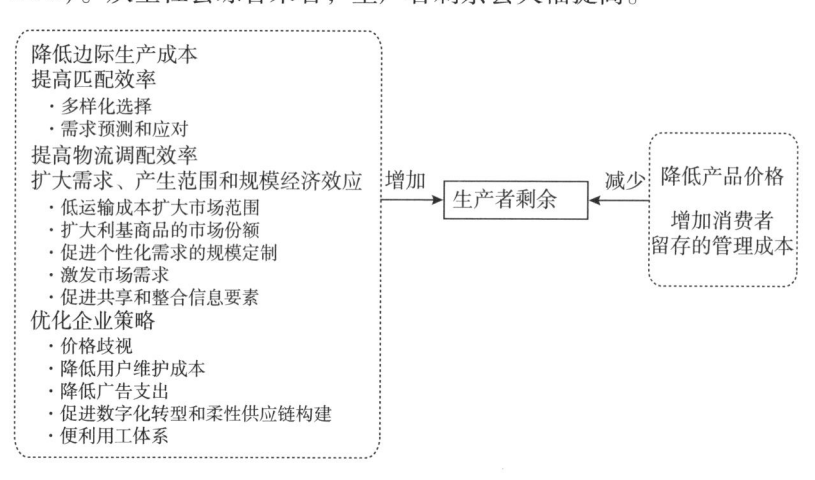

```
降低边际生产成本
提高匹配效率
  ·多样化选择
  ·需求预测和应对
提高物流调配效率
扩大需求、产生范围和规模经济效应
  ·低运输成本扩大市场范围
  ·扩大利基商品的市场份额
  ·促进个性化需求的规模定制
  ·激发市场需求
  ·促进共享和整合信息要素
优化企业策略
  ·价格歧视
  ·降低用户维护成本
  ·降低广告支出
  ·促进数字化转型和柔性供应链构建
  ·便利用工体系
```
增加 → 生产者剩余 ← 减少
降低产品价格
增加消费者留存的管理成本

图 12.2　数字化消费对生产者剩余的影响

第一，数字化消费的信息产品具有初始成本高但边际成本低的特点，生产者只需付出很低的边际成本，就可以增加信息产品产

[①] 来源于2019年北京市消费者协会发布的《大数据"杀熟"调查》。

量,实现规模报酬递增,进而提高了生产者的劳动生产率,增加了生产者剩余。

第二,数字化消费提供了多样化的选择,提高了买卖双方的匹配效率(Anenberg and Kung,2015;Dana Jr and Orlov,2014;Ellison and Ellison,2018;Kroft and Pope,2014)。例如,已有研究表明线上搜索降低了出租公寓和住房的空房率(Kroft and Pope,2014),增加了出租收益。面对消费者异质性需求的波动,生产者可以依托历史数据、信息系统以及预售等机制设计,利用海量信息精准识别消费者的行为偏好,进行群体定向和关联定向的精准生产和营销,进而实现对消费需求走向和行业发展的预测,提高企业产品的市场契合度。

第三,数字化消费推动了数字化物流行业的建设和发展。数字化消费有利于对货物进行精准运输和配送,缩短了物流距离,降低了生产者的运输和存储成本,增加了生产者剩余。"新基建"提高了货物配送的智能化程度,科学的物流布局又会增加物流调配效率。截至2018年,中国累计建设县级电子商务服务中心和县级物流配送中心1 000多个、乡村服务站8万多个,快递网点已覆盖超过3万个乡镇,快递末端网点已突破10万个。①

第四,数字化消费有利于扩大市场范围,产生范围经济和规模经济效应。首先,数字化消费的低运输成本有利于扩大市场范围,提高专业化分工水平(Smith,1950),进而提高生产效率,产生范围经济和规模经济效应,增加生产者剩余。近年来,数字化消费在下沉市场发展迅速,农村市场的消费潜力持续释放。据商务部数据

---

① 数据来源于2020年发布的《中国农村电商物流发展报告》。

显示，农村网络零售额从2014年的1 800亿元增长到2019年的1.7万亿元。其次，数字化消费促使消费者对长尾商品产生更强烈的搜索和购买欲望（Brynjolfsson et al.，2011），推动消费者需求沿长尾曲线向利基商品转移（Anderson，2006），增加了利基商品的市场份额，增加了生产者剩余。再次，数字化消费便于记录消费者浏览痕迹、点击流和互动反馈等数据，推动了消费者个性化需求的规模定制。相比于地理位置受限的线下消费，分散的消费者在线上空间集聚，形成规模可观、可深度分割的细分市场（罗珉和李亮宇，2015）。企业还可以利用消费者数据，针对每个市场集群打造恰当的产品，并对不同渠道和市场，分销恰当的产品组合，增加生产者剩余。另外，随着生产力发展和科学技术的进步，市场出现供过于求的现象，产品存在滞销的风险。数字化消费通过其精准化、社交化的营销手段，借助直播等形式，并打造"双十一"、"双十二"和京东"618"等购物节，充分引领消费，激发市场潜力和需求。最后，企业可以将生产、物流等信息要素进行共享和整合，用于优化其他商品和服务供给，有利于发挥范围经济效应，如将电子商务收集的数据进一步用于用户信贷的信用评估和监管，更好地利用资源（张永林，2016）。

第五，数字化消费还会影响企业策略，如价格、用户维护、广告、数字化转型、供应链构建和用工等。在价格策略方面，企业基于消费者历史记录进行价格歧视（Shapiro et al.，1998；Smith et al.，2001；Bakos，2001），增加了生产者剩余。在用户维护方面，有相同或相似爱好的消费者在互联网上容易组成虚拟社区（戚聿东和肖旭，2020），这有利于企业进行数字口碑声誉管理，加强消费者间的连接，提高消费者参与度和黏性，降低用户维护成本。在广告支出方面，良好的数字口碑可以降低企业的广告支出（Hollenbeck et al.，2019）。在数字化转型和柔性供应链建设方面，数字化消费对企业进行大数据梳理、整合和分析提出了更高的要求，数据信息及其传递成为决定企业生产率高低的关键性因素（裴长洪等，2018）。信息流的高效运转可以提升全产业链的协调效率，降低信息不对称和交易成本。数字化消费有利于进一步提升供应链柔性化的程度，对数据的高效收集和处理使生产者的生产能力在速度和精度上有了较大提升，拉动上游进行合理和协同生产，降低迂回物流和相关成本等（Mukhopadhyay et al.，1995）。在用工方面，数字化有利于企业和劳动力间的快速匹配，企业可以在全球范围内实时获得人才资源（戚聿东和肖旭，2020），构建依附于平台的更灵活的线上劳动关系。

当然，数字化消费也可以从降低产品价格、增加消费者留存管理成本等方面降低生产者剩余。数字化消费增加了信息透明度，消费者在购物时面临着多样化的选择，可以便利地在不同商家或品牌购买同类型或替代性的产品，从而加剧了厂商的竞争，降低了产品价格（Brynjolfsson and Smith，2000；Morton et al.，2001）。此外，企业在数字化消费情景下想要维持消费者的忠诚度更难，需要使用多样化的营销方式进行消费者留存管理，从而降低了生产者剩余。

创新溢出效应

数字化消费从促进产品和模式升级、加剧企业竞争、丰富多样化的营销策略、提高专业化分工水平、降低渠道成本和准入壁垒、促进商业模式创新、改善资源分配均衡等方面提升了企业的创新能力，但同时也会面临盗版侵权、隐私和数据安全隐患以及垃圾信息等挑战，降低企业的创新能力（见图12.3）。正向溢出效应的贡献是突出的。

```
促进产品创新
  ·信息产品更新换代快
  ·针对性开发满足消费者偏好的产品
  ·参考和分析消费者建议
加剧企业竞争
促进多样化的营销策略
  ·精准化推荐
  ·社交媒体宣传
  ·社交化营销
提高专业化分工水平
降低渠道成本和准入壁垒
促进市场整合和组合式商业模式的发展
促进资源分配均衡
```
　　　　增加 → [创新溢出效应] ← 降低
　　　　　　　　　　　　　　　　盗版侵权
　　　　　　　　　　　　　　　　隐私和数据安全隐患
　　　　　　　　　　　　　　　　垃圾信息

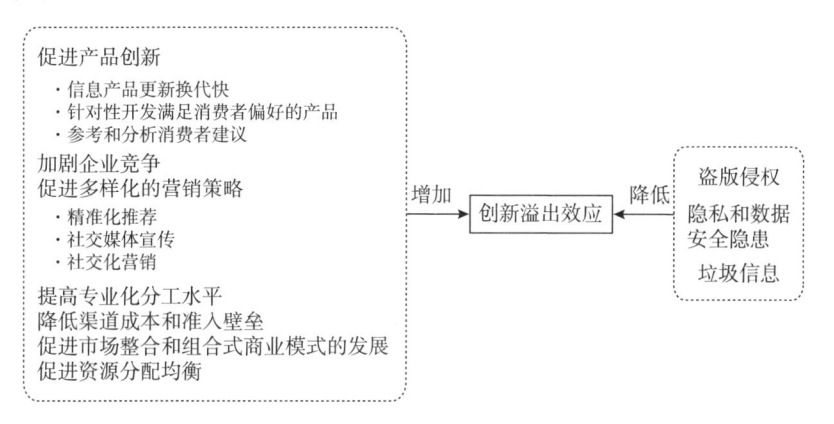

图12.3　数字化消费对创新溢出效应的影响

数字化将加快产品创新，具体方式包括加快信息产品更新换代、针对性开发满足消费者偏好的产品、参考和分析消费者建议等。首先，信息产品复制成本低，其使用价值可以在交换双方中共同保留（裴长洪等，2018），便于开展进一步加工和整合，促进产品更新换代和创新。其次，数字化消费有利于企业精准判断消费者偏好，准确预测消费者需求，在开发新产品和服务方面具有更强的针对性。再次，对品牌有相同或相似爱好的消费者，可以在互联网上组成品牌社区，消费者围绕企业和产品分享知识和价值，推进产品的更新换代（戚聿东和肖旭，2020）。企业可以参考社区中的用户生成内容，快速获取和筛选产品差评。通过对差评进行单独分析，企业可以找出当前用户最关注、影响层面大且差评率高的产品，为品质部门改进产品质量提供方向。此外，企业还可以在产品设计阶段引入消费者建议，通过消费者参与商品的设计和生产，提升消费者在社会再生产中的主动性（李海舰等，2014）。这有利于改造企业的生产流程，降低产品的迭代成本，促进产品创新。

数字化消费便于消费者进行价格的多方比较，加剧了厂商的竞争（Brynjolfsson and Smith，2000；Morton et al.，2001），有利于企业创新。数字化消费具有较高的信息透明度，迫使企业更加关注利用品牌、口碑等来吸引消费者的注意力，有利于促进多样化的营销策略，比如精准化推荐、直播等社交媒体营销和社交化电商宣传等。企业利用消费者线上历史行为、所在位置等数据，可以系统性鉴别消费者的特征和喜好，为不同的消费者在合适的时间、以恰当的方式发送个性化的广告和推荐信息。个性化推荐具有精准性、即时性和高效性的特点，实现了营销信息和目标受众及时、有效的匹配，从而大大提升营销活动的转化效率（赵江，2015）。部分企业采用精准营销模式投放的成本仅为传统营销模式的1/3，活动转化率却是传统营销模式的3倍以上（戚聿东和肖旭，2020）。企业将数字化消费与实地情景结合，如商家在店铺入口处利用传感器、无线射频识别（RFID）等技术识别消费者，再向消费者的移动设备发送个性化的促销信息。

数字化消费中，企业可以充分利用微博等社交平台、淘宝等电子商务平台或快手等短视频平台进行直播等多样化的营销，充分借助媒体中信息的快速传播优势，与"大V"推荐、网红直播带货等崭新的营销方式相结合。2019年中国直播电商市场规模达到4 338亿元，同比增长210%。[①] 此外，企业将"社交+电商+多场景"进行深度融合，采用拼团购、秒杀购和砍价购等社交化营销方式。这些方式利用熟人推荐、朋友团购等消费者信任背书，通过社交网络将营销

[①] 数据来源于2020年毕马威联合阿里研究院发布的《迈向万亿市场的直播电商报告》。

信息的影响力进行指数级扩散，拓宽了潜在用户获取商品信息的渠道，增强了用户黏性，在社交中将消费者变成"分销商"，提高了产品销量。社交电商拼多多 2019 年年报显示，全年实现成交额 10 066 亿元，平台年活跃买家数超过 5.8 亿人，实现年营收 301.4 亿元。

数字化消费的低运输成本有利于扩大市场范围，发挥范围经济和规模经济效应，提高专业化分工水平（Smith，1950），进而提高生产效率，加快创新步伐。近年来，数字化消费推动了物流行业的建设和发展，催生了农副产品"直播+短视频+电商"的新营销形式，助力销售，实现扶贫助农。

数字化消费的低验证成本还降低了渠道成本和市场准入壁垒。相比于独立企业，数字化会更大程度地降低连锁企业声誉与收入的相关性（Hollenbeck，2018）。这促使中小企业、个体商户拥有更广阔的市场和渠道，有利于加强中小企业的竞争力，促进企业创新。

数字化消费促进了市场整合和组合商业模式的发展，打破了组织内部和外部的边界，为跨行业经营创造了机遇（戚聿东和肖旭，2020）。企业可以通过技术和商业创新进入其他行业，如互联网企业可以进入之前门槛较高的金融服务业，进而丰富了商业模式形态，又如社交软件微信具有购物、旅游等多种类型的小程序，促进了社交用户和消费用户的融合。

随着宽带、5G 等通信技术的发展，即使是偏远或农村地区的人群也具有使用互联网设备的机会。在数字化消费中，信息产品的非竞争性提供在线教育、在线问诊等机会，使落后地区的人群可以付出可控的成本获得更加先进和有效的资源。数字化消费有利于提升教育水平（Kremer et al.，2013），促进资源分配更均衡（Acemoglu et al.，2014），产生正外部性，推动创新的发展。

然而，信息产品的低复制和低运输成本会导致盗版等侵权行为（Acquisti and Tucker，2010），产生隐私和数据的安全隐患（Acquisti and Gross，2009）以及垃圾信息等（Rao and Reiley，2012）。这些负外部性，如果任由其泛滥，则会降低创新的动力。

生态外部性溢出效应

数字化消费可以提高匹配效率，增加信息产品等虚拟消费。同时促使企业进行数据资源的互联共享，从而深化智能制造，推动生产过程的集约化、无人化，提高资源和能源的利用效率。当然，数字化消费也会诱发消费者沉迷消费、精准被消费、跟风和攀比性消费，从而引发过度消费（见图12.4）。

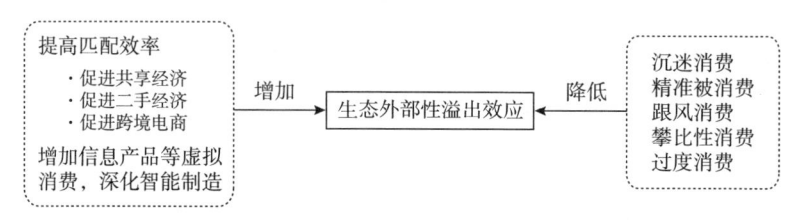

图12.4 数字化消费对生态外部性溢出效应的影响

首先，数字化消费突破了时间、空间的限制，提高了市场匹配效率（Peitz and Waldfogel，2012），能够有效地促进消费者利用闲置的物品或技能，减少了资源浪费（Ellison and Ellison，2018）。相比于传统消费，数字化消费促进了闲置经济中二手商品市场的发展，2019年中国二手电商的交易规模达2 596.9亿元，同比增长53.2%。[①] 同时

---

① 来源于前瞻产业研究院整理的数据，其中二手电商交易不包含二手车、二手房此类大件商品。

数字化消费还突破了空间限制，促进了跨境电商的发展，中国跨境电商的市场规模呈现逐年增长态势。[①]

其次，数字化消费中的信息产品引发了消费升级，消费者关注电影、电子书、电子音乐和App等虚拟消费。对信息产品的消费有利于节约资源，保护生态环境。

再次，数字化消费推动企业进行数据资源的互联共享，加快智能制造，提高资源利用效率。面对消费者异质性的需求波动，企业可以依托历史数据、信息系统以及预售等机制设计，对消费者偏好、商品流行度进行预测，从而合理化安排生产，提高物流运输效率，减少生产、运输和库存成本。此外，企业可以通过深入观察供应商的生产能力，进行合理的产能配置，提高生产速度和精度，加快库存周转，降低能源浪费和碳排放。

当然，数字化消费的便利性容易导致消费者产生依赖和沉迷，从而诱发非理性消费（张峰和刘璐璐，2020）。企业采用精准推荐、饥饿营销或捆绑销售等策略，并结合节令诱导、公众人物带货等方式，激发消费者购物欲望，有目的地引导消费者消费，造成消费者精准被消费。消费者对数字化消费中打折秒杀、限时优惠券、拼团聚划算以及购物狂欢节等的热衷，容易引发囤货消费和跟风消费等，造成资源搁置和浪费。此外，数字化消费的口碑系统和品牌社区为消费者提供了自由评价的平台。消费者在受他人口碑影响的情况下，更容易产生攀比性消费，造成"买而不用"的现象，从而导致资源浪费和环境污染。

---

① 数据来源于电子商务研究中心、前瞻产业研究院。

后疫情时代数字化消费的发展趋势

新冠肺炎疫情在全球蔓延，相关的社交和地理隔离打乱了正常的经济循环，对消费活动造成显著的负面影响。数字化消费具有无接触、搜索成本和运输成本低等优势，能够很好地克服社交和地理隔离带来的不便，加快消费变革，为消费者开辟新的消费渠道和内容，同时也倒逼生产者依托数字化技术改善运营。

需求端

在需求端，新冠肺炎疫情改变并重塑了商家和顾客的关系，引发了消费者的消费能力、习惯、观念和结构的改变。

从消费能力看，疫情导致居民的就业和收入水平下降（Han et al.，2020），增加了经济的不确定性，降低了居民整体的消费能力和意愿，导致消费市场低迷。在疫情较为严重的2020年1月至2月，我国社会消费品零售总额同比降幅达20.5%。[1] 在此背景下，数字化消费具有搜索、运输成本低的优势。消费者通过数字化渠道获取性价比更高的产品的消费意愿更强。

从消费习惯看，数字化消费具有低运输成本、无接触的特点，可以更好地应对疫情带来的阻隔，有利于提升消费便利度。疫情促使消费活动更多地转到线上，培养了消费者数字化消费的习惯，提高了数字化消费的渗透率。万事达卡全球调研表明，中国消费者购物行为向线上转移受疫情的影响最为明显，55%的中国消费者计划

---

[1] 来源于国家统计局，http://www.stats.gov.cn/tjsj/zxfb/202011/t20201116_1803030.html。

更多地通过网络渠道进行购物，哥伦比亚（54%）和巴西（52%）紧跟其后。①

从消费观念看，新冠肺炎疫情进一步改变了大众的消费观念和对必需品、健康类产品的偏好，促使其更加注重绿色环保（Jieru et al.，2020）。一方面，数字化情景具有更强的传播和示范效应，健康、安全和养生知识及观念得到了大规模的传播，重塑了消费者的消费心理和观念。因此消费者将更加注重绿色环保、食品安全和健康养生。调研表明，74%的美国受访群体和79%的中国受访群体受疫情影响，卫生观念得到增强。② 另一方面，消费者通过数字化渠道获取相关产品更为便捷。生鲜、健康用品等必需品的壁垒在疫情期间被打破，需求迎来了快速增长。③ 社区用户对数字化消费的认知度和接受度提高，大型商超和O2O（线上对线下）到家服务平台的合作模式有望在后疫情时代被持续推广。④

从消费结构看，信息产品和服务具有低复制成本、低运输成本的特点，便于高效匹配和重复使用。疫情导致的社交阻隔使居民对信息产品和服务的需求增多。中国互联网络信息中心（CNNIC）的报告显示，从2018年至2020年6月，短视频、网络直播和知识付费类用户的使用率呈现持续增长趋势。在线教育、移动办公、线上医疗问诊、在线旅游和虚拟博物馆（Jieru et al.，2020）等领域也实现了突破式发展。⑤ 在后疫情时代，消费者的消费结构将加快重构，

---

① 来源于万事达卡全球调研发布的《疫情让消费者加速拥抱数字化生态》。
② 来源于QuestMobile发布的《疫情对消费最新影响》。
③ 来源于QuestMobile发布的《疫情对消费最新影响》。
④ 来源于毕马威发布的《新冠肺炎疫情的行业影响和未来发展趋势》。
⑤ 来源于德勤发布的《数字化助力零售企业决胜新消费》，中国互联网络信息中心的《中国互联网发展统计报告》。

更加注重虚拟消费，对信息产品的需求将保持较快增长趋势。

供给端

在供给端，新冠肺炎疫情倒逼企业在商业模式、营销宣传、组织文化和管理方式等方面进行数字化转型，更好地适应数字化消费。面对突如其来的疫情，具有柔性供应链、数字化转型程度高或具备线上业务的企业更容易生存下来。

从企业商业模式看，疫情进一步加快企业数字化转型和线上线下业务结合的发展步伐（Fitriasari，2020）。报告显示，49%的美国受访者认为，疫情以后实体店购物式微的趋势还将延续。[①] 新冠肺炎疫情倒逼企业转型，提高消费者购物体验的质量，或者将实体店作为电子商务仓储的配送中心，为线上购物的消费者提供便利的线下提货服务，促进线上线下融合的全渠道新零售发展。超市和便利店等积极搭建线上服务平台并加快门店的数字化改造，O2O 和社区化业务得到快速增长。

从营销宣传看，数字化消费具有低追踪成本的特点，可以实现产品信息提供方式的创新并保障客户服务（Rangaswamy and Gupta，2000）。实体店可以充分利用私域流量，形成线上线下宣传联动的新生态。如品牌和商家在云端打造社交电商解决方案，直接和反复触达消费者，帮助品牌商家在微信社群中实现分享裂变和销售。在疫情期间，2 096 名时尚居家行业的门店导购在"超新星云店"小程序实现复工和销售，顾客下单金额近千万元。[②] 天猫和京东也鼓

[①] 来源于万事达卡全球调研发布的《疫情让消费者加速拥抱数字化生态》。
[②] https://www.sohu.com/a/374203985_310397.

励商家重视并应用私域流量,如在"双十一"期间,以线下店导购作为承接,将线下流量引到小程序私域流量中,再进一步通过小程序的营销活动促进销售转化。

从组织文化和管理方式看,新冠肺炎疫情期间员工灵活的工作时间和线上办公逐渐代替了传统的工作方式,推动企业的信息系统和去中心化管理制度建设,提高了数字化工作环境的办公效率(Kim,2020)。

流通端

在流通端,由于疫情导致的强隔离、限流动,物流成本快速上升[1],部分商品供应链甚至断裂。[2] 这对物流配送提出了更高的要求,催生更多新的物流模式。同时,由不同物流体系相互衔接和转运共同完成运输的多式联运模式得到了快速发展。跨境电商消费释放出巨大潜力。农村电商、无接触运营模式将进入快速发展阶段。

据《华尔街日报》报道,美国电子商务的快速发展增加了对物流仓库的需求。[3] 我国代买代送、即时配送等服务需求也持续增加。截至2020年3月31日,美团外卖月活用户数达3 744.57万人。[4] 疫情发生以来,我国电商用户对生鲜的平均购买频次增多。[5] "网约配送员"被正式纳入我国职业分类目录,每天跑在路上的网约配

---

[1] 来源于普华永道发布的《疫情对运输与物流业产生的影响分析和应对建议》。
[2] 来源于波士顿咨询发布的《新冠疫情对运输物流行业的影响》。
[3] 来源于《华尔街日报》发布的《疫情下电商火爆推高仓储需求,美国仓库物流资产受外资追捧》。
[4] 来源于前瞻产业研究院。
[5] 来源于艾瑞咨询发布的《中国生鲜电商行业研究报告(2020)》,2020年6月艾瑞iclick社区调研。

送员人数达百万级。①

此外跨境电商消费释放巨大潜力，呈现高速发展的态势。一方面，疫情凸显了跨境电商贸易的包容性优势。疫情导致的停工停产引发了物资匹配难度大的问题，而跨境电商消费依赖数字技术，突破了时空限制，能够在全球范围内进行供需匹配和供应链信息采集。2020年1月至2月，我国跨境电商零售进出口额达174亿元，同比增长36.7%。② 另一方面，我国出台了多项支持跨境电商创新发展的政策，如2020年4月，我国新设46个跨境电商综合试验区。③ 这将有利于跨境电商持续高速发展。

疫情对人员流动的阻隔加速了电商营销渠道的下沉步伐，农村电商进入快速发展阶段。农村电商创新性地结合直播等营销模式与消费者互动，极大地促进了消费者对农产品的消费。另外，为应对疫情的影响，主管部门和当地政府纷纷号召电商平台推出爱心助农活动，开设农产品滞销信息采集通道，向农产品商家提供优惠贷款和运费补贴，也有利于进一步推动农村电商的转型和发展。

新冠肺炎疫情的社交阻隔还加快了无接触式"无人经济"运营模式的发展。数字化技术有效地减少了零售各环节需要产生接触的员工数量，推动了网络3D购物、机器人配送、无人自提和无人超市等模式的发展。截至2020年10月，美团无人配送车已覆盖北京顺义等地的15个社区及周边路线。④ 人工智能、物联网和大数据等数字技术的快速发展，将有助于无接触式"无人经济"终端和后端运营的普及。

---

① 来源于《新职业—网约配送员就业景气现状分析报告》，2020年8月25日。
② 来源于《经济日报》发布的《跨境电商加速打造外贸新格局》，2020年4月13日。
③ https：//www.163.com/dy/article/G27NDGTQ0514DCU1.html.
④ https：//www.163.com/dy/article/G27NDGTQ0514DCU1.html.

支付端

近年来，移动互联网和移动支付技术发展迅速。在疫情期间，社交疏离、居民消费习惯改变，极大地推动了数字支付的蓬勃发展。44%的中国受访者表明，在疫情期间他们更频繁地使用了移动设备和数字钱包，33%的美国受访者表明他们将在未来更少地使用现金和借记卡，并更多地使用非接触式支付。[①] 2020年，美国店内移动支付使用量增长了29%，移动支付巨头Square在2021年第一季度的净营收较上年同期增长266%。根据eMarketer估计，美国到2025年将有超过一半的智能手机用户使用移动支付。德国进行无现金支付的消费者比疫情前增加了41%。[②] Adjust数据显示，日本在2020年上半年支付类应用的会话量比2019年上半年增长了75%。

此外，在后疫情时代，地方政府联合支付宝、微信等平台发放多种形式的电子消费券，利用数字手段畅通经济循环，也进一步促进了移动支付的发展。我国提出了"上云用数赋智"的要求，推进数字支付和监管的深度融合，有利于监测风险，及时识别和预警异常交易，促进数字支付的安全发展。

促进数字化消费需要关注的问题

当前，数字化消费方兴未艾，对于满足日益多元的消费需求、

---

① 来源于万事达卡全球调研发布的《疫情让消费者加速拥抱数字化生态》。
② https：//www.dw.com/en/paying–in–cash–in–germany–and–the–coronavirus–corona–crisis–epidemic/a–53349878.

丰富数字应用场景、推动供应链升级，具有十分重要的意义。但与此同时，当前数字化消费发展还面临企业数字化适应能力有待增强、互联网平台发展不规范、消费者观念待提升、数字化消费包容性不够、地方税源流失、跨境监管难度大等挑战，需要在后续发展中加以关注。

第一，企业数字化适应能力有待增强。一方面，企业的数字化程度和投入不够。在新冠肺炎疫情期间，数字化转型滞后的企业应对危机能力差，在实体店经营水平产生波动时，无法及时地转向数字化零售。另一方面，企业数字化转型后的质量和服务有待提升。疫情极大地促进了在线教育、网上办公和在线医疗等领域的用户规模增长，但在后疫情时代线上应用的刚需降低，平台面临用户数量减少、留存难度大等问题。比如，2020年3月我国在线教育用户占网民比例达46.8%，但随着疫情的好转，2020年6月该比例降低到40.5%[①]，叠加监管影响之后，发展进一步受到抑制。对此，需要鼓励企业加强数字化转型和升级，以数字技术为支撑，以数据赋能为主线，实现供需调配和精准对接。同时，企业应当构建柔性供应链，提升供应链体系的透明度与灵活度，提升应对未来供给冲击、需求波动的能力。企业还可以通过大数据分析疫情期间的产品特性，如哪些产品在面对危机时能够有更大的弹性、哪些做法能在关键时刻真正打动消费者等。通过数据测试、小步快跑和快速迭代等行动，释放数字化生态体系的潜能。此外，需要不断创新商业模式，培养数字消费习惯，进一步留存和提高用户转化率。同时，相关平台也要规范管理，以提升消费者对产品、企业和平台的信任感。

---

① 中国互联网络信息中心发布的《中国互联网发展统计报告》。

第二，互联网平台发展不规范。首先，数字化消费平台存在产品质量良莠不齐、无售后服务、刷单（商家为增加销量而雇佣买手进行虚假交易）、套单（商家故意延迟发货来促使消费者退货）和砍单（消费者购买产品或服务后，被商家单方面取消）等不正当竞争的问题，显著降低了消费者对平台和商家的信任度。同时，用户的隐私泄露和数据安全问题成为一大隐患。平台或企业可以便利地对消费者数据进行追踪和存储，对消费者数据处理和利用的范围和程度难以受到监督，容易侵犯消费者隐私。黑客或病毒入侵也会引发数据泄露。对此，应当加快互联网与电子商务监管，完善数据安全保障。平台需要落实主体责任，强化对信息的筛选和审核。可采用多元主体合作机制，加强并落实网络监管，进一步完善数字口碑、声誉系统等平台规则和机制设计，切实保障消费者权益。

第三，消费者观念待提升。消费者在广告、直播等多样化的营销活动诱导下，更容易产生畸形的消费理念，盲目性、攀比性消费层出不穷。网贷便利性也可能会造成消费者的过度超前和借贷消费。消费者过分地依赖物质消费来填补精神空缺，或者沉迷娱乐、游戏等信息产品，会导致消费上瘾。畸形的消费理念不仅不利于消费者身心健康，还会导致更多"买而不用"的现象，造成资源浪费和环境污染。对此，需要加强健康、绿色消费的宣传和引导，规范互联网、金融平台借贷，树立更加理性的消费观念。

第四，数字化消费的包容性不够。新冠肺炎疫情期间，各个群体都不可避免地面临如何数字化生存的问题。对于不熟悉互联网或不会用智能终端的老年和农村地区人群而言，门槛更高。中国互联网络信息中心发布的《中国互联网发展统计报告》显示，截至2020年6月，中国年龄超过60岁的互联网用户仅占10.3%。为此，需着力提升全民数字化应用能力，进行数字化应用培训，提高数字化包容性，让中老年人、农村地区的人群也能掌握必要的数字化技能。

第五，地方税源流失。数字化平台主要集中在发达地区，这些地区本身就经济发展程度高、综合实力强，借助数字化平台要素聚集、购买力聚集的现象更加突出。这会导致一些地区税源流失，加大了区域间发展的不平衡和差异。为此，需要加强数字化赋能，支持欠发达地区的企业"触网上云"，提升其数字竞争力。同时，应完善税制设计和转移支付机制设计，加大转移支付力度，缓解购买力转移对税源稳定性造成的冲击。

第六，跨境监管难度大。数字化改变了信息流、资金流和物流的流动方式，突破了空间的限制，极大地促进了跨境电商的发展。但各国在跨境电商监管政策设计以及政策落实方面存在差异。跨境电商面临特许使用费范围界定难度大、信用风险高、纳税主体确认难以及跨境缴税手续复杂等问题，应加强国际协调合作，逐步完善跨境电商相关法规和监管，营造更好的发展环境。

第十三章　时间定价：从均衡到涌现

数字时代，一个显著的变化是数字化记录和万物连接。数据可以被重复使用，在不同领域，用不同价值挖掘方法，主体行为的最初时间价值也会被再次认识或体现出来。过去行为相关的时间痕迹或记录，好像被储藏在数字的仓库里，根据需要可以被反复被调用，拼装成新的产品或者服务形态，并产生新的价值。数字时代时间价值的可剥离、可连接、可积累特性，让数字融合更为复杂，经济运行也因此呈现更多非线性的动态特征，整个经济系统的总体表现难以还原成单独的个体行为，进而影响均衡分析框架对数字世界、时间价值的解释力。数字时代企业价值的估计需要新的方法。

时间累积效应催生更多新的经济现象

人类从石器时代到农业时代，用了两百万年左右的时间。从农业时代到工业时代用了几千年。由工业时代到信息时代，仅用了一百多年。之后，人类只用了更短的时间就进入了数字时代。在数字时代，信息技术迭代融合的过程一直在加速，处理问题的能力得到大幅提升。资源配置效率明显提高，响应时间大幅缩短。缩短研发周期、提高要素配置效率、扩大产量，可以通过对大量历史数据的挖掘分析，进而优化资源配置来实现。从这个意义上说，时间被赋予更多历史和生物学的意义，过去的变化会影响未来，时间的累积效应将大大增强，某种程度上打破了均衡模型的稳定状态。

产生的相关复杂现象可以用"涌现"来解释。系统论强调，当一个实体被观察到具有其所有组成部分本身没有的属性时，涌现就出现了。这些属性或行为只有当各个部分在一个更广泛的整体中产生相互作用时才会涌现。1999 年，经济学家杰弗里·戈尔茨坦（Jeffrey Goldstein）在《涌现》（*Emergence*）杂志上首先提出当代社会对"涌现"的定义，即"在复杂系统自组织过程中产生的新颖而连贯的结构、模式和性质"。2002 年，系统科学家彼得·康宁（Peter Corning）认为"涌现"有五方面的特征。一是全新性，即以前在系统中尚未观察到；二是连贯性或相关性，即在一段时间内维持自身完整；三是全局或宏观的"层次"，即它是一个整体；四是动力学过程的产物，即具有可以演进的特征；五是显示性，即真实存在并可被感知。

涌现特征通常可以通过变化累积所形成的模式来识别，这个过程一般被称为"增长"。涌现之所以会出现，是因为其存在复杂的连接和反馈机制。涌现系统个体之间的相互联系数量，随个体数量增加而呈指数级增长，进而导致许多全新的行为类型涌现。数字技术迭代融合速度的提升，也会催生各种全新的经济现象。

数字企业应该如何估值

与传统的工业企业相比，数字企业有几个显著不同。一是技术迭代快。由摩尔定律可知，当价格不变时，集成电路上可容纳的晶体管数目，每隔约18～24个月便会增加一倍，也就是说如果等上18～24个月，便可以用同样的价钱购买性能高一倍的电子产品。二是马太效应明显。与传统企业比，数字企业从崛起到成为龙头仅需要几年的时间，并且更容易集中各类资源，市场占有率高。三是打破传统的边界，连接性强。数字企业可以横跨很多不同的行业，很难用一般的行业分类来定义。因此它的范围经济效应更突出，更多不同主体参与协作，提供更多元化的服务，所需时间更短。

表 13.1　美国股票的各行业规模统计

行业	上市企业数量	上市股票（只）	总市值（亿美元）
能源	276	278	32 282
材料	290	292	22 889
工业	566	573	51 171
可选消费	738	765	105 546
日常消费品	191	198	39 965
医疗保健	1 267	1 269	78 980
金融	1 553	2 097	85 804
信息技术	889	893	232 858
电信业务	52	54	10 491
公用事业	108	111	14 021
房地产	241	242	19 484

资料来源：整理自 Wind 数据库，截至 2021 年 12 月 27 日。

对数字企业价值的评价，需要考虑到上述有别于传统工业企业的特征。目前数字企业估值法主要有三类，分别是自由现金流折现法、实物期权定价法及客户价值法。

自由现金流折现法认为，企业在其剩余经营期间产生的现金折现值就等于企业当期的价值（William，1938）。在此基础上，戈登（Gordon，1962）提出戈登模型（Gordon Model），揭示了股票价格、预期基期股息、贴现率和股息固定增长率之间的关系，并广泛应用于证券市场的股票估价。该模型也被称为不变增长模型（Constant Growth Model），是股息贴现模型的一个特例。随后又陆续发展出其他变种，如三阶段增长模型、H模型和随机红利贴现模型。之后，有学者提出自由现金流量的概念，并在此基础上构建了Rappaport估值模型，该模型被广泛应用于企业估值（Alfred，1986）。国内一些学者也对自由现金流折现法的适应性进行过研究（刘官华，2007；高波，2002；张先治，2011）。

实物期权定价法认为，企业价值是由企业的实物资产决定的，通常使用期权的标的资产来定义企业的实物资产。实际应用当中，偏微分法（Black-Scholes模型）、动态规划法（二叉树定价模型）的运用相对广泛。国内有不少学者用实物期权模型评估互联网企业价值（郑建明、范黎波，2008；郭建峰等，2017；王静、王娟，2019；高锡荣、杨建，2017）。另外，潘建平和陈德棉（2018）使用实物期权法测算光电子企业市值。郑征和朱武祥（2019）则发现复合实物期权法对初创企业的估值较为准确。也有观点认为，实物期权法与其他估值方法相结合，更能得到企业的合理估值。如周孝华等（2009）以创业板公司为案例，将实物期权法与传统估值方法相结合，结果表明混合模型可以更准确地估算创业板公司的价值。丁岚和李树刚（2012）使用双精度神经网络与实物期权相结合的方法，对物联网企业进行估值，发现加入双精度神经网络法可以大幅度提升模型预测的精确度。王艳华（2013）发现实物期权法为并购评估提供了多元化的选择。

客户价值法认为客户数量及其连接性、收入贡献，是互联网企业价值的重要决定因素。20世纪80年代，以太网的发明者罗伯特·梅特卡夫提出了一种用网络规模（网络节点数）来表示网络价值的公式，后来被命名为梅特卡夫定律。该定律认为，网络价值等于网络节点数的平方，即网络的价值与联网的用户数的平方成正比。假设在有 n 个用户的通信网络中，每个用户可以与其他用户建立 $n-1$ 个关系，当 n 足够大时，网络价值可以被认为是 $V \propto n^2$。梅特卡夫定律的主要思想是网络效应的体现，即使用者越多，其效应不仅不会像传统资源一样被消耗，反而会随着时间的推移越来越大。根据该定律，摩根士丹利的分析师玛丽（Mary Meeker，1995）在《互联网报告》（*The Internet Report*）中提出 DEVA 估值法（Discounted Equity Valuation Analysis）及估值理论。之后，该估值法迅速成为互联网企业估值的参考标准。

不过，也有学者（Briscoe Bob et al.，2006）指出梅特卡夫定律的隐含假设有一定缺陷。网络中并不是所有连接都有相同价值，而且连接也分强弱，弱连接的价值低于强连接。因此，他们认为齐普夫法则更适合描述网络价值，即认为互联网用户效用符合长尾定律[①]，可以表示为 $n \cdot \ln(n)$ 函数。国内也有相关研究。谈多娇、董育军（2010）认为，互联网企业的市值与每个客户的收入贡献、权益成本以及未来的客户量相关。李延喜、陈景辉和奕庆伟（2011）

---

① 齐普夫于20世纪40年代提出了词频分布定律。以英语文本的一大段典型内容为例，最常见的三个单词"the""of""and"分别占所有出现单词的近7%、3.5%、2.8%。换句话说，所占比例的顺序与 $1/k$ 顺序（1/1、1/2、1/3…）紧密对应。如果网络有 n 个成员，这个值就与 $1 + 1/2 + 1/3 + \cdots + 1/(n-1)$ 成正比，齐普夫定律很好地诠释了长尾定律。

发现结合客户价值法评估互联网企业的价值会更有效。宋丽平、刘鑫（2014）分析了网络公司流量指标与股价的相关性，证实了网站的访问次数（APM）和访问人数（APU）与股价呈正相关。

综合来看，现金流量法早期曾广泛应用于互联网企业估值，但因为该方法基于企业财务数据，并没有考虑到互联网企业的特征和风险，因此估计结果常常偏高（高波，2002；刘官华，2007）。实物期权定价在一定程度上可以避免企业发展的不确定性挑战，因此用途也较为广泛，但仅适用于具备盈利能力的互联网公司（郭建峰等，2017；王静、王娟，2019）。客户价值法虽然考虑了对互联网企业最重要的客户数量及其连接性和收入贡献，但并未考虑客户的活跃度，尤其是客户累计的活跃程度，对累积性、连接性的影响估计不够。

数字时代，最典型的组织形态是互联网科技企业，它具有广泛的连接性，吸引和黏住了用户大量的时间。现有文献已经考虑了大量的价值影响因素，但如何更科学地定量评估互联网资产的核心价值驱动因素，即网络用户的价值和对互联网企业价值的影响，则还需进一步完善。为此，本书基于客户数量及其活跃程度来评估互联网企业的价值，用其中每个客户在其平台上的停留时间（使用时间）表示其活跃的程度。模型引入了活跃用户间的连接性及其停留时间（使用时间）的累积性这两个维度，试图更好地捕捉时间累积效应可能带来的影响，进而更准确地反映互联网企业价值。

考虑时间价值的数字企业估值

亚马逊（Amazon）在过去十年里的营业收入由 2012 年的

610.9亿美元上升到2021年的4 698.2亿美元,收入扩大了7.7倍,而同期市值则由1 138.9亿美元上涨至1 6971.8亿美元,扩大了14.9倍。值得注意的是,其间活跃用户数也从0.2亿人上升到3.1亿人,扩大了15.5倍,大体上和市值涨幅相当。腾讯也存在类似的情况,营收增速和利润增速低于其市值增速。一个很重要的原因是微信的出现,改变了市场对腾讯公司的预期。微信吸引了大量用户,而且这些用户愿意在微信上花费时间。2012年,脸书上市,由于它的用户一直增长较快,因此其市值增加速度也很快。科技巨头成长的例子在某种程度上说明,互联网科技企业的市值与其用户数量关系密切,或者用户在互联网平台上消耗的时间,被计入对企业价值的估计。

从用户消耗时间的维度估计互联网科技企业的市值,需要关注网络效应。网络效应是指网络价值 V 取决于它的节点数 n。通常用来测算网络价值的四个定律如下:

梅特卡夫定律(Metcalfe's Law):

$$V \propto n^2 \tag{1}$$

萨尔诺夫定律(Sarnoff's Law):

$$V \propto n \tag{2}$$

齐普夫定律(Zipf's Law):

$$V \propto n\log(n) \tag{3}$$

里德定律（Reed's Law）：

$$V \propto 2^n \tag{4}$$

其中，梅特卡夫定律使用最为广泛。当然，也存在一些争论。不少学者使用其他三个定律来驳斥梅特卡夫定律，认为梅特卡夫定律高估了网络的价值，但是 30 年来基于真实数据的证据，基本上都支撑梅特卡夫定律。2013 年，罗伯特·梅特卡夫本人利用脸书 10 年来的活跃用户数据，进一步验证了梅特卡夫定律。

沿着梅特卡夫定律的思路，可以基于联网用户所消耗的时间来评估互联网科技企业的价值。其背后的基本逻辑是，互联网科技企业市值增长速度快，主要原因是企业产品的迭代速度快、连接性广，能更快吸引用户的注意力，促进用户数呈指数级增长。用户数越多，耗费时间越长，互联网科技企业变现的能力越强，网络价值也就越大。

具体估计之前，需考虑两个假设。一是每个活跃用户耗费的时间 t 在边际上的价值一样。二是网络的总价值取决于网络之间互相连接数的价值之和。企业的市值则是网络价值的货币化表征。

如果一个企业有 n 个活跃用户数，每个活跃用户有 $n-1$ 个连接关系，每个用户所耗费的时长均为 t，用 $\sum_{i=1}^{n} T_i$ 代表 n 个活跃用户数的累计时间。用网络上每个节点与其他节点的连接关系来表示企业的网络价值。这里我们使用学习曲线 $T(n)$ 来设定每个活跃用户与其所耗费时间之间的关系。时间定价模型可表示为：

$$V_i = \begin{cases} \beta_i [\sum_{n_i}^{N_i} T(n_{ij})]^2, T(n_{ij}) = t_1 \cdot n_i^{\frac{\log(b_i)}{\log 2}}, T(n_i) \geq T(n_{i+1}) \\ \sum_{i=1}^{N} \beta_i [\sum_{n_i}^{N_i} T(n_{ij})] * \ln[\sum_{n_i}^{N_i} T(n_{ij})], T(n_{ij}) = t_1 \cdot \log(n_j^b), T(n_i) \leq T(n_{i+1}) \end{cases}$$

(5)

其中，i 表示时间序列，j 表示不同企业，n_i 和 N_i 表示累积的过程，$n_i = 1$，$k_1 + 1$，$k_1 + k_2 + 1$，$\cdots$，$k_1 + \cdots + k_{n-1} + 1$，相应地 $N_i = k_1$，$k_1 + k_2$，$k_1 + k_2 + k_3$，$\cdots$，$k_1 + \cdots + k_{n-1} + k_n$；$t_1$ 表示第一个用户在网络平台所耗费的时间，活跃用户数量 $n \geq 1$，b 表示学习比例，互联网科技企业的市值 V 与系数 β 的用户数所耗费累积时间呈正比，用户数耗费累积时间越长，该系数越接近于稳定。这里根据学习曲线，区分了两类企业。其中一类企业，随着网络规模的扩大，每新增一个用户，其在网络上耗费的时间递减，相当于效率提高，比如特斯拉。对另一类企业而言，每增加一个用户，其在网络上耗费的时间递增，相当于提高了用户吸引力，比如微信、脸书。

对龙头科技公司时间价值的测度案例

本书选取特斯拉作为模型实证的例子。作为一家新能源企业，特斯拉用 13 年的时间，就打败传统汽车企业，成为全球市值第一的汽车企业，并且市值超过排名前 10 位的车企市值总和。特斯拉虽然是新能源汽车企业，但其销售方式是网络直销，每辆交付的车就代表一个从网络下单的活跃客户。特斯拉的财务报告整理了 2017 年第一季度到 2021 年第三季度近 5 年的季度市值和交付车数，交付车数对应企业活跃用户数。2017 年以来特斯拉活跃用户数与市值变化总体上都呈现快速增长的态势（见图 13.1）。

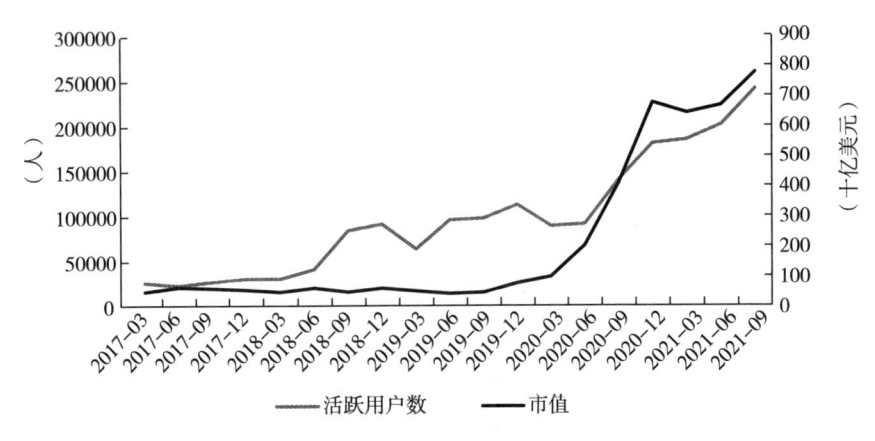

图 13.1 特斯拉活跃用户数与市值变化趋势

再进一步考察活跃用户的行为（即其在网络上耗费的时间）。我们假设存在这样的学习曲线，即活跃用户数每增加一位，单个活跃用户所花费的时间呈递减走势（见图13.2）。这意味着，随着时间的变化，该企业服务内容与用户需求匹配更加精准，用户从选车到买车所需要花费的时间逐渐缩短。

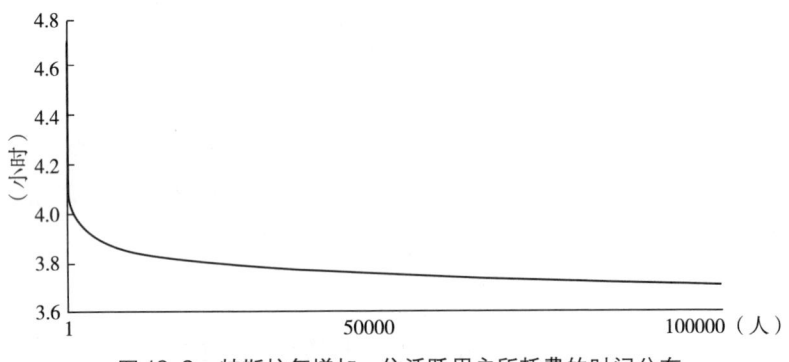

图 13.2 特斯拉每增加一位活跃用户所耗费的时间分布

如图13.3所示，特斯拉活跃用户所耗费累积时间的价值与市值变化有一定相关性。首先，2017年第一季度到2018年第二季度

258　　数字宏观：数字时代的宏观经济管理变革

的数据显示特斯拉的市值略高于其活跃用户所耗费累积时间的价值，但走势逐渐接近。2018 年第三季度到 2020 年第一季度，活跃用户所耗费累积时间的价值增速超过市值增速，可能因为特斯拉在 2018 年 6 月份宣布将在上海设立首座海外超级工厂，吸引了大量关注。2020 年第一季度之后，市值和活跃用户所耗费累积时间的价值均保持快速上升势头。

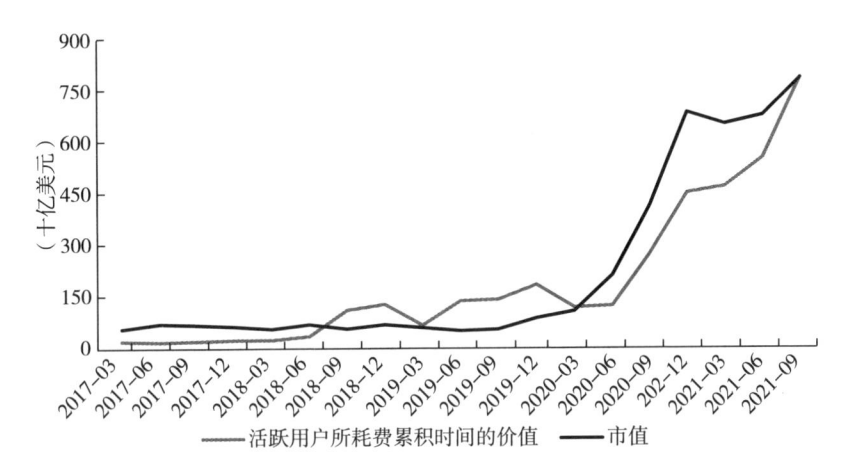

图 13.3 特斯拉活跃用户所耗费累积时间的价值与市值变化

构建如下考虑活跃用户累积时间价值的特斯拉市值估计模型：

$$V \propto 1.16 \times 10^{-9} \left[\sum T(n_{ij}) \right]^2$$

展开以后的具体估计方程如下：

$$\hat{V} = 32.42 + 7.16 \times 10^{-4} \times 活跃用户数 + 1.37 \times 每增加一个活跃用户所耗费的当期时间$$

即，当活跃用户数量不变时，活跃用户每增加一单位当期耗费时间，市值将增加 1.37 亿美元；当活跃用户所耗费时间不变时，每增加一个活跃用户，市值将增加 7.16 万美元。

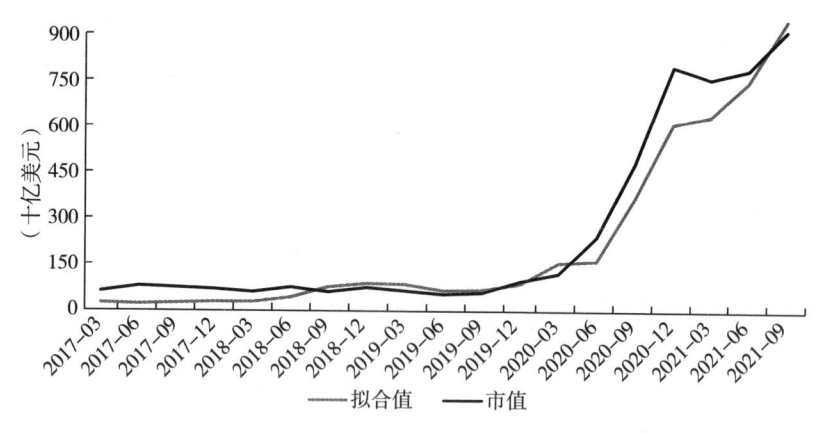

图 13.4 特斯拉的市值和拟合市值的趋势变化

对比时间定价模型拟合结果、均衡状态下资本资产定价模型（CAPM）估计结果、实际市值（见图 13.5），可以发现时间定价模型拟合的结果与真实市值的变化趋势更加吻合。因为均衡状态下资本资产定价模型并没有考虑互联网企业的特征和风险，所以导致互

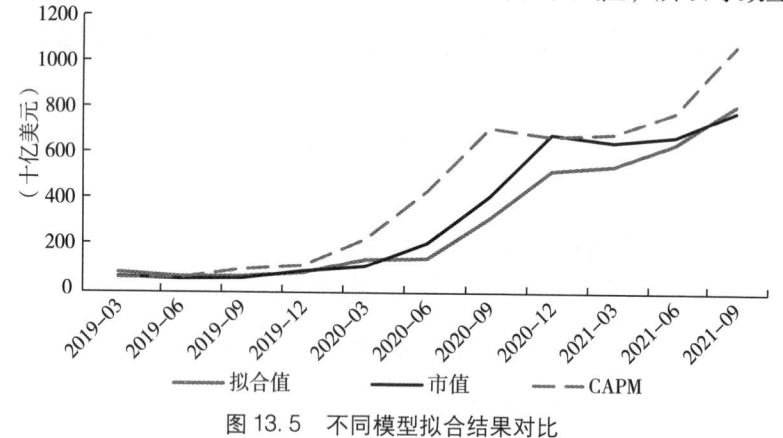

图 13.5 不同模型拟合结果对比

联网企业市值预估普遍偏高。这也说明，数字时代互联网科技企业的特点变化，需要使用更符合这个时代特点的模型来刻画。

上述分析也说明了用户注意力对企业市值的重要性。第一，特斯拉和传统汽车巨头分别代表数字时代的企业和工业时代的企业。数字时代的特点是技术迭代速度快，对用户需求的响应时间大幅度缩短，能快速吸引大量关注。当出现生产力差异时，市场永远投资给高一个维度的企业。第二，特斯拉使用的是网络直销模式，整个销售流程，像选车、功能介绍等都可以在网上完成，用户购买之前只需要去线下体验店试驾，使得供需端的匹配时间大大缩短。满足个性化需求的同时，也避免了层层分销推高销售成本。第三，特斯拉虽然是汽车企业，但独立研发能力强，和传统汽车企业差不多功能的车型，特斯拉的价格要便宜一半还多。依靠功能创新和快速升级，特斯拉也增加了用户黏性，提高了企业未来的时间价值。第四，尽管特斯拉的汽车销量远比不上丰田、大众这些传统的汽车巨头，但以特斯拉为代表的智能电动汽车将随着数字化进程的发展，在未来形成一套全新商业模式。第五，特斯拉无论是在销售环节还是营销环节，都利用了互联网信息传播的优势。

把时间定价模型用于估计脸书和腾讯控股的市值，大体上也能够得到类似的结果（见图13.6和图13.7）。

通过上面的例子，我们发现随着人类社会的发展和科学进步，时间的内涵和表现形式也在不断发生变化。数字时代，时间价值也发生了转变，相比农业、工业时代时间被定义为成本和约束，数字时代的互联网科技企业更多的是将时间的占有和使用当作资产。时间的重要性，在数字时代将进一步显现，需要尽快完善相关的核算框架，同时加强对互联网科技企业技术迭代、发展周期和企业边界调整动态的分析。

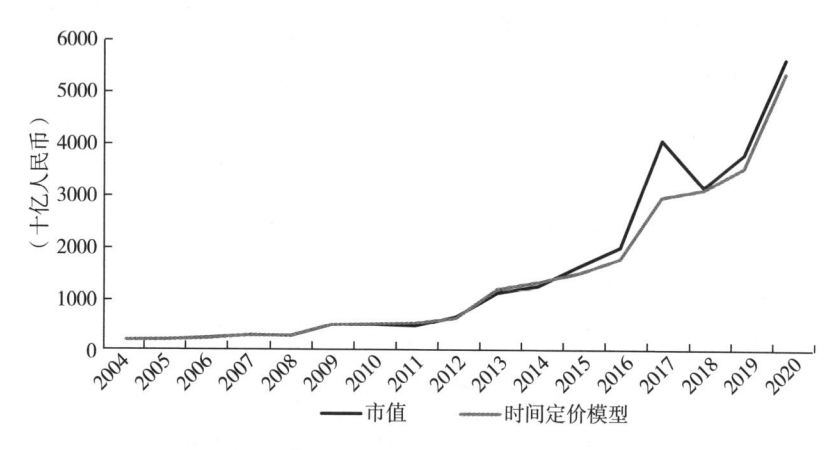

图 13.6　时间定价模型拟合结果与腾讯实际市值

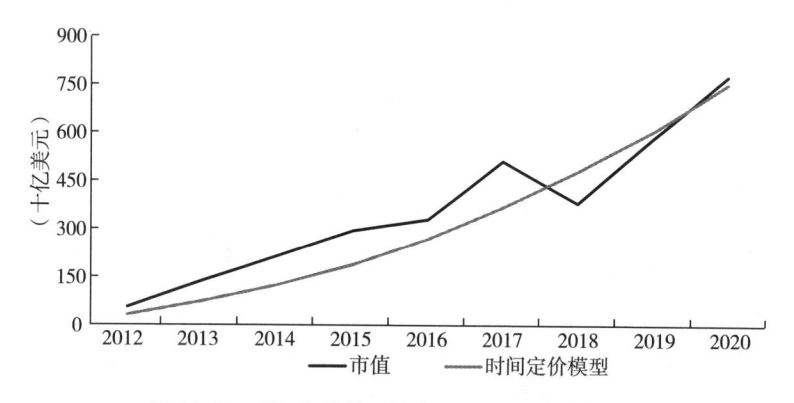

图 13.7　时间定价模型拟合结果与脸书实际市值

第三篇
宏观涌现篇

数字化转型给宏观管理带来新的挑战和机遇。宏观管理需要更好地适应数字经济增长模式的变化，有效处理政府与市场的关系，推动数字生产力发展，促进宏观稳定、结构平衡和福利增进。

及时客观地感知数字经济变化，是有效实施宏观经济管理的前提。数字要素的广泛渗透，传统行业、区域、供需边界模糊，数字商品、服务和资产不断出现，给传统的GDP、价格等核算带来了很大挑战。但与此同时，数字技术的广泛普及和应用，为增强决策者对经济运行的感知提供了便利。通过收集和整理高频、细颗粒度的大数据，构建相应的模型，及时掌握数字时代的产出、价格、产业聚集等变动特征，可为宏观决策提供坚实支撑。

数字化在赋能中小市场主体和个人的同时，也不排除出现数字鸿沟、扩大技术性失业和收入分配差距的可能。工业时代的教育、社保体系需要做出巨大变革，以适应技术进步对劳动力市场、社会公平和福利的冲击。过去的教育体系，注重培养工业化过程所需要的熟练劳动力，未来则需要培养更多面向数字化和创新型经济、具有终身学习能力的人才。同时，要更加公平，让更多人能够享受到数字化红利。

数字化也会影响传统宏观调控手段的有效性。过去一百多年来，税收建立在实际商业存在和清晰物理边界划分的基础上，而数字经济具有边际成本低、网络效应大、无形资产占比高、虚拟性隐蔽性强、反馈迭代及时、可贸易程度高等鲜明的特点，挑战了现行主流税收体系对纳税人、课税对象、税率、纳税地点、纳税环节等基本税制要素的认定。

人工智能、大数据、分布式账本、数字货币、云计算等数字技术，开始深刻改变金融的借贷功能、清算和支付功能、风险对冲功能，对货币的创造、货币政策传导机制产生显著影响。市场连通度的变化、金融服务供给的丰富，加上数据要素可能对资本的替代，均衡利率不排除进一步下降的可能性。通过提高信息传递效率、减少交易摩擦，数字化的引入可能会增强货币的价格机制，减弱数量机制。央行数字货币的可编程性，为货币政策摆脱零利率困境提供了新的工具。金融科技平台改变了金融风险的分布，对于一些大科技平台，或者数字货币（比如稳定币）来说，如果监管缺失或监管不当，最后可能出现挤兑、算法失效或者被网络攻击，进而酿成系统性风险。

每一次大的危机之后，宏观经济学都会不断完善自身。例如，引入多重均衡分析自我加强和锁定效应，引入有限理性分析短视行为和市场过度波动，引入抵押品机制模拟经济周期大幅波动，等等。类似地，在深入理解数字化如何影响政策传导机制的前提下，也可以引入数据变量，改进现有的均衡模型。但考虑到数字经济时代的连接性、复杂性和时间累积性空前增强，对传统稳态均衡模型的修补或许已不能满足数字时代宏观经济管理的要求。需要从均衡进一步转向演化或涌现，更多地考虑不同主体之间的互动，对行为主体认知的塑造，而不是将其给定为外生。

为此，本篇将分析数字经济下对价格、产出、产业集中度等变量的测度，探讨如何利用混频大数据对宏观经济变量进行实时跟踪，并分析数字经济下税收、金融、货币等基础宏观条件的变革。最后讨论引入数据要素以后的均衡框架变化，以及从均衡视角走向演化视角的前景，展望适应数字时代变革的宏观经济管理发展方向。

第十四章　数字时代的价格与宏观挑战

价格是市场交易的基础，也是宏观调控关注的核心指标之一。无论是消费者价格指数（CPI）还是生产者价格指数（PPI），都是一篮子商品价格的加权平均。价格指数的变化反映了居民收入和财富的购买力水平变化。随着数字经济的发展，价格形成机制逐步发生改变，传统价格指数不能准确刻画物价水平或高估通胀的问题凸显。数字时代，价格调整幅度更窄，调价频率更高，价格黏性下降，市场连通度增加，一价定律更有可能成立。产出、通胀、利率的关系改变，宏观政策需要做出适应性调整。

价格指数的演变

早在18世纪就有人从一篮子商品价格角度关注价格水平的变化（IMF，2004）。1707年，威廉·弗利特伍德（William Fleetwood）编制了一个相对简单的价格指数，用于分析牛津大学学生在之前两个半世纪中支付价格的平均水平变化。1823年，约瑟夫·洛厄尔（Joseph Lowe）对农业、贸易和金融等方面的价格水平进行了研究，所用的方法就是选取一个商品或服务的篮子进行计算。19世纪末期出现了拉氏指数和帕氏指数，基本奠定了消费者价格指数编制的基础。1926 年，迪西娅（Divisia）将工业品名义价值的变化分解为量的变化和价格的变化，后者演变为生产者价格指数。

消费者价格指数的正式编制大致始于 1917 年。当时由于战争原因，物价飞涨。到了 20 世纪 30 年代大萧条期间，又出现通货紧缩，价格指数得到重视。70 年代大通胀时期，价格更成为社会关注的焦点。1975 年，美国经济学家戈登（Robert J. Gordon）提出核心通胀的概念，即除去能源与食品之后的价格。核心通胀对于货币政策更加有参考意义。其背后的逻辑在于，货币政策是一种需求管理工具，而能源价格和食品价格更可能受到供给冲击，比如 20 世纪 70 年代的两次石油危机，或者 2018—2019 年非洲猪瘟导致国内猪肉价格上涨，因此，有观点认为对于供给扰动，货币政策既没有能力也不应该做出反应。

大通胀过后是大缓和时期，价格指数的波动幅度下降。大量研究指出，美国自 1980 年以来，菲利普斯曲线变平缓。有学者（Ball et al.，1988）认为"格林斯潘面临的菲利普斯曲线与沃克尔时代的完全不同"，后者更加陡峭而前者更加平坦。布兰查德等学者（Blanchard，2016；Hazell et al.，2020）的研究也显示，菲利普斯曲线的扁平化始于 20 世纪 80 年代，而非 2008 年全球金融危机。通胀预期和实际通胀水平下降，是导致菲利普斯曲线扁平的重要原因。一般认为菲利普斯曲线是非线性的，当通胀水平较低的时候，曲线更倾向于水平（Ball et al.，1988）。贝纳蒂（Benati，2007）的跨国实证也支持这一观点。通胀波幅下降，主要是因为长期通胀预期趋于稳定且逐步走低（Hazell et al.，2020；Mishkin，2007）。除了通胀预期因素以外，全球化也会让产出通胀曲线扁平。一方面，产能转移使得厂商更容易雇佣低工资水平国家的工人，同时由于货物、劳动力以及资本的联通，供给变得更加有弹性。不过，产能转出地的工人利益可能会受损（Azad and Das，2015；Binyamini and Razin，2008）。

数字化对价格形成机制的影响

价格指数编制有两个关键步骤。一是选取代表性的一篮子商品，例如，我国 CPI 商品篮子里有 550 种商品，而大中城市有超过 600 种商品。二是对不同商品或服务价格进行合理的加权平均。常见的加权方法包括拉氏方法和帕式方法。考虑到不同商品或服务之间的替代效应，拉氏指数会高估通胀的福利损失，而帕氏指数会低估通胀的福利损失。其背后的原因是拉氏指数是将基期的消费权重作为篮子，其计算方法并没有考虑到替代效应，相当于价格上升较快的产品的权重偏高，高估了福利损失。而帕氏指数则以当期的消费权重作为篮子，相当于价格上升较快的产品的权重偏低，低估了福利损失（Varian，2003）。实际操作当中，可以取两个指数的几何平均指数作为真实指数。如果消费商品种类不变或者变动缓慢，一般来说真实通胀水平可能在两个指数之间，误差尚可接受。但如果新产品进入和旧产品退出频繁，上述方法就可能出现较大偏差。传统编制方法的上述不足，在数字时代将更加凸显。

产品多样性导致一篮子商品和服务基准更不稳定

传统分类当中，属于一个分类的产品往往质量相似，且可替代性比较强。但是数字经济下商品和服务日新月异，更多消费基于不同场景，定制化、个性化特征更显著，标准化更低，给价格指数的编制带来四方面挑战。

首先，如果新出现的产品和服务无法找到原有可以与之合理比较的对象，会影响价格指数的编制。比如，前几年线上教育辅导的出现就带来了这方面的问题，线上教育面向的受众更大，因此一般来说收费会更便宜一些。但是线上辅导的教学质量目前不及线下，师生互动性也不够，若与传统教育不加区分，编制价格指数可能导致偏差。有学者（Groshen et al., 2017）研究总结了不少历史上新产品引入时经济核算的方法，大部分需要与原有的功能相似的产品进行比较。比如，汽车出现时，在统计和核算上将其按照对应的马力折算成马车。但是，由于数字时代产品创新性大大提高，价格指数的编制面临很大挑战。

其次，产品的多样性能提升居民的福利，新产品的引入让传统的通胀指数难以准确反映福利变化。古尔斯比等人（Goolsbee and Klenow, 2018）分析了美国电商的数据，认为网上有越来越多的新产品，有助于提高福利。有学者（Hu et al., 2011）指出线上市场允许大量小众产品的出现，产品种类越多，越能精准满足对应客户的需求，就越能提升福利，因此传统的通胀指数将高估福利的损失。产品多样性能增加福利，同时导致通胀被高估并非数字经济特有的现象（Boskin et al., 1996; Groshen et al., 2017）。另外，数字时代的产品多样性不仅体现为销售的产品种类变多，还体现为有更多方式可以满足不同客户的定制需求（相当于一个客户一种产品、一种服务）。比如，家具定制企业可以通过信息化手段实现规模化定制，同时满足不同客户独特的要求。虽然它的产品也是沙发、床以及桌椅等种类的家具，但是给客户带来的福利远高于普通家具。传统的价格指数没有考虑到消费者能够挑选更加心仪的产品这一特点，存在高估价格上涨导致福利损失的可能。

再次，数字时代不同个人消费结构的差异会让指数的代表性减弱。小众商品种类增多可以让个性化需求得到满足，也意味着每个人的消费结构差异性变大。如果要准确评估通胀对福利水平的影响，每个人的"篮子"也应该有所差异，一个人消费的商品和服务可能对于另一个人来说是闻所未闻的。这意味着，一个代表性的"大篮子"就不具备代表性。一个统一的价格指数并不能兼顾数字时代的差异性。

最后，考虑到"大数据杀熟"或者类似的价格歧视现象的存在，如果同一件商品在不同环境下有不同的单价，那么物价指数存在的基础就会被进一步削弱。商家可以采用价格歧视的做法，那么老顾客或者更有黏性的顾客可能面临更高的定价。即使不考虑"大数据杀熟"，数字经济下也有更复杂的促销、拼单等手段，可以轻易使用非线性定价的模式。单位产品若没有一个统一的价格，那么计算物价指数也将变得困难。举例来说，如果在淘宝上搜索"乐事薯片"，可以发现，顾客能够选择多种不同规格（见图14.1），而且不同规格下每袋薯片单价都是不同的，而线下零售很难做到如此复杂的打包定价。像这样的案例在数字时代很常见，商品组合的多样性也大大增加，非线性定价增加了价格指数的统计难度。

线上商品或服务普及导致传统价格指数高估通胀

与线下销售相比，线上销售的物价一般会更便宜。有学者（Brynjolfsson and Smith，2000）对比了书本和CD在线上和线下的价格，发现线上价格要低大约9%~16%。布朗等人（Brown and

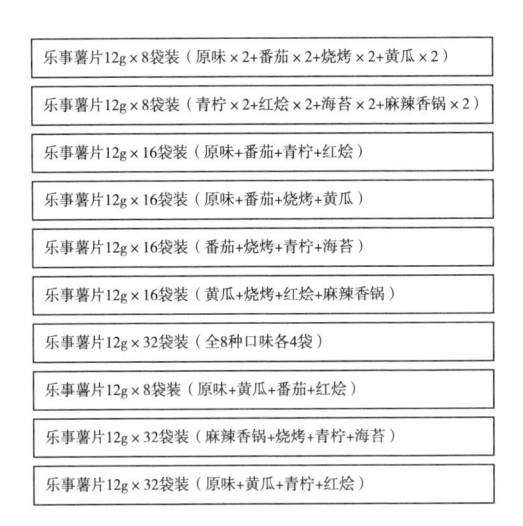

乐事薯片12g×8袋装（原味×2+番茄×2+烧烤×2+黄瓜×2）
乐事薯片12g×8袋装（青柠×2+红烩×2+海苔×2+麻辣香锅×2）
乐事薯片12g×16袋装（原味+番茄+青柠+红烩）
乐事薯片12g×16袋装（原味+番茄+烧烤+黄瓜）
乐事薯片12g×16袋装（番茄+烧烤+青柠+海苔）
乐事薯片12g×16袋装（黄瓜+烧烤+红烩+麻辣香锅）
乐事薯片12g×32袋装（全8种口味各4袋）
乐事薯片12g×8袋装（原味+黄瓜+番茄+红烩）
乐事薯片12g×32袋装（麻辣香锅+烧烤+青柠+海苔）
乐事薯片12g×32袋装（原味+黄瓜+青柠+红烩）

图14.1 线上商品定价更加个性化

资料来源：淘宝搜索结果。

Goolsbee，2002）通过对人寿保险的研究，发现线上销售的人寿保险的价格普遍比线下低8%~15%。默顿等人（Morton et al.，2001）研究了汽车市场，发现线上购买汽车往往要比线下少付2%左右的钱。其中，节省的购买成本当中，25%是因为消费者可以找到更便宜的厂商，75%则是因为消费者可以得到更多信息并进行议价。克雷等人（Clay et al.，2001）也发现线上的书本比线下的价格更低。

关于数字经济和物价水平关系的讨论，在20世纪末互联网刚兴起的时候就已经出现。数字经济导致的低物价有两种渠道。第一个渠道是运营成本。电商平台不需要实体门面，节约了相关投资建设或者租赁成本，因此物价普遍更便宜。根据测算（Euromonitor，2014），线上零售可以让交易成本下降10%左右。第二个渠道是搜寻和匹配成本。电商平台信息搜寻成本会更低，詹森等学者（Jensen，

2007；Aker，2010）认为，手机的流行让搜寻成本和价格分化减少。不同商家竞争更激烈，因而价格更低。

在数字时代讨论价格指数，还有一个现象值得考虑，那就是免费商品。"免费商品"这个词本身就存在矛盾，因为商品一般是用于交换且带有价格的，也正因为如此，价格指数的统计对象是"商品"而非"物品"。当前越来越多的线上服务是免费的，有些原来线下收费的服务也变为线上免费的服务，比如，微信有免费语音功能，那么要支付话费的手机通话就被大规模取代；许多电影电视剧可以在网上免费观看，那么人们就不需要去电影院或者买 CD，甚至文件扫描也可以用专门的 App 完成，而不需要去打印店。这些免费的服务并没有包含在价格指数里，并可能导致通胀被高估。

转移定价导致单一商品或服务价格失真

数字经济下，转移定价机制更为复杂多样，即存在大家调侃的"羊毛出在猪身上狗买单"现象，微观的会计准则面临挑战（孔庆林，2016），价格指数更有可能失真。

一种模式是"A 服务的支出算在了 B 服务上"，例如一些连锁理发店怂恿顾客办卡，声称会为顾客提供更加便宜和高级的服务。这类理发店不仅靠给顾客提供美发服务赚钱，也可能依靠办卡获取的资金进行金融投资赚钱。在这类商业模式下，顾客享受的服务价格是被扭曲的。

"A 服务的支出算在了 B 服务上，最后通过 C 服务结账"的模式则更复杂。这种情况下的生产和消费价格指数失真现象更加明显。例如，国内某航空公司曾推出乘客坐"免费车辆"进入市区的营销策略。其背后的操作方法是航空公司承诺为汽车商做广告，以低于市场售价近 6 万元的价格（9 万元/辆）买入 150 辆客车，之后又以高于市场价近 2 万元的价格（17 万元/辆）卖给客车司机。航空公司承诺司机每载一位乘客公司给予其 25 元的提成。在这个复杂的案例中，机票的价格、乘车的价格、汽车本身的合约价格都受到了扭曲，并不能反映真实的价格水平。这类商业模式的普及，无疑会给现行价格指数的编制带来挑战。

传统统计难以覆盖虚拟货币和虚拟商品

数字时代出现了大量线上虚拟的商品和服务，和实体经济活动紧密联系，但又不在常规统计之内。比如工作或者学习使用的软件需要付费，玩网络游戏或者手机游戏时为了获得更好的体验需要充值。而当今热门的元宇宙中也可以进行商品购买或者投资，这些都难以被统计到传统的价格指数中。统计虚拟商品价格指数有两方面的难点。

首先，统计人员可能不知道某种产品的存在。由于信息技术的发展，提供各种各样服务的付费软件大量出现，有些软件根本就无法被覆盖。或许受过良好经济学训练的统计人员知道 stata 或者 matlab 的存在，但不一定知道英文写作的修改和润色可以用 grammarly 的付费版本。

其次，虚拟商品有一个很大的特点就是迭代更新速度快。一版软件的生命周期不过几年时间，开发者往往会在选择一版定价后就不做调整，当版本更新后再次进行定价。在有些虚拟场景下，更新替代速度更快。例如，游戏运营商开发的游戏里，虚拟产品往往限时出售，间隔时间较长的价格指数统计无法反映这些高频的变化。2020 年，我国的虚拟产品市场规模已经达到约 1.4 万亿元，涵盖通信、游戏、文娱以及生活服务等诸多方面。[①] 随着虚拟产品的市场规模进一步扩大，那么它对价格指数统计偏差的影响也会更加明显。

菜单成本和价格黏性下降

电商平台上，商品或服务的价格黏性更小，菜单成本更低。有学者（Brynjolfsson、Smith，2000）在对 CD 和书本的研究中发现，线上商品每次价格变动的幅度比线下小很多，大约只有百分之一，线上电商菜单成本更低。有学者（Gorodnichenko and Talavera，2017）也发现了线上的价格会对成本冲击更敏感。国内学者也进行过类似的研究，发现电商价格调整比线下渠道的调整频率更高一些（姜婷凤等，2020）。总之，数字经济下，菜单成本降低、竞争更激烈，有助于降低价格黏性。

调价频率的上升会给价格统计带来新的挑战，如果价格变动是频繁的，那么应该选取什么时候的月度或者年度的价格指数呢？如果选取统计周期末的价格，那么这个数据对整个统计周期就没有很强的代表性。如果要将整个周期内的交易进行加权，那么统计的成本就会大大上升。

或者说，既然价格变动如此频繁，一个月度或者年度的统计对于指导政策和实践的参考性和意义可能会下降，因为其中的波动幅度会增大，平均指标或者月末指标会失去大量的信息。

一价定律更有可能成立

互联网让消费者的信息搜寻和价格对比变得更加容易，同质商

---

① https://www.sohu.com/a/426202062_120868906.

品很难设定为不同的价格，此时一价定律更可能成立。卡瓦略（Cavallo，2017）通过对跨国数据的研究，发现线上不同地点的同一种商品价格基本相同，因为价格歧视的策略很容易被发现。史密斯等人（Brynjolfsson and Smith，2000）的研究也发现，用销量加权过后的数据显示，线上价格的分化程度比线下要低很多。有学者（Jo et al.，2019）则指出电子商务会让价格分化降低，并且该效应在平均学历较高的城市更加明显。虽然，部分领域也存在上文提到的价格歧视和大数据杀熟的问题，但总的来说，数字时代由于信息获取成本更低，一价定律会更有可能成立。

数字时代物价走势与货币政策

菲利普斯曲线可能更加扁平化

数字时代，要素供给弹性增加，市场范围扩大，信息流动更为充分，服务可贸易化程度上升，菲利普斯曲线扁平化特征可能更为凸显。

对货币政策而言，菲利普斯曲线更加扁平，一方面意味着不用太担心宽松的货币政策会以较高的通胀作为代价。但另一方面，货币政策将难以减少负债人的实际债务，进而减弱货币政策的传导效果。甚至可能因为通胀下降，导致均衡利率下降。一旦利率触及零利率下限，经济就有可能陷入长期萧条的状态（Hansen，1939；Summers，2014）。

克鲁格曼等人（Eggertsson and Krugman，2012；Eggertsson et al.，2019）的研究就发现当经济处于零利率下限时，总需求曲线可能是倾斜向上的，因为通货紧缩会增加实际债务，降低需求，而反过来通货膨胀会降低实际债务，促进需求。这意味着可能存在所谓的"勤劳陷阱",即生产率上升或者大家更加勤劳工作会促使供给上升,加剧通缩。而通缩程度加深,反过来减少需求,均衡的总产出并没有上升。在总需求不足的情况下,数字化会让生产和销售成本更低廉,增加总供给,存在加剧"通缩—债务"陷阱机制的可能。

当然另一方面,如果无形抵押品或数字抵押品增加,或者数字经济背景的信任在货币创造当中发挥更大作用,又或者央行通过调整数字货币(CBDC)利率来间接影响银行存款利率,甚至可以打破零利率下限的约束,未来零下限对货币政策可能也不再构成约束(Agur et al.,2021)。

单一价格指数的信号作用弱化

数字时代,商品和服务的复杂度空前提高,传统的通胀指标无法很好地衡量真实世界的通胀,具体采用什么指数衡量最为公允也没有准确结论,甚至不同的人由于消费结构和消费方式不同,对于"真实通胀"的感知也不尽相同。而且,数字经济下真实的通胀可能会显著低于传统的通胀,真实通胀被锚定在一个较低的水平。如果央行仅仅考虑传统的通胀指标,则可能无法顾及真实世界的通胀或者引导这方面的预期。这对于预期引导,甚至整体宏观管理都将是一个不小的挑战。

与此同时,如果货币政策目标是稳定传统的通胀指数,那么短期内真实通胀指数的不确定性可能大幅上升,不同居民短期通胀预期的分化程度上升,这会增加经济的不确定性,导致福利的损失(Sanchez,2012)。

当央行无法轻松改变居民对于真实通胀的预期时,未来可能需要采用更加激进的措施影响居民对通胀预期的判断。除了当前的量化宽松，或许还需要财政政策配合，甚至采用财政货币化手段改变居民的通胀预期。

价格黏性下降削弱货币政策数量工具效力

除了系统性的真实低通胀对于宏观经济政策带来的挑战，价格黏性的下降也会削弱货币政策的传导效率，并且金融科技尤其是可编程货币、智能合约的广泛应用，可能会让各种合同包括工资合约的调整更为灵活。我们都知道货币政策调节不是一层面纱，其中很重要的一个因素是黏性。如果契约调整更灵活，价格调整更灵活，至少说明数量渠道的效率将会下降。考虑到经济运行充满不确定，预期和实际之间总是有差异的，平抑短期经济波动可能需要更多倚重价格机制调节和预期引导。

另外，如果名义劳务价格较商品和服务价格更为刚性，可能导致过高的实际工资使劳动力市场无法出清，失业会广泛存在而企业也没有利用所有的劳动力，同时影响供给和产出，使经济陷入长期萧条（Benigno and Fornaro，2018；Michau，2018）。

一价定律可能影响货币政策自主性

数字经济使全球经济联系更加紧密，跨境贸易更为活跃。一方面，大量交易可以线上进行，服务或虚拟产品不需要支付运输成本或者缴纳关税，而实体产品也可以在线上零售店跨境购买邮寄。而另一方面，数字技术的发展也降低了传统企业进出口的固定成本，包括信息的搜寻成本，进出口手续的办理成本等，提高了传统贸易的效率（Freund and Weinhold，2004；范鑫，2020）。总的来说，数字经济下，本国居民的消费组合中来自境外的商品和服务可能会增多，即使是本国生产的最终消费品，其中间投入也会有更多国外的成分。

在这种情况下，国内外商品和服务的价格差异会减小，一价定律更有可能成立，境外价格的波动更容易渗透进来，进而影响本国货币政策的自主性，给物价稳定带来一定挑战。

第十五章　数字渗透与数字经济定量测算

数字技术正在加速迭代和渗透，经济发展呈现更多数据驱动的特征。及时准确测度数字技术对生产和需求两端的影响，是完善数字时代宏观管理的重要前提。但随着数字化部门和传统部门的界限逐步模糊甚至消融，仅靠传统核算框架刻画数字渗透的动态进程，存在较大局限性。从数字渗透的底层逻辑出发，利用大数据，结合投入产出模型，测度不同行业的数字投入，对于分析数字时代的增长和波动，具有十分重要的意义。

对数字渗透测算的认识逐步深化

20世纪90年代，美国商业策略咨询专家塔普斯科特（Tapscott）在《数字经济：网络智能时代的前景与风险》一书中，第一次提出"数字经济"的概念，他用数字经济泛指互联网技术所带来的各类新型经济关系。这一时期，人们对数字的理解主要还局限在互联网技术等新技术本身，而对数字要素的积累，以及数字要素对其他经济活动和经济关系的影响，关注不多。这一时期可以视作数字渗透的早期阶段。到了2000年前后，人们对数字经济的理解开始从纯粹技术走向经济领域，特别是电子商务等的快速发展，让数字渗透进入普通人最熟悉的一些领域，也让数字化得到了政府经济部门的重视。1999年美国商务部的一份报告提出，数字经济是"构建在互联网技术基础之上的电子商务、数字商品和服务，以及有形商品的销售"。

进入21世纪，数字技术进步加快，数字要素对全社会的积累渗透持续深化。人们对数字经济的认识在快速推进和丰富，数字要素和社会经济的交叉融合不断加深。数字生态逐步建立，数字经济循环开始打通，数字要素全面渗透经济社会各行业、各领域、各环节。2016年，经合组织（OECD）将物联网、大数据、云计算等新技术及其衍生出的经济和社会活动都纳入数字经济的范畴。那么，经济当中数字渗透的程度到底有多大？最直接的一种刻画，就是数字经济规模及其占GDP的比例，这是描摹数字时代进度的标志，不少研究机构都进行过测算。根据数字渗透的过程，数字经济大体上可以分为相对纯粹的数字部分和数字对其他领域造成影响而产生的融合部分，国际上因此将数字经济分为狭义数字经济和广义数字经济，国内则分为数字产业化和产业数字化。具体测算也围绕上述分类展开。

其中，狭义数字经济是指生产数字产品和服务的数字核心部门，例如电子信息设备制造、电子信息设备销售和租赁、电子信息传输服务、计算机服务和软件业及互联网服务等。广义数字经济包括数字化驱动的各个部门，既有上述数字核心部门，也有非核心但受数字化显著影响的领域，例如工业物联网、互联网金融、数字化商务服务、数字化传媒业等。各机构对数字经济的测算方法，普遍考虑了数字部门的自身特点，也参考了经济核算的传统规则。

对狭义数字经济的核算，国际上主要采取生产法和支出法。生产法核算是先定义数字经济行业，将各行业增加值加总。采用生产法核算的机构主要有美国经济分析局（BEA）、国际货币基金组织（IMF）、经合组织及英国文化媒体和体育部（DCMS）。美国经济分析局在2019年测算出美国数字经济规模为2.1万亿美元，占其GDP的比重为9.6%。国际货币基金组织用同样方法测算的2015年美国数字经济规模占其GDP的比重为8.3%。经合组织在2012年测算的美国信息产业增加值占其总增加值的比重约为7.5%，其中，电脑、电子和可选消费产品占比约为1.5%，出版物、音像产品以及广播节目活动占比约为1%，通信类占比约为2.8%，信息技术以及其他信息服务占比约为2.5%。经合组织在该份报告中测算的2012年中国数字经济占比约为4.9%。英国文化、媒体和体育部测算的2019年英国数字部门的规模为1 506亿英镑，占英国总增加值的7.6%。

支出法通过定义数字经济支出行为，然后加总各领域支出来测算数字经济规模，是从最终使用的角度加总测度的。国际上采用支出法核算的，主要是波士顿咨询公司（BCG）的eGDP，和麦肯锡咨询公司（MCK）的iGDP。其中，波士顿咨询公司的统计范围更大，几乎涵盖所有ICT相关活动。例如，2017年波士顿咨询公司发布的《迈向2035：4亿数字经济就业的未来》报告计算2015年中国eGDP占比为13%，预测到2035年将达到48%。麦肯锡提出的iGDP，主要用于测算互联网GDP。麦肯锡在2016年发布的《中国数字经济如何引领全球新趋势》报告中指出，中国数字经济规模占GDP的30%。

对广义数字经济的核算，主要采取投入产出分析法以及增长核算分析法。其中，投入产出分析法是将数字经济行业对其他行业的贡献分离出来，再与数字经济行业加总。中国信息通信研究院（以下简称信通院）利用投入产出分析法对我国数字经济的规模进行测算。根据信通院《中国数字经济发展白皮书（2020年）》，2020年中国数字经济规模为39.2万亿元人民币，同比增长9.7%，占GDP比重为38.6%；2020年全球47个国家数字经济增加值规模达到32.6万亿美元，同比增长3.0%，占GDP比重为43.7%，我国数字经济规模居世界第二位。

增长核算分析法主要是核算ICT部门规模及ICT渗透程度。中国社会科学院（以下简称中国社科院）采用该方法对数字经济规模进行了测度。根据中国社科院《中国数字经济规模测算与"十四五"展望研究报告》，2019年中国数字经济增加值规模达到17.03万亿元，占GDP比重为17.2%，预计到2025年中国数字经济规模能够达到32.67万亿元，数字经济总体年均增长11.3%。

各机构从不同角度开展的测度，不仅有助于识别数字经济规模大小，同时也在一定程度上梳理了数字渗透经济各行业的过程，帮助进一步理清数字经济内涵，并有助于加深对数字经济及相关行业的认识。

2021年，中国国家统计局公布了数字经济及其核心产业统计分类（2021）》（以下简称《数字经济分类》），首次确定了数字经济的基本范围。《数字经济分类》从"数字产业化"和"产业数字化"两个方面，将数字经济基本范围分为5大类，分别是数字产品制造业、数字产品服务业、数字技术应用业、数字要素驱动业、数字化效率提升业。其中，前4大类为"数字产业化"部分，即数字经济核心产业，是指为产业数字化发展提供数字技术、产品、服务、基础设施和解决方案，以及完全依赖于数字技术、数据要素的各类经济活动，对应《国民经济行业分类》中的 26 个大类、68 个中类、126 个小类，是数字经济发展的基础。第 5 类是产业数字化部分，对应应用数字技术和数据资源为传统产业带来的产出增加和效率提升，是数字技术与实体经济的融合。该部分涵盖智慧农业、智能制造、智能交通、智慧物流、数字金融、数字商贸、数字社会、数字政府等数字化应用场景，对应《国民经济行业分类》中的 91 个大类、431 个中类、1 256 个小类，刻画了不同行业的数字渗透状况。

测度数字渗透的示意性框架

下面用一个简单例子来描绘经济中数字渗透的过程。我们来看一台在 2017 年使用的计算机，是怎么渗透到 2020 年的一栋住宅设计里的。2017 年，一家互联网公司采购了一台计算机，员工用这台计算机，结合其他生产资料，为一家银行设计了一个网上银行 App。2018 年，这个网银 App 上线运行，被许多公司的财务部门使用，其中有一家招投标公司的财务部门也用这个 App 进行账目管理。2019 年，这个招投标公司接到了一家房地产设计公司的项目，需要编制一个住宅设计项目的投标文件，招投标公司和房地产公司用 App 进行了投标中介费的结算。2020 年这家房地产设计公司完成了这个住宅设计项目，拿到了设计费。尽管这个设计费代表的住宅设计产出是一个传统行业的经济产出，但是其生产过程受到了 2017 年那一台计算机的影响。以上就是一个纯数字行业（计算机）对原本非数字行业（住宅设计）的渗透过程。当然，住宅设计本身也会用到计算机，甚至它用到的所有生产要素，可能在之前的某一年也用到过计算机，所以该住宅设计产出中包含了过去多年、不同公司在计算机方面的投入，把全部这些计算机的投入份额加总，就是计算机在住宅设计中的渗透。再把住宅设计用到的设计软件、互联网等其他全部数字投入均按此思路加总，就得到了数字经济在住宅设计行业中的渗透份额，将这个渗透份额除以行业产出，就是这个行业被数字经济渗透的比率，我们称之为该行业的数字经济渗透率。如果把所有行业的数字渗透份额加总，就得到数字经济对全社会的渗透份额，将其除以GDP，就是全社会总的数字经济渗透率。

上述分析实际上是从某个行业"被"数字渗透的角度展开的。反过来，如果从某个数字行业"对"其他行业进行渗透的角度看，得到的就是该行业的数字经济影响率。还用上面这个例子，计算机是互联网、银行、招投标和住宅设计的投入要素，把计算机在这些行业中的投入加总再除以这些行业的总产出，就是计算机在这些行为中产生的影响率。如果我们把这个例子的范围放大到全社会，也就是把计算机在所有行业中的投入加总再除以GDP，将得到计算机总的影响率，如果再把像计算机这样的所有数字行业的影响率加总，就可以得到全社会的数字经济影响率。

按照上述例子的思路，下面对我国数字经济渗透情况进行具体测算。测算基于三个方面的基础资料。一是数字经济行业分类，由《数字经济分类》确定，行业编码细分至国民经济小类行业。二是各个小类行业的产出，主要是利用各行业涉税销售收入测算行业产出。三是行业间的投入产出关联关系，根据投入产出表确定。

具体核算过程主要包括以下三步。第一步是计算渗透基年的数字经济比例。根据数字经济发展情况和数据可得性，将基年定为

2017年。将属于数字经济小类行业的各行业收入加总，利用投入产出完全消耗系数，得到总体和分领域的数字经济规模。

第二步，计算第二年各行业的数字渗透率、数字影响率和数字经济比例。用第一步算出的各行业数字经济规模乘以投入产出系数，得到各行业数字份额对其他行业的投入产出关系。这里衡量的是各数字行业对所有行业进行的一次渗透。其中，按列加总，将得到该列所属行业接收到的所有行业数字份额对它的投入，除以该行业总产出，即为该行业的数字渗透率。按行加总，将得到该行所属行业的数字份额对其他所有行业的投入，除以该行业总投入，即为该行业的数字影响率。所有行业的数字份额加总后（根据投入产出表特征，按行或列加总均可，得到的总数字份额是一样的），除以经济总产出，就得到第二年的总数字经济比例。

第三步，计算第三年各行业的数字渗透率、数字影响率和数字经济比例。与第二步类似，将第二步计算得到的各行业2018年数字经济规模再次乘以投入产出系数，得到2019年各行业数字份额对其他行业的投入产出影响。这里包括数字经济行业对所有行业在2018年、2019年两次渗透后叠加的结果。后续步骤与第二步类似，将得到2019年各行业的数字渗透率、数字影响率和数字经济比例。后续各年度皆照此叠加测度。

基于涉税产出大数据的数字渗透测度

从上面的测度逻辑中可以发现，数字经济份额逐年提升，来自三个渠道：一是增长，纯数字行业的产出每年有所增长；二是渗透，各行业的数字份额对其他行业进行投入，因而产生了渗透，年份越久，渗透的份额越多、蔓延的行业越广；三是沉淀，使用的折旧投入中也有之前年份沉淀的数字份额，年份越久，沉淀越多。

根据测度结果，可以得到三方面的初步结论。一是总体层面。我们通过测算得到了 2017—2020 年中国数字经济比例，依次为 12.0%、12.3%、12.7% 和 13.3%（见图 15.1）。

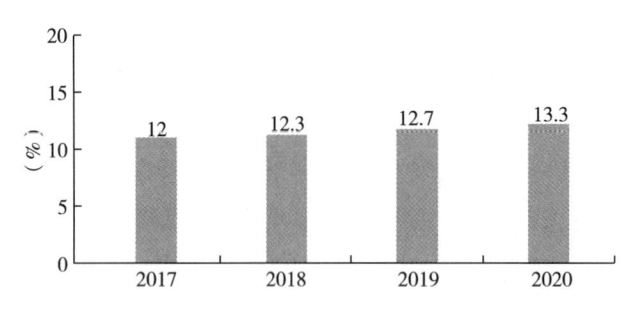

图 15.1　2017—2020 年中国数字经济占 GDP 比例

二是行业层面。除了每年的数字经济总体规模以外，我们也测度了各行业的数字渗透程度，以及该行业对全社会的数字影响程度。不同行业的数字渗透和数字影响程度如图 15.2 所示。

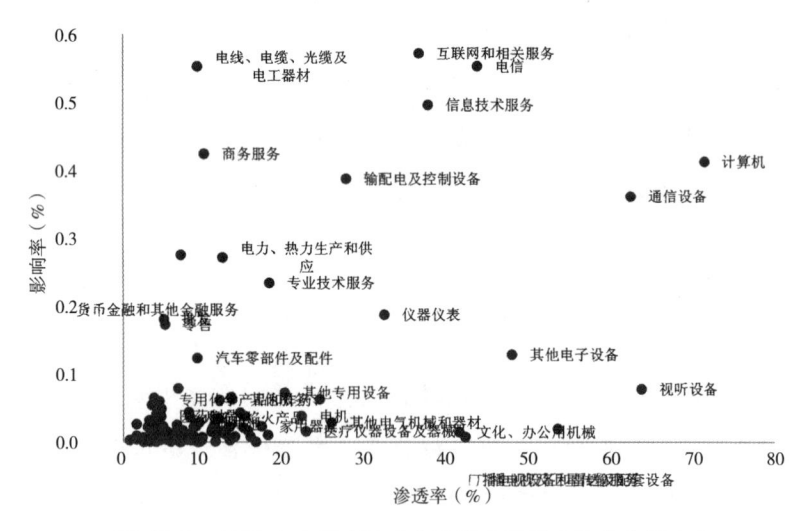

图 15.2　2020 年中国 153 个行业数字渗透率和数字影响率

以"渗透率及影响率是否属于前10%"为标准，分割出四个象限。

右上角是"高渗透率、高影响率"行业，比如计算机、通信设备等制造业，以及互联网和相关服务、信息技术服务等服务业。这些行业有些是公认的纯数字行业，有些是受到数字技术改造比较早、比较快的行业，它们的数字渗透程度已经很高，对其他行业的数字影响也很大，是数字时代的先导行业。

左上角是"低渗透率、高影响率"行业，比如电线、电缆、光缆及电工器材，电力、热力生产和供应、商务服务、专业技术服务业、批发业、零售业等。这些行业的数字渗透程度并不高，但它们的数字份额对总体经济有巨大影响。可想而知，如果它们的数字渗透率进一步提高，将能够显著推升其他行业的数字化程度，它们是当前推进数字化的主要潜力行业。

右下角是"高渗透率、低影响率"行业，比如视听设备制造业、医疗仪器设备制造业、广播电视服务业等。这些行业自身数字渗透程度很高，但它们的数字份额对其他行业的影响很小。可以说它们在数字时代自成体系、自主发展，但对推动数字时代变迁、牵引数字经济循环的作用相对较小。

左下角是"低渗透率、低影响率"行业。它们是比较传统的、对数字化相对不敏感的行业，对其他行业的数字影响也较小，不是数字时代重点讨论的对象。但随着时间的推移，有些行业可能会逐步变动到其他象限中，比如汽车零部件及配件就可能很快进入"低渗透率、高影响率"象限，因此也需要关注。

三是产业链或经济部门层面。从2020年的测度结果看，资本品制造业的数字渗透率和影响率普遍高于消费品，生产性服务业普遍高于生活性服务业，外向型制造业普遍高于内需为主的制造业，产业链下游普遍高于中游，中游又高于上游。

至此，我们也可以具体测算本节刚开始的那个例子。2020年的住宅设计项目（专业技术服务业）的总数字渗透率是22.57%。这个比例中的5.24%来自招投标公司（商务服务业）在2019年对这个设计公司进行的渗透。5.24%这个比例中的4.98%又来自银行（货币金融和其他金融服务业）在2018年对这个招投标公司进行的渗透，依次类推（见图15.3）。

2020年专业技术服务	
总渗透率	22.57%
计算机	9.55%
专业技术服务	7.46%
仪器仪表	7.14%
电线、电缆、光缆及电工器材	6.78%
视听设备	5.29%
商务服务业	5.24%
信息技术服务	5.04%
互联网和相关服务	4.97%
电信	4.90%

2019年商务服务	
总渗透率	13.93%
计算机	7.10%
电线、电缆、光缆及电工器材	6.04%
商务服务	5.96%
信息技术服务	5.18%
货币金融和其他金融服务	4.98%
互联网和相关服务	4.97%
电信	4.87%
航空旅客运输	4.82%
汽车零部件及配件	4.81%

2018年货币金融和其他金融服务	
总渗透率	10.30%
互联网和相关服务	5.83%
信息技术服务	5.37%
商务服务	5.37%
电信	5.11%
货币金融和其他金融服务	4.42%
房地产	4.39%
计算机	4.38%
资本市场服务	4.30%
其他服务	4.30%

2017年互联网和相关服务	
总渗透率	33.67%
电信	14.13%
信息技术服务	11.26%
互联网和相关服务	10.43%
通信设备	8.07%
电线、电缆、光缆及电工器材	5.97%
计算机	5.64%
软件服务	5.33%
商务服务	5.02%
其他电子设备	4.91%

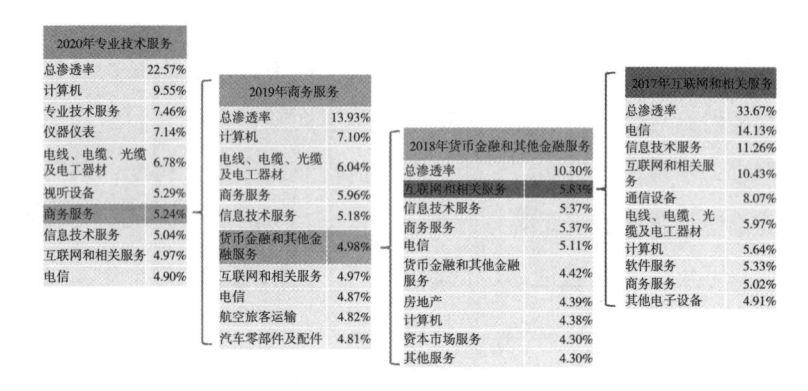

图15.3 专业技术服务业受到数字渗透的过程和程度

每个行业的数字渗透速度是不一样的。从2020年的情况看，与2018年相比（表15.1），渗透率增长最快的行业是电力、热力生产供应业、运输业、专用设备制造业等，涨幅都在2.5个百分点以上，可以说它们是当前数字化推进最快、最具活力的领域，是最近两三年数字经济发展的主战场。而计算机制造业、试听设备制造业、互联网服务业等数字渗透程度已经很高的行业，近几年渗透率涨幅明显收窄。烟草制品、畜牧产品等直观上与数字技术、数字生态距离比较远的行业，渗透率涨幅也较低。金融业位居产业链上游、投入比较单一，数字渗透潜力已基本兑现，因而涨势有所趋弱。

表 15.1　各部门 2020 年数字渗透率在 2018 年的涨幅（%）

行业	涨幅前二十名	行业	涨幅后二十名
电力、热力生产和供应	3.80	废弃资源和废旧材料回收加工品	0.30
船舶及相关装置	3.24	资本市场服务	0.63
管道运输	3.21	社会保障	0.65
航空货物运输和运输辅助活动	3.16	软件服务	0.66
物料搬运设备	3.13	计算机	0.66
农、林、牧、渔专用机械	3.09	烟草制品	0.66
其他交通运输设备	3.08	社会工作	0.73
采矿、冶金、建筑专用设备	3.07	房地产	0.76
铁路货物运输和运输辅助活动	3.06	视听设备	0.78
铁路旅客运输	3.06	畜牧产品	0.82
水上旅客运输	2.99	通信设备	0.83
汽车整车	2.95	信息技术服务	0.85
建筑安装	2.94	农产品	0.88
航空旅客运输	2.92	渔产品	0.95
铁路运输和城市轨道交通设备	2.91	林产品	0.96
专业技术服务	2.90	互联网和相关服务	1.04
家用器具	2.89	货币金融和其他金融服务	1.10
水利管理	2.86	电子元器件	1.12
水上货物运输和运输辅助活动	2.85	谷物磨制品	1.17
锅炉及原动设备	2.81	其他电子设备	1.18

数字渗透进程反映的政策含义

补齐短板进一步释放数字化红利。中下游制造业和生产性服务业的数字影响率高，并且许多行业的数字渗透还有潜力。如果政策有针对性地发力推动相关行业数字化进程，可以更有效发挥上述行业对经济总体增长的促进作用。尤其是对于服务业，不仅可以有效应对"鲍莫尔病"，还能进一步放大数字产业政策的效力。

扩大数字化需求。扩大数字化需求是兼顾短期拉动内需和长期产业升级的有效思路。通过上述测度可以发现，不同领域的数字化需求对经济的拉动程度不一样，稳增长措施可以更有针对性。比如，扩大电子终端产品消费的长期效果就不如扩大批发零售业数字化，也就是说，同样一笔政策性资金，用来补贴电子消费不如用来支持供应链配送的数字化改造。

缓解数字化破坏性冲击造成的调整阵痛。在数字化进程中，特别需要关注转型调整带来的就业阵痛。传统岗位消失和就业减少的速度，与该行业的数字渗透程度密切相关。当前部分行业的数字渗透进程很快，如交通运输业，数字逐步取代人工的趋势更为明显，要做好承接这些行业就业人员流出的准备，提前开展相关就业支持和培训安排，同时加强数字化技能培训，主动迎接数字时代的挑战。

第十六章　数字经济集中化趋势与挑战

我们利用脱敏后的大数据，对 16 大类活跃应用程序（以下简称 App）进行分析，结果显示数字经济呈现流量集中、市场占有率集中、企业注册地集中、平台收入集中的态势，并可能引发统计失真、财力失衡等新的不平衡问题。数字经济的规模效应、网络效应和反馈效应特性，决定集中化发展有其客观性和规律性，但对其可能带来的拉大地区差距、加剧税源分布不均衡、加大平台跨域经营监管难度等新挑战，需要提前谋划布局，在继续促进数字经济发展的同时，采取适应性改革方案，妥善应对发展中的新挑战。

数字经济带来的"四集中"

数字经济的流量集中

App 数量众多，但数据流量主要集中于少数 App。从 3 万多个 App 中筛选出各领域使用人数多、访问频次高、流量占比大的 16 类共 1 000 个具有代表性的 App 进行分析。结果显示，2020 年各类型数据流量占总的数据流量比重依次为文体娱乐（88.01%）、信息服务（5.83%）、电商购物（3.10%）、餐饮（1.69%）、交通运输（0.47%）（表16.1）。从访问次数看，各类型访问次数占比依次为文体娱乐（69.11%）、信息服务（14.66%）、电商购物（6.06%）、交通运输（5.20%）、餐饮（1.96%）、金融（1.22%）。

数字经济的市场占有率集中

从16类App内部看，数据流量主要集中于头部几个App，其中9个类型中流量第一大的App流量占比超过50%（表16.1）。

表16.1 16类应用程序使用情况比较（%）

类型	访问次数占比	数据流量占比	前1名App流量占比	前5名App流量占比
文体娱乐	69.11	88.01	37.45	79.45
信息服务	14.66	5.83	55.71	86.87
电商购物	6.06	3.10	29.72	89.82
餐饮	1.96	1.69	76.26	98.69
交通运输	5.20	0.47	44.62	95.96
金融	1.22	0.32	72.90	84.27
商务办公	0.58	0.27	59.20	91.38
教育	0.38	0.19	38.49	81.28
汽车	0.08	0.04	45.61	98.65
气象服务	0.59	0.03	51.95	99.93
旅游	0.05	0.03	66.30	98.18
房地产	0.05	0.02	57.05	99.07
医疗卫生	0.03	0.01	41.24	90.67
居民服务	0.02	0.01	35.72	96.30
公共管理	0.01	0.00	74.70	99.97
人力资源	0.01	0.00	64.66	99.03

从流量最大的前5个App占比看，占比普遍超过90%。其中，9个类型的前5位流量占比超过95%；文体娱乐类占比为79.45%，但文体娱乐细分类别的短视频、游戏、社交等前5个App流量占比均超过95%，细分行业市场占有率更加集中。此外，9个类型中流量最大的头部App市场占有率超过50%，甚至部分类型中单个App的流量占比超过70%。

数字经济的企业注册地集中

从1 000个App所属企业的注册地分布看，占比最高的依次是北京、广东、上海、浙江，分别为38.9%、18.0%、15.5%和9.3%。此外，江苏、福建、湖北、安徽、四川、天津等相对较高，占比分别为3.9%、3.7%、1.8%、1.5%、1.4%、1.1%（见图16.1）。从16类中的各前5位共计80个App分布看，北京有43个、上海有10个、广东有9个、浙江有8个、江苏有3个、天津有2个，安徽、福建、湖北、陕西各有1个（表16.2），这些地区在应用程序领域集中度高。从16类头部App归属地看，北京在文体娱乐、信息服务、餐饮、交通运输、商务办公、教育、汽车、气象服务、房地产、居民服务、人力资源，浙江在电商购物、金融、医疗

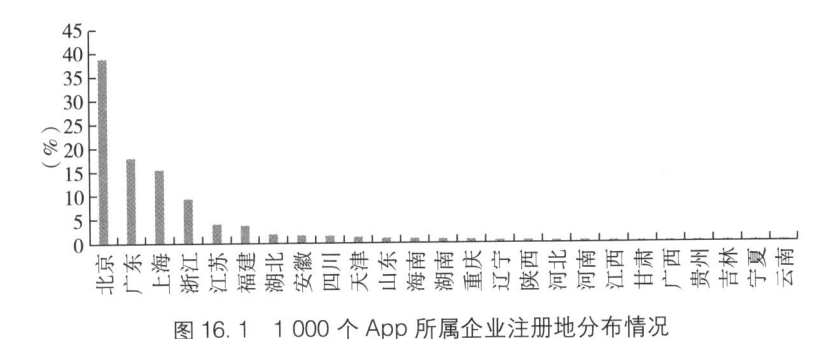

图16.1　1 000个App所属企业注册地分布情况

卫生，上海在旅游，江苏在公共管理等方面的数字经济发展具有一定优势。

表 16.2　各类型头部 App 所占份额及归属地（%）

类别	占比第一	占比第二	占比第三	占比第四	占比第五
文体娱乐	37.4 北京	16.5 北京	15.4 广东	7.1 北京	3.0 北京
信息服务	55.7 北京	19.1 北京	5.8 江苏	3.8 北京	2.5 广东
电商购物	29.7 浙江	25.5 上海	16.9 北京	8.9 浙江	8.7 北京
餐饮	76.3 北京	15.4 北京	2.8 北京	2.6 上海	1.6 上海
交通运输	44.6 北京	18.1 北京	15.0 北京	12.1 广东	6.2 其他
金融	72.9 浙江	3.7 广东	3.3 浙江	2.2 北京	2.1 北京
商务办公	59.2 北京	14.3 浙江	7.9 广东	5.4 广东	4.5 广东
教育	38.5 北京	26.4 北京	10.4 北京	3.7 北京	2.4 北京
汽车	45.6 北京	32.8 北京	19.6 北京	0.5 北京	0.0 广州
气象服务	51.9 北京	39.3 北京	7.1 陕西	1.4 上海	0.2 上海
旅游	66.3 上海	22.1 天津	4.1 北京	3.0 江苏	2.7 北京
房地产	57.0 北京	34.2 上海	5.2 北京	1.7 天津	1.0 北京
医疗卫生	41.2 浙江	22.6 福建	13.5 北京	11.5 浙江	1.7 北京
居民服务	35.7 北京	29.9 北京	21.2 广东	8.3 上海	1.2 浙江
公共管理	74.7 江苏	23.3 湖北	1.2 北京	0.4 北京	0.4 安徽
人力资源	64.7 北京	23.2 上海	6.8 北京	3.9 北京	0.5 北京

数字经济的平台收入集中

由于互联网平台行业的地区集中度高，使用 App 产生的收入和利润则会随之向少数地区集中。从用户支付的收款地看，部分行业收入主要集中于少数地区。例如，北京占网络直播收入的 90% 以上，四川和福建分别占共享单车收入的 82.4% 和 17.2%，北京和上海分别占中介招聘收入的 71.1% 和 7.4%，山东占在线图书视频音乐收入的53.5%，广东、安徽和江苏分别占旅游服务平台收入的34.0%、12.5%和9.7%，四川、辽宁、吉林和广西分别占旅游服务平台收入的29.0%、20.9%、12.3%和7.9%。

数字经济发展集中化趋势带来的挑战

数字经济会向科技资源和人才资源丰富的地区聚集，同时对政府政策导向也较为敏感。尤其是平台企业营业收入归属地与业务发生地不一致，税收缴纳地与收入归属地不一致等问题十分明显，给区域经济发展带来巨大挑战，具体来说有以下几点。

加剧经济发展区域不均衡。发达地区数字经济发展快，相关资源的区域集中度更高，少数地区聚集了多数人才、资金和技术，年轻高素质人才集聚和数据基础设施越完善的地方，数字经济发展的动力越强。随着数字经济市场占比逐步提升，数字经济发展将更趋分化，地方差距可能进一步拉大，并对区域经济发展格局产生深远影响。同时，基于行政区域的统计数据与实际的区域经济结构不一致，也加大了宏观调控和产业规划布局的难度。

加大地方财源与财力差距。数字经济具有"总部经济"特征，而且集中度比总部经济更高。数字经济和平台服务提高了消费的可及性，使不同区域、城乡、人群都能接入服务，用户呈现分布更均衡的特点。但与此同时，平台企业的注册地一般集中在少数城市，营业收入和税收收入相应集中，呈现"全国人民做贡献，少数地区受益"的状况，使得地方财源进一步向少数发达地区汇聚，其他地方财力不足的问题更加突出。

准基础设施的稳定性和安全性要求提高。数字经济网络性、规模性特点突出，头部企业行业集中度和市场占有率极高，远远超越传统经济的垄断竞争模式，少数平台实现全国通用，具备了一定准基础设施的性质，一旦运行出现问题，其影响是全国性的和普遍性的，甚至会引发社会问题。

平台监管难度高于传统经济。数字经济往往与新产品和新模式相关，产品和模式创新对传统的监管模式提出新的挑战。平台企业一般跨域经营，传统监管模式主要基于本地监管机构，平台经济规避监管的可能性大大提高。平台上的供应方与需求方也相对分散，流动性高，监管难度更大。

向产业端延伸相对滞后。数字经济和平台企业主要集中于居民日常生活消费领域，工业领域产业化应用不足。工业场景本身的多样性和复杂性，以及5G等工业互联网相关的基础设施建设不足，使得产业数字化进程偏慢。产业数字化转型分散，缺乏统一标准和规模效应，产业端经济数字化推动相对缓慢。资本追求流量变现的短期诉求，削弱了相关平台从消费端向生产端延伸的动力。

正确认识和妥善应对数字经济集中态势

集中化发展是由数字经济的自身特点和规律决定的

数字经济是继农业经济和工业经济之后的新经济形态，其以数字技术为核心驱动力，以数据为关键生产要素，通过数字技术与经济社会的深度融合，培育新产品、新模式、新业态、新就业、新消费和新生活方式，推动经济数字化转型，实现结构优化和效率提升的经济形态。从经济理论上讲，数字经济具有三个鲜明的效应，即规模效应、网络效应和反馈效应,决定了其发展将必然呈现集中化趋势。

规模效应降低边际成本。数字经济的最大特点是成本低,而且规模越大,成本越低。一般要素会折旧且规模报酬递减,越用越少,而数据要素不会折旧,具有规模报酬递增和边际成本为零的特性,越用越多,越用越好。

网络效应提升用户价值。数字经济具有明显的"网络外部性",数字化产品或服务对用户的价值,往往随着用户数量的增加而增加。用户的参与越多,就越能迅速产生更高的价值和更好的用户体验。网络中的每个参与者本身也是贡献者,用户越多,数字化产品和服务就越能带来更多更优质的用户。

反馈效应加快产品改进。网络平台会根据用户的体验和反馈,迅速升级迭代自己的产品。最受欢迎的产品和服务是最容易获得改进的,因为它们拥有最多的用户和数据。收集更多的反馈数据是产品和服务创新的关键。在这种反馈效应下,后进入者很难超越或替代先进入者,进一步强化了其集中化发展的态势。

由于数字经济的上述特点,其发展呈现高度集中趋势,这也是全球数字经济发展的共同特征。联合国报告指出,全球数字经济增长迅速且高度集中,全球70家最大的数字平台公司中,7个"超级平台"的市值占全球总市值的2/3。

妥善应对数字经济集中发展的挑战

数字经济发展高度集中具有客观性和必然性,需要正确认识和对待,但同时也要加快制度改革,妥善应对数字经济对经济结构、区域结构、竞争结构带来的挑战,推动经济高质量发展,加快构建新发展格局。

一是统筹数字经济产业区域发展规划。基于传统经济地区产业布局,科学合理地规划数字经济产业区域发展,发挥好各地区的传统产业比较优势。以数字经济为抓手,带动人才、资金和技术合理布局,推动欠发达地区实现跨越式发展,避免区域发展差距持续拉大。

二是统一全国数字经济的财政税收政策。规范各地区关于数字经济的税收优惠政策,避免区域间恶性竞争,稳定国家税源基础和基本财力。坚持税收中性原则,促进新经济与传统经济共同发展。从长远看,要研究和建立适合数字经济发展规律的数字税体系。

三是建立健全适应数字经济发展的监管模式。创新平台监管模式,增强监管技术对新经济发展的适应性,加强跨域跨部门联合监管,消除监管盲区。提高准基础设施的稳定性和安全性,营造安全稳定的发展环境。

四是推动数字经济由消费端向生产端延伸。加快推进5G等工业互联网相关的基础设施建设,制定相关行业标准,建设全国性、基础性平台,大力推动产业经济数字化转型。基于消费领域的差异化、个性化需求,带动生产领域数字化转型,促进供需在更高水平达到平衡。

五是完善数字经济统计,使其更好地服务宏观决策。完善数字经济相关统计工作,注重从服务端出发,做到数字经济相关统计指标区域间可分解,使之准确反映各地区的生产、就业、物流等实际状况。建设国家级大数据平台或实验室,统筹、打通、融合全国大数据资源,更好地利用大数据支持宏观决策。

第十七章　数字时代的收入分配

回顾人类发展历史，每一轮技术革命都颠覆性地改变了人类的生产、生活方式，并对国民收入分配格局产生深入而持久的影响。当前，以数字技术为代表的新一轮产业革命方兴未艾，数字产业化和产业数字化进程不断深化。深入分析数字化转型加速背景下，收入分配格局的变化趋势，对于完善数字时代的收入分配管理具有重要意义。

技术革命影响收入分配格局的一般规律

技术对国民收入分配格局影响加速

前几轮技术革命，从发生到完成呈现三个较为鲜明的特征（见表17.1）。一是新技术从出现到广泛应用，所花费的时间越来越短。在中国，铁器从发明到全面普及，用了四五百年的时间，而社会生产生活实现信息化，只用了不到40年。二是相邻的两次技术革命时间间隔越来越短，关联性越来越强。铁器革命完成后，经历了上千年的历史，人类才正式进入蒸汽时代，而后续各国全面实现电气化、信息化的过程则是无缝衔接或交叉进行的。三是技术革命的国际竞合趋势越来越强。受限于当时的交通工具，铁器革命在欧亚大陆分开进行，技术的传播与交流局限于邻近地理范围，或者同一大陆板块。蒸汽时代，英国几乎垄断了所有重要的新机器发明和新生产方法，其他国家主要通过购买英产机器、引进技术和人才等方式推进技术变革。电气时代，英、美、德、法、日等主要发达经济体几乎同步推进技术革命，各国都在努力争取获得某一方面的领先技术，这种国际间的竞争与合作加快了技术的改进与更新。到了信息时代，主要发展中经济体跟随发达经济体的步伐参与到本轮技术革命中，产品、技术、人才和资本在各国间的流动更加频繁，信息和知识的扩散明显提速。总的来看，随着技术扩散步伐加快，社会经济结构变革的进程也会被压缩。

表17.1 近几轮技术革命发生的时间以及跨度

	完成的标志	起止时间	技术扩散时长
铁器时代	铁器的全面普及和应用	中国：春秋（前770—前476年）末年—西汉（前202年—公元8年）	400—500年
蒸汽时代	以蒸汽机为动力的大机器被广泛运用于社会生产之中	英国：18世纪60年代至19世纪三四十年代	80—90年
		法国：19世纪初至19世纪60年代末	60年左右
		美国：19世纪初至19世纪50年代末	50年左右
		德国：19世纪30年代至19世纪70年代	40年左右
		日本：19世纪70年代至20世纪初	30年左右
电气时代	电能的突破与应用、内燃机的发明和推广使用	19世纪60年代后期至20世纪初，几乎同时发生在英国、法国、德国、美国、日本几个先进的资本主义国家	50—60年
信息时代	电子信息业的突破与迅猛发展	主要发达国家：20世纪六七十年代至2017年左右	50年左右
		我国及部分发展中国家：20世纪80年代至2017年左右	30—40年

技术进步加速反映到国民收入分配领域，意味着财富的形式与分配路径、社会各阶层的分化与上下流动、劳动者就业的形态与薪酬分配方式等都会发生较大变革。最为显著的特征是收入分配的技术偏向性与资本偏向性趋势越来越强，社会财富在传统与新兴产业、高技能与中低技能人群之间的初次分配差距加大，这些都给收入分配制度的适应性提出了挑战。

财富效应对收入分配的影响更为显著

人类发展史是一部社会生产力的进步史，每一轮技术革命都推动社会生产力出现新的飞跃，创造的社会财富总量也随之实现大规模的增长。1848年马克思在《共产党宣言》中指出，"资产阶级在它的不到一百年的阶级统治中所创造的生产力，比过去一切世代创造的全部生产力还要多"。而进入20世纪以来，现代生产力发展创造的社会财富总量，更是蒸汽时代难以企及的。

技术革命率先推动产业结构发生变革，在催生新兴产业不断发展壮大的同时，传统产业有的逐渐走向没落，有的则通过技术改造实现了升级。投射到收入分配领域表现为两个特征，一是社会主要财富形式的日渐丰富。从农业社会的土地，到工业社会的固定资产、商业资本、金融资本，再到信息社会的信息资产、技术资产、数字资产，每一轮技术革命都促进财富形式的创新和分化。同时，社会分层的划分也随之演化。二是财富分配逐步突破时间和空间的局限。农业时代的财富与土地牢牢绑定，收入分配受地理空间限制。大航海时代开启了全球化进程，财富的创造、转移和分配开始突破地域的局限。工业时代随着分工深化，资本和技术在全球布局，围绕资本和劳动为主的分配真正进入全球化时代。进入信息时代，数字技术的全面普及赋予全球化新的内容和意义。随着全球金融市场的完善、世界贸易体系的健全以及跨国公司的遍地开花，资本、信息、技术的自由流动，使财富的创造和分配突破时间和空间的局限。总的来看，不同类型的要素资产规模，及其能否在全球范围内配置和流动，对一个国家的财富总量、社会阶层的调整发挥着关键性作用。随着社会财富效应越来越显著，财富集中度也逐年提升。对资产性收益进行有效调节，对于完善收入分配格局至关重要。

技术革命的就业创造效应远高于破坏效应

自人类社会步入蒸汽时代，"机器替代人"就成为每一轮技术革命过程中都会讨论的话题。在前三轮技术革命的发生过程中，世界人口都出现了较快增长，但全球范围内并没有出现长期性、大规模的失业。从手工生产到机器生产，再到自动化生产，虽然有明显的劳动替代，但新兴产业的发展壮大、第三产业的兴起，又创造了大量的工作岗位，足够吸纳转移劳动力和新生劳动力就业。总的来看，技术革命短期内会对就业形成一定冲击，但它长期的岗位创造效应远远超过短期的岗位破坏效应。

同时，技术革命也在不断改变人类的就业形态。一是劳动关系日趋多样化。在农业社会，地主和佃农是租赁关系；在工业社会，劳动者和雇主是工资雇佣关系；信息社会除了传统的劳动关系外，还出现了"去雇主化""多雇主化"以及"第三方中介雇主"的新型劳动关系。二是劳动协作方式日趋灵活化。自蒸汽时代起，产业工人就保持紧密的流水线协作关系，随着信息技术的发展，劳动者间的协作已经可以突破时间和空间的局限。三是工作地点日趋自由化。劳动者从牢牢被限制在土地上、工厂里，到可以借助互联网及信息技术实现远程办公。

制度变革对调节收入分配差距至关重要

从农业时代到信息时代，调节国民收入分配的主要手段先后经历了暴力革命、工人运动和政府主动改革三个阶段。总的来看，及时的制度改革与有效的政策创新的社会成本最小，调节收入分配差距的效果也最为显著。

封建社会，政府缺少调节收入分配的有效手段，收入分配格局的大规模调整，主要通过农民起义、改朝换代完成。进入蒸汽时代，工人运动蓬勃兴起，在无产阶级的抗争下，政府不断推出相关制度的改革措施。在这一阶段，欧洲发达经济体初步建立起调节收入分配差距的制度体系。1842年，英国正式将个人所得税确定为固定税种。19世纪末20世纪初，德国、英国等欧洲国家先后探索建立现代社会保障制度。到了电气时代，收入分配格局大规模调整，主要通过工会谈判、政治诉求表达以及全面的社会改革实现。发达经济体不断推进税收体制、社会保障制度改革，并开始探索建立最低工资制度。

进入21世纪，最低工资制度已在全球普及，大部分国家都建立了相对完善的社会保障制度。其中，以英国、德国、日本为代表的发达经济体，经过上百年不间断的改革，即使在经济增长由中速转入低速后，国民收入分配格局依然保持平稳态势，显示了国民收入分配相关制度的韧性和适应性。在税制结构上，这三个国家的直接税占总税收的比例都在六成以上，政府可用于调整国民收入分配的资金规模较大，在二次分配上也更具主动权；在税种设计上，对个人和企业的各类收益进行全方位征税，涉及个人薪资、企业经营、资本利得以及各类资产性收益等；在再分配领域，社会保障制度覆盖全民，但更倾向于向低收入者转移。

数字时代收入分配的显著特征

数字时代收入分配的变化，可能会遵循技术革命对国民收入分配格局影响的一般演进规律。与此同时，数字技术革命又具有不同于以往历次技术革命的鲜明特点。结合一般性和特殊性两个维度，数字时代的收入分配格局可能呈现以下显著特征。

国民收入分配格局变动加速

如前文所述，重大技术变革的时间在逐步缩短，数字技术革命很可能在 20~30 年甚至更短时间内完成。较前几轮技术革命而言，数字技术革命具有明显的国际趋同性，全球主要经济体无论是发达国家还是发展中国家，都在布局谋划，同步推进数字技术研发，力图抢占先发优势。数字革命相关的技术、人才、资本的国际竞争会日趋激烈。同时也会进一步加快数字变革的速度，并在短时间内出现更具颠覆性的技术，从而对原有的产业结构、经济结构形成巨大冲击，进而促进社会各阶层更快流动，国民收入分配格局的调整更为频繁。

数字技术变革既是收入格局调整的诱因也是解决手段

技术革命冲击原有的国民收入格局，往往会沿着"产业发展和产业结构调整—就业和投资改变—财富创造与分配方式变化"的路径展开。技术革命对国民收入分配格局的影响具有两面性，既可能加剧某一领域的不平等，又可能在其他层面优化收入分配结构。数字时代这一特点将尤为突出，数字技术变革既是国民收入分配格局调整的主要诱因，也将是优化收入分配结构的主要手段之一。

数字技术革命推动社会财富总量快速增长，是优化收入分配结构的基础。解决收入分配问题，不仅要切好蛋糕，更重要的是如何动员全社会力量做大蛋糕。在经济持续增长的背景下，积极推进涉及重大利益调整的综合配套改革，改革的成本更容易消化，改革的社会共识更容易达成，改革的推进过程也会更顺利。新冠肺炎疫情在全球蔓延，许多国家都面临贫富差距拉大、财富不平等加剧的挑战。数字技术变革作为新的经济增长动力，将会带来新一轮社会财富总量的增长，这无疑也是优化国民收入分配的重大契机。

数字技术应用，也有利于测度收入分配差距，进一步提高再分配政策工具的精准性和有效性。现阶段衡量收入分配差距的统计指标，如基尼系数、帕尔玛比值等，大多以社会各阶层的年度收入情况为基值进行计算。现实中，人们对收入、财富不平等的感知，往往与统计指标所反映的情况存在一定背离。例如，法国的税后基尼系数和税后贫困率20多年来一直保持平稳且低于OECD国家平均水平，但公众的感受与之反差强烈。最新调查显示，73%的受访者认为法国的收入不平等是严重或非常严重的问题（Blanchard and Tirole，2021）。统计指标与公众主观感受之间的偏差，主要是因为目前的指标实时性不强，难以及时反映动态的不平等维度，同时也不够直接，难以刻画教育公平和获得优质就业岗位的机遇公平等。在数字时代，人们的主观感知和倾向性选择，可以通过大数据等手段实时反映。在收入分配测度中的应用大数据，有助于更及时了解不平等的情况并明确改善方向。与此同时，数字技术在纳税、社会保障制度、社会慈善事业中的普遍应用，将大幅提升体系运行的精准性、有效性和灵活性，让真正有需要的群体得到税负减免和及时保障。

关于数字经济发展会导致收入分配差距的扩大还是缩小，目前学术界尚存诸多争议。背后的原因在于数字技术对就业的影响是多元的，优化效应和破坏效应在各个层面都普遍存在。有学者对机器人的分配效应进行研究，结果发现，机器人产生的增长效应并不会均等地惠及所有要素，机器人带来的劳动生产率提高的幅度远大于劳动工资率的提升幅度，即劳动报酬提高和劳动生产率提高未能实现同步，机器人的使用导致劳动收入份额下降（余玲铮等，2019）。阿西莫格鲁等人（Acemoglu and Restrepo，2020）的研究也表明，千人机器人保有量每增加一台，就会减少当地雇佣比0.39个百分点，同时当地平均工资会下降0.77个百分点。直接效应是机器直接替代人工，而间接效应是雇佣人工减少，这会导致当地服务需求降低，从而进一步减少服务行业的雇员数量。

当然，也有学者认为数字技术的使用能够明显提高劳动收入份额，与不使用信息技术的企业相比，使用信息技术企业的劳动收入份额会高0.5~0.9个百分点，使初次分配更偏向劳动（申广军、刘超，2018）。同时，更多的信息可以提高劳动力市场的匹配程度，减少摩擦性失业。此外，AI技术的应用虽然对人力有一定替代作用，使优质工作岗位更倾向于高技能人群，但同时中低技能人群又可以借助AI技术从事以前不能从事的工作。为此，若能提前布局，实施有效的政策引导，积极发挥数字技术对优化收入分配方面的作用，将更有利于收入分配结构的调整。

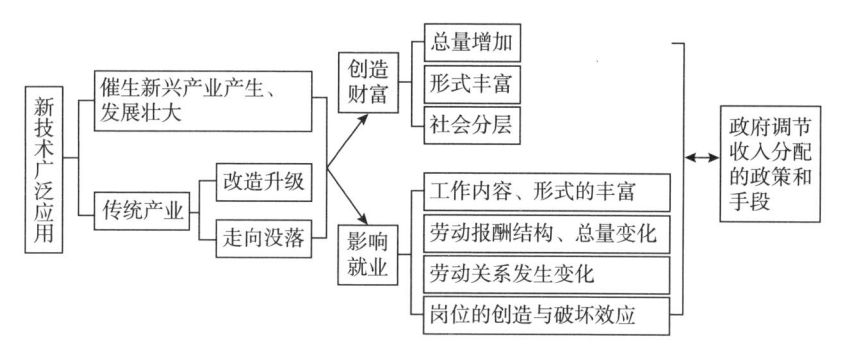

图17.1 技术变革对国民收入分配格局影响的一般路径

初次分配：财富不平等的形势可能加剧

数据要素参与收入分配，有可能加剧"头部"效应。每一轮技术革命都会催生新的财富形式。数字时代的国民收入分配范畴，不仅涉及传统的各类资产收益、劳动者报酬，也包括数字收益。数字技术的"赢者通吃"，可能使财富更向"头部"资本集中。网络巨头不断通过收购兼并竞争对手或者有潜在威胁的公司，巩固既得的主导地位。例如，2014年7月，脸书宣布以20亿美元的价格收购Oculus工作室。"头部"企业也可能因流量、价格、货源优势具有更强的市场支配力。例如，淘宝直播电商行业，2020年某"头部"主播的直播间销售额为218.61亿元，而同年零售百货公司百盛集团销售所得款项总额仅为112.25亿元。"头部"主播可能会缩小中小主播、品牌商等电商生态成员的利润空间，同时对传统百货业上下游产业链也会形成冲击，原来分散在各个层面的市场收益可能更为集中。

数据要素的定价及分配机制也不完善。数据要素参与收入分配一般有两种形式：一是作为劳动产品的数据商品，数据生产者通过对其创造、加工或传播参与收入分配，数据商品的生产属于生产性劳动；二是单独作为一种生产要素参与一般商品的设计、生产、销售等环节，为厂商、消费者提供信息，数据所有者可以依据对数据的所有权参与收入分配。但在实际执行过程中，数字要素如数字资产、网络流量、大数据资源等难以明确定价，消费者参与价值创造的贡献很难测度，数字收益的权属和类别很难界定。

此外，数字化对就业的冲击也呈现不同的特征。一是国际间的产业转移规模会逐渐缩小，对发展中国家就业带来一定冲击。在工业时代，资本在全球自由流动，发展中国家承接发达国家的产业转移，创造了大量就业岗位。但数字时代，数据要素集中度更高，发达国家和发展中国家的数字鸿沟会更加明显。二是部分传统领域数字化升级，技术门槛越来越高，人力资本需求开始逐步由中低技能向高技能倾斜，AI 技术会替代一部分低端劳动力需求。三是技能溢价加剧收入不平等。新兴行业与传统行业的劳动者收入差距、同一行业的高端技术人员和中低端技术人员、低技能工人与高技能工人的劳动报酬级差可能拉大。

再分配：社会保障制度面临更大挑战

现行的社会保障制度建立在工业经济的基础上，迄今已经运行近百年。数字化进程不断推进的背景下，这一制度的适应性需要进一步提高。一是 AI 替代劳动力与人口老龄化问题同步存在，势必影响现行养老保险体系的延续。二是技术变革在短期内完成，以专业性、技术性人群为主的中等收入阶层可能率先受到影响，同时中低技能人群特别是 50 岁以上的劳动力再就业更加困难，失业保险制度面临冲击。三是数字技术催生了更加多元化的雇佣关系、更加灵活的劳动协作关系，一种技能服务多个雇主或平台、一个人从事不同类型工作的复合型劳动场景越来越多,灵活就业劳动者、复合型劳动者收入的测度和认定,以及以何种形式将其纳入社会保障体系存在争议。

更好地适应数字变革对收入分配格局的冲击

在数字时代,国民收入分配格局演变会进一步加快,未来也可能面临更多未知的、不可预料的情景,需要未雨绸缪,加大顶层设计力度,"调高、促中、就低",构建更有韧性、更具适应性的收入分配调节政策体系。

建立适应数字经济发展的教育体系

我国过去的教育体系培养了工业化过程所需要的熟练劳动力,未来需要培养更多面向数字化和创新型经济、具有终身学习能力的人才,同时也要更加公平,让更多人能够享受到数字化红利。要尽快建立健全适应数字经济发展的教育体系,针对新增人口,在基础教育中逐步普及数字技术相关课程。针对新增就业人口,高等教育和职业教育的专业设置应更灵活,适时设置涉及数字技术的专业课程和基础课程。针对转岗就业人口,应建立健全终身职业技能培训体系,完善各类就业认证资格考试。适应数字技术革命的国际化特征,提高教育体系的现代化水平,研究引入高端技术移民。

建立更精细化的社会保障制度

数字技术革命对短期的岗位破坏效应较大,为避免出现赤贫阶层以及中产阶层向下流动不可控的问题,社会保障制度设计应更具针对性、操作性。继续夯实对最低收入群体实施基本保障的"兜底"功能，同时扩大失业保险覆盖范围，更加注重对中低收入阶层的保障，为其失业转岗期提供基本生活保障和再就业培训补贴。探索将技能培训纳入"自动稳定器"的作用机制，即失业人员申报失业登记时，政府在向其发放失业救济金的同时，可附带发放"救济性技能培训券"，尤其是数字技能培训券，从而缓解因技能偏向性技术进步导致的技术性失业以及由此引发的收入不平等（腾讯研究院，2021）。此外，还要加快数字经济下各类分散性、流动性、非正规就业群体的收入认证，并将其纳入社会保障体系。

推动"调高、促中、就低"的税收体制改革

按照马斯格雷夫的分析，所得税和财产税调节收入分配的效果较好，其中所得税调节流量的收入分配，财产税调节存量的收入分配，二者相互配合，能够共同发挥税收调节收入分配的作用。要逐步从以间接税为主体，转向以直接税为主体，提高所得税和财产税占税收总收入的比重。优化税收体系，扩大税基范围，覆盖数字化相关收入、数字资产收益、数字财产转让所得，加大对"赢者通吃"格局的调节力度。完善对劳动者多元收入的测度与统计，完善综合计征方式。建立更为完善的个税减免体系，充分考虑纳税人的家庭负担、婚姻状况及身体健康程度等情况，保障中低收入人群权益。

第十八章　数字时代的税制变革

数字经济在当前经济增长的过程中扮演着十分重要的角色，数字经济正在成为重组全球要素资源、重塑全球经济结构、改变全球竞争格局的关键力量。税收是处理政府、企业与个人间关系的最基础的制度，税收制度设计将对数字经济发展产生深远影响。为迎接数字经济时代的全面到来，要提前考虑税收制度设计，分步骤适时推动数字时代的税制变革。

数字经济发展对传统税收体系的系统性挑战

数字经济深刻地改变了人们的生产生活方式，与传统的工业经济相比，数字经济具有边际成本低、网络效应大、无形资产占比高、虚拟性和隐蔽性强、反馈迭代及时、可贸易程度高等鲜明的特点，使现行主流税收体系对数字经济中纳税人、课税对象、税率、纳税地点、纳税环节等基本税制要素的认定明显不适应。数字经济的快速发展已经对现行税收制度形成系统性的挑战。

挑战税收管辖权。数字经济的网络化和数字化特性，使数据要素、商品和服务的跨地区流动十分容易，企业和个人无须借助物理场所即可在不同地区开展经营活动，利润转移和避税非常便利，传统的税务、海关等依靠物理边界管理的模式被打破。比如，谷歌、苹果、脸书等跨国企业轻易将大量收入和利润转移到"避税天堂"。围绕数字经济活动的征税管辖权和收入分配、地区间的争夺和冲突将比以往任何时候都激烈。对数字经济活动的征税对象能否有效认定，能否及时征到税，能否保障本地税收利益，直接关系到国家和地区的税收管辖权。

挑战税源税基确认。数字技术与经济活动的深度融合催生了许多新模式、新业态，而现行税制滞后于数字经济发展，在新业态转化为新税源方面，原有课税对象的判定标准与新业态之间的衔接存在矛盾。例如共享经济，个人通过互联网平台出租闲置车辆或提供顺风车服务，是应遵照交通运输服务、租赁业务的课税规则，还是应课征个人所得税。同时，数字经济下，个人与企业的边界变得模糊。数字经济使得商业经营门槛大幅降低，尤其是微商、直播带货等C2C经营模式的兴起，大量自然人借助互联网成为商业经营主体，税收主体呈现分散化和个人化趋势。个人经营者没有工商登记、税务登记，税务部门难以监控交易情况。这些都给税源和税基确认带来巨大挑战，面临严重的税基侵蚀与流失的问题。

挑战税制税种适应性。数字经济下产业平台化、生态化、扁平化发展趋势明显，传统产业边界被打破。制造即服务，软件即服务，数据即服务，用户在企业生产经营中的参与度不断提高，用户成为价值创造新主体，产业链和价值创造链被重构。我国的增值税和所得税双主体税，都面临严重的不适应问题。比如，增值税以"环环征收，增值征税"为基础、按商品与服务类别分别征收的方式，从根上难以适应数字经济下产业融合的大趋势，而增值税占我国全部税收收入的40%左右，我国整个财政制度都将面临巨大考验。企业所得税征管中面临的首要挑战是在数字经济领域确定企业收入的分类变得越来越困难。比如，特许权使用费、服务费和商业利润常常难以区分。一个典型的例子是3D打印，如果买方获得许可在当地使用设计并打印产品，则不能区分买方支付的全部费用中有多大比例是特许权使用费，有多大比例是服务费和商业利润。

挑战税负公平性。数字经济的发展引发了新的税收负担不公平问题。首先是数字行业与传统行业税负不公平。由于目前的税制结构对数字行业征税能力不足，事实上造成数字行业税负轻于传统行业。比如，欧洲委员会评估，传统行业平均税率为23.2%，而数字行业有效平均税率仅为9.5%。其次是线上与线下业务税负不公平。随着平台经济、共享经济、各类零工经济的崛起，即便是大量个体工商户，从事线下生产经营活动的税负，总体上也是高于线上经营的，这不仅造成国家税收流失，也伤及税收公平原则。另外，境内企业与境外企业、经营与劳务所得、不同经营模式收入之间的税负公平，在数字经济下都面临新的问题。

挑战国家征税能力。征税能力是国家能力的基础之一。政府能否有效从经济体系中征收到合理的税收，直接关系到政权运行保障、公共服务提供、经济社会的可持续发展。数字经济发展对征税体系的数字化和智能化提出紧迫要求。一方面是平台化，在传统的经济模式中，企业是整个经济运行的核心，在数字经济领域，交易平台具有的"虚拟性"和强大的聚集力、消费者进入成本几乎为零等特征，使网络交易平台的重要性与日俱增，交易平台上聚集着数以亿计的参与者，打破了交易的时空限制，在平台化生态体系中有效征税面临挑战。另一方面是去中心化，互联网交易的无住地、无纸化、无痕化，使其经济交易活动具有较强的隐蔽性和虚拟性。通过区块链、暗网交易的便利度很高，监管者难以获取企业和个人经营者真实的交易资料，更无法将交易流、货币流完全匹配，使现有的税收征管与稽查更加困难。

挑战税收分享分配。数字经济的业务拓展，无须设立分支机构或任何物理存在，即可实现跨地区、跨国境的商品和服务交易，经营地与消费地之间可完全脱离。加之平台化、头部企业垄断化、人才集聚化等因素，数字经济下以经营主体衡量的经济集中度会进一步提高，平台收入会高度集中在少数地区，但这些收入其实来自遍布全国各地的用户。如果继续采取企业注册地或生产地征税的方式，则这种供需主体地理错位带来的增值税、所得税等税种的缴纳，将明显集中到几个少数数字经济发达地区，必将进一步加大地区发展差距，加剧地区间财力不平衡。

面对数字经济税收挑战的国际动向与特征

为简化和清晰，我们假设世界上有三个代表性国家（见图18.1），代表数字经济发展的三种类型，分别为A国、B国、C国。其中白色部分代表本土数字经济（产品和服务），黑色部分代表输入性数字经济。可以看到，A国属于数字经济大国（白色加黑色的总面积大），且本土数字经济规模明显大于输入性数字经济（白色部分大于黑色部分）；B国属于数字经济小国（白色加黑色的总面积偏小），且本土数字经济规模小于输入性数字经济（白色部分小于黑色部分）；C国则没有自己的数字经济，只是享受少量输入性数字经济产品。大体上看，美国和中国等数字经济发展较快的国家可以划为 A 国，而欧洲和其他一些发达国家可以划为 B 国，另外一些国家可以划为 C 国。当然，同类国家之间其实还有差别，比如同属于 A 国的中国和美国，二者的区别是美国属于全球性数字经济市场，其服务对象覆盖全球，而中国的国际化步伐明显不够快，属于本土型大规模市场。

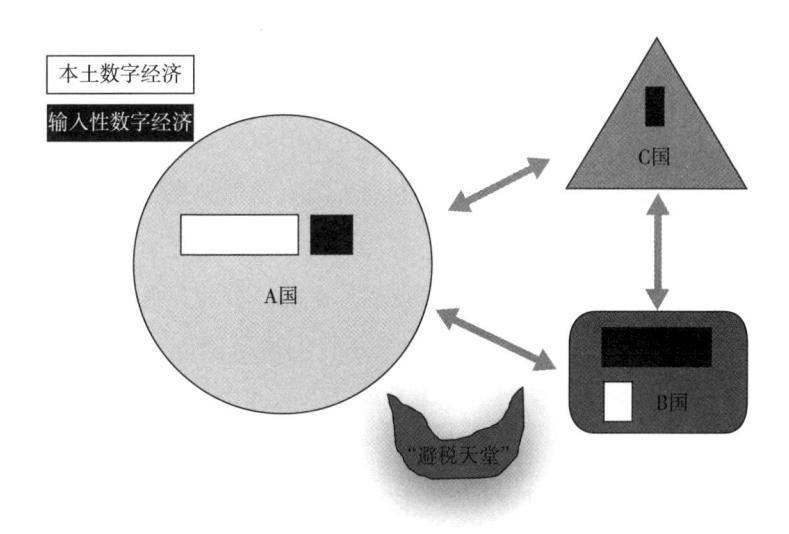

图 18.1　数字税的国际博弈与动向

在此基础上，将演化出两种关于数字税的行动，一种是对国内自身数字经济的征税问题，可称为国内行动；另一种是对来自外部的数字经济的征税问题，可称为国际行动。全球主要经济体和国际组织正在积极应对数字经济对税收的挑战。国内税收方面，主要经济体逐步由税收优惠过渡到中性立场，陆续将数字经济产品和服务纳入本国流转税体系。国际税收方面，围绕跨境数字经济尚未形成国际统一的税收规则，国际组织正在推动相关工作，在尚未形成多边国际方案的情况下，一些国家已对外开征单边数字服务税。数字经济税收的难点在于有效征税和税收分配问题，数字经济时代国内国际的税收规则均面临重构。

代表性国家将国内数字经济纳入流转税体系

主要经济体普遍将数字经济纳入现有税收体系。美国各州对经济联结的定义进行扩展，以增强州对远程销售的税收征管。法国是世界上最早开征增值税的国家，其针对电子商务提出一系列在线市场缴纳增值税的措施，加大对电子商务增值税缴纳的监督和审查力度。英国、加拿大、日本、澳大利亚等国家也都加强了对数字经济的税收征管。

课税对象以电子商务为主体并有所扩展。目前，各国一般都将电子商务纳入征税范围，部分国家还将纳税范围进一步扩大。例如，美国、加拿大、法国、澳大利亚等国家主要对电子商务征税，英国对广播、电信或电子服务等征税，日本对电子书籍、音乐、广告等通过电信线路提供服务的主体征税。

税种上以现有流转税体系为基础。美国对远程销售征收销售税，在未缴纳销售税的情况下，商品购买者应该缴纳使用税，但使用税的遵从性相对较弱。加拿大对电子商务征收商品及服务税和合并销售税，遵从供应地原则。英国对电子商务征收增值税，遵从消费地原则。法国对电子商务征收增值税和电商配送税。日本针对电信服务征收消费税。澳大利亚对电子商务征收商品及服务税（见表18.1）。

表18.1　代表性国家的数字经济税收政策

国家	课税对象	税种
美国	远程销售	销售税、使用税
加拿大	电子商务	商品及服务税、合并销售税

(续表)

国家	课税对象	税种
英国	电子商务	增值税
法国	电子商务	增值税、电商配送税
日本	电信服务	消费税
澳大利亚	电子商务	商品及服务税

国际组织对跨境数字经济税收的态度与动向

国际数字经济税收改革涉及各国各地区的税收主权和切身利益，其中OECD提出的数字经济税改方案影响最大。同时，联合国也提出了双边税收协定方案。2021年10月8日，OECD宣布137个国家和地区及司法管辖区（包括爱尔兰）已同意实施OECD提出的"双支柱"国际税改方案。同年10月13日，G20正式批准该声明，标志着这项重大的国际税收多边协定大局已基本明朗，该方案成为国际数字税收改革的主导方向。

经过长达数年的研究，OECD于2019年提出"双支柱"改革方案，已完成数轮公开征询意见。"支柱一"的主要目的是对跨国企业全球剩余利润在各税收管辖区之间重新划分征税权。方案吸收了用户参与、营销型无形资产和显著经济存在三个方案的利润分配及联结度规则，包括将跨国集团的部分剩余利润分配给市场管辖区（A类金额）、市场管辖区内基本营销和分销活动的固定水平回报（B类金额），以及争议解决机制。"支柱二"的主要目的是设定全球最低税率，使大型跨国集团的总部无论设在何处，都要承担最低限度的税负。"支柱二"的适用范围并不局限于高度数字化的企业（OECD，2020a、2020b；冯俏彬等，2020）。该框架得到了国际社会的总体支持，于 2021 年 10 月 8 日达成协议，发表了《关于应对经济数字化税收挑战双支柱方案的声明》，已经得到 OECD 包容性框架中 140 个成员中的 137 个成员同意，在履行有关法律程序后将于 2023 年开始执行（OECD，2021a、2021b）。

联合国提出双边自愿性的协调方案，其发布的 2017 年版《联合国关于发达国家与发展中国家间避免双重征税的协定范本》新增第 12A 条，允许来源国通过预提税的形式对数字服务进行征税。2020 年 8 月 6 日，联合国进一步发布税收协定范本的第 12B 条讨论稿，允许对自动化数字服务的所得进行源泉课税，预提税税率上限由缔约国双方通过谈判确定。课税对象自动化数字服务所得是指对仅需服务提供方有限人员参与、通过互联网或类似电子网络形式提供的服务所支付的款项（安永，2020）。联合国给予各国双边税收协定谈判的选择权，各国可以通过双边或多边税收协定谈判以形成彼此都可以接受的方案。

世界贸易组织（WTO）实施数字贸易关税禁令。WTO 部长级会议于 1998 年通过《全球电子商务宣言》，提出对数字贸易加征关税的禁令。该项禁令到期后得以延期，但由于主要成员对数字贸易征税存在较大分歧，WTO 一直未能对其形成正式永久的决议。2021 年，第 12 届 WTO 部长级会议对是否继续禁止对电子商务征税做出决定。其中，美国一贯主张对数字贸易永久性免关税，欧盟对数字贸易征收关税问题持温和的"中间派"态度（何杨，2020），而作为数字贸易输入国的发展中国家支持对数字贸易征税。

部分国家实施单边数字服务税（DST）

针对跨境数字经济单边开征数字服务税。随着跨境数字经济规模日益扩大，各国税收主权和利益受到较大影响，特别是净进口国维护税收利益的意愿愈发强烈，单边开征数字服务税的国家逐步增多。据统计，全球已实施 DST 的国家（地区）共 9 个，提案或有意向实施 DST 的共 6 个。还有些国家表态，若 OECD 不能达成改革共识，则单独实施 DST（见表 18.2）。

数字服务税一般设置起征门槛以抓大放小。已开征数字服务税的国家一般都对纳税主体的收入规模设定起征门槛，门槛值相对较高，适用于规模较大的跨国企业（见表 18.2）。例如，开征数字服务税的欧洲国家一般将全球收入门槛设置为 7.5 亿欧元，而各国的国内收入门槛则差异较大，法国、奥地利等为 2 500 万欧元，意大利为 550 万欧元，西班牙为 300 万欧元，英国、加拿大、巴西等国也都设置了规模相当的收入门槛（朱青，2021）。

征税范围按宽窄口径计大致可分为三类。一是以欧盟版 DST 提案为主，主张对在线广告、在线中介与数据销售的收入课税。目前，意大利、西班牙等国都按此提案设计。二是以英国提案为主，主张对搜索引擎（广告）、社交媒体平台（广告）和在线市场（中介）的收入课税。目前，参照英国提案设计征税范围的国家有以色列、土耳其等国。三是仅针对在线广告收入课税的国家，目前有奥地利、匈牙利等国。

表 18.2 主要国家（地区）制定数字服务税的情况

国家/地区	状况	生效日期	全球收入门槛	国内收入门槛	税率	适用的税基
匈牙利	已实施	2017年7月1日	1亿匈牙利福林	—	7.5%，暂降至0%	在匈牙利广播或刊登广告产生的财政年度净营业额
法国	已实施	2019年1月1日	7.5亿欧元	2500万欧元	3%	中介服务和基于用户数据的广告服务
奥地利	已实施	2020年1月1日	7.5亿欧元	2500万欧元	5%	在奥地利提供的数字接口或任何类型的软件或网站上的广告服务收入
意大利	已实施	2020年1月1日	7.5亿欧元	550万欧元	3%	在数字接口上投放广告，多边数字接口允许用户购买/出售商品和服务，传输通过使用数字接口生成的用户数据
突尼斯	已实施	2020年1月1日	—	—	3%	详细要求由法令确定
土耳其	已实施	2020年3月1日	7.5亿欧元	2000万里拉	1%~15%	数字广告服务，任何听觉视觉或数字内容的销售，用于提供和操作用户可以彼此交互的数字平台的服务
英国	已实施	2020年4月1日	5亿英镑	2500万英镑	2%	社交媒体平台，互联网搜索引擎，在线市场

（续表）

国家/地区	状况	生效日期	全球收入门槛	国内收入门槛	税率	适用的税基
波兰	已实施	2020年7月1日	—	—	1.50%	获得视听媒体服务，视听商业交流
西班牙	已实施	2021年1月16日	7.5亿欧元	300万欧元	3%	在线中介服务，在线广告服务，跳过数字接口收集的用户数据服务的销售
巴西	提议	—	30亿巴西雷亚尔	1亿巴西雷亚尔	1%～5%	在数字平台上为巴西用户提供广告，提供销售商品或提供服务的数字平台，来自巴西用户的数据传输
捷克	提议	—	7.5亿欧元	1亿克朗	5%	在数字界面上进行有针对性的广告，在数字接口上传输有关用户的数据以及用户活动产生的数据，向用户提供一个多面的数字接口以促进用户之间商品和服务的提供
肯尼亚	提议	预计2021年	—	—	1.50%	数字市场总收入
挪威	公告	—	—	—	—	待定
以色列	意向	—	—	—	3%或5%	待定
拉脱维亚	意向	—	—	—	3%	待定

（续表）

国家/地区	状况	生效日期	全球收入门槛	国内收入门槛	税率	适用的税基
比利时	寻求全球性解决方案	预计2023年	7.5亿欧元	5 000万欧元	3%	针对其用户在数字平台上销售广告位、在数字平台销售来自用户活动的用户数据、通过促进数字平台用户之间的商品或服务供应的交换，为这些用户提供数字中介服务
加拿大	寻求全球性解决方案	—	10亿加元	4 000万加元	3%	广告服务和数字中介服务

资料来源：KPMG, Taxation of the digitalized economy: Developments summary, October 27, 2020。

我国应对数字经济税收挑战的思路与方案

构建我国数字经济税收框架的基本思路

税收制度属于上层建筑，既要及时回应经济基础层面的变化与新需求，也要发挥主观能动性，将新发展理念融入税制设计，引领数字经济的健康发展。作为数字经济大国，我国既从数字经济的发展中受益，也较早面临数字经济带来的挑战。要借鉴国际数字经济税收的新理念，基于我国的实际发展情况，提前谋划新型税制，先行一步推动改革。同时也必须看到，构建与数字经济相适应的税收制度是一个渐进的长期过程，必须立足数字经济治理的相关基础制度、立足产业融合的进度、立足我国企业"走出去"的步伐，坚持改革方向，坚持问题导向，对内突出"适应、改革、重塑"三阶段，分步骤构建数字时代的税收制度；对外积极主动参与国际税收规则重塑，为我国数字经济发展营造良好的外部环境；构建"智慧税收"体系，推动国家征税能力从工业时代向数字时代转变。具体来说有以下几点。

维护主权。我国作为世界上主要的数字经济大国，要积极参与新一轮国际税收规则的讨论和制定，构建数字经济国际税收新规则，为我国企业"走出去"争取最大利益。

促进发展。我国数字经济尚处于发展初期，很多方面还需要政策支持，以鼓励发展、抢占数字经济制高点。同时也要"边发展、边规范"，防止其野蛮生长，给经济社会带来不良影响。科学、合理、公平、法治的税收制度有利于促进数字经济与传统经济加快融合、协同发展。

先立后破。要与党的十八大以来确立的税制改革计划相衔接,适应建设现代化经济体系的需要,更好地支撑国家治理体系和治理能力现代化(陈昌盛等,2019)。与数字经济发展趋势相符合的方面,要始终坚持,持续推进;反之,要逐步弱化,适时取消。通过动态调整,不断增强数字经济和税收制度之间的适配程度。

抓大放小。要重点研究对平台企业的税收政策,发挥好税收的调节功能。重点研究"走出去"的互联网企业的税收政策,支持企业做大做强。重点研究双边、多边和区域性税收协定中的数字税政策,提高规则制定权。实际操作中,重点抓交易规模较大的企业,抓大放小,提高效率。

公平均衡。促进税收的横向公平,传统业务与数字业务、线上线下经济之间要一视同仁,平等对待。促进税收纵向公平,对一些已明显表现出自然垄断特征的平台企业,通过税收对其进行合理调节。促进地区间分享均衡,对数字经济发展带来的税收转移,要进行合理调整。

积极参与和推动国际规则制定

联合国、WTO、联合国贸易和发展会议等国际组织都对数字经济税收改革提出了方案,但综合而言,OECD 提出的数字经济税改方案是当前质量最高、影响最大并在近期获得共识的方案。我国应高度重视 OECD 税改进展,不仅要积极参与谈判,争取最大利益,而且要适时提出中国方案,主动构建未来国际税收新格局。

OECD 数字经济税改方案,一方面创新性地承认了市场国、用户在价值创造方面的作用,另一方面也继承了生产国优先、企业主要创造价值的传统。从生产者的角度看,我国现在已经是数字经济大国，现在正在全面布局 5G 技术，未来数字经济具有广阔的成长空间，一大批企业将脱颖而出。因此协调好各国在数字经济方面的立场，为今后更多企业"走出去"扫清障碍，可以避免各国独自行动导致重复征税问题，从长远而言对我国是有利的。从消费者的角度看，我国是世界上最大、成长最快的单一市场，也是互联网用户最多的国家，OECD 改革方案对我国总体是有利的，应当予以认可。

在相关谈判中，应充分考虑中国数字经济的发展阶段和中国企业的诉求，努力为中国企业争取最大利益。比如，在确定 A 类金额的适用范围、全球收入门槛、常规利润率、联结度规则等技术细节上，要提出对中国数字化企业更为灵活有利的机制。在全球最低税率问题上，一方面要高度关注国际社会实施全球最低税率的新动作，另一方面要基于充分调研、模型构建等测算我国企业税收的"盈亏平衡点"，提出对我国有利的方案（Englisch and Becker，2019）。

稳步推进国内税制引领性改革

1. 短期突出"适应"：完善现行税制，提高对数字经济的包容程度

不急于开征数字服务税。2019 年以来各国推出的数字服务税，实质上是一些欧洲国家参与 OECD 谈判、力图推动 OECD 税收改革方案尽快落地的一种策略，能在多大程度上真正付诸实施是一个很大的疑问。即使真的开征，这类数字服务税也主要针对美国公司，对我国企业影响有限。从国内的情况看，一方面国外互联网企业在华的业务和市场很小，尚未构成对我国的税收损失，另一方面我国数字经济正处于成长裂变期，还需要政府"放水养鱼"。因此，国

内目前暂时没有开征数字服务税的必要，但应提前布局国内数字经济税收的相关研究。

进一步完善增值税制。不断完善增值税制，既是我国近年来税收改革的既定工作，也符合数字经济发展的大方向，应当继续坚持、持续推进。一是可重新界定"劳务""无形资产"的内涵，凡现行税制未覆盖的数字产品和服务，理论上都要纳入增值税的课征范围，如音乐、电影、游戏、电子图书、在线会议、远程教学、远程医疗等。二是扩大增值税纳税人范围，将进口数字产品和服务的单位以及向我国境内个人消费者提供数字化产品和服务的境外供应商（何杨和陈琍，2019），明确为我国的增值税纳税人。三是优化征收方式。可对跨境进口服务按照"目的地原则"，区分B2B和B2C，分别制定不同的征税规则。对B2B的跨境服务，可采用"逆向征收"机制，即规定服务接受方为纳税人，其具有申报纳税义务，其缴纳的服务进口环节增值税，可在后续环节全额抵扣。对B2C的跨境服务，其服务人群或销售数量达到一定门槛值的，也要就其向我国境内消费者提供的服务施加增值税。服务提供方应在我国进行纳税登记，并就其向我国境内消费者提供的服务承担增值税纳税义务（刘元春，2017）。四是适时推动增值税税率简并，实行一档标准税率和一档优惠税率。标准税率适用于绝大部分产品和服务，优惠税率仅限于正面列举的部分生活必需品、药品和特殊服务，这可以在相当大程度上应对数字经济条件下产业融合的新变化（冯俏彬，2021）。

进一步扩大综合所得的范围。近期的重点是扩大征收范围，加快将各类新的个人收入形式——从事网络直播以及各类共享经济、分享经济、零工经济等取得的收入——纳入个人所得税的征收范围。为此，需要补充出台对以上收入性质进行认定的新规定。建议按照鼓励发展的原则，税率方面就低不就高，根据从业时长、收入金额、收入连续性等标准，分别将其归入生产经营所得、工资薪金所得、劳务报酬所得等。长期而言，根本之道是将所有收入纳入综合所得的计算范围，实行逐笔完税、年终汇算、统一清缴。

进一步完善税收征管。进一步健全税务登记制度，完善个人增值税登记制度，将个人经营网店、微商、网络直播、主播带货等新业态，纳入管理范围。进一步完善互联网平台在税收征管中的地位与作用，对标"数字平台增值税完全责任模式""共享与零工经济中平台运营商对相关销售方信息报告义务"等新政新规，适时出台实施方案。秉持"多元共治"理念，审慎推进政府和平台之间的数据共享工作，进一步完善社会信用体系。

优化对数字经济的税收优惠政策。要适应数字技术扩散的新形势，放开研发费用加计扣除政策的行业范围限制，将住宿和餐饮业、批发和零售业、商务服务业、娱乐业等行业纳入政策享受范围。要响应加快我国新型基础设施建设的要求，扩大基础设施税收优惠目录适用范围，将符合条件的5G网络、数据中心、工业互联网、物联网等与数字经济领域相关的公共基础设施项目，纳入企业所得税公共基础设施优惠目录，享受"三免三减半"的优惠政策。

2. 中期突出"改革"：改革区域税收分享制度，促进均衡发展

改革增值税分享制度。增值税是我国的主要税种，目前主要按生产地原则在地区之间进行分割。随着数字经济快速发展，商品和服务的销售额快速向大型平台企业所在地集中，在一定程度上加剧了区域收入分配和经济社会发展差距。可适应数字经济时代"用户创造价值"的理念，适时将增值税分享的基础由现有的生产地原则

改为消费地原则（刘怡等，2019），即将消费行为发生地或消费者所在地，作为各地获得增值税收入的主要计算依据，以此协调各地增值税分配关系。

改革企业所得税分享制度。重点解决数字企业税源跨地区转移问题，进一步完善总分机构的地区间税收分配规则。按现行规定，企业所得税款在总分机构所在地之间的分摊，主要依据经营收入、职工工资和资产总额等因素调整权重。可根据数字企业的特点，引入"用户创造价值"理念，新增"用户数量"这一因素，适当提高经营收入的权重，降低职工工资与资产总额的权重，使税收分享地与实际来源地更加匹配。

3. 长期突出"重塑"：重塑数字经济税收制度新框架

重塑流转税制，构建新型销售税。在数字经济时代，随着产业融合程度加深，增值税很可能将不再适合需要，销售税可能会成为主角。一种与数字经济更相适应的销售税，应当具备以下三个方面的特征：一是以销售总收入作为税基，这能更好地适应制造业服务化、服务业收入大幅度提升的发展趋势；二是税率从"较低"转向更低，这更能适应和促进数字时代经济活动频次大大增加、经济更加繁荣的新特征；三是自然纳税人数量将倍增，以适应数字时代大量个体从事生产经营活动的需要。

重塑所得税制，增强对收入分配的调节功能。在数字经济时代，要大力增强所得税的调节功能，维护社会稳定。企业所得税方面，针对那些具有垄断效应的"超级平台"、一般企业所得税对此难以调节的情况，可在适当的时候专门出台针对超级平台的所得税，以调节其过高的垄断利润。个人所得税方面，更要担负起调节居民收入分配的主要责任，在实行收入全面综合计税的同时，一方面要将最高边际税率保持在较高水平，保持对高收入和超高收入的调节力度；另一方面要进一步提高起征点，将个体的生产成本与生活费用同时考虑进去，必要时还可引入"负所得税"制度，对低于基本收入的群体进行扶持。

数字时代国家征税能力提升行动

加快推进税收大数据建设。数字经济时代，数据是政府管理的基础。要加快推进数据时代统计体系改革，完善数字经济统计，使其更好地服务宏观决策。要加快税收大数据建设工作，力争掌握规模尽可能大、类型尽可能多、颗粒度尽可能细的各类数据。要坚定不移地推进政府部门之间数据的共享开放，形成税务部门与相关部门之间常态化、制度化的数据共享协调融合机制。要加强数字交易监测和数据核查，不仅包括平台类和分享类交易数据，也要加强针对区块链、暗网、分中心等特殊形式的监管。要研究政府合理分享平台数据的体制机制，形成税收大数据的"源头活水"。

加强税收征管的新型基础设施建设。要加快我国"智慧税务"的建设，充分运用区块链、大数据、云计算、人工智能等现代信息技术，完善税收征管的新型基础设施（陈昌盛等，2021）。要不断完善税收大数据云平台建设工作，加强信息的互联互通。要加快推进电子发票改革，早日实现从"以票管税"到"以数据管税"。要全面升级税务执法、服务、监管与大数据智能化的应用深度融合、高效联动、全面升级。

加强税收征管的多元共治。要从现在的政府监管为主，过渡到数字时代的税收多元共治。除了政府部门之间、行业协会与中介组织之间进一步加强协作之外，还要特别注意将平台企业一起纳入税收征管体系，发挥好平台企业在税收征管中的作用。平台企业和政府分享相关数据，共建社会信用系统，对在平台上经营的小微企业、个人履行和代行监管与规范之责、代扣代缴税收、进行税法宣传，形成多元共治、协同并进的税收征管新格局。

第十九章　私人货币再次崛起：
稳定币能否稳定

世界支付系统正在经历一场技术驱动革命。不断变化的消费者偏好和新型主体提供的金融服务，共同推动了支付技术的进步。支付格局的变革也引发一系列的争论。关于这些新模式是否会带来风险、监管机构应如何应对以及政府是否应提供自己的替代方案，目前都尚无定论。[①] 除了在市场上经常出现的比特币等加密货币外，一种名为"稳定币"（stablecoin）的新型数字货币也逐渐受到市场的追捧。市场赋予了其货币的属性，但与其他货币相比，稳定币有什么特点，如何运行，会对传统金融体系造成何种冲击，仍需要深入研究。

稳定币的主要特点

各个国家的法定货币依旧是目前世界上最常用的货币。法定货币的主要特点是它没有内在价值，它的市场价值完全取决于市场对

---

① https://www.federalreserve.gov/newsevents/speech/waller20211117.htm.

其未来价格的期待，而且这种期待会随着供应量波动而改变。各国法定货币的相对价格也会不断变化。人民币、美元、欧元等都属于法定货币。比特币的供应是算法预先确定的，并以 2 100 万个单位为上限，超过上限后便不再产生任何比特币。尽管比特币是最受欢迎的加密货币，但比特币与这些法定货币的区别在于其缺乏稳定机制，它的估值往往会出现较大的波动。例如，2020 年 3 月新冠肺炎疫情蔓延时，每一个比特币的价格约为 5 000 美元，到 2021 年 4 月，比特币价格上涨至近 65 000 美元，但之后又一路下跌，短短两个月之内暴跌50%以上。此外，每日的盘中交易价格波动也相当显著，通常在数小时内波幅可以超过 10%。

高波动性使比特币和其他流行的加密货币不适合公众日常使用，更与央行试图稳定本国货币价值的目标背道而驰。从本质上讲，作为交换媒介和价值储存的方式，货币的价值应保持相对稳定。如果消费者不确定某种货币未来的购买力，他们将避免使用这一货币。市场一开始使用加密货币，很大程度上是出于对央行操控法定货币，进而导致法定货币价值不稳定的担忧。理想情况下，比特币等加密货币应具有尽可能低的通货膨胀率以保持其购买力不变。但由于持续膨胀的投机活动，这些加密货币已明显偏离了其使用初衷。根据皮尤研究中心的数据，尽管 86% 的美国人听说过加密货币，但只有 16% 的人使用过加密货币进行交易。[②]

为此，一些企业开始寻找新的替代方案。稳定币无疑为其提供了一个新的选项。在讨论稳定币为什么受到青睐之前，我们需要先

---

② https://www.economist.com/the-economist-explains/2021/12/16/what-are-stablecoins-such-as-tether.

了解法定货币币值相对稳定的原因。主要有两点，分别是充足的储备金以及货币当局针对市场的调节行为。在金本位时代，法定货币与黄金挂钩，其估值不会出现剧烈波动。现在一些货币发行与外汇储备挂钩，比如港币的联系汇率制度。在一些特殊情况下，法定货币的估值可能会急剧变动，需要货币当局介入并管理货币的供需以维持价格稳定。③ 大部分加密货币都缺乏这两个关键特征——它们既没有支持其估值的储备资产，也没有在必要时控制价格的中央机构。

稳定币试图弥合法定货币与加密货币之间在稳定性上的差距。稳定币旨在保持相对于本国货币或其他基础资产的稳定价值，其价值并不来自算法。④ 简而言之，稳定币与一些基础资产挂钩。目前还没有一个货币当局试图控制稳定币的价格波动，但相较于其他加密货币，稳定币至少有储备资产支持其价值。稳定币涉及一系列分布式账本的法律和运营结构，可以被归为一种新的技术、新的产品。同时，稳定币依旧可以被视为更熟悉的事物——银行存款，或者是这一传统事物的新形式。⑤

鉴于此，有研究把稳定币类比为狭义的"商业银行"。商业银行的货币是一种私人债务。发行该债务的银行承诺以固定的1:1的比率与央行货币兑现。银行本身有责任遵守这一承诺。⑥ 稳定币试图模仿商业银行的债务，成为一种有一定安全性的资产。⑦ 为了提高按面值赎回的可信度，部分稳定币发行人承诺将为每个稳定币保

---

③ 正因如此，加密货币的支持者认为使用法定货币的风险在于，法定货币的价值会被货币当局控制。
④ https://home.treasury.gov/system/files/136/StableCoinReport_Nov1_508.pdf.
⑤ https://www.federalreserve.gov/newsevents/speech/waller20210805a.htm.
⑥ https://www.federalreserve.gov/newsevents/speech/waller20210805a.htm.
⑦ https://www.federalreserve.gov/aboutthefed/files/the-fed-explained.pdf.

留现金或其他高流动性资产，严格限制其投资范围。以这种方式构建的稳定币也类似于货币局制度，将外币与法定货币挂钩，并持有法定货币储备以支持赎回承诺。

总体而言，从发行方、价格决定、供给、稳定性、安全性以及隐私性六个方面，比较稳定币与其他类型的货币，可以看到稳定币有其自身的特点，具体见表 19.1。

正是因为具有这些相对独特的性质，目前全球稳定币规模增长迅速。截至 2021 年 11 月，稳定币市场价值近 1 400 亿美元，在过去 20 个月之内增长了 20 倍。[⑧] 目前，市值超过 50 亿美元的稳定币有五种——Tether、USD Coin、Binance USD、Dai 和 Terra USD。其中，Tether 作为最受欢迎的稳定币之一，目前参与了全球一半的比特币交易，并声称 100% 由现金和现金等价物支持。USD Coin 是一个名为 Centre 的财团运营的开源项目，USD Coin 声称由现金、国债、商业票据、公司债券和外国银行的存款证组合支持。Binance USD 由全球最大的加密货币交易所 Binance 发行，也强调其可以 1∶1 兑换美元。

根据所挂钩资产的不同，市面上流通的稳定币大体上可以分为以下四种：

一是商品抵押稳定币（Commodity-backed）。商品抵押稳定币的价值取决于一种或多种商品，并可根据需求赎回。例如，Digix Gold Tokens（DGX）等。用于支持此类稳定币的商品数量必须反映稳定币的流通供应。大宗商品支持的稳定币持有人可以按照兑换率赎回他们的稳定币，从而获得实际资产。维持稳定币稳定的成本就是存储和保护这些商品的成本。

---

⑧ https://www.theblockcrypto.com/data/decentralized-finance/stablecoins.

表19.1 稳定币与其他货币的比较

	发行方	价格	供给	稳定性	安全性	隐私性
稳定币	私人企业	挂钩的基础资产	发行公司根据市场需求调整供给	发行方调整稳定币与挂钩资产的兑换，但并不能保证绝对稳定	取决于发行商是否有违法行为，但比加密货币安全	比法定货币和央行数字货币更具隐私性，但逊于加密货币
央行数字货币	中央银行	挂钩的法定货币	央行决定发多少法定货币或者银行存款数字化	由央行管控，保证对于法定货币的1∶1兑换，较为稳定	由央行背书，十分安全	央行考虑给予数字货币一定的隐私性，但不及稳定币与加密货币
加密货币	私人个体或公司	全球市场总的供需关系	市场需求决定私人供应数量，但存在总量上限	非常不稳定，存在明显市场波动	不安全，个人完全承担风险损失	完全分布式的货币具有高度的隐私性，难以追踪
法定货币	中央银行	市场对于法定货币购买力的预期	央行根据宏观经济、汇率等决定法定货币供给	由央行调控供给来应对市场需求，保证定法定货币购买力相对稳定，但存在高通胀的可能性	由央行发行，较为安全，但一些国家在某一阶段会出现恶性通胀	纸币具有较强的隐私性，难以追踪，但通过商业银行的支付则完全可以被溯源和跟踪

资料来源：作者根据公开资料整理。

第十九章 私人货币再次崛起：稳定币能否稳定　　335

二是法定货币抵押稳定币（Fiat-Collateralized）。法定货币抵押稳定币需要保持一定的法定货币储备作为发行适当数量稳定币的抵押品。目前大多数法定货币抵押品稳定币使用的是美元储备。维持这类货币稳定性的成本相当于维持储备金的成本，以及法律合规、满足许可证、审计师和监管机构要求的业务基础设施成本。这些储备金由独立的管理人管理，并定期审计是否符合规定。Tether属于这一类别，其一个币的价值相当于一美元，并由美元储备支撑。

三是加密抵押稳定币（Crypto-Collateralized）。加密抵押稳定币由其他加密货币支持。由于其储备是高波动性的加密货币，发行一定的加密抵押稳定币，需要更多加密代币作为储备。例如，发行价值1 000美元的加密抵押稳定币，需要2 000美元的以太币作为储备，这样可以应对高达50%的储备货币（以太币）波动。更频繁的审计和监控有助于价格稳定。在以太坊（ETHUSD）的支持下，Maker DAO的DAI与美元挂钩，并允许使用一篮子加密资产作为辅助储备。

四是非抵押稳定币或算法稳定币（Non-Collateralized or Algorithmic）。非抵押稳定币不使用任何储备，而是采用一种类似于央行的算法机制稳定币值。例如，钉住美元的稳定币使用共识机制，根据市场需求用算法来增加或减少稳定币的供应。这种行为类似于央行控制货币供应量以维持币值稳定。它可以在一个自动化运行的去中心化平台上，依靠智能合约来实现。智能合约是一种自我执行（self-executing）的合同，它将买方与卖方之间的协议条款直接写成代码，并将代码和协议存放于区块链网络上。代码控制执行，交易是可跟踪但不可逆转的。基本的稳定机制如下：如果对稳定币的需求增加，发行人将创造和发行更多的稳定币，以保持与美元的价值兑换。如果需求减少，发行方会发行第二种资产，通常是债券，并针对稳定币出售，以减少总供给。也就是说，算法稳定币试图承诺通过控制供应量稳定币值。

稳定币的主要用途

目前，稳定币主要用于降低交易成本，促进加密货币交易所的交易。大部分投资者购买稳定币不是为了盈利，而是把它作为一种买卖加密货币的媒介或存储资金的场所。当然，稳定币也被用于其他类型的金融交易，如贷款和借款。交易者通常不会直接用法定货币购买比特币，而是将法定货币兑换成稳定币，然后再用稳定币交易另一种加密货币，如比特币或以太币。

稳定币类似于一种在加密货币交易所内使用的筹码，嵌在加密交易和借贷平台中。尽管稳定币占所有加密资产的比重仅5%，但加密交易平台上超过75%的交易发生在稳定币和其他加密货币之间。而且交易最广泛的稳定币都与特定的交易所相关，例如与Bitfinex相关的Tether，与USD Coin相关的Coinbase，与Binance USD相关的Binance。

虽然多数经验丰富的加密货币交易员可能会将稳定币用于其他目的，包括押注和放贷，但大多数入门使用者仅仅是为了减少交易成本。许多交易所并不收取法定货币（主要是美元）兑换稳定币的费用。例如，Coinbase不对USD Coin与美元的兑换收取费用。如果交易者想以一定的价格快速清算自己的比特币或者其他数字货币，最便捷的方式就是将其兑换成波动较小的稳定币，如USD Coin或Tether。

从稳定币的运行机制看，另一个潜在的用途是跨境支付（见图19.1）。传统的跨境支付费用高、用时长。通过稳定币进行支付，成本低而且几乎是即时的。目前，稳定币已经用于小企业支付和国际汇款。Sol Digital 是一种与秘鲁国家货币 Sol 挂钩的稳定币，于2021年9月在 Stellar 区块链上发行。它可以在不同国家的个人之间进行交换，而无须向第三方支付跨境汇款的高额费用。上述应用实际上也有助于人们更好地规避恶性通胀。尤其是在一些拉美和非洲国家，当地人可以将个人财产兑换成稳定币，从而实现财富保值。

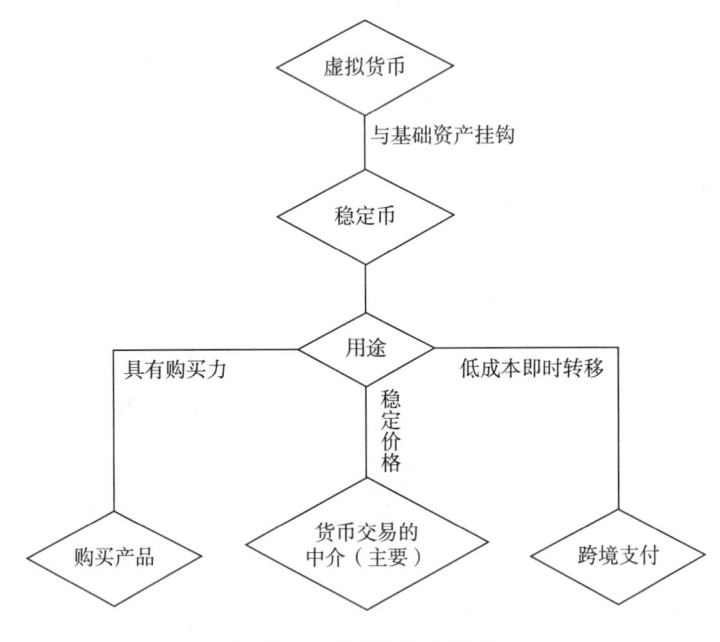

图 19.1 稳定币运行机制

一种设计良好的稳定币，其发挥的作用将远不止提供一项新的数字资产这么简单。它可以作为一种电子结算资产，将数字资产市场的速度和效率引入传统市场；也可以通过恰当的网络设计，提供更高效便捷的零售支付，改进现有透明度较低、成本较高的跨境支付。还可以成为现有支付平台良性竞争的来源，让支付系统覆盖更广泛的消费者。

稳定币的潜在隐患

稳定币的优点不容忽视，但其同样也存在风险和隐患。传统的加密货币没有统一的发行商，它是由集体管理的分布式货币，如比特币。而稳定币有一个发行方，购买稳定币相当于接受发行人背后拥有足够数量的资产储备，与发行的稳定币挂钩。赋予稳定币价值的资产储备可作为抵押品。只要资产储备价值稳定，稳定币的价格就是稳定的。不过，多数国家没有监管稳定币资产储备的法规，稳定币与其资产储备的价值等式基于信任而非法律条文，即消费者相信稳定币背后的资产储备存在且估值准确。

但这种信任是比较脆弱的。例如，2021年2月，纽约总检察长利蒂希娅·詹姆斯（Letitia James）在涉及掩盖8.5亿美元失踪的案件中做出裁决，Tether（发行Tether稳定币的公司）和附属交易所Bitfinex应该支付1 850万美元的罚款。Tether和Bitfinex在民事和解中既没有承认也没有否认其有不当行为。⑨ 之后，美国司法部的公开声明提到，Bitfinex和Tether非法掩盖了巨额财务损失，以维持其声称的资产储备。这可能也意味着，诸如Tether等稳定币在任何时候都有充足的美元储备支持，或许只是一个谎言。这些公司

---

⑨ https://www.reuters.com/world/americas/bitfinex-tether-owner-pays-185-mln-fine-settle-nyag-cryptocurrency-cover-up-2021－02－23/.

掩盖了投资者面临的真正风险，在金融系统监管最薄弱的地方进行交易，而且没有牌照、不受监管。⑩ 稳定币并不一定稳定。例如，2019年新稳定币的违约率达到42%。⑪

稳定币是否稳定，取决于抵押品的透明度和质量。稳定币价值和其挂钩的资产价值密切相关。现有稳定币中的大多数都依赖一家单一的、集中的公司来管理储备资产和发行代币。这类似传统金融机构的做法。当一家公司的实际控制人可以随时使用自己的资金时，它并不是去中心化的。如果无法确保抵押品的透明度与质量，那么投资者就会对支持稳定币的资产储备产生怀疑。⑫ 例如，Dai 以以太坊数字资产的抵押债务头寸支持其稳定币，但根据 Coin Market Cap 的数据，在以太币价格快速变化期间，Dai 的真实价值偏离了面值。Dai 的面值原本相当于1美元，但2020年2月20日跌破0.97美元，而到2020年3月13日又上涨至1.11美元。

规模效应将进一步放大信任脆弱性对整个金融系统的冲击。与任何支付机制一样，稳定币的作用取决于规模效应。使用的人越多，它就越有用，为每个参与者提供的价值就越大。反之，如果一部分投资者放弃投资稳定币并要求赎回，市场上的其他投资者也会产生恐慌，进而可能出现挤兑。稳定币资产规模增长很快，一些甚至和大型货币市场基金相当。⑬ 大量投资者同时撤出投资引发的非

---

⑩ https://ag.ny.gov/press-release/2021/attorney-general-james-ends-virtual-currency-trading-platform-bitfinexs-illegal.
⑪ https://papers.ssrn.com/sol3/papers.cfm?abstract_id=3835219.
⑫ https://www.banking.senate.gov/newsroom/majority/brown-we-must-protect-consumers-and-the-economy-from-stablecoin-risks.
⑬ https://www.ecb.europa.eu/pub/financial-stability/fsr/focus/2021/html/ecb.fsrbox202111_04~45293c08fc.en.html.

银行挤兑，可能会触发负反馈循环，冲击整个稳定币支付机制，并波及其他金融部门。《经济学人》也警告，如果很多持有者同时想要兑现，而发行者持有风险资产，那么数字货币就有崩盘的风险。[14] 2021 年 6 月，稳定币 Iron 及其储备资产 Iron Titanium 代币（Titan）就已经发生过类似的情况。Titan 的价格在一天之内从 60 美元左右跌至接近于零，而稳定币 Iron 的汇率则跌至 0.69 美元。[15]

事实上，一些稳定币发行机构难以保证稳定币与其他资产完美挂钩。美国商品期货交易委员会（CFTC）认为，在近 4 年的时间里，Tether 没有完全用美元支持其稳定币，也没有进行相应的审计工作[16]，这意味着它手头可能没有足够的美元，无法偿还给所有可能将 Tether 稳定币变现的投资者。Tether 因此同意支付 4 100 万美元的罚款，以了结监管机构提出的一项指控，即它错误地声称其稳定币完全由美元支持。[17] 加密货币交易所 Coinbase 和技术公司 Circle 联合推出的 USD Coin 也受到审查。Coinbase 网站曾声称，每枚稳定币都由美元支持，但现在则表示其稳定币"由完全保留的资产支持"，而非完全由美元支持。[18] 此外，稳定币发行机构往往号称稳定币与美元相同，消费者可以随时取款。但许多机构其实在细则中隐藏了取款的条款和条件，从而使它们能够圈住客户的钱。如果客户不能随时拿回自己的钱，那购买的稳定币的真实价值就会打折扣。

---

[14] https://www.economist.com/finance-and-economics/2021/12/04/the-explosion-in-stablecoins-revives-a-debate-around-free-banking?gclid = Cj0KCQiAoNWOBhCwARIsAAiHnEhZaf5OIu3ZV - _KtjLSysBGs7ZdbpFHqbMgvJGjLLDc94_8_ruE4qYaAm5jEALw_wcB&gclsrc = aw.ds.

[15] https://crsreports.congress.gov/product/pdf/IF/IF11968.

[16] https://www.cftc.gov/PressRoom/PressReleases/8450 - 21.

[17] https://www.ft.com/content/d7db307c-ef43-4af8-8f14-c1d1ba414058.

[18] https://www.ft.com/content/7676451f-23a9-42eb-a179-c3ebbcfc0bff.

除了抵押品隐患外,稳定币还存在其他风险。在高频交易推动下,Tether在交易所的日交易量超过1 000亿美元,这已经和纽约证券交易所的交易量相当。与此同时,稳定币交易的基础设施并不像市场期待的那样稳固。当中国禁止加密货币的政策出台以后,市场出现了暂时的比特币抛售潮,比特币价格一度下跌超过30%。高频交易还造成两大数字资产交易所Binance和Coinbase平台出现短暂中断。[19] 更严重的问题是,投资者几乎没有受到针对此类事件的监管保护。[20] 虽然Binance等少数稳定币的抵押品是FDIC(美国联邦存款保险公司)支持的银行存款,但现行的法律保护无法覆盖稳定币持有人。

稳定币持有人如果通过提供贷款盈利,也可能招致较大的资产损失。在DeFi生态系统中使用稳定币正变得越来越流行。通过算法或者智能合约管理,加密资产和稳定币组成的"流动性池子"(liquidity pools)可以给DeFi活动提供资金支持。[21] 例如,稳定币和加密货币之间的交易就是通过"流动性池子"实现的,做市商从促成的交易当中抽取交易费用。以Ether/Tether池为例,以这种方式提供流动性的回报可以达到18%左右。[22] 但如果管理"流动性池子"的智能合约要求该池中的资产总价值保持恒定,而Ether和Tether的市场比价与稳定币面值发生了偏离,就会出现劣币驱除良币的可能。比如,Ether市场价格下跌,算法将增加Ether/Tether池

---

[19] https://www.ft.com/content/d442936e-8805-4091-8276-130b403a3313.
[20] https://www.ft.com/content/1cd77d18-bfef-46c4-af02-5d61ab81d76a.
[21] https://www.ecb.europa.eu/pub/financial-stability/fsr/focus/2021/html/ecb.fsrbox202111_04~45293c08fc.en.html.
[22] https://app.intotheblock.com/insights/defi/protocols/sushiswap?address=0x06da0fd433c1a5d7a4faa01111c044910a184553.

中的 Ether 供应量，但同时减少 Tether 的供应量[23]，以法定货币计价的"流动性池子"总价值将会减少，极端情况下如果 Ether 价格降至零，整个"流动性池子"的价值可能会降至零。

对于稳定币支付途径，监管当局难以跟踪，这给金融监管带来了新的挑战。2021 年 11 月 1 日，美国总统金融市场工作组（PWG）与联邦存款保险公司、货币审计长办公室联合发布了一份关于稳定币的报告。报告认为，稳定币可能为一系列反金融犯罪提供便利，削弱反洗钱、税收合规、制裁措施的有效性。稳定币与加密货币交易、借贷平台的紧密联系，可能引发新的金融稳定问题。如何有效保护稳定币投资者成为新的公共政策挑战。[24]与其他波动性大的加密货币相比，稳定币更容易冒充真正的美元，误导投资者。一个相近的例子是，2008 年以前金融机构声称次级抵押贷款旨在让更多家庭实现美国梦，衍生品则旨在帮助人们降低相关的金融风险。但实际上，掠夺性抵押贷款剥夺了房主资产，结构复杂的抵押贷款支持证券和衍生品，最终酿成了更大的风险。

此外，稳定币强化了虚拟世界与实体经济、加密资产与传统金融体系的联系。加密资产和实体经济的直接关联性不强，而稳定币在实体经济和加密资产之间建立了非常真实的链接。任何在加密资产中出现的问题，都可能以稳定币为桥梁扩散到实体经济中。目前稳定币与传统金融体系的联系仍然很少，带来的直接风险有限。但其规模不断地增长，散户和机构投资者参与度越来越高，一些大型科技公司已

---

[23] https://pintail.medium.com/uniswap-a-good-deal-for-liquidity-providers-104c0b6816f2.

[24] https://www.sec.gov/news/statement/gensler-statement-presidents-working-group-report-stablecoins-110121.

经开始发行自己的稳定币，或者将现有的稳定币整合到它们的钱包中，这些举措无疑会加速稳定币的发展步伐。[25] 稳定币与实体经济的互连性增强，现有的监管和监督框架也需要做出相应改变。

稳定币监管的国际动向

不同监管机构对稳定币的态度不一。2021年10月，国际证券委员会组织（IOSCO）表示，稳定币应作为金融市场基础设施，与支付系统和清算所一起受到监管。[26] 欧盟委员会加强了加密资产监管的相关立法，在2020年推出了一则关于加密资产市场监管（Regulation on Markets in Crypto-assets，MiCA）的提案，要求稳定币发行方必须作为一个法律实体在一个欧盟成员国注册成立，同时对资本、投资者权利、资产托管、信息披露和治理安排做出了规定。尽管该方案的通过仍需时日，但它体现了欧盟对于稳定币可能给欧洲货币主权带来挑战的担忧。2021年12月，日本金融监管机构也表示，将在2022年制定规则，限制向银行和电汇公司发行稳定币。[27] 但稳定币市场规模最大的美国，仍在观察和辩论，目前还没有出台具体的专门针对稳定币的监管条例。2021年11月，美国财政部部长耶伦表示，稳定币设计精良，可能是有益的支付选择。[28] 但她也发出警告，稳定币缺乏监管是一个问题，"目前的监管不一

---

[25] 例如，脸书正在推进使用稳定币 Pax Dollar，并在美国和危地马拉推出了其 Novi 钱包的试点。
[26] https://www.iosco.org/library/pubdocs/pdf/IOSCOPD685.pdf.
[27] https://www.reuters.com/markets/europe/stablecoins-steal-limelight-subdued-bitcoin-2021-12-13/.
[28] https://fortune.com/2021/12/08/stablecoins-cryptocurrency-congress/.

致且分散，一些稳定币实际上不在监管范围之内"。[29]

当前，对稳定币加强监管的呼声越来越高。美国怀俄明州共和党参议员辛西娅·鲁米斯（Cynthia Lummis）呼吁对稳定币发行者进行定期审计，而其他参议员则支持对该行业实施类似银行的监管。[30]美国金融监管机构要采取行动防范稳定币风险，首先要推动国会立法，对数字货币进行监督。2021年12月，美国国会举行了一次关于"数字资产和金融未来"的听证会，其间一些议员表达了对稳定币缺乏监管的担忧。[31]金融稳定监督委员会（FSOC）的监管部门在2021年年底也发布了关于金融市场的年度报告，对金融体系风险进行了广泛评估。报告认为，包括稳定币在内的数字资产的快速增长是"一个重要的潜在新兴漏洞"，稳定币存在价格波动和金融欺诈的可能，而且也可能会引发赎回和资产清算。报告也强调，稳定币是一种新兴的经济事物，有必要对稳定币的发行机构采取更严格的风险管理标准。[32]

总体来看，美国的立法者和监管当局基本认可稳定币的潜在好处，但更关心现行监管体系需要做出何种调整，才能应对挑战。美联储主席杰罗姆·鲍威尔（Jerome Powell）在2021年12月发表评论称，"如果监管得当，稳定币可以成为金融体系中有用、高效、为消费者服务的一部分"。[33]也有美国官员在公开会议上肯定了稳定币所能提供的

---

[29] https://home.treasury.gov/system/files/136/StableCoinReport_Nov1_508.pdf.
[30] https://www.coindesk.com/policy/2021/09/29/pro-crypto-senator-lummis-thinks-stablecoins-should-face-audits/.
[31] https://financialservices.house.gov/events/eventsingle.aspx?EventID=408705.
[32] https://www.wsj.com/articles/u-s-regulators-raise-concern-with-stablecoin-digital-currency-11639760446.
[33] https://www.bloomberg.com/news/articles/2021-12-08/key-takeaways-from-crypto-stablecoin-hearing-before-house-panel.

巨大潜在好处，包括更快的支付速度、更低的支付成本、扩大对支付系统的访问范围以及提高可编程性。他们认为，监管机构应该意识到私人发行的稳定币不会破坏美元的国际地位。相反，管理良好的稳定币实际上有助于进一步提升美元的地位。不过上述这些好处只有在有效监管下才能实现，现有《银行保密法》下的监管要求应及时更新，以适应对稳定币这类新型货币的监管。[34]

具体监管实施方面，部分政策制定者认为应该给予稳定币发行机构更多的选择，不应该一刀切。美国总统金融市场工作组强调，"所有稳定币发行人必须是有保险的存款机构"（PWG，2021）。但美国参议院银行委员会的部分成员对此提出了批评[35]，并认为，稳定币的商业模式与银行不同，不提供与银行相同的服务（贷款和存款），因此风险也有所不同。以现有银行的标准管理所有稳定币发行人，可能会扼杀创新。繁重的监管条例为创新制造了困难的环境，导致创新的发展不太可能发生在银行系统内。允许企业家使用稳定币等数字资产进行创新，有利于促进竞争并为消费者带来更多福利。

而且，考虑到商业模式的不同，美国参议院银行委员会的部分成员认为，稳定币发行机构可以从三个现有的选项中选择一种适合自己的监管章程。一是根据传统的银行章程运营；二是重新立法，并根据立法获得专为稳定币发行者设计的特殊用途银行章程；三是在现有各州的制度框架下，注册为货币服务商，或者在联邦制度框

---

[34] https://www.banking.senate.gov/newsroom/minority/toomey-outlines-stablecoin-principles-to-guide-future-legislation.

[35] https://www.banking.senate.gov/newsroom/minority/toomey-outlines-stablecoin-principles-to-guide-future-legislation.

架下，在 FinCEN㊱ 注册为货币媒介。㊲ 商业实体只要选择了以上制度的一种，就应该有资格发行稳定币。监管机构如果提供上述选项，就可以让每个稳定币发行机构选择最适合其商业模式的监管框架。这也从另一个侧面体现出，美国的金融监管是分散的，而且不同监管体系之间存在竞争。

当然，有一些要求是所有稳定币发行机构都必须满足的。例如，无论选择何种章程或许可证，都应采取明确的赎回政策，披露有关支持稳定币的资产要求，以及满足流动性和资产质量要求。这些要求与上文所述的稳定币潜在风险相对应，旨在降低风险和为投资者提供足够的决策信息。此外，对于投资者（或者消费者），监管机构应保护其个人隐私，包括允许客户选择不与第三方共享任何信息。㊳

综合以上分析来看，稳定币的快速发展，及其可能在加密金融和传统金融之间扮演的重要桥梁角色，已经引起了各国监管机构和立法机构的关注。不过，大多数国家对于稳定币的监管仍然处于起步阶段，而且美国和欧盟内部，也没有就稳定币监管立法达成一致。总体上看，相对于其他类型的金融科技监管，对稳定币的监管研究和实践较为滞后。

㊱ FinCEN：金融犯罪执法网是美国财政部负责识别、预防和应对金融犯罪的一个部门。
㊲ https://www.banking.senate.gov/newsroom/minority/12/14/2021/toomey-lays-the-groundwork-for-stablecoin-legislation.
㊳ https://www.banking.senate.gov/hearings/stablecoins-how-do-they-work-how-are-they-used-and-what-are-their-risks.

第二十章　数字法定货币：央行数字货币实践

中央银行数字货币（以下简称 CBDC）本质上是以电子形式发行的央行负债[1]，也是一种安全性较高的数字工具，具有和纸币一样的支付、记账和价值储存功能。[2] 大多数人都认为它是一种新形式的中央银行货币，类似传统准备金或结算账户中的余额。[3] 有时也被称为数字法定货币（digital fiat currencies）[4] 或数字基础货币（digital base money）。[5] 虽然一些央行早前曾发行过电子货币，比如

---

[1] "Central Bank Digital Currencies"(PDF). Bank for International Settlements. Retrieved April 13, 2018. https://www.bis.org/cpmi/publ/d174.pdf.

[2] "Should the Riksbank issue e-krona?"(PDF). Sveriges Riksbank. http://archive.riksbank.se/Documents/Tal/Skingsley/2016/tal_skingsley_161116_eng.pdf.

[3] Bech, Morten; Garratt, Rodney. "Central Bank Cryptocurrencies". BIS. Retrieved August 25, 2020. https://www.bis.org/publ/qtrpdf/r_qt1709f.pdf.

[4] "Focus Group on Digital Currency including Digital Fiat Currency". ITU. Retrieved December 3, 2017. https://www.itu.int/en/ITU-T/focusgroups/dfc/Pages/default.aspx.

[5] Bank, European Central. "Digital Base Money: an assessment from the ECB's perspective". European Central Bank. Retrieved November 9, 2017. https://www.ecb.europa.eu/press/key/date/2017/html/sp170116.en.html.

20世纪90年代芬兰的Avant储值电子货币。[6] 但目前，CBDC的概念更多是受到比特币和其他基于区块链技术的加密货币的启发。当然，CBDC不同于虚拟货币和加密货币，后两者不是由国家发行的，并不具备法定货币地位。[7]

作为一种数字承载工具，CBDC也是基础货币的一部分，可以通过各种数字支付系统和服务进行支付、结算、存储和传输。[8] 以往，中央银行以纸币（或）硬币的形式发行实物货币，并允许银行和其他机构在中央银行存款，这种存款通常被称为准备金。数字货币可以将这两种现有货币的特点结合起来，并有可能引入新的功能，比如智能合约。个人可以使用它进行支付，即零售型CBDC，或者使用它在金融机构之间结算金融市场中的交易，即批发型CBDC。每个CBDC都可识别认证，以防止伪造。[9]

引入CBDC将是货币政策方面的一项重大创新。随着日常交易

---

[6] Aleksi Grym, P. Heikkinen, K. Kauko, K. Takala(2017)."Central bank digital currency". Semantic Scholar. Archived from the original(PDF) on February 25, 2020. https://web.archive.org/web/20200225192907/https://pdfs.semanticscholar.org/9fa6/e095fa409d199e7aec8b50b657a7075fbe9e.pdf.

[7] "Speech by Jen Weidmann at the Bundesbank Policy Symposium' Frontiers in Central Banking-Past, Present and Future' ". www.bundesbank.de. Retrieved November 9, 2017. https://www.bundesbank.de/Redaktion/EN/Reden/2017/2017_06_14_weidmann.html.

[8] "Broadening narrow money". Bank of England. 2018. https://www.bankofengland.co.uk/working-paper/2018/broadening-narrow-money-monetary-policy-with-a-central-bank-digital-currency.

[9] "Medium Term Recommendations to Strengthen Digital Payments Ecosystem"(PDF). Committee on Digital Payments: Ministry of Finance, Government of India. Archived from the original (PDF) on July 9, 2017. Retrieved July 17, 2017. https://web.archive.org/web/20170709064723/http://mof.gov.in/reports/watal_report271216.pdf.

当中现金使用的减少⑩和新的私人数字货币出现，各国中央银行都加大了对 CBDC 的研究或测试力度，确保数字货币能有助于货币政策目标的实现，包括维护公众对货币的信任，保持价格稳定以及确保安全和有弹性的支付系统和基础设施。⑪ 国际清算银行（BIS）2020 年的一项调查表明⑫，世界上几乎每个中央银行都在推进数字货币相关的研究工作，其中大约 60% 正在进行"概念验证"测试，实际启动试点计划或正在开发的比例也达到了 14%。新冠肺炎疫情发生以后，数字经济发展进一步提速，数字货币更被各主要国家所重视，对数字货币及其对宏观政策的影响进行系统研究就更为重要。同时，数字人民币发展领先一步，总结测试和试点经验，对其保持在全球的领先地位也十分必要。

主要央行对发展数字货币的态度

各国央行一开始对 CBDC 的发展持迟疑态度，大多数都在推行与保持谨慎态度之间反复斟酌。但疫情刺激了无接触消费需求，投资者对比特币等私人数字货币的追捧挑战货币主权，加上中国数字货币的发行测试，多数国家对发展 CBDC 的态度开始转为积极。

---

⑩ David A. Price, Zhu Wang and Alexander L. Wolman, "What Two Billion Retail Transactions Reveal about Consumers' Choice of Payments," Federal Reserve Bank of Richmond Economic Brief No. 17 – 04, April 2017.

⑪ "Digital Currencies and the Future of the Monetary System," Remarks by Agustín Carstens of the Bank for International Settlements to the Hoover Institution Policy Seminar, January 27, 2021.

⑫ https://www.bis.org/about/bisih/topics/cbdc.htm.

关于央行数字货币的言论

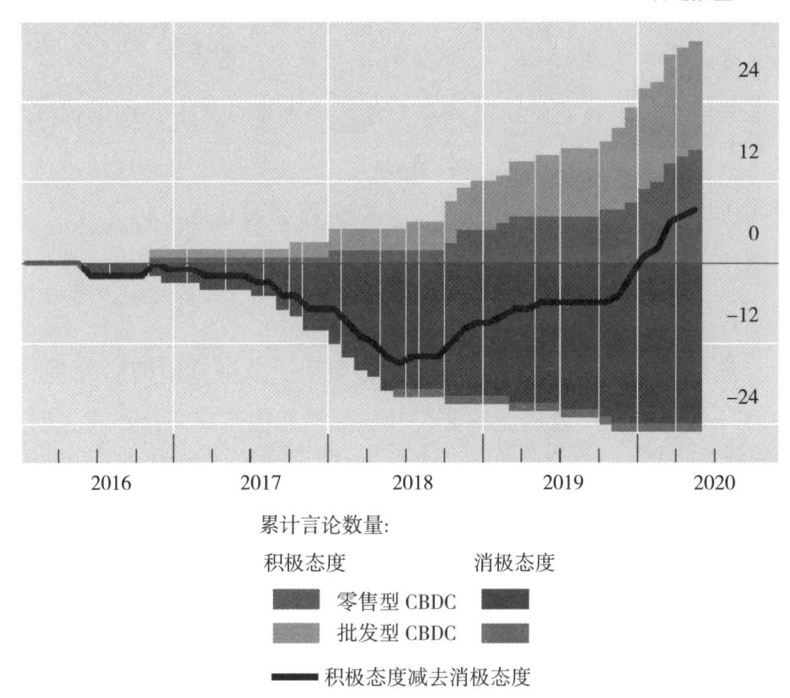

图 20.1 各国对央行数字货币态度更为积极
资料来源：BIS Annual Economic Report 2020。

美国：由不紧迫到希望引领

美元本来就具有全球货币霸权地位，在全球计价、支付、价值储存方面的权重最大。美联储一开始认为发行数字货币并不紧迫。2020 年 5 月，美联储主席鲍威尔还表示："作为中央银行，我们有能力以数字方式创造货币。我们通过购买国库券、债券或其他政府担保证券来做到这一点。这实际上增加了货币供应量。我们还印刷实际货币，并通过联邦储备银行分发。"[13] 不过，中国开始测试数字人民币，在一定程度上提高了美国创建数字美元的紧迫感。2020年6月30日，美国参议院银行委员会举行了关于未来数字美元的听证会。同年8月13日，美联储理事布莱尔纳德表示："鉴于美元的重要作用，美联储必须继续处于有关中央银行数字货币的研究和政策制定的前沿。""与其他中央银行一样，我们将继续评估数字货币的机遇与挑战以及使用案例，以补充现金和其他支付方式。"美联储技术实验室也正在扩大与数字货币和其他支付创新相关技术的试验，以提高美联储对支付技术的理解。[14]

差不多同时，美联储一些分行也加快了数字货币的研究步伐。2020年6月底，美联储纽约分行和国际清算银行宣布合作建立创新中心（BIS Innovation Hub），以识别与中央银行有关的关键趋势和金融技术。2020年8月，波士顿联邦储备银行宣布与麻省理工学院合作，研究如何构建兼顾速度、安全性、隐私性和弹性的CBDC。在第一阶段，研究将构建和测试CBDC大规模应用，以确定如何构建可扩展的、可访问的密码平台，满足人们对数字美元的需求。后续还将通过编码和测试各种架构来评估技术，以了解它们如何影响CBDC设计目标。[15] 新冠肺炎疫情期间的紧急付款经验，进一步增加了美联储对数字货币的关注。一些美联储官员认为，数字美元允许最终用户享受央行提供的便利的金融服务，增加了金融的普惠性

---

[13] https://www.cbsnews.com/news/coronavirus-economy-jerome-powell-federal-reserve-chairman-60-minutes/.

[14] https://www.federalreserve.gov/newsevents/pressreleases/other20200813a.htm.

[15] https://www.bostonfed.org/news-and-events/press-releases/2020/the-federal-reserve-bank-of-boston-announces-collaboration-with-mit-to-research-digital-currency.aspx.

(Mester，2021)。

此外，美国的私人部门也希望通过开展测试，为决策者提供来自真实场景的数据。2021年5月3日，美国非营利组织"数字美元计划"表示[16]，将在接下来一年启动五个试点计划，以测试数字美元的潜在用途。私人部门试点最初将由埃森哲公司资助，涉及金融公司、零售商和非政府组织等，目的是生成有关数字美元的功能、社会学、商业用途、收益等数据，并对美联储的MIT项目进行补充。

当然，美联储距离实际发行数字货币尚有距离。鲍威尔在国际货币基金组织和世界银行2020年秋季年会时表示，在发行数字货币前，美联储还需广泛咨询利益相关者，并深入评估数字货币对美国经济和支付系统构成的潜在收益和成本，目前还未决定是否发行数字货币。鲍威尔认为潜在收益包括更快、更廉价的国际交易，潜在成本则包括网络攻击、造假和欺诈的风险，以及对货币政策和金融稳定的冲击。

与此同时，美国加大了对私人数字货币及相关金融科技企业的监管。脸书曾经提出要推行自己的数字货币，但美国监管机构并未认可该货币，反而担忧它可能会对传统金融体系造成长期威胁。早在2019年7月9日，监管机构就要求暂停该项目。美国证券交易委员会（SEC）起诉数字货币巨头瑞波（Ripple），称其出售了超过13亿美元的未注册证券，随后超过50家交易平台下架XRP。对以证券型Token为经营重点的经纪交易商，SEC也提出了合规要求。货币监理署（OCC）为非储蓄性金融科技企业创设特殊目的国

---

[16] https://www.reuters.com/business/finance/digital-dollar-project-launch-five-us-central-bank-digital-currency-pilots-2021-05-03/.

家银行执照，也遭到美国国家银行监事协会（CSBS）的反对。美国多位议员发起加强数字货币领域监管的提案和倡议。OCC允许国家银行为稳定币发行人持有准备金，以及为用户提供数字货币托管服务，美国众议院金融服务委员会主席也建议拜登政府将其撤销。美国国会议员拉希达·特莱布等人提出《稳定币网络共享和银行执照执行法》法案，要求企业在发行稳定币之前必须获得银行特许执照和监管部门批准。美国监管机构的上述行动，实际上反映出美国对私人数字货币挑战货币主权和金融监管的担忧。

从鲍威尔和其他美联储官员的表态来看，是否引入数字美元，需要至少考虑六个方面的问题。一是发行数字货币是对全球范围内金融科技技术进步的回应。美联储负责货币发行和保证金融稳定以及支付系统的安全和效率，为追求这些核心功能，必须仔细监控和适应金融领域的技术创新。[17] 二是在评估CBDC的潜在利益和风险时，需要重点考察CBDC是否会以及如何改善家庭支付体系，并提供足够安全、有效、动态的服务。同时，CBDC的设计还需考虑到数字美元对货币政策、金融稳定、消费者保护等的影响。三是任何数字货币都应该是对现金的补充，而非取代现金，也不应取代商业银行等私人机构的电子支付形式。四是私人部门对公共福祉"不负有责任"，不适合参与到数字美元的设计和发行中。五是数字美元的发行涉及众多利益相关主体，需要仔细思考和分析公众、其他机构的意见。六是确保美国在数字货币标准制定方面的领先地位。目前各国央行尤其是中国人民银行正在积极推动数字货币的发展，进一步增加

---

[17] https://www.federalreserve.gov/newsevents/pressreleases/other20210520b.htm.

了美联储发展数字美元的紧迫感。[18] 鲍威尔表示："不管最终得出什么结论,我们都希望在开发 CBDC 的国际标准方面发挥领导作用。"[19]

欧洲:对隐私的关注增加推进难度

法国在欧洲数字货币的探索中走在前列。自 2020 年年初,法兰西银行就一直在开展中央银行数字货币实验,并与合作伙伴一起探索新技术对金融市场的潜在影响。[20] 同年 5 月 12 日,法兰西银行宣布测试成功。在测试中,法兰西银行使用内部开发的区块链技术,创建了代表欧元的数字证券。前期法国兴业银行参与了测试,其他金融机构参加后续测试的积极性也比较高。[21]

瑞典和挪威经常被称为最接近无现金的国家,新冠肺炎疫情进一步加速了这一进程。瑞典零售和批发理事会的报告显示,约七成的瑞典消费者表示他们可以不使用现金,而一半的瑞典商家预计到 2025 年将停止接收现金。[22] 在疫情期间,由于担心病毒传播的风险,现金的使用已大大减少。一旦人们习惯了使用其他支付方式(例如手机钱包和非接触式卡),他们就不太可能重新使用现金。挪威央行进行的一项调查显示,2021 年秋天,该国不到 4% 的支出使用的是现金。[23] 总体上看,北欧国家拥有成熟的金融科技生态系统,

---

[18] https://www.bloomberg.com/news/articles/2021-05-20/powell-says-fed-to-issue-report-on-u-s-digital-currency.

[19] https://www.federalreserve.gov/newsevents/pressreleases/other20210520b.htm.

[20] https://www.forbes.com/sites/michaeldelcastillo/2020/07/20/cryptocurrency-excluded-from-french-central-bank-experiments/?sh=3264e1353960.

[21] https://coingeek.com/banque-de-france-announces-successful-digital-euro-test/.

[22] https://www.imf.org/external/pubs/ft/fandd/2018/06/central-banks-and-digital-currencies/point.htm.

[23] https://www.bis.org/review/r201106i.htm.

该地区的人们对新的数字支付方式持开放态度。

欧洲中央银行（以下简称欧央行）也在积极开展"数字欧元"的相关工作。2020年10月，围绕是否在19个欧元区国家启动"数字欧元"项目，欧央行开始征求公众意见。欧央行希望能够在2021年中期之前决定是否启动该项目，当然数字欧元在短期内并不会投入使用。㉔ 同时，欧央行宣布，数字欧元"只会是对现金的补充，而不会取代现金"。㉕ 拉加德认为，数字欧元是一个复杂的项目，可推动支付，但也可能会动摇金融体系的基础，项目启动需要集体做出决策和更多实践知识的支撑（Christine Lagarde, 2021）。欧央行一直在测试"承兑工具"，实现在硬件设备上存储少量的数字欧元，在离线交易中使用。在另一项实验中，欧央行测试了"分布式账本"技术，试图将个人身份从其付款中分离出来。㉖

当然，也不乏谨慎观点。欧央行执行委员会成员法比奥·帕内塔在Bruegel在线研讨会上做了一篇名为"进化还是革命？数字欧元对金融系统的影响"的致辞，表示对数字货币发行充满担忧。例如，当用户将存款转移至央行，可能会"饿死"商业银行，长远来看将对经济活动造成抑制。此外，一旦国外央行广泛使用数字货币，同时又缺乏数字欧元，可能会使欧洲经济和金融体系对来自国外的冲击更加敏感。因此，帕内塔认为，央行在数字货币设计当中必须考虑这些问题，包括对个人用户的数字欧元持有量设定门槛等。

公众对发展数字欧元也持有较为保守的观点。2021年4月17

㉔ https://www.ecb.europa.eu/press/pr/date/2020/html/ecb.pr201002~f90bfc94a8.en.html.

㉕ https://fortune.com/2021/03/13/digital-euro-fintech-banking-cryptourrency-european-central-bank/.

㉖ https://www.chinabond.com.cn/cb/cn/xwgg/zsxw/hgjj/20210422/157001830.shtml.

日，欧央行公布了关于数字欧元的调查结果，结果令数字欧元的支持者较为失望。[27] 8 200 多个受访者中，超过 40% 的人表示，他们的优先需求是保持付款的隐私性，这反映出许多欧洲人仍很看重现金的匿名性。超过 1/3 的受访者表示，付款隐私对他们来说是最重要的，超过一半的受访者将其列为最重要的两项之一。它的排名甚至超过了安全性，在关注度中排名第二，略超过 1/8 的受访者将其列为首要问题，约 1/3 的受访者将其排在前两位。在大量受访者中，排在前两位的其他项目是，使用数字欧元不会产生额外的费用，以及离线情况下也能支付。综上来看，公众更希望未来数字欧元类似于现金，允许离线使用而无须访问互联网。

其他国家：对 CBDC 的态度逐步转向积极

其他国家对 CBDC 的态度不尽一致，但疫情以后基本都转向积极态度。2021 年 4 月，日本银行证实已开展数字日元的概念验证。[28] 在第一阶段，主要论证技术可行性，该阶段持续到 2022 年 3 月。具体来看，日本央行将测试发行、赎回等基本功能。更详细的功能将在第二阶段的实验当中测试，例如是否对每一个个体持有 CBDC 的数量设定限制。日本央行执行长内田信一表示，如果有必要，央行将启动一项涉及支付服务提供商和最终用户的试点计划，在这之前需要先进行必要的实验。[29]

加拿大央行则认为，疫情增加了发展 CBDC 的紧迫性，数字货

---

[27] https://www.ft.com/content/661e066c-b41b-46e3-a9c0-275132039c1a.
[28] https://www.boj.or.jp/en/paym/digital/index.htm/.
[29] https://www.reuters.com/article/us-japan-economy-cbdc-idUSKBN2BS0EG.

币的发行也可能会提前。加拿大央行认为，一旦包括中国在内的其他国家在CBDC方面取得进展，加拿大就可能使用一种外国中央银行数字货币，这对于加拿大的货币主权来说将是灾难性的。不过，目前发行CBDC尚未成为加拿大央行"预先确定的结论"，虽然新冠肺炎疫情加快了央行为推出数字货币做准备工作的步伐，但这一天尚未到来，即"数字货币绝不是定局"。[30] 至于如BTC等数字货币，短期内还无法替代法定货币，近期的价格上涨似乎不是趋势，更像是投机狂潮。

印度储备银行（RBI）也在对央行数字货币进行探索。目前印度正在研究是否有必要引入CBDC，以及如何引入。[31] 但是，监管机构和政府对数字货币持怀疑态度，并对相关风险感到担忧。对于私人发行的加密货币，印度十分谨慎。在2021年2月发布的一份报告中，印度中央银行表示CBDC是一把双刃剑，它可以提高金融包容性，但也会削弱商业银行在经济中的作用。例如，"CBDC可以设计为在个人层面促进非匿名、监控交易，通过直接福利财政转移提高金融包容性，向中央银行进行直升机撒钱，甚至直接扩大公共消费并选择一篮子商品和服务，以增加总需求和社会福利"，但也会"带来银行系统去中介化的风险，如果商业银行系统被认为是脆弱的，影响更甚"。[32] 一位政府高级官员曾向路透社透露，印度将发布一项禁止加密货币的法律，对在该国交易加密货币的任何人

---

[30] https://www.reuters.com/article/canada-cenbank/update-2-bank-of-canada-accelerates-work-on-digital-currency-amid-pandemic-idUSL1N2KG2A3.

[31] https://www.indiatoday.in/business/story/rbi-s-upcoming-digital-currency-to-be-like-cash-report-1785192-2021-03-30.

[32] https://rbi.org.in/Scripts/AnnualPublications.aspx?head=Report%20on%20Currency%20and%20Finance.

甚至持有此类数字资产的人处以罚款。[33]

在禁止加密货币四年后，2021年2月，摩洛哥中央银行成立了一个委员会，该委员会将分析CBDC对摩洛哥经济的利弊。当然，由于其"投机性"，摩洛哥中央银行将继续对私人数字货币采取谨慎态度。而且，摩洛哥对加密货币的缺乏监管表示担忧，并警告使用虚拟货币会给用户带来巨大风险。

总的来看，由于私人发行的加密货币兴起，以及中国等在央行数字货币方面取得的进展，欧美以外的央行感受到货币主权可能会受到一定威胁，对数字货币的态度也逐步从谨慎转为积极。在权衡利弊以后，部分央行已经开始进行测试，为最终决定是否发行数字货币提供支撑。

表20.1 部分经济体央行对CBDC的研发试验工作

经济体央行	项目内容	最新进展
中国人民银行	2014年启动法定数字货币研究	数字人民币定位于M0，属于零售型CBDC，采用双层运营模式、不计付利息。目前，数字人民币体系已基本完成顶层设计、标准制定、功能研发、联调测试等工作，正在进行内部封闭试点测试。现已正式启用，并在冬季奥林匹克运动会等真实场景进行测试
英格兰银行	2015年启动RS Coin项目	2020年3月，系统阐释了设计思路与未来构想，是对货币形态与相关支付基础设施的创新，也是对现金的补充
欧央行、日本央行	2016年联合提出Stella项目	2019年12月，欧央行发布CBDC方案，将其定位为对现金的替代。2020年7月，日本央行发布报告，表示将通过实证试验探索CBDC的可行性

---

[33] https://www.reuters.com/article/uk-india-cryptocurrency-ban/india-to-propose-cryptocurrency-ban-penalising-miners-traders-source-idUSKBN2B60QP.

(续表)

经济体央行	项目内容	最新进展
法国央行	2020年启动数字欧元项目	2020年5月,法国央行完成了"数字欧元"的首次测试工作,未来还将开展一系列测试
加拿大央行	2016年启动Jasper项目	2020年2月,加拿大央行宣布开始研究零售型CBDC,以应对"无现金经济"的出现及私人数字货币的挑战,但尚未公布具体设计方案
新加坡金融管理局	2016年启动Ubin项目	分五个阶段,探索银行间大额支付系统、券款对付系统的重构、跨境跨币种支付以及基于区块链的支付网络
美联储	—	美联储表示正在评估CBDC成本与收益,研究相关法律问题,并进行关于分布式记账技术及其在数字货币领域潜在用途的研究和实验

发展 CBDC 的决定因素及面临的挑战

私人数字货币兴起与疫情冲击

随着私人数字货币发行越来越普遍,央行维护货币主权的意识持续增强。一些技术平台正在开发用于网络支付的稳定币。稳定币是一种数字资产,其价值在某种程度上与传统价值存储方式相关联,比如政府发行的法定货币或黄金。[34] 脸书曾宣布于2019年夏季推出数字货币项目(最初名为Libra,但目前称为Diem),这也引

---

[34] Lael Brainard, "The Digitalization of Payments and Currency: Some Issues for Consideration," remarks at the Symposium on the Future of Payments, Stanford University, California, February 5, 2021, https://www.federalreserve.gov/newsevents/speech/brainard20200205a.htm.

起了各国警觉。与央行发行的货币不同，稳定币不具有法定货币地位。如果被广泛采用，稳定币可以作为一种新的私人货币形式替代现有支付系统。考虑到支付往往具有很强的网络外部性，普遍使用私人货币进行消费，可能导致原来的支付系统支离破碎，增加家庭和企业的负担。此外，私人货币价值波动性高，难以避免被挤兑，如果在支付当中占据主导地位，可能会引发新的金融风险，增加对消费者权益保护的困难。㉟ 不过，稳定币与比特币的引入，推动了人们对法律和监管、金融稳定以及货币在社会中的角色等根本性问题的思考，加剧各国央行发行数字货币、维护货币主权的呼声。㊱

新冠肺炎疫情暴发以后，数字支付发展进一步提速。在疫情之前，瑞典等一些国家就出现了从现金向数字支付转移的明显趋势。㊲ 疫情发生以后，依托电子支付、实现无接触交易的趋势日渐成为主流。㊳ 央行有义务确保公众能够获得安全可靠和便利的支付手段，而非完全交由私人企业和市场。华盛顿布鲁金斯学会（Brookings Institution）资深研究员杜大伟（David Dollar）说："所有的努力都

㉟ Joshua R. Greenberg, Bank Notes and Shinplasters: The Rage for Paper Money in the Early Republic(Philadelphia: University of Pennsylvania Press, 2020).

㊱ Remarks by Governor Lael Brainard-An Update on Digital Currencies, https://www.federalreserve.gov/newsevents/speech/files/brainard20200813a.pdf.

㊲ Codruta Boar and Róbert Szemere, "Payments go(even more) digital"(Basel: Bank for International Settlements, January 2021), https://www.bis.org/statistics/payment_stats/commentary2011.htm.

㊳ Kelsey Coyle, Laura Kim, and Shaun O'Brien, Consumer Payments and the COVID-19 Pandemic: The Second Supplement to the 2020 Findings from the Diary of Consumer Payment Choice(San Francisco: Federal Reserve Bank of San Francisco, February 2021), https://www.frbsf.org/cash/publications/fed-notes/2021/february/consumer-payments-covid-19-pandemic-2020-diary-consumer-payment-choice-supplement-2/.

是防御性的。"㊴ 中央银行"正试图重新回到控制货币和货币供应的关键地位"。

CBDC 具备的内在优势

CBDC 本身具备一些独特优势，这也是央行将其纳入未来发展规划的重要因素。例如，波士顿联储副主席本奇（Bench）认为，CBDC 能以更低的成本实现跨境资金转移，也可以提高政府向个人转账的速度。除此之外，发展 CBDC 能够防止私营部门对数字货币的垄断，有效保护大众隐私。如果仅将数字货币开发交给少数几个私营部门实体，则可能会降低货币体系的弹性并增加金融风险。㊵波士顿联储执行董事埃里克·罗森格林（Eric S. Rosengren）在一次有关数字货币的会议上将发行 CBDC 的好处归结为：解决金融包容性问题，比如为无银行账户的人提供服务；减少昂贵的跨境交易费用；为货币政策提供额外的灵活性；能够降低交易对手风险。当然，他也强调 CBDC 的设计将涉及多重权衡，包括引入了额外的复杂性，并可能降低处理大量事务的速度。此外，还必须应对可能出现的意外后果，包括资金流向改变对金融稳定的冲击。㊶

发行数字货币，可以节省大量资源。不论是设计还是印刷，纸币都会消耗大量的人力、物力和财力。㊷ 同时，现金保管和防伪方

㊴ https://www.bloomberg.com/tosv2.html?vid=&uuid=174d1d30-d356-11eb-8d89-03280f5904c7&url=L2NvbXBbbnkv.

㊵ https://www.bostonfed.org/news-and-events/news/2020/08/boston-fed-exploring-the-tech-benefits-and-tradeoffs-of-a-digital-dollar.aspx.

㊶ https://www.bostonfed.org/-/media/Documents/Speeches/PDF/20210512-text.pdf.

㊷ Board of Governors of the Federal Reserve System, Division of Reserve Bank Operations and Payment Systems, "2021 Currency Budget."

面也需要花费很多额外资源。而数字货币可以大大降低这些成本。当然，发行数字货币也会带来新的成本，比如防范网络攻击的成本。[43]

用CBDC代替实物现金，也可能会提高货币政策有效性。在理论上，现金意味着利率下限为零。2008年国际金融危机以后，零利率下限已经被多个国家证实会限制货币政策效力。欧元区和日本已经实施负利率，但当经济下滑形势严峻之际，央行需要更多工具来引导资金流向实体经济。私人发行的数字货币价值非常不稳定，CBDC作为安全付款方式和价值存储方式，能够改善私人部门的财务稳定性。

央行也有责任为公民，尤其是为无银行账户或者信用记录的群体提供安全、高效的支付方式。根据中国人民银行发布的《中国普惠金融指标分析报告（2019年）》[44]，全国拥有银行账户的成年人比例依旧没有超过90%。在农村地区，这个比例则更低。即使是传统金融发达的美国，截至2019年，仍然有5.4%的家庭没有银行账户和相关支付方式。[45] 无法获得银行账户，可能导致这些家庭被排除在救助网络之外，增加财务的脆弱性。在新冠肺炎疫情最严重的时期，不少国家都面临如何向没有银行账户的家庭发放救济款项的问

---

[43] Jonathan Chiu and Tsz-Nga(Russell) Wong, "Payments on Digital Platforms: Resiliency, Interoperability and Welfare," Federal Reserve Bank of Richmond Working Paper No. 21-04, February 2021.

[44] http://www.pbc.gov.cn/goutongjiaoliu/113456/113469/4110025/index.html.

[45] Federal Deposit Insurance Corporation, How America Banks: Household Use of Banking and Financial Services(Washington: FDIC, October 19, 2020), https://www.fdic.gov/analysis/household-survey/; and Federal Deposit Insurance Corporation, FDIC National Survey of Unbanked and Underbanked Households(Washington: FDIC, 2017), https://www.fdic.gov/analysis/household-survey/2017/index.html.

题。以美国为例，大部分救济款项可以通过直接存入银行账户的方式实现快速发放，但对于那些在美国国税局没有银行账户信息的家庭，以预付借记卡和支票的形式分发款项，则需要数周时间。《社区再投资法》强调了向银行稀少和没有银行的社区提供无成本、低余额账户和其他银行服务的重要性。[46] CBDC能够提供更快和更直接的资金转移机制，在紧急情况下，能以更便捷的方式向困难家庭发放救济款项。美联储已经在开展相关的研究，亚特兰大联邦储备银行启动了一项公私合作项目，以确保以现金为基础的弱势群体能够安全地使用数字支付并从中受益。[47]

数字货币介入支付领域，有助于促进支付行业竞争。电子支付市场高度集中，无论中外国家，都是少数几个大型网络支付平台占据绝大部分电子支付市场份额。这些网络支付平台利用自己的市场地位，为平台上的商家和消费者提供复杂且不透明的定价机制，导致了额外的交易成本。[48] CBDC作为一种替代支付方式，能够减少支付、清算和结算等方面的摩擦，进而提高付款和转账效率。目前消费者和企业在支付后获取资金的速率差别很大，支票可能需要几天，而实时支付系统则只需要几秒钟。

分布式账本和智能合约技术的引入，有可能从根本上改变支付方式，推动金融中介和基础设施的变革，对于跨境支付尤其如此。

---

[46] Bank on National Account Standards, https://2wvkof1mfraz2etgea1p8kiy-wpengine.netdna-ssl.com/wp-content/uploads/2020/10/Bank-On-National-Account-Standards-2021-2022.pdf.

[47] Federal Reserve Bank of Atlanta, "New Committee to Advance Safe, Efficient, Inclusive Payments," news release, May 12, 2021, https://takeonpayments.frbatlanta.org/news/pressreleases/2021/05/12/new-committee-to-advance-safe-efficient-inclusive-payments.

[48] Tim Sablik and Zhu Wang, "Welfare Analysis of Debit Card Interchange Fee Regulation," Federal Reserve Bank of Richmond Economic Brief No. 13-10, October 2013.

现有的跨境支付系统交易成本高,但反洗钱和反恐怖主义监管、跨时区支付管理有时候仍依赖过时的技术。引入数字货币,有助于创建一个更快、更便宜、更透明、更包容的跨境支付生态系统。国际清算银行和包括美联储在内的七家中央银行的评估结果显示,CBDC 应坚持三个关键原则是:(1)在灵活创新的支付系统中与现金和其他类型的货币共存;(2)任何 CBDC 的引入都应支持更广泛的政策目标,并且不会损害货币和金融稳定;(3)CBDC 的所有特点都应该促进创新和提高效率。[49]

发展 CBDC 面临的挑战

与现金或其他数字支付方式相比,央行数字货币面临更突出的隐私问题。在欧洲或美国,像拉加德这样的决策者,都认为对隐私的侵犯是不能容忍的。欧央行正在探索"匿名凭证"(anonymity vouchers)的可能性,允许用户在限定的时间内私下转移有限数量的数字货币。中国人民银行发行的数字货币允许"可控匿名",数字人民币与用户银行账户松耦合,在技术上能够满足小额匿名的需求,但同时又能保证对金融违法行为的监管。

现金的出现,并不是专门为了保护隐私,但保护隐私是现金的固有功能,它可以实现匿名交换,无须保留任何交易历史记录(Kahn、McAndrews and Roberds,2005)。[50] 这也是为什么很多消费

---

[49] Bank for International Settlements(2020), "Central Banks and BIS Publish First Central Bank Digital Currency(CBDC) Report Laying Out Key Requirements," press release, October 9, https://www.bis.org/press/p201009.htm.

[50] Kahn, C., McAndrews, J., & Roberds, W. (2005). Money Is Privacy. *International Economic Review*, 46(2), 377-399. Retrieved May 25, 2021, from http://www.jstor.org/stable/3663561.

者偏好使用现金。旧金山联邦储备银行的《消费者付款选择日记》基于人口统计学样本提供了有关消费者付款行为的年度报告。[51] 2019年报告显示，现金被列为仅次于借记卡的第二大支付工具，主要用于小额支付。当然，纽约联邦储备银行的另一项研究显示，新冠肺炎疫情期间，人们对于数字货币的兴趣大大提升。[52] 随着现金使用比例的持续下降，自然而然地出现了一个问题，即中央银行是否应提供现金的数字替代方案，同时还能够对隐私实行有效保护。[53] 提供数字支付替代方案，同时保护隐私（例如加密货币），涉及高额交易成本，私人部门对此意愿并不高（Carstens，2018）。[54] 与私人部门相比，中央银行没有获利动机，将消费者隐私货币化，不会对支付市场造成根本性冲击。[55]

低成本且能够保护隐私的数字货币，有效结合了现有数字支付方式的便利性与现金的隐私保护功能，能够有效降低隐私保护成本和交易成本，可以成为改善消费者福利的有效工具。[56] 数字支付公司会利用消费者的支付数据进行数据垄断，且拥有定价权力。引入CBDC可以保留数据垄断者的市场结构，同时改变数据垄断者的定价行为，即数据垄断者必须为了吸引消费者提供更优惠的价格。当然，要有效保护隐私并非易事。中央银行需要一个可靠而强大的高

---

[51] https://www.frbsf.org/cash/publications/fed-notes/.
[52] https://libertystreeteconomics.newyorkfed.org/2020/09/covid-19-and-the-search-for-digital-alternatives-to-cash.html.
[53] https://www.bankofcanada.ca/2020/02/exploring-new-ways-to-pay/.
[54] https://www.bis.org/speeches/sp180206.htm.
[55] https://www.imf.org/en/News/Articles/2018/11/13/sp111418-winds-of-change-the-case-for-new-digital-currency.
[56] Garratt, Rodney and Lee, Michael, Monetizing Privacy (October 20, 2020). Available at SSRN: http://dx.doi.org/10.2139/ssrn.3583949.

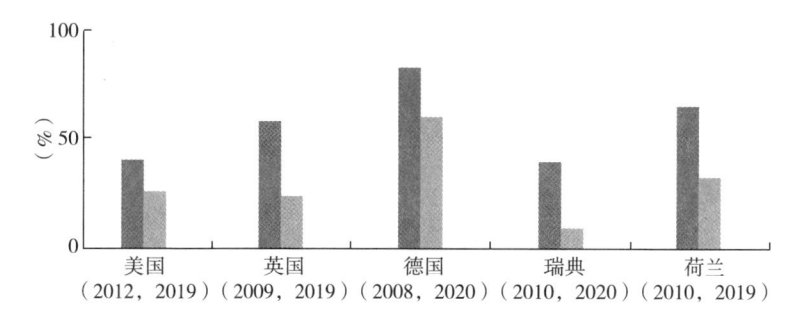

图 20.2　过去十年部分国家现金使用量变化

注：数据显示现金支付在总交易中所占的份额；调查以不同的时间间隔进行，并可能使用不同的范围和方法。

资料来源：旧金山联邦储备银行、英国金融、德意志联邦银行、瑞典中央银行、荷兰国家银行。

科技系统，避免网络攻击或操作漏洞。监管机构和立法机构，也需要重新考虑如何平衡隐私保护和对洗钱、灰色交易实施监管。

数字货币对金融稳定性的影响，也是现实担忧之一。具体如何影响，有很多争论。银行体系的正常运转高度依赖储蓄存款。由于有央行信用背书，CBDC 可能使金融市场更易"挤兑"，尤其是金融体系承压的时候，资金从脆弱银行流向 CBDC 的风险会进一步上升。[57] 当前，现金仍以纸币为主，大规模套现对市场参与者而言成本太高，挤兑可能性较小。摩根士丹利（Morgan Stanley）的艾哈（Ahya）表示："尽管央行的 CBDC 举措并非旨在破坏银行体系，但它们可能会带来意想不到的破坏性后果。""数字货币应用越广泛，创新的机会就越多，传统金融体系受到破坏的范围就越大。"这引发了传统银行从业者的担心。美国的行业游说组织银行政策研究所（Bank Policy Institute）首席执行官格雷格·巴尔（Greg Baer）

---

[57]　https://blogs.imf.org/2019/12/12/central-bank-digital-currencies-4-questions-and-answers/.

也曾警告说，传统银行系统可能会"贬值"。他补充说："对经济增长的影响可能是巨大的，除非中央银行也承担贷款责任或成为银行的常规资金来源。"㊳

如果只将商业银行负债的一部分转移到中央银行，将可能危及银行业的稳定及其贷款能力。欧央行前执行委员会委员、现任国际清算银行创新中心负责人贝努伊特·库埃尔表示："如果你以无限和无成本的方式轻松获得中央银行资金，可能会对银行存款产生不利影响……如果不采取某种缓解措施，它将永久改变银行存款作为银行资金来源的地位。"即使中央银行想重新获得对付款和货币的控制力，但它们仍不愿意破坏现有的金融体系，这就是 CBDC 进展缓慢的原因之一。

上述讨论表明，各国央行可能希望谨慎地引入 CBDC。在国内支付系统中引入 CBDC 所带来的增加值也需要仔细评估。世界主要国家，尤其是中美两国，已经有各种各样的电子系统用于批发和零售支付，数字货币对解决需求的直接贡献可能有限。同时，央行也可能不想通过发行 CBDC 来阻止支付领域私人企业的创新。为此，虽然私人数字货币带来数字货币主权之争、新冠肺炎疫情加速无现金支付发展，迫使各国央行开始研究数字货币，但很多讨论仍然是理论性的，并不紧迫。真正让各家央行认真考虑数字货币的直接原因可能是，中国在数字人民币实验方面的进展令全球同行感到惊讶，对数字货币主权问题更感焦虑。㊴

㊳ https://www.cnbc.com/2021/04/19/central-bank-digital-currency-is-the-next-major-financial-disruptor.html.

㊴ https://www.ft.com/content/3fe905e7-8b9b-4782-bf2d-fc4f45496915.

中国人民银行已经在现实场景中测试了数字人民币的使用。2020年10月，中国人民银行通过智能手机应用程序分发了数字人民币，接收者则通过与现有电子支付类似的方式，在多个应用场景试用了数字货币。中国在数字货币上的进度之快使得其他国家，尤其是欧美国家深感不安，从法兰克福到华盛顿都在密切注视着实验进展。

此外，技术问题也是大多数央行踟蹰不前的原因。全球金融科技市场结构高度集中，中小经济体面临的支付、清算相关的数字创新和监管不足挑战更加显著。同时，数字货币和智能手机紧密绑定，可能会使低收入群体处于更加不利的地位。IMF 的律师卡塔琳娜·马古利斯（Catalina Margulis）说："用户需要使用数字技术。""如果国家不能确保普遍使用，那么当 CBDC 获得法定货币地位，有关公平和金融包容性的根本问题就会凸显。"[60]

CBDC 的主要特点

CBDC 与其他支付方式的比较

当前消费者广泛使用的支付方式有现金和网络支付。从货币和支付的基本功能出发，判断 CBDC 是否更容易被接受，可从访问便利性、匿名性、独立性、运营效率、可编程性五个方面对三者进行比较。[61]

---

[60] https://www.bloomberg.com/tosv2.html?vid=&uuid=041ef5a0-d359-11eb-bae4-4505ab28e380&url=L2NvbXBhbmnkv。

[61] https://www.federalreserve.gov/econres/notes/feds-notes/comparing-means-of-payment-what-role-for-a-central-bank-digital-currency-20200813.htm#fn14。

从访问便利性看，现金优于 CBDC，CBDC 又优于网络支付。现金是最方便的支付手段，所有人都可以拥有现金。网络支付则要求付款者有商业银行账户并有存款，但实际上并不是每个人都拥有商业银行账户。如果在不使用智能手机的情况下，CBDC 能通过移动网络实现流转，则其覆盖范围接近现金，高于网络支付。[62]

从匿名性看，现金最好，CBDC 次之，网络支付最差。消费者在进行交易时，一般希望选择匿名。[63] 现金最能满足匿名需求。现在的网络支付体系，比如支付宝、微信支付等都不支持匿名。考虑到洗钱和其他非法金融活动的可能性，中央银行采用完全匿名的工具可能性不大，因此 CBDC 不太可能提供与现金相同程度的匿名性。当然，从盈利动机看，网络支付平台对用户信息的使用程度应该会高于 CBDC。

从独立性看，现金高于 CBDC，CBDC 高于网络支付。独立性是指使用某种支付方式时需要中间媒介介入的程度，对金融或运营媒介的需求越大，独立性就越低，反之亦然。现金具有高度独立性。网络支付需要一定程度的介入，例如使用嵌入芯片的卡或智能手机。大额支付则需要大型金融机构访问支付网络。CBDC 作为数字支付系统也需要某种形式的媒介，例如嵌入芯片的移动设备。但央行可以将其设计得比一般的数字支付需要更少的介入度，例如不需要移动程序，则直接使用植入芯片完成交易。

从运营效率看，网络支付效率最高，而 CBDC 大于现金。美联

---

[62] Federal Deposit Insurance Corporation, "2017 FDIC National Survey of Unbanked and Underbanked Households," October 2018.

[63] Schuh, Scott, and Oz Shy, "U. S. Consumers' Adoption and Use of Bitcoin and Other Virtual Currencies".

储曾将现金操作的预算与网络支付的成本做比较,发现网络支付相较于现金成本更低。[64] CBDC 的运营成本结构可能相比于现金运营,更类似于网络支付。不过中央银行营运 CBDC 的成本,很大程度上取决于设计。如果使用分散式安排处理交易,这些成本可能会低于即时支付系统或大额支付系统的成本。如果中央银行直接为所有家庭和企业提供服务,那么这样做的成本将是巨大的。

从可编程性看,毫无疑问 CBDC 胜出。能够嵌入类似智能合约的程序,是 CBDC 的一个重要特征。通过智能合约设定一些特定的触发条件,比如付款时间、付款对象等,就能够对数字货币的支付实施自动控制。同时,借助数字货币的可编程性,可以实现对宏观政策的更精准控制。例如,国家在消费贷款流向的一些领域实施编程,使贷出的数字人民币只能用于消费,而不能用于炒房或者炒股。[65]

综合以上五个方面的比较,可以看到,如果从效率角度看,毫无疑问 CBDC 替代现金是有广阔前景的,但如果考虑到与网络支付的比较,CBDC 相对于现金的优势就可能被削弱。毕竟,CBDC 相对于现金的优势,可以通过现金与网络支付的组合来弥补。当然,不同市场主体在不同场景下有着不同的支付需求和隐私保护需求,引入可编程性之后,CBDC 能够提供更为精准的支付服务和隐私保护服务。

零售型和批发型 CBDC

CBDC 自身又可以分为零售型和批发型两种。零售型 CBDC 适

---

[64] https://www.federalreserve.gov/publications/2018-ar-federal-system-budgets.htm#xsystembudgetsoverview-25105c48; and https://www.federalreserve.gov/newsevents/pressreleases/files/other20191127a1.pdf.

[65] https://www.sohu.com/a/211650082_462283.

用于大众消费者，批发型 CBDC 则适用于在中央银行持有存款准备金的金融机构。

除了货币和金融稳定的角色，中央银行在经济中扮演的另一个核心公共部门的角色是提供安全、高效和包容性的支付系统。支付系统需要加快适应技术、用户需求和规则的变化。在一些经济体中，现金作为一种支付方式正在渐渐消失，新的数字支付系统正在挑战中央银行的角色。在有些国家，私营部门在改进普惠金融和降低实体货币管理相关的运营成本和风险等方面都较为落后。为了应对这些挑战，一些中央银行正在探索发行零售 CBDC——一种可广泛接触到法定货币（对公众开放）的数字形式。这样的 CBDC 将是中央银行的负债，并构成基本货币供应的一部分。[66] 零售型 CBDC 由银行系统分发，消费者将其保存在电子钱包中，可以在线上和线下销售点直接以零售 CBDC 作为数字交易的结算媒介。在数字环境中，没有银行账户的消费者也可以依赖零售型 CBDC 进行支付。零售型 CBDC 需要与核心银行业务和支付功能集成在一起，以便于消费者在销售点进行支付，而无须大规模升级金融基础架构。为了进一步提升金融包容性，中央银行需要在私营部门无法或不愿提供支付途径的情况下，直接向公众发行 CBDC。现金使用量的下降，也促使一些中央银行考虑发行零售 CBDC，以便在现金完全消失或不再容易获得时，使公众能够继续使用中央银行的货币。国际清算银

---

[66] Kiff, John and Alwazir, Jihad and Davidovic, Sonja and Farias, Aquiles and Khan, Ashraf and Khiaonarong, Tanai and Malaika, Majid and Monroe, Hunter and Sugimoto, Nobuyasu and Tourpe, Herve and Zhou, Zhongyong, A Survey of Research on Retail Central Bank Digital Currency(July 1, 2020). Available at SSRN: https://ssrn.com/abstract = 3639760 or http://dx.doi.org/10.2139/ssrn.3639760.

行 2019 年的一篇工作论文将零售型 CBDC 与现金进行了比较,提出它和现金一样,每年、每天、每时都可以使用。乍一看,消费者在对两者的使用上没有太大的变化。但零售型 CBDC 不一定是匿名的,这一点和现金不同。此外,另一个不同之处在于,零售型 CBDC 可以支付或收取利息。[67] 国际清算银行 2020 年的一篇工作论文进一步指出了零售型 CBDC 的三个关键条件:(1)一个值得信赖和广泛使用的零售 CBDC 必须是安全和可访问的,提供现金般的便利和隐私保护;(2)各种技术设计在不同程度上满足标准,并需要确定相关的取舍;(3)零售 CBDC 的设计需要平衡中央银行信用的可信度和使用支付媒介的好处。[68]

对于批发型 CBDC 的研究动力,相较于其他形式的 CBDC 要弱一些。根据国际清算银行 2018 年的调查结果,只有 13% 的 CBDC 参与经济体在研究批发型 CBDC,因为一些较小的经济体或者企业缺乏针对其货币的批发和实时的总结算系统。此外,在这项调查中,研究人员发现,支付安全和提高国内支付效率是批发型 CBDC 最重要的激励因素,普惠金融对于发行批发型 CBDC 来讲是最不重要的动机(动机按重要性排序为:支付安全 > 提高国内支付效率 > 金融稳定 > 跨国支付效率 > 货币政策实施 > 其他 > 普惠金融),这恰恰说明了批发型 CBDC 所服务的对象并不是普通民众。[69] 但这不

---

[67] https://www.bis.org/speeches/sp190322.htm.

[68] Auer, Raphael and Böhme, Rainer, The Technology of Retail Central Bank Digital Currency (March 1, 2020). BIS Quarterly Review, March 2020, Available at SSRN: https://ssrn.com/abstract = 3561198.

[69] Barontini, Christian and Holden, Henry, Proceeding with Caution-A Survey on Central Bank Digital Currency (January 8, 2019). BIS Paper No. 101, Available at SSRN: https://ssrn.com/abstract = 3331590.

代表对于批发型 CBDC 的研究是无用的。相反，金融机构之间的交易支付和结算相当频繁，引入批发型 CBDC 可以提高结算流程的效率和完善风险管理。特别是，提高国内支付效率、支付安全和财务稳定的动机对所有国家而言都非常重要。[70] 将批发型 CBDC 的适用范围扩大到目前不允许在央行持有账户的金融市场主体，有助于缓解流动性风险和对手风险。批发型 CBDC 不仅可用于纯粹的资金转移，也能用于证券类资产转移。如果双方正在交易一项资产，如以证券换现金，批发型 CBDC 则可以允许资产的支付和交付瞬时发生。[71] 目前央行提供的准备金存款，在一定意义上可以被视为批发型 CBDC，不过有准备金账户的对象数量有限。[72]

在使用零售型 CBDC 进行支付时，中央银行一般避免直接与公众打交道，而是采取分层安排，即依靠商业银行提供直接零售支付活动和服务。根据普华永道的分析，大力推动普惠金融和经济数字化，是新兴市场零售型 CBDC 发展的重要驱动力。[73] 除了我国率先开展零售型数字人民币测试以外，巴哈马和柬埔寨已经进行了较为成熟的测试。[74] 而多数发达国家倾向于使用批发型 CBDC。一个潜在的原因是，发达国家当前的商业金融体系已经比较完善，私人部门并不想将零售支付市场让给中央银行，而中央银行也不想因为发

---

[70] Boar, Codruta and Holden, Henry and Wadsworth, Amber, Impending Arrival-A Sequel to the Survey on Central Bank Digital Currency(January 23, 2020) . BIS Paper No. 107, Available at SSRN: https://ssrn.com/abstract=3535896.

[71] https://www2.deloitte.com/ie/en/pages/financial-services/articles/central-bank-digital-currencies-money-tomorrow.html.

[72] https://www.richmondfed.org/publications/research/economic_brief/2021/eb_21-10.

[73] https://www.pwc.com/gx/en/industries/financial-services/assets/pwc-cbdc-global-index-1st-edition-april-2021.pdf.

[74] BIS Working paper No 880, December 2020 update.

展零售型 CBDC 而对自身的商业金融系统造成挤压。[75] 目前，最常见的批发型 CBDC 测试项目主要集中在跨境支付方面，例如中国香港与泰国、新加坡与加拿大、欧洲与日本、阿拉伯联合酋长国与沙特阿拉伯之间，允许央行测试跨境连接和项目互操作性。[76]

基于账户还是基于通证？

基于支付系统的识别机制，CBDC 又可以分为基于账户（account）的 CBDC 和基于通证（token）的 CBDC。

基于账户的 CBDC 确保交易由交易双方根据个人的用户身份进行验证。所有的交易都基于他们的身份账户。在发行基于账户的 CBDC 时，央行需要为每个用户设立一个账户，即建立数字身份系统。在该系统中，付款人必须被确认为该笔支付款的账户持有人。流程为消费者发起付款行为，由中介机构核实付款人身份，然后将支付请求传送给中央银行。中央银行完成结算，将信用账户发送给中介机构，系统收到付款通知，商家确认收款并向中介机构确认收款人。具体流程如图 20.3。

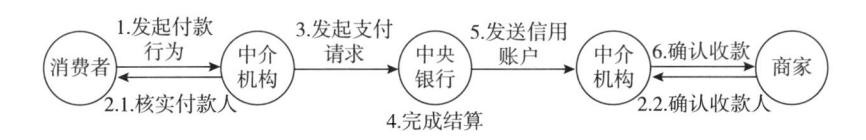

图 20.3 基于账户的支付

---

[75] https://www.ing.com/web/file?uuid=9aca4d2a-59ed-4a21-9b41-9074a6cf7cc2&owner=b03bc017-e0db-4b5d-abbf-003b12934429&contentid=50771.

[76] https://www.pwc.com/gx/en/industries/financial-services/assets/pwc-cbdc-global-index-1st-edition-april-2021.pdf.

基于通证的系统中，需要验证的是交易对象的真实性。基于通证的 CBDC 确保交易由支付者和收款者依靠公私密钥和数字签名获得批准。系统不需要获取用户的身份信息，因此隐私保护程度较高，但在追踪洗钱和欺诈性交易方面也更为困难。用户需要记住他们的私钥，否则可能会失去访问资金的权限。从这个角度看，基于通证的 CBDC 类似于现金。其支付流程大致如下。消费者直接发起付款行为，而个人的 CBDC 钱包会直接给中央银行发送通证。接着中央银行进行结算工作，完成后将信息传递给 CBDC 钱包，钱包收到确认付款的通知，直接付款给商家。不同于纯粹的私人数字货币，如比特币，CBDC 即使使用了通证式技术也依旧需要中央银行的参与，因为所有的 CBDC 都是由中央银行发放。但其匿名性体现在，中央银行只负责接收支付请求并进行结算，并不会对交易双方的身份进行核实。这是与基于账户的 CBDC 最大的区别。[77] 其具体流程如图 20.4。

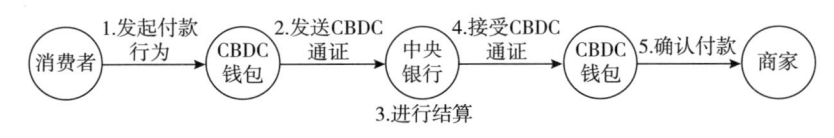

图 20.4 基于通证的支付

以下示例有助于理解基于通证和基于账户的系统之间的区别。基于通证的系统的典型例子是现金。如果消费者用现金购买商品，商家唯一需要担心的就是消费者支付的现金是不是假的。如果现金是真的，则可用于支付。特别是，商家不需要知道关于消费者的任

---

[77] https://www2.deloitte.com/ie/en/pages/financial-services/articles/central-bank-digital-currencies-money-tomorrow.html.

何事情。它类似于一种储值系统。基于账户的系统的一个很好的例子是支付宝的网络支付系统。如果消费者向支付系统提出将资金转移给商家（或者另一个消费者）的指令，则该指令必须按照关联的储蓄银行的安全程序进行传输，其中包括访问控制功能，旨在验证关联的储蓄银行收到的指令是得到授权的。这些安全程序限制了银行根据未经授权的指令进行操作的可能性，但也限制了发生欺诈的可能性。这就是为什么在基于账户的系统中，建立验证潜在收付款人身份的过程是很重要的。

两种类型的支付系统都可采取集中方式（单个委托方负责记录保存）或分散方式（集体保存记录并可供公众使用）进行操作。依旧以现金为例。随着现金易手，纸币拥有量的变化等于更新了系统中的记录。该系统是分散式的，因为没有用于记录交易的单独存储库，也没有负责更新记录的机构。比特币之类的加密货币也是通证系统，只不过其在网络中的使用信息被分散记录了。

各中央银行都希望采用最优性能的系统，但遗憾的是，这些系统在访问便利、保护隐私和安全级别上面临一定的权衡。在给定成本下，任何系统都无法同时拥有通用的访问权限、完善的安全性和完整的隐私性。扩大对系统的访问权限可能会导致安全性降低（即潜在的不诚信参与者会参与交易）或隐私侵犯（参与者可能为了保护隐私而放弃参与交易）。访问和安全之间的权衡取决于谁承担欺诈交易和错误记录的责任。在基于账户的系统中，此责任属于账户提供者或负责验证付款人身份的一方。这种安排使账户提供方或系统营运方的动机一致，即设法控制欺诈交易的风险。在通证系统中，责任落在接收者身上，他承担着接收伪造通证或已经消费的通证的风险。伪造风险是由验证和伪造通证的相对成本决定的。在使用现金的情况下，由于其易于识别的安全特征，验证是廉价和即时的，以至于物理交换是自动接受通证真实性的标志。在比特币等开放系统中，加密技术的使用降低了验证通证真实性的成本。开放系统通过区块链记录来追踪通证的生成，从而防止伪造，区块链记录存储于一个分布在整个计算机网络的总账中。为了让通证变得有价值，改变分类账户的成本必须高得令人望而却步。

访问便利和保护隐私之间的权衡部分取决于标识需求。在通证系统中，付款人不需要知道任何有关收款人身份的信息，也不需要向收款人透露任何与特定通证相关的信息。在基于账户的系统中，要么付款人知道收款人的账户号码，要么收款人知道付款人的账户号码。此外，在目前的环境下，由于包括反洗钱在内的各种法律原因，持有该账户的银行被要求掌握有关个人身份的信息。

有学者（Wong、Kahn and Rivadeneyra，2020）对 CBDC 的各种设计和论据进行了评估。[78] 除了思考"理想的数字货币看起来如何"之外，他们还考虑了一个重要问题，即"数字货币是否应由中央银行而不是私人发行"。他们得出的结论是即使采用了新技术，在不久的将来，基于账户的系统直接向公众发行 CBDC，也不大可能成为中央银行相对于私人发行人的比较优势。但通过为更多的参与者，比如个人和新型金融公司，提供基于通证的系统，中央银行可以增加支付服务市场的竞争并刺激创新。当然，新的加密货币技术的引入，也使央行进入零售数字支付市场成为可能。

---

[78] Charles M. Kahn, Francisco Rivadeneyra and Tsz-Nga (Russell) Wong, "Should the Central Bank Issue E-Money?" Journal of Financial Market Infrastructures, June 2020, vol 8, no. 4, pp. 1-22.

数字人民币发展及完善建议

发展数字人民币的必要性

"从货币的历史来看，第一阶段是希腊群岛的金银硬币，第二阶段是阿姆斯特丹外汇银行的书本钱，第三阶段是纸币"，沃特·博苏（Wouter Bossu，2021）认为中央银行数字货币将是"人类文明中的第四种货币形式"。[79] 谁率先使用数字货币，谁便可以引领新的货币运动。对央行而言，在传统政策工具效力边际递减的时代，数字货币无疑成了关注的前沿。罗格斯大学的托德·凯思特（Todd Keister）和宾州联储的丹尼尔·桑切斯（Daniel Sanches，2019）曾设计了几套完备的数据模型来模拟央行发行数字货币对于经济和社会的总体影响。[80] 他们认为引入数字货币既有积极的影响，也有消极的影响。积极影响包括通过提高分散交易中数字货币作为支付手段的回报率，可以提高交易效率，并最终使这些市场的产出和消费更接近有效水平。消极影响则为，如果家庭和企业选择大量持有和使用这类货币，就可能导致总体流动性发生重大变化。比如，数字货币可能降低了储蓄的流动性溢价，提高银行融资成本，并进而影响项目投融资和实际产出。因此，央行发展数字货币时面临着政策权衡，需要通过选择适当的数字货币利率来平衡其正负影响。但他们给出的意见是，当投资摩擦较小时，最佳政策是对数字

---

[79] https://www.bloomberg.com/news/articles/2021-02-05/central-banks-edge-toward-money-s-next-frontier-in-digital-world.

[80] Keister, Todd and Sanches, Daniel R., Should Central Banks Issue Digital Currency?（2019-06-03）. FRB of Philadelphia Working Paper No. 19-26.

货币支付相对较高的利率,并将其设计成广泛使用的货币类型,即可以同时作为现金和储蓄手段;但如果摩擦阻碍了大量具有社会生产力的项目获得银行的投资,那么央行应该选择对数字货币支付更低的利率,甚至可能是负利率。这样做可以让银行存款产生流动性溢价,从而帮助银行部分克服投资摩擦。总的来说,数字货币可以成为央行管理流动性的重要工具。

央行需要确保在数字货币发行和使用当中的主导地位(Bordo and Levin, 2017)。[81] 一是避免数字货币冲击宏观稳定。有学者(Fernandez-Villaverde and Sanches, 2016)[82] 曾假设央行不再发行纸币和数字货币,而是由私人发行和使用数字货币,结果会是经济面临更大的不确定性,并且不存在任何表现出稳定价格的均衡状态。由央行发行数字货币,并采取适当的货币政策框架,可以实现价格稳定。二是避免产生新的系统性风险。线上支付系统的外部性和规模回报特征非常突出,如果任由私营企业发行数字货币,可能会加剧整个支付系统的垄断,支付本身的业务问题可能导致整个金融系统和宏观经济的风险;三是丰富应对严重衰退的工具箱。国际金融危机已经过去了十余年,现在又遭受百年难遇的新冠肺炎疫情冲击,全球经济下滑幅度为二战以来最高,利率水平似乎大大低于过去,传统货币政策面临更多限制。发行数字货币,在一定程度上或许可以弥补未来货币政策工具的不足。四是加快相关技术的迭代,

---

[81] Michael D. Bordo & Andrew T. Levin, 2017. "Central Bank Digital Currency and the Future of Monetary Policy," NBER Working Papers 23711, National Bureau of Economic Research, Inc.

[82] Jesús Fernández-Villaverde & Daniel Sanches, 2016. "Can Currency Competition Work?," NBER Working Papers 22157, National Bureau of Economic Research, Inc.

夯实金融基础设施。发行数字货币面临诸多具有挑战性的技术问题，一个好的央行数字货币需要依托一个兼具效率、弹性和安全的基础设施，能够有效缓解隐私和透明度之间的固有矛盾。同时，还有助于打击洗钱和腐败。

数字人民币目前的试点推广处于领先阵营，其他国家央行对数字货币的认知也在不断深化。美联储积极推进与诸如 MIT 等高校的技术合作，同时也建立了自己的研发机构。上述布局，加上自身在货币经济学研究领域处于前沿，美国在数字货币上的发展可能会加速。在一定程度上，占据数字货币的主导地位并向周边国家辐射是极其重要的。当数字美元成为跨越国界的通用数字货币后，那些与中国相邻的国家即使在社会上或数字经济活动上实现高度融合，但仍有可能面临数字货币美元化的尴尬境地。有学者（Brunnermeier and James，2019）认为，[83] 数字货币的差异化可能导致国际贸易的下降和货币体系的动荡。这也增加了不断完善现有的数字人民币设计并加大试点推广的紧迫性。

关于数字人民币测试进展的评述

目前，全国主要城市都逐步开展数字人民币的测试活动。成都市即将实现使用"天府通"App 支付数字人民币乘坐公交和地铁出行[84]；西安市已开设数字人民币个人钱包 110 余万个、对公钱包近 20 万个，围绕文化旅游、民生服务、智慧校园、商业连锁、示范

---

[83] Markus K. Brunnermeier & Harold James & Jean-Pierre Landau, 2019. "The Digitalization of Money, "NBER Working Papers 26300, National Bureau of Economic Research, Inc.
[84] https://new.qq.com/omn/20210628/20210628A04CV200.html.

街区、普惠金融等领域正式投产应用场景逾7万个试点[85];2021年6月5日,上海开启"数字人民币五五欢乐购"红包活动,包括美团、百联集团、家乐福等线上线下的商家都在上海开通了数字人民币支付试点[86];而香港财政司司长陈茂波也表示,将对数字人民币在港使用进行技术测试。[87] 以北京为例,以欢乐谷为首的旅游景点已经开始向游客介绍数字人民币相关知识,引导游客下载数字人民币应用程序、开通数字人民币钱包,并在园内使用数字人民币消费[88];2021年6月下旬,数字人民币App中也上线了"数字人民币交通卡"的新程序[89];而早在2021年6月初,北京市内便开展了"京彩奋斗者数字嘉年华"的数字人民币试点活动,消费者可在近2 000家指定商户无门槛使用数字人民币消费。[90]

央行已经形成了自己初步的CBDC构架,不同于CBDC应该采用分布式还是集中式的讨论,数字人民币发行采取独特的"双层运营"结构。具体为,上层投放途径为央行对商业银行,央行按照100%准备金制度向商业银行批发兑换数字人民币。由央行对发行的法定数字货币做信用担保,因此央行的数字货币与人民币一样具有无限的法偿性。下层投放途径为商业银行对公众用户,商业银行面向社会公众提供对等数量的现金或银行存款兑换数字人民币服务。商业银行等机构在负责向公众发行CBDC的同时,需要向央行缴纳全额准备金,以保证央行数字货币不超发。这种双层模式的建

---

[85] http://www.ce.cn/cysc/tech/gd2012/202106/24/t20210624_36665950.shtml.
[86] https://new.qq.com/rain/a/20210623A07U9400.
[87] http://finance.sina.com.cn/roll/2021-06-27/doc-ikqcfnca3547049.shtml.
[88] http://www.jjckb.cn/2021-06/17/c_1310011979.htm.
[89] https://www.mpaypass.com.cn/news/202106/28183737.html.
[90] http://www.beijing.gov.cn/fuwu/lqfw/gggs/202106/t20210602_2403931.html.

构体现了央行对于目前中国国情与金融体系的考量。央行使用"双层"模式的原因[91]，可简要概括为以下几点：（1）内部地区差异；（2）更有效地利用现有的业务资源、人力资源和技术；（3）分散风险；（4）避免金融部门的去中介化；（5）对现有金融体系不造成根本的结构性改变。

虽然央行将其定义为"双层"模式，但实际上，这种模式仍属于集中式 CBDC 的范畴。集中式 CBDC 的核心便是需要进行身份核实，核实后由央行进行结算，而进行身份核实的中介机构在这种"双层"模式下便是商业银行，因此，数字人民币目前仍旧没有使用任何通证式的 CBDC。第一个可能的原因便是技术性支持。通证式 CBDC 建立在区块链技术的基础上，而区块链技术仍然处于发展的初期阶段。遗憾的是，目前还没有相关新闻报道某个国家已经实现在全国范围内进行大面积区块链的实验，因此，集中式 CBDC 对多数国家央行而言的可行性相对较高。第二个可能的原因便是监管。在上述对于这两种 CBDC 的讨论中已经提及通证式 CBDC 的优点在于对隐私的保护，但是这也必然带来政府监管的困难。在数字货币使用和推广的初期，有效的中央监管是很有必要的，这种监管对于相关数据的收集不仅有助于数字人民币日后的改进，也有利于有关部门研究数字时代相应的监管模式。

数字人民币注重对 M0 而不是 M1、M2 的替代。正式的解释为："M0 数字化是货币发展规律和支付需求催化的供给侧结构性改革。随着信息技术发展，批发资金依托支付系统实现了电子化，支

---

[91] https://www.centralbanking.com/fintech/cbdc/7511376/some-thoughts-on-cbdc-operations-in-china.

持 M1 和 M2 流通的银行间支付清算系统（如大小额支付系统和网上支付跨行清算系统等）、商业银行行内系统以及非银行支付机构等各类支付系统不断完善升级，较好地满足了经济发展需要。用数字人民币替代 M1 和 M2，既无助于提高支付效率，也会造成现有系统和资源的巨大浪费。"[92]

由此不难看出，数字人民币仍集中于零售型 CBDC 的模式。前面曾介绍了两种 CBDC 的类型，一种是零售型 CBDC，一种是批发型 CBDC，前者服务于广大消费者，后者则主要服务于大型机构之间的交易。而从目前数字人民币的试点情况来看，数字人民币主要承担的是零售型 CBDC 的角色，即主要服务于市民，例如乘坐公共交通、餐饮娱乐。将数字人民币定义为对 M0 的替代则更加能说明其零售型 CBDC 的定位。批发型 CBDC 主要集中于发达国家，依靠的是其完善且强大的金融系统，而中国作为发展中国家，在没有足够稳健的国内金融体系的情况下先发行零售型 CBDC 也的确是合理的选择。此外，国内一直有强大的移动支付系统以及人们已经培养成功的支付习惯。因此，一开始采用零售型 CBDC，有助于提高国内消费者对于数字人民币的接纳程度。

虽说数字人民币已经在全国范围内广泛开展测试活动，同时也遥遥领先于其他主要经济体，但数字人民币的实施仍旧存在一些隐患。首先，集中式 CBDC 的效率并不突出，且存在隐私和个人信息泄露的安全隐患。这种担忧在国内可能并不明显，但是根据对欧洲和美国等国家的现状分析，可以得知这些西方国家的消费者对于 CBDC 是否会侵犯自己的消费隐私十分敏感。如果数字人民币依旧

---

[92] https://www.financialnews.com.cn/pl/zj/202009/t20200915_200890.html.

采用集中式的模式，且没有解决隐私保护问题，那么很有可能会导致数字人民币只能在国内范围内被接受，而无法真正被世界所接受。其次，零售型CBDC的一个问题是有可能造成对商业银行或者小型金融机构的挤兑。CBDC的一大隐忧，同时也是目前多数国家还在犹豫的原因，便是它对于现有金融体系的冲击。不少商业银行已经联合反对中央银行发行CBDC，如行业游说组织银行政策研究所首席执行官格雷格·巴尔警告说，传统银行系统可能会"贬值"。[93] 以中国为例，国内的网络支付，包括商业银行的个人网银和微信支付、支付宝等与现阶段的数字人民币起到一样的作用，即由普通消费者使用和进行购买活动。国家大力推行零售型CBDC必然会对这些机构的生存产生一定的负面影响，甚至是替代作用。这是央行需要在零售型CBDC与批发型CBDC之间进行权衡的一个关键所在。

数字人民币与人民币国际化

对于数字人民币的讨论大致可以分为两个方向。国外舆论和国内市场唱高数字人民币，认为其代表了中国对抗美元霸权的努力，同时也认为这是推动人民币国际化的一种方式；而国内主管机构或相关人士则相对谨慎，表示数字人民币的目的是服务国内，并强调数字人民币是一种市场选择。

国外舆论的唱高既包括专业的机构，也涵盖知名的媒体。国际货币金融机构官方论坛（Official Monetary and Financial Institutions

---

[93] https://www.cnbc.com/2021/04/19/central-bank-digital-currency-is-the-next-major-financial-disruptor.html.

Forum）曾多次讨论数字人民币对人民币国际化和对美元主导地位的威胁问题。例如，"从长远来看，'一带一路'倡议为扩大使用数字人民币进行国际支付，特别是为其汇款提供手段。目前，美元主导'一带一路'贸易和汇款流动。北京很高兴看到人民币发挥更大的作用……中国已经获得了先发优势"。[94] 前国际清算银行高级经济学家赫伯特·伯尼奇（Herbert Poenisch）则表示："中国正在采取一些措施来削弱美元的全球作用。首先是使用 CBDC 与多家央行进行跨境支付。"其认为，"所有举动都清楚地表明，中国决心取代美元"。[95]《华尔街日报》的一篇报道指出，北京方面推广数字人民币，以及推动人民币更广泛国际化的一个主要目的便是削弱美国的制裁力量。[96] 而《金融时报》（*Financial Times*）在 2021 年 4 月 21 日则直接刊登了一则主标题为《中国的数字货币对美元主导地位构成威胁》（China's digital currency is a threat to dollar dominance）的文章。[97]

而国内多数市场分析网站也秉持类似的看法。例如，有观点认为："随着数字人民币的逐步普及和技术的不断成熟，应用场景将从消费领域扩展到金融投资领域。随着跨境电子商务的发展，中国将逐步与海外经济体合作，建立相关法律制度安排和协调机制，完善相关金融基础设施和法律，促进数字人民币在跨境支付结算、投融资中的广泛应用和流通，形成数字人民币回报机制，这也将有助于加快人民币国际化。"[98]

---

[94] https://www.omfif.org/2020/11/chinas-winning-cbdc-approach/.
[95] https://www.omfif.org/2021/04/china-is-undermining-the-dollars-global-role/.
[96] https://www.wsj.com/articles/china-creates-its-own-digital-currency-a-first-for-major-economy-11617634118.
[97] https://www.ft.com/content/3fe905e7-8b9b-4782-bf2d-fc4f45496915.
[98] https://www.chinairn.com/hyzx/20210603/120915396.shtml.

虽然网络上一直炒作人民银行推行数字货币是为了推进人民币国际化并对抗美元霸权，但央行方面对此保持相对冷静，并强调数字人民币的推行不是为了取代美元，而是为了更好地服务国内消费者，同时中国也无意强行推进数字人民币的国际化，世界市场对于数字人民币无须感到担忧。例如，在博鳌亚洲论坛 2021 年年会分论坛"数字支付与数字货币"中，时任央行人士强调数字人民币的发展重点目前主要是推进其在国内的使用，央行的目标绝不是要取代美元或者是其他的国际货币，而是让市场来做选择。[99] 周小川认为，发展数字人民币最初的考虑并非为了人民币国际化，而是为了大众更方便地支付。[100] 数字人民币肯定会给跨境支付带来方便，但这并不是初始动机，因为跨境支付面临很多复杂的问题，比如货币主权的问题。[101] 对于货币选择问题，"究竟人家接受不接受，愿意不愿意用，是由市场参与主体自主决定的，不是谁单方面就能决定的"。随着中国经济地位、贸易地位不断提升，货币的地位也会自然而然地上升。[102] 要更明显地提高人民币可自由使用的程度，才能提高人民币将来成为国际化货币的可能性。这还要取决于国际上广大使用者的接受程度，以及对现行国际货币体系的认识程度。[103]

海外媒体有意扩大数字人民币威胁论，潜在的原因可能是为了引发世界上其他国家对数字人民币的抵触心理，以达到阻碍数字人民币得到海外市场接纳的目的。而国内市场高调宣传数字人民币，

---

[99] http://www.chinanews.com/cj/2021/04-19/9457949.shtml.
[100] http://www.chinanews.com/cj/2021/04-19/9457860.shtml.
[101] http://www.chinanews.com/cj/shipin/cns-d/2021-04-19/news886295.shtml.
[102] http://www.chinanews.com/cj/shipin/cns-d/2021-04-21/news886607.shtml.
[103] http://www.chinanews.com/cj/2021/05-20/9481840.shtml.

可能是为了提高数字人民币的国内认可度，并进行相关的资本炒作。而政府多次澄清则是希望数字人民币的发展不要操之过急，需要先在国内进行全面的测试和顺利使用后，才能真正地走向世界。但两种观点也存在共同点，关于数字人民币发展过程会不会一帆风顺，国内市场是否真的可以测试成功，以及国外市场是否真的可以全面接纳，目前来看都存在着较大的不确定性。

数字人民币走向海外，与人民币国际化的进程紧密相连。关于人民币国际化，"十四五"规划明确提出，要稳慎推进人民币国际化，坚持市场驱动和企业自主选择，营造以人民币自由使用为基础的新型互利合作关系。[104] 相比"十三五"时期，"十四五"期间推进人民币国际化的基调从"稳步"变成"稳慎"，而"有序实现人民币资本项目可兑换"变成"坚持市场驱动和企业自主选择，营造以人民币自由使用为基础的新型互利合作关系"。从"稳步"到"稳慎"的变化在一定程度上暗示了"十四五"期间，从追求人民币国际化的速度转变为追求人民币国际化的质量。从"有序实现"到"坚持市场驱动和企业自主选择"则说明政府越来越尊重市场的力量，从使用行政手段推动人民币国际化转变为创造更好的营商环境，提高人民币的自由使用程度，为人民币获得更多的国际认可铺平道路。

实际上，一种货币是否可以抗衡美元并不是由它是否使用数字发行可以解决的。美元不是由行政命令指定为世界货币的，相反是市场选择了它。这一选择不仅仅是二战后美国地缘政治主导地位的反映。它体现了美国经济的庞大规模和活力，其金融体系和资本市

---

[104] http://www.gov.cn/xinwen/2021-03/13/content_5592681.htm.

场强大的流动性，健全的配套机构和强有力的产权保护制度。同时，这些因素使美元资产成为世界上最有价值的安全无风险资产。这一选择也反映了美国经济和资本账户的开放程度，美元浮动的自由度以及来自世界其他地区的庞大进口量。同时，美联储的可信度、独立性也比较高。[105] 因此，如果的确有意利用数字人民币来推进人民币的国际化，那么更重要或者说有效的方法应该是打造更好的营商环境，加强人民币的流动性和自由兑换能力，并提供自身金融体系的稳健性。总之，人民币是否数字化不是人民币是否能国际化的关键，而是取决于人民币自身作为交易和价值存储工具的需求量和吸引力。

关于促进数字人民币发展的建议

第一，需要对数字人民币测试进行更为深入的讨论，以获得更广泛的社会接受和支持。CBDC作为一种新生事物，需要公共和私营部门的集体投入和参与，需要不同相关利益主体参与的包容性讨论。主要相关利益者包括政府机构、消费者、金融机构、技术和基础设施提供商、学术界以及标准制定组织。考虑到涉及的各种利益错综复杂，系统设计和生态建设并不是朝夕之功，获得利益相关者的广泛接受和支持预计要较长时间。

第二，健全数字人民币相关的立法和政策。央行发行数字人民币的权限，以及央行与公众之间关系的潜在改变，都涉及对现行法律的变更。尤其是要修订《中华人民共和国中国人民银行法》和《中华人民共和国人民币管理条例》，明确数字人民币的法定地位。

---

[105] https://www.omfif.org/2021/04/digital-renminbi-is-no-threat-to-dollar-dominance/.

要加强消费者保护，更好地维护个人隐私。需要加强跨部门协调，完善财政、税收、反欺诈、反洗钱以及网络安全等方面的政策，并有效实施。数字人民币对货币政策传导机制的影响也需要加强研究。

　　第三，丰富数字人民币应用场景和生态。消费者和商家愿不愿意接受并使用数字人民币，是数字人民币能否成功的关键。消费者对数字人民币的潜在兴趣正在增长，但消费者的支付行为并不容易改变。在数字人民币的设计和测试中，要考虑到不同年龄、地理位置、付款习惯和金融知识的消费者。例如，人们将如何通过智能卡、智能手机、指纹、虹膜扫描或其他方式使用数字人民币？他们为什么会选择数字人民币而不是另一种付款方式？为了使数字人民币吸引商家，央行需要思考公众使用数字人民币的收益是什么。潜在的收益包括成本、速度、安全等。因此，央行需要与个人和企业合作，并咨询消费者团体、社区组织和商业协会，以了解数字人民币的推广进展。用户对隐私和可用性的意见也举足轻重，需要明确识别系统上保留了哪种类型的信息、谁将拥有该信息、谁可以访问该信息，以及如何使用它。

　　第四，进一步提升技术能力和基础设施水平。数字人民币之后的发行可能会采用不同的形式，其中一些可以通过现有技术和基础架构来实现。但不排除使用较新的技术，例如分布式账本，而这些技术今天还没有被广泛使用，需要新的技术提供商（例如大数据和金融科技公司）介入。特定的数字人民币运营要求，比如离线访问离不开安全硬件等技术支持。总的来看，数字人民币的技术能力至少需要满足系统完整性、运营稳健性和运营弹性这三个方面的要求。

第五，合理选择数字人民币大规模引入时机，避免短期内对现行金融体系造成过大冲击。数字人民币的应用，会影响商业银行的存贷款，以及包括第三方支付在内的更广泛的金融体系，导致金融市场结构发生重大变化，因此数字人民币的大规模引入需要提前做好前期规划。首先，要认真评估其他金融机构的潜在收益和损失，引导市场预期。认真梳理大规模数字人民币引入的场景，并慎重考虑是否进入以及如何进入商业银行和第三方支付系统这两大已经深入人心的领域，尽可能实现多方共赢。从央行数字货币设计的国际比较来看，支付创新的原则应该是改进现有的支付系统，CBDC的引入应补充而不是取代货币和银行账户。

第六，加强数字人民币和数字贸易融合，丰富人民币跨境支付场景。微信与支付宝等第三方支付平台的成功出海可以给数字人民币的国际化带来丰富的启示。数量庞大且购买力强劲的我国消费者在境外旅游，数字人民币完全可以趁机与其他国家建立合作关系，提高数字人民币支付的便利性。探索在贸易结算时直接使用数字人民币，并保证贸易对象在获得大量数字人民币后，能在中国购置商品和资产。

第七，稳步提高人民币自由兑换程度，增加数字人民币的国际接受度。与其他国际货币发行国相比，我国资本市场的开放度仍然较低，一定程度上也影响了人民币国际化进程。需要持续推进资本市场开放进程，提升人民币国际化的质量。与此同时，要加强资本市场改革，提升资本市场吸引力，增强人民币作为价值储藏货币的地位。加强与离岸金融中心、多边国际组织的合作，为完善数字人民币跨境支付提供更多通道。

第二十一章　金融科技变革与监管

在新一轮创新周期当中，经济主体的构成正发生显著变化。婴儿潮一代的最后一批人逐渐退休，Z世代（出生于1995年至2010年之间的人）开始成长为重要的消费群体。该群体生活在一个由互联网远程连接起来的世界中，擅长使用互联网和其他科技，为金融科技（Fintech）的颠覆创新和广泛应用创造了条件。受大数据、云计算、区块链和人工智能技术推广应用，以及金融监管规则变革的推动，金融和科技融合变得更为紧密，金融科技蓬勃发展。新冠肺炎疫情发生以来，金融科技发展进一步加速。传统经济模式受到重创的同时，金融科技仍然实现了两位数以上的增长（Rowan et al.，2021）。金融科技能够促进创新、提高效率、降低成本和增强包容性，有助于提高社会福祉。但金融科技目前还没有改变金融行业为时间、风险定价的本质，反而因为打破传统边界、赢者通吃的网络特征，给宏观经济和金融稳定带来了更多新的问题。各国都面临平衡促进金融科技发展和加强风险防范以及审慎监管的挑战，深入分析金融科技与宏观稳定的关系更为迫切。

什么是金融科技

金融科技最初指的是金融服务技术联盟（Financial Services Technology Consortium），这是花旗集团发起的一个旨在促进技术合作的项目。如今，金融科技是指利用现代创新技术（如软件）提供金融服务的一种方式。在更广泛的意义上，金融科技被视为一个融合了金融和技术的新市场（Arner、Barberis and Buckley，2015），并以基于新技术的流程取代传统的金融结构。金融稳定委员会（FSB）将金融科技定义为技术支持的金融创新。[1] 舒菲尔（Schueffel，2017）在查阅了200多篇引用"金融科技"一词的论文后，将金融科技定义为"一种应用科技来改善金融活动的新型金融行业"。这种创新可以产生新的商业模式、应用、流程或产品，它由一种或多种互补的金融服务组成，并通过互联网以端到端提供服务，对金融市场、机构和金融服务供给产生实质性影响。金融科技也可以被认为是"任何通过根据不同的场景提出技术解决方案来改善金融服务流程的创新想法，同时这些想法也可能催生新的商业模式甚至新业务"（Leong et al.，2018）。其目前已经或未来可能会被广泛应用的领域包括交易（支付、清算和结算）、资金管理（存款、借贷、融资、投资管理）和保险。

金融科技公司正经历着高速发展。高盛认为，在过去的十年里，消费金融市场经历了巨大的变化。这一变化恰逢实体金融媒介

---

[1] http://www.fsb.org/what-we-do/policy-development/additional-policy-areas/monitoring-of-fintech.

向线上金融媒介的转变②，金融科技公司面临适宜的发展环境。根据之前毕马威《金融科技脉搏2021》③的预测，虽然全球对于金融科技的投资热情在2019年下半年到2020年上半年暂时性下降，但在2020年下半年会出现明显的反弹，并一直持续到2021年上半年。2021年上半年对金融科技的风险投资总额就高达520亿美元，而2018年整年度才540亿美元。以中国为例，2018年金融科技投融资达到阶段性高点。根据CNBC的报道，大型金融科技公司市值增至1万亿美元，而包括摩根大通、美国银行、富国银行、花旗集团、摩根士丹利和高盛在内的"六大"银行的总价值只有不到9 000亿美元。这意味着金融行业内部可能面临着一次洗牌，也说明了金融科技公司目前在经济中举足轻重的地位。④ 麦肯锡公司2020年的一项调查显示，在新冠肺炎疫情期间，美国人更愿意使用金融科技。金融科技公司"在客户信任度方面正在赶上传统银行"。尤其是年轻人正在成为金融科技业务发展的驱动力。报告称："Z世代和千禧一代拥有最多的金融科技账户。"⑤ 同时，对加密货币和区块链技术的兴趣激增也推动了金融科技的增长，去中心化金融的诉求也日益增长⑥，令去中心化金融成为金融科技领域的一个重要部分。例如，通过去中心化金融借贷，用户可以像在银行使用

---

② https://www.gspublishing.com/content/research/en/reports/2015/03/03/f8bf7bde-fd2d-443e-a889-254819854dcc.pdf.
③ https://home.kpmg/xx/en/home/insights/2021/08/pulse-of-fintech-h1-2021-global.html.
④ https://www.cnbc.com/2020/09/16/market-value-of-big-fintech-companies-rises-to-1-trillion-more-than-the-largest-banks.html.
⑤ https://www.mckinsey.com/industries/financial-services/our-insights/how-us-customers-attitudes-to-fintech-are-shifting-during-the-pandemic#.
⑥ https://www.cnbc.com/2021/03/17/mark-cuban-learn-about-defi-nfts-cryptocurrency-like-eth.html.

法定货币一样借出或借入加密货币，并作为贷方赚取利息。[7] 整体上看，金融科技的交易规模正在不断扩大，涵盖的领域也从财富科技和监管科技，扩展到加密科技与网络安全，多样性明显上升。

金融科技带来的变革与挑战

金融科技作为一种技术创新和新兴商业模式，将在提供金融服务方面与传统金融机构形成竞争。金融科技一方面利用自身的技术来改善金融活动，另一方面也可能打破传统的结构和边界，带来一些潜在的风险，为此有必要进一步深入讨论和分析金融科技的利弊。

金融科技的优势

传统金融体系服务效率有待进一步提高。菲利蓬（Philippon，2016）研究发现，自金融危机发生以来，金融中介的单位成本仅略有下降，总体上仍维持高位。巴佐特（Bazot，2014）对其他经济体的研究也得到了类似的结果。还有部分研究表明，许多发达经济体已经达到"更多金融"也没有帮助的程度（Favara，2009；Cecchetti and Kharroubi，2012；Shin，2012）。改善金融服务能显著提高福利，这在技术上是可行的，但如果没有新公司进入，这种提高就不太可能发生。因此，金融体系需要一种新的力量来解决这一困境，这为金融科技的出现与蓬勃发展提供了必要性。

关于金融科技的优势，讨论得比较多的是技术推动成本下降。

---

[7] https://www.ft.com/content/16db565a-25a1-11ea-9305-4234e74b0ef3.

金融科技初创企业没有监管包袱，没有过时的平台系统、分支网络，人力负担也比较轻。对于许多新兴的金融科技公司来说，运营费用占未偿还贷款余额的比例约为2%，而传统债权人的比例为5%~7%（McKinsey，2015）。[8] 金融科技银行的技术允许它们以更低的成本放贷，提供更好的产品，并获得大量市场份额。不过，菲利蓬（Philippon，2015）指出，金融技术的进步并没有降低中介成本。布查克等人（Buchak et al.，2018）也认为，金融科技贷款机构提供的利率实际上高于非金融科技贷款机构。消费者之所以愿意使用更昂贵的金融科技贷款方式，可能是金融科技增加了信贷可及性。例如，有学者（Fuster et al.，2018）研究了技术如何影响抵押贷款发起过程中的摩擦，如缓慢的处理时间、能力约束和再融资。结果显示，在应对抵押贷款需求冲击时，金融科技贷款机构比其他贷款机构处理抵押贷款申请的速度更快，调整供应的弹性更大，这说明技术创新可能提高了抵押贷款市场中介的效率。信息技术的改进使金融比其他行业受益更多。不过，与零售贸易不同的是，这些改进并没有作为较低的成本传递给金融服务的最终用户。传统资产管理服务仍然很昂贵，银行产生大量存贷利差（Drechsler et al.，2017），从这个方面来说，金融科技的出现是有必要的。

除此之外，金融科技也可以促进金融公平。传统的金融行业存在着大量对于消费者的偏见与不公平。例如，穆莱纳森等人（Mullainathan et al.，2012）发现投资顾问并不能消除对客户的偏见，并经常强化符合顾问自身利益的偏见。有学者（Foà et al.，2015）发

---

[8] https://www.mckinsey.com/industries/financial-services/our-insights/cutting-through-the-noise-around-financial-technology.

现，银行不仅能够通过定价影响客户，而且能够通过咨询渠道影响客户的抵押贷款选择。也有学者（Egan et al.，2016）的研究显示，不当的金融服务行为集中在受教育程度低和老年人口多的地区。巴特莱特等人（Bartlett et al.，2019）研究了金融科技贷款机构在减轻抵押贷款市场歧视方面的作用。有证据表明，这些贷款机构使非裔美国人和西班牙裔借款人更容易进入抵押贷款市场，并为借款人提供了更公平的定价。金融科技公司利用大数据为消费者提供投资建议，在一定程度上可以消除人为歧视与偏见。因此，如果金融监管的目标是促进金融稳定和获得普惠服务，那么监管机构应该考虑金融科技公司可能扮演的重要角色。

金融科技可以加快金融多样化和去中介化步伐。金融科技的出现创造了一个更大规模、更具竞争力、更多样化的信贷市场。金融技术创新已被证明可以在不导致过度借贷的情况下，扩大信贷市场的参与（Balyuk，2018）。与传统的贷款机构相比，金融科技公司在实体上更分散，贷款平台覆盖范围足够广泛，能够适应全球投资组合的多样化。另外，金融科技公司若能专注于简单且透明地将借款者和贷款者匹配起来，就能够比较好地缓解期限错配和高杠杆问题（Jaksic and Marinc，2015）。技术进步也让金融科技公司掌握更多信息，贷款定价可能更有效率（Buckak et al.，2018）。

相对于传统金融，金融科技可以覆盖更广的地域和人群。金融科技公司的固定成本更低、分支机构少、面临的监管相对宽松，可以在传统银行无法实现盈利的领域，开展贷款业务，推动普惠金融的发展。[9] 金融

---

[9] https://www.jpmorganchase.com/content/dam/jpmc/jpmorgan-chase-and-co/investor-relations/documents/JPMC-2014-AnnualReport.pdf.

科技公司的加入有助于减少信贷摩擦,缓解信息不对称导致的信贷配给问题(Stiglitz and Weiss,1981)或不完全竞争问题(Ausubel,1991;Parlour and Rajan,2001)。金融科技公司可提高低收入家庭获得贷款的机会,提高金融的普惠性。总体而言,金融科技公司在构建数字和实体银行的产品和服务方面取得了长足的进步,从贷款到支付系统再到投资,金融科技公司在开发易于使用、直观、快速和智能的产品方面都具有一定优势。这在一定程度上可能导致银行在金融体系中扮演的角色地位下降。[10] 除此之外,金融科技融合社交媒体、巧妙地使用数据以及与其他平台快速整合的能力,将帮助这些公司赢得可观的市场份额。[11]

金融科技带来的风险挑战

关于金融科技快速发展的潜在风险,监管机构、政策制定者和学术界一直存在较大争议。[12] 金融科技涵盖金融领域的数字创新和技术支持下的商业模式创新。这些创新会改变现有产业结构,模糊行业边界,加快金融脱媒。这些变革一方面会彻底改变现有企业创造和交付产品、服务的方式,激励企业创新,提高金融普惠程度,但另一方面也会给隐私保护、金融监管和执法带来新的挑战。例如,金融科技可以利用智能合约降低合约和验证成本,减少信息不对称,但同时增加了利用信息进行共谋的可能性(Cong and He,2019)。

---

[10] https://reports.jpmorganchase.com/investor-relations/2020/ar-ceo-letters.htm.
[11] https://www.cnbc.com/2021/04/07/jpmorgan-chase-ceo-jamie-dimon-why-fintech-is-a-big-threat-to-banks.html.
[12] Bank of International Settlements, 2017: "FinTech credit. Market structure, business models and financial stability implications." http://www.bis.org/publ/cgfs_fsb1.pdf.

金融科技公司的竞争，冲击了传统金融企业的盈利能力，迫使其进入风险更高的业务领域，努力抵销利润下行压力。监管机构对竞争程度加剧和风险承担增加的反应，往往是继续提高审慎要求，这反过来又会促使金融机构绕过监管，开展更多影子银行业务。例如，宏观审慎监管机构试图限制系统性风险，但限制银行杠杆贷款，可能会增加非银行杠杆贷款（Kim et al.，2017）。最明显的例子就是2008年金融危机后，美国加强对抵押贷款市场的监管审查，这间接导致了影子银行的迅速扩张，抵押贷款市场出现大量的监管套利活动（Plantin，2015）。

在金融危机发生后的8年里，影子银行在抵押贷款中的市场份额增加了近两倍，并完成了从线下实体企业向线上金融机构的转变。金融科技贷款机构发放的住宅贷款比例在2007年还不到5%，2015年这一比例攀升到12%以上。传统银行监管负担增加可以解释这一期间约55%的影子银行增长，而还有35%可以归因于金融科技的使用（Buchak et al.，2018）。

金融科技平台同样也面临道德风险和逆向选择问题。平台在贷款对象的筛选过程中发挥着核心作用，如果主要目标是最大限度地增加贷款数量和费用收入，就可能会放松贷款质量把关，传统银行在这方面相对更谨慎（Vallée and Zeng，2019）。金融科技平台作为新进入者，有充分的动机扩大自身信贷规模，以支持其他业务，例如，在电子商务平台上销售额外的产品和服务，或获取互补数据，通过广告来变现。金融科技的发展，尽管会减少信息不对称，但也会扩大不同市场主体之间的"信息鸿沟"。金融科技公司能够积累大量数据，并拥有分析数据和解释结果的技术能力，无法获得全面信息的消费者可能陷入被动地位。[13]

  不受监管的金融科技同样可能导致系统性风险。国际保险监督协会（IAIS，2019）就将金融科技引发的系统性风险列入重要的新兴风险。第一，如果大型金融科技公司直接将客户资金存入自身建立的资金池，则有可能出现一个绕开监管的并行支付系统。这不仅会损害金融稳定，而且会加大洗钱等非法活动的防范难度。第二，传统金融机构未来可能更加依赖提供第三方服务的金融科技公司。例如，依靠它们的数据存储、传输或分析能力。这些活动大部分在云端进行，存在遭受潜在网络攻击或操作失败的系统性风险。第三，大型在线货币市场基金相较于传统金融企业，缺乏足够的流动性保障，更加容易被挤兑（美国2007—2009年金融危机时便出现了大量此类情况）。金融科技初创公司的杠杆较传统银行更高（Philippon，2016）。目前国内已经对货币市场基金的即时赎回设置了上限，并限制大型科技公司为这些基金提供融资，以控制挤兑风险。第四，很多国家都坚持银行业与工商业分离的审慎原则，以免公司的非银业务出现问题，从而影响整个银行业的系统性安全。但金融科技公司内部业务多条线交叉，连接市场主体多，大量开展银行核心业务，可能会增加系统性风险。

  金融科技给监管机构带来巨大挑战，监管机构需要在促进竞争和创新、保护金融稳定之间寻求平衡。监管机构必须协调审慎监管和竞争政策，使合规不会成为进入的障碍，进入也不会破坏稳定。对进入该行业的企业实施宽松监管可能会促进竞争，但潜在的代价

---

[13] OECD(2020), Digital Disruption in Banking and its Impact on Competition. http://www.oecd.org/daf/competition/digital-disruption-in-financial-markets.htm.

是会削弱现有企业的盈利能力，增加其承担风险的动机，并将系统性风险转移给非银行实体。例如，如果银行业转向基于平台的系统，由网络攻击和大规模数据泄露引发的系统性风险将非常突出。消费者隐私保护问题也十分棘手。另外，当数字技术允许更大程度的价格歧视时，监管机构也需要考虑如何避免大数据杀熟等问题。

实施有效的金融科技监管

金融科技完全由数据驱动，而且迭代升级频次高，产品和服务更新速度快，有关产品或者服务的监管法规可能在拟定阶段或采取行动之前就已经过时（Barefoot，2015）。此外，自2008年金融危机发生后，企业面临的监管和相关合规成本显著提高。例如，摩根大通在2012—2014年，就被迫雇用了大量员工应对监管、合规和内控管理，花费约20亿美元，同时还投资6亿美元建设监管和内控系统（Institute for International Finance，2015）。[14] 总的来说，现有的监管工具和基础设施已无法满足金融科技快速发展的态势。2016年，FSB提出建设金融科技监管评估框架，包括判断金融科技产品和服务是不是创新，评估创新动力是提高效率还是监管套利，以及评估对金融稳定的影响，这成为全球金融创新监管的共识。

监管对象

金融科技涉及的业务相当广泛，对所有业务都赋予相同程度的

---

[14] Institute for International Finance(2015). REGTECH: Exploring solutions for regulatory challenges. October 29.

重视并不现实。为此在进行金融监管的决策时，监管部门最先要考虑的是对金融科技的哪些业务进行监管，或者进行监管的目标是为了防范哪些问题。

大多数人认为，资金和流动性的供应应该是监管的核心，因为金融科技公司作为传统金融企业的替代供应商，规避了传统的资金来源，为投资者提供了可直接获得的、新的、风险可能更高的投资类型（IOSCO，2017）。如果这些新进入者在逆境当中难以自我维持，相关投资者就面临亏损的风险。尤其是这些平台没有经过充分的压力测试，利率和资金波动影响并不确定。目前，专注于中小企业和其他小型零售投资者的金融科技公司，与专注于复杂、成熟的机构投资者或通过自己的资产负债表为贷款提供资金的公司相比，可能会受到不同的监管（Zetzsche，Buckley，Arner and Barberis，2017）。

另一个共识是（Allen and Gale，2000a、2000b；Reinhart and Rogoff，2009；Brunnermeier and Oehmke，2013），由信贷刺激的泡沫与非信贷刺激的泡沫不同。监管机构和中央银行应该防止信贷泡沫，但难以防止不是由信贷推动的泡沫。这既是对传统金融监管的建议，也同样适用于对金融科技的监管。人们对金融科技最大的一个担忧，是其可能会造成大量投机行为与信贷泡沫。到目前为止，对最近金融危机的监管主要集中在行为和激励扭曲上，以防止投机行为泛滥，这既是对危机的合理化解释，也是政策干预的主要攻坚点。然而，人们关注的一个关键话题是行为因素在多大程度上导致了危机，以及监管应该如何解决这些问题。

此外，由于金融科技的复杂性，就算是针对同一个监管对象，当其从一种商业模式过渡到另一种时，监管对策也必须根据个案情况进行调整。监管部门可以依据商业模式、数量和规模的转变，随之转变到下一个监管层面。例如，从一个网络借贷平台转变为一个信贷中介平台，实际上需要分层有序的监管，即从获得特许权开始，再到获得限制性的许可证，一直到作为一个银行被完全许可和监管。但目前还没有被普遍接受的金融科技商业模式分类法。这要求监管部门拥有强大的信息收集和数据分析能力，能够快速捕捉企业行为转变给金融稳定带来的潜在风险，并进行适当应对。

监管取向

目前，大多数国家的监管部门仍处在等待和观察的状态。在面临不确定的情况时，暂时的"等待和观察"让监管机构有机会了解和学习技术产生的潜在风险。正如基什内尔（Kirchner，2011）所说，监管基于事实，而且演变缓慢，是一个具有稳定和预设最优规则的试错过程，而且总是事后出现。

美国是一个典型的例子，其监管制度在应对金融科技方面做得不多。到目前为止，监管主要依据现有的行为监管规则（FSB，2013）。[15] 竞争的环境并不公平，会让新进入的公司有机会通过监管套利，使其在美国的监管体系中占据有利地位，即规避昂贵的合规和资本监管成本（FSB，2014）。[16] 美国的货币监理署（Office of the Comptroller of the Currency）在2016年宣布并试图启动一项提案，允许金融科技公司按照一个新的、全国性的、特殊目的的银行章程在全国范围内开展业务，这将提供更大的透明度和监管统一性

---

[15] Financial Stability Board(2013). Policy framework for strengthening oversight and regulation of shadow banking entities, August.

[16] Financial Stability Board(2014). Global shadow banking monitoring report 2014, October.

(O. C. C,2016)。⑰ 此外，该章程的目的是简化金融科技公司在全国范围内运作的程序，而不必满足各州监管机构的要求。但在各州监管机构的法律挑战下，这一特许权一直被搁置，各州监管机构直接向金融科技公司发放许可证，并声称 OCC 特许权将超出该机构的授权范围。独立社区银行家协会（ICBA）与美国政府问责办公室（2018）⑱ 共同做出反应，宣布过度和不必要的监管正在扼杀新进入的公司满足当地社区需求的能力。

但这种"等待与观察"存在的问题是，金融科技公司的发展速度往往会超过监管部门的想象。当监管部门看到金融科技公司出现问题后再开始制定对策，那么在对策最终确定时，这些金融公司可能已经完成了新一轮的自我更新，并引发了新的问题。余额宝的案例就说明，一个一开始在货币市场和金融系统中不重要的小型金融媒介公司，可以在 9 个月的时间里从"小到不能再小"变成"大到不能再大"。该公司从管理几千个账户发展到一个管理超过 1 650 亿美元的平台，超过了摩根大通 1 500 亿美元的比较基金（Lucas, 2017）。⑲ 如上所述，监管机构在风险及其积累方面总是选择一揽子的"顺序方法"，即观察、监测、收集数据、检查、分析、监督、要求合规，（再）采取行动。当然，上述例子也体现了金融科技公

---

⑰ Office of the Comptroller of the Currency(2016). Exploring special purpose national bank charters for fintech companies, Winter/December. Washington D. C: Office of the Comptroller of the Currency. https://www.occ.treas.gov/topics/responsible-innovation/comments/special-purpose-national-bank-charters-for-fintech.pdf.

⑱ Government Accountability Office(2018). FINANCIAL TECHNOLOGY: Additional steps by regulators could better protect consumers and aid regulatory oversight, March, GAO-18-254, report to congress requestershttps://www.gao.gov/assets/700/690803.pdf.

⑲ Lucas, L. (2017). Chinese money market fund becomes world's biggest. April 26. Financial Times. https://www.ft.com/content/28d4e100-2a6d-11e7-bc4b-5528796fe35c.

司的转型速度令现有的监管雷达无法及时识别风险。

部分国家倾向于采取事前干预。日本对利率上限有规定，不允许金融科技公司向风险较大的消费者提供贷款。此外，日本监管机构也考虑让金融科技公司接受同样严格的银行监管标准（Allan and Hagiwara，2018）。[20] 在英国，监管活动是基于原则的。金融科技公司在P2P和P2B贷款方面受到限制，但不涉及资产负债表贷款。例如，英国金融行为监管局（Financial Conduct Authority，FCA）明确表示，优先考虑的是保护零售投资者，那些只向其他企业提供信贷的英国企业不需要得到FCA的授权。此外，FCA还专注于将合规的金融科技产品在孵化器中推出、测试、重新测试并给予保障。例如，FCA早在2014年就宣布了监管沙盒创新中心（Regulatory Sandbox Innovation Hub），[21] 这不仅是为了拥抱金融服务变革，也有利于加强初创企业与监管机构的联系。

目前，监管机构要么改善临场反应能力，等事情发生以后再做出决策，要么主动管理并有针对性、前瞻性地做出反应，如中国、英国和新加坡（Aggarwal and Stein，2016）。

监管科技（Regtech）

随着对金融科技的监管需求不断上升，监管科技作为一个新兴行业也随之而来。监管科技可以看作金融科技领域的一个分支，它

---

[20] https://www.bloomberg.com/news/articles/2018-02-26/japan-finance-regulation-shakeup-seen-as-game-changer-for-banks.

[21] Financial Conduct Authority(2016). Feedback statement, call for input on supporting the development and adopters of RegTech. Feedback Statement 16/4, July 3. https://www.fca.org.uk/publication/feedback/fs-16-04.pdf.

专注于帮助金融科技公司更有效地满足监管需求的技术。这些公司不仅可以帮助金融公司更好地遵守法规，还可以帮助监管机构更好地执行审慎监管政策和管理金融机构（Arner, Barberis and Buckley, 2015）。有学者（Broeders and Prenio, 2018）将监管科技定义为在监管过程中对先进技术的应用（包括数据收集与数据分析两个环节），是金融监管机构"以科技应对科技"的技术手段。在数据收集阶段，通过监管科技的应用，建立健全数字化监管规则库，实现实时的穿透式监管。在数据分析阶段，运用大数据、人工智能等技术手段建立风控模型，帮助监管部门深入了解监管对象的行为，实现更有效的风险甄别、预警和处置，缓解监管滞后性，提升监管效率。

与金融科技公司相比，监管科技公司的业务更多是自上而下的。后者服务于金融机构和监管机构，以解决降低监管、合规成本问题以及增加市场监控能力为目标（Eyers, 2016）。科技在金融领域的运用越来越多，监管机构面临更大的压力，从监管人的行为转向控制和监督算法，这种新的压力激励和加速了监管科技的发展。这种发展有可能对金融交易行为、金融产品、行业惯例、交付渠道以及金融监管产生深刻影响。《经济学人》（2016）认为监管科技可以降低公司成本、决策时间，并加快匹配速度。它们也可以为审计、财务和所有风险管理领域提供持续评估报告，以加强对市场趋势和新兴风险的监测（Hill, 2016）。例如，有学者（Kaal and Vermeulen, 2017）展示了投资数据如何为监管机构提供关于创新趋势和相关风险的重要反馈，并以此优化监管时间和监管规则。监管科技公司公开收集大量的数据，从社交媒体的评价到公司关联信息，以评估企业的表现。监管科技不断为风险评估提供新的方法，以缓解现有的信息不对称和市场不完备等问题。

监管科技的优势可以归结为以下几点：

1. 规则的整合性：对传统金融行业而言，存在一套全球范围内适用的合规准则，金融科技的全球化也使各国监管机构必须有一套整合性的分析框架。监管科技可以对无序、杂乱且紧密的数据集进行重新组织，并剔除无效数据。这为统一数据合规工具标准提供了条件，并能在国家、地区和全球范围内共享。这就保证了各国都可以公平竞争，获得上述有价值的高质量数据（Deloitte，2016）。[22]

2. 报告的及时性：金融科技快速发展和迭代，导致监管决策必须建立在可快速配置和生成的报告上，而这也正是监管科技的一大优势。例如，它能够提供近乎实时的交易分析、在线注册和开源合规系统。它能够实现数据驱动的合规监管和主动的风险管理（Brummer，2015）。

3. 反应的便捷性：在获取报告之后，监管科技可以依据报告和其他数据分析结果，在更短时间内，为监管部门和被监管企业设计、实施解决方案（Anagnostopoulos，2018）。

4. 分析的智能性：对大型数据集进行智能挖掘，并加强多数据的融合分析。监管科技可以创建风险数据仓库和监测活动工具，提供更智能的监管政策模型，并模拟新政策对个案的影响（Deloitte，2017）。[23]

5. 信息管理工具的丰富性：监管科技依托科技能力为监管部门

---

[22] https://www2.deloitte.com/content/dam/Deloitte/tw/Documents/financial-services/tw-fsi-regtech-new-fintech.pdf.

[23] https://www2.deloitte.com/content/dam/Deloitte/us/Documents/regulatory/us-aers-the-evolving-fintech-regulatory-environment.pdf.

和被监管企业提供多样化且先进的管理工具，具体包括财务健康检查、交易报告、监管报告和培训工具等（Anagnostopoulos，2018）。

金融科技的迅速发展催生了一系列新的监管科技概念。例如，审慎信息披露（prudential supervisory disclosure，Zeranski and Sancak，2020），即监管机构主动将通过监管科技所获取的实时信息披露给市场，以降低市场上的信息不对称性、提高经济系统稳定性，从而预防经济危机。针对数字经济跨境业务的课税问题，2020年G20财长和央行行长在会议上提出，要对大型跨国信息技术企业制定全球统一的"数字税"，从而弥补税务管理漏洞。此外，也有专家提出"全球数据治理"的新概念，数字资产的跨国管理或成为未来金融监管的重要内容。

监管科技仍处于相对早期的阶段。市场份额不够大，难以确保在金融服务业中占有重要的地位，在监管当中的地位也有待于进一步提升。不过，监管科技的生态系统并非小到可以忽略不计（Fernandez De Lis，2016）。目前多数金融科技公司仍在监管者的视线之外，但与其他大型公司一样，当它们开始达到相当大的规模时，必然会接受审查（Dietz et al.，2015），届时对监管科技的需求可能会随之上升。新的、颠覆性的技术对监管基础设施的影响较为多元，这要求加快监管科技发展，对各种挑战做出不同的政策回应（Cortez，2014）。

灵活与动态监管

目前，金融监管正变得越来越复杂，当然，金融机构也为此付出了一些代价。金融机构需要遵从严格和详细的要求，合规成本显著上升，金融产品创新受到阻碍，公司也可能"用脚投票"，选择别的注册营运地（Treleaven，2015）。这就要求对金融科技实施灵活监管，更好地平衡金融科技创新与监管的关系。

监管机构需要考虑降低金融科技平台带来的不确定性。金融科技正逐步成为中小企业和个人企业的重要融资渠道。由于单笔贷款额度小，搜寻和匹配成本较高，银行结构趋于集中，中小企业融资难、融资贵问题更为突出。与传统方式相比，金融科技贷款可以在线申请，审批流程快，服务到位，为填补中小企业信贷供需缺口带来了希望。但与此同时，金融科技快速介入中小企业贷款市场，也引发了更多新的问题，比如欺诈、债务陷阱、歧视等，并导致中介费用推高真实借贷成本、借款人和贷款人的权益都无法得到充分保障等（Mill and McCarthy，2016）。同时，金融科技债权人尚未经历完整的业务和信贷周期，可能对于危机的应对能力不够成熟（Jopson，2016）。这些都需要监管机构进行引导和完善。

监管机构也要看到，提前介入可能会抑制创新。理想的状况是，监管机构应该在颠覆性技术的风险越过系统性门槛，并成为实质性不稳定因素时，或者个别公司在规模、数量和风险方面出现系统性变化时，再开始行动。但实施上述灵活监管面临的挑战是，金融监管部门是否能及时更新信息，是否可以克服风险评估的滞后性。

滞后性一直是金融监管的主要问题。审慎监管往往依靠大量事后数据定位和控制风险，监管方式、内容和时效性都存在不足之处。在没有足够且及时的数据的情况下，容易导致过度监管或监管不足，从而造成"处置风险的风险"。这种问题频繁出现，就有可能抑制高效的新技术，并阻碍增长、竞争和消费者福利（Fenwick，Kaal and Vermeulen，2016）。由于创新周期越来越短，留给监管部门的反应时间越来越少，需要完善风险管理框架，使之能够适应更加动态的监管。

动态监管不仅需要监管部门反应迅速，也要求监管部门采取积极主动的学习态度，与金融科技发展保持同步和互动。金融科技公司进入市场之初，在如何处理公司与监管机构关系方面没有丰富经验，合规意识也不强。这些公司也缺乏传统的风险管理理念，难以及时识别其活动中产生的风险并分析可能的后果，也难以确定风险的优先次序并采取缓解措施（Pilkington，2016）。而监管部门对新兴事物，也可能因为经验不足和缺乏及时信息，难以出台符合新事物发展的措施。为此，监管部门需要深入了解金融科技公司的商业模式，然后评估各个模式所依据的商业管理理念，通过将金融科技与监管科技有效结合，构建一个更灵敏和快速的监管系统（Zetzsche et al.，2017）。在一个由平台模式主导的、不断变化的、快节奏的金融生态系统中，市场参与者需要知道如何遵守监管，监管部门也需要知道如何从企业家的角度去思考监管（Pollman and Barry，2017）。

总的来看，好的监管在于将监管和合规变成一种竞争优势，而不是增加新的合规成本和不确定性（Gulamhuseinwala，Subas and Viljoen，2015）。监管原则上是由最活跃要素驱动的，即数据驱动的金融科技，需要对应数据驱动的、实时的、敏捷的监管设计。

人工智能与算法金融

算法是互联网运作的基础。从某种意义上说，大数据时代的基础不在于数据，而在于数据采集、使用的规则——算法。在金融领域，算法的使用一直就充满争议。一方面，算法可以优化相对主观的传统信用分析和评分系统，完善信贷分配和风险定价机制，创建更公平、更具包容性的金融体系。但另一方面，人为控制的算法也很容易走向另一个方向，在循环中不断强化有偏见的信贷分配，让贷款歧视更加隐蔽。

如今，随着计算科学、数据科学的快速发展，人工智能和算法进一步融合，算法经济、算法金融更为普及。相比于单独的算法问题，人工智能应受到更多的关注。[24] 人工智能在金融行业的应用已经有很多案例，并且给消费者带来了更好的便利性。例如，通过自动化银行内部流程来提高效率、加速创新和增强客户体验，提高信贷申请决策的即时性。[25] 当然，在金融科技环境下，算法模型往往是"黑匣子"，可见性有限，因此不可避免地存在一些问题。[26] 如算法决策中缺乏透明度[27]、歧视和偏见。[28] 传统上依赖透明度的监管框架可能对于算法监管并不适用，为此需要一套新的技术和规则对人工智能算法进行监管。

对金融领域人工智能的监管，不同国家的态度存在较大差异。美国总体上持比较积极的态度，同时也积极调整框架以适应技术创新。美联储支持银行采用人工智能，因为担心不受监管的实体可能

---

[24] https://www.federalreserve.gov/newsevents/speech/brainard20181113a.htm.

[25] https://towardsdatascience.com/the-growing-impact-of-ai-in-financial-services-six-examples-da386c0301b2.

[26] https://news.mit.edu/2018/mit-lincoln-laboratory-ai-system-solves-problems-through-human-reasoning-0911.

[27] https://www2.deloitte.com/us/en/insights/industry/public-sector/future-of-regulation/regulating-emerging-technology.html.

[28] https://www2.deloitte.com/us/en/insights/focus/signals-for-strategists/ethical-artificial-intelligence.html.

会从使用人工智能中获得优势。㉙ 针对算法和人工智能的潜在威胁，美国的其他部门也开始采取对策。2016 年，美国证监会（U. S. Securities and Exchange Commission）批准了金融业监管局（FINRA）提出的一项规则，该规则要求算法交易开发商注册为证券交易员。㉚ 2016 年，美国商品期货交易委员会（CFTC）提出了对自动化交易监管（Regulation Automated Trading）的补充，其中要求将交易算法背后的专有源代码提供给 CFTC 和司法部。㉛ 2019 年 5 月，众议院宣布成立金融技术工作组和人工智能工作组，要求"随着新技术已经出现，并且金融服务行业将这些技术投入使用，国会必须确保负责任的鼓励创新，监管机构和法律要适应不断变化的环境，以最好地保护消费者、投资者和小企业"。㉜ 2021 年 3 月，美国银行业监管机构就曾表明，它们正在就金融机构越来越多地使用人工智能征求公众意见。在一份联合声明中，监管机构表示希望获得有关银行使用该技术来监管欺诈、承销贷款和其他目的的反馈，以及它带来的好处和挑战。㉝ 到 3 月下旬，美国最大的五个联邦金融监管机构发布了有关银行如何使用人工智能信息的要求㉞，这表明金融部门的新指南即将出台。之后，美国联邦贸易委员会（FTC）发布了一

㉙ https://corpgov.law.harvard.edu/2018/09/24/machine-learning-and-artificial-intelligence-in-financial-services/.

㉚ http://bit.ly/2LlyNXN.

㉛ http://bit.ly/2FwSgBm.

㉜ https://financialservices.house.gov/news/documentsingle.aspx?DocumentID=403.

㉝ https://www.reuters.com/article/us-usa-fed-artificialintelligence/u-s-banking-regulators-seek-input-on-how-firms-rely-on-artificial-intelligence-idUSKBN2BL2J4.

㉞ https://www.federalregister.gov/documents/2021/05/24/2021-10861/request-for-information-and-comment-on-financial-institutions-use-of-artificial-intelligence.

套关于人工智能"真实、公平和平等"的指南,[35] 将任何不平等和弊大于利的行为都定义为人工智能的非法使用。

欧盟的《通用数据保护条例》(General Data Protection Regulation,简称 GDPR)要求企业能够解释其使用算法做出的任何决定。[36] 欧盟监管机构试图通过金融工具市场指令解决这一问题,该指令要求算法交易者对其算法进行压力测试,并在出现故障时保持终止开关功能。[37] 针对人工智能,欧盟委员会于 2020 年 4 月 21 日发布了自己的人工智能监管提案,其中包括对违规行为处以公司年收入 6% 的罚款。[38] 欧盟委员会于 2020 年 7 月发布首份企业人工智能使用情况量化调查报告,提出以下核心原则:人的能动性和监督、技术稳健性和安全性、隐私和数据治理、透明度、多样性、非歧视性、公平环境和社会福祉,以及可问责性。[39] 发布于 2020 年 12 月的欧盟的《数字服务法案》(Digital Service Act,简称 DSA)拟授权"数字服务协调员"来监管大科技公司的合规情况,其中包括用于定向或精准投放广告的算法是否合法,并要求平台企业公布其算法如何自动向在线客户推送内容或商品的细节。[40]

---

[35] https://www.ftc.gov/news-events/blogs/business-blog/2021/04/aiming-truth-fairness-equity-your-companys-use-ai.

[36] https://fortune.com/2018/05/25/ai-machine-learning-privacy-gdpr/738.

[37] https://www.itproportal.com/2016/03/27/mifid-ii-and-mar-a-test-for-trading-algorithms/.

[38] https://eur-lex.europa.eu/legal-content/EN/TXT/?qid=1623335154975&uri=CELEX%3A52021PC0206.

[39] https://wayback.archive-it.org/12090/20201225230646/https://ec.europa.eu/digital-single-market/en/news/artificial-intelligence-first-quantitative-study-its-kind-finds-uptake-businesses-across-europe.

[40] https://ec.europa.eu/info/strategy/priorities-2019-2024/europe-fit-digital-age/digital-services-act-ensuring-safe-and-accountable-online-environment_en.

人工智能与算法的伦理问题也越来越受到重视。[41] 例如,新加坡设立了人工智能伦理委员会[42],美国国防部创建了人工智能中心[43],法国和加拿大就算法的伦理问题开展合作[44],英国与世界经济论坛合作制定人工智能采购政策。[45] 纽约市通过了第一个关于就政府机构进行算法歧视的法案。[46] 尽管这些努力中的大部分仍处于初始阶段,并且没有对公司强加具有约束力的要求,但已经表明算法伦理问题日益紧迫。许多美国知名大学,包括卡内基梅隆大学和麻省理工学院,都开设了专门针对人工智能和伦理的课程。[47] MIT还创建了一个名为 Moral Machine 的平台,用于众包数据并有效训练自动驾驶汽车以应对各种道德问题。[48] 事实上,算法伦理是麻省理工学院新成立的施瓦茨曼计算机学院的重要主题。[49] 此外,不少学者也在许多科技公司和其他企业的人工智能治理团队中担任外部顾问,以帮助人工智能应用程序的负责任开发。[50]

　　2018年以来,随着大数据杀熟、网络沉迷等互联网负面舆论不断出现,国内的算法监管也逐步加强。《中华人民共和国电子商

---

[41] https://medium.com/politics-ai/an-overview-of-national-ai-strategies-2a70ec6edfd.
[42] https://www.cnet.com/news/new-ai-ethics-council-in-singapore-will-give-smart-advice/.
[43] https://breakingdefense.com/2018/06/joint-artificial-intelligence-center-created-under-dod-cio/.
[44] https://www.digitaljournal.com/tech-science/.
[45] https://www.weforum.org/press/2018/09/united-kingdom-partners-with-world-economic-forum-to-develop-first-artificial-intelligence-procurement-policy/.
[46] https://www.businessinsider.in/The-first-bill-to-examine-algorithmic-bias-in-government-agencies-has-just-passed-in-New-York-City/articleshow/62140958.cms.
[47] https://www.discovermagazine.com/technology/college-ai-courses-get-an-ethics-makeover.
[48] https://www.moralmachine.net/.
[49] https://shass.mit.edu/news/news-2019-ethics-computing-and-ai-perspectives-mit.
[50] https://www.theguardian.com/technology/2017/oct/04/google-deepmind-ai-artificial-intelligence-ethics-group-problems.

务法》《中华人民共和国民法总则》《网络安全法》等相关法律法规相继出台。2020年12月,中共中央印发《法治社会建设实施纲要(2020—2025年)》,提出要制定和完善算法推荐、深度伪造等新技术应用的规范管理办法,要加强对大数据、云计算和人工智能等新技术研发应用的规范引导。[51] 2021年3月26日,人民银行发布并实施《人工智能算法金融应用评价规范》,规定了人工智能算法在金融领域应用的基本要求、评价方法和判定标准,适用于开展人工智能算法金融应用的金融机构、算法提供商及第三方安全评估机构等。[52] 2021年10月,央行行长在国际清算银行监管大型科技公司国际会议上,强调中国金融监管部门正在积极应对算法歧视等金融科技环境中的新型垄断行为。[53] 对于算法的监管也不仅仅局限于金融主管单位。2021年10月13日,九部委印发《关于加强互联网信息服务算法综合治理的指导意见》,加强互联网信息服务算法综合治理,促进行业健康有序繁荣发展。[54]

但是,人工智能和算法方面的监管仍存在诸多不足。例如,当前的技术监管在算法方面很大程度上是被动的。美国联邦贸易委员会因脸书侵犯数据隐私而对其处以50亿美元的罚款。但问题是,这些违规行为都是由《纽约时报》等社会媒体发现的,而不是由联邦贸易委员会本身发现的。目前,金融监管主要还是依赖人力和组织机制的参与,而技术介入和参与不够。监管部门需要通过算法技术,真正实现主动深入企业内进行监管。例如,如果金融科技公司

---

[51] http://www.gov.cn/zhengce/2020-12/07/content_5567791.htm.
[52] http://www.cecc.org.cn/news/202104/553941.html.
[53] http://www.pbc.gov.cn/goutongjiaoliu/113456/113469/4357047/index.html.
[54] http://www.most.gov.cn/tztg/202110/t20211013_177254.html.

的信用额度确实存在性别偏见，监管机构可能会在受控、保密的实验中，通过访问基本算法模型来发现这一点。

当然，这种相对主动的做法面临一定阻力。大型科技公司通常会抗议监管机构公开访问其算法、模型或数据的要求，理由是这严重损害了他们的知识产权。谷歌、百度等企业的搜索和脸书、腾讯等企业的算法，以及它们的广告平台和预测模型，被认为是这些公司竞争优势的"秘密武器"。因此，监管机构需要保障此类访问权限并不能被其他机构所使用或者窃取。在监管更为严格的金融业中，美国已经有一些先例。美国证券交易委员会、商品期货交易委员会和该行业的自律监管机构FINRA，可以直接及时地访问敏感和细化的交易数据，这使它们能够识别价格、交易量和交易方。

另一个问题在于，监管机构目前没有能力与金融科技公司进行算法上的竞争。整个算法监控必须是精心且科学的设计，具有透明且公开的监管标准，对人工智能和机器学习的深入理解和实践经验，是实现这一监管手段的前提条件。相比以往，监管机构已经拥有了不少高素质的技术人才（例如，拥有大量经济学和计算机专业硕士学位的员工），但大部分监管机构很少有工作人员接受过人工智能、计算机、数学和统计学等方面的综合培训，而这些专业技能恰恰也是被监管对象所擅长的。因此，算法监管实际上也要求监管机构自身不断升级。

一个可能的方式是建立算法问责制。这要求监管机构或者企业对人工智能系统进行风险测试，并且让进行评估的数据科学家、律师和其他人的激励机制有所差异，以保证不会出现合谋现象。金融科技公司也可以邀请外部专家参与这些评估，并生成独立且透明的报告。但无论哪种方式，确保开发人员和评估系统风险人员之间的独立性，是这类监管的核心组成部分。美国联邦贸易委员会在2021年4月19日发布的指导方针，明确建议公司应具备算法问责制和独立性，并鼓励使用透明度框架、独立标准、独立审计以及向外部检查开放的数据或源代码。[55]

我国的金融科技监管发展

监管现状

我国对于金融科技监管的态度是一个动态调整的过程。早期以包容创新为导向，采取了较为宽松的管理方法，但随着风险积累与暴露，金融监管全面加强。2018年之前，我国高度重视金融科技，并以包容性政策为主。2016年12月，工信部印发了《大数据产业发展规划（2016—2020年）》[56]，明确了大数据在"金融"行业的应用是重点发展领域。2017年5月，央行专门成立"金融科技委员会"[57]，定位于"金融科技工作的研究、规划与统筹协调"，标志着金融科技行业迎来监管层面的重要支持与规范。6月，央行进一步发布《金融业信息技术"十三五"发展规划》，指出要加强金融科技和监管科技研究和应用。[58] 7月，国务院印发《新一代人工智能发展规划》，专门提出"智能金融"的发展要求。[59] 12月，工信部印发

---

[55] https://hbr.org/2021/04/new-ai-regulations-are-coming-is-your-organization-ready.
[56] http://www.cac.gov.cn/2017-01/17/c_1120330820.htm.
[57] http://www.gov.cn/xinwen/2017-05/15/content_5193919.htm.
[58] http://www.pbc.gov.cn/goutongjiaoliu/113456/113469/3333848/index.html.
[59] http://www.gov.cn/zhengce/content/2017-07/20/content_5211996.htm.

《促进新一代人工智能产业发展三年行动计划（2018—2020年）》[60]，将"金融"列为智能产品应用的重要方向之一。

2018年以后，部分违法违规的互联网金融活动开始挑战金融监管。P2P网贷大面积暴雷、非法代币融资等风险事件频发，稳定金融秩序迫在眉睫。2018年多部委联合开启整治风险行动，清退P2P平台、地方交易所、加密货币等，整肃市场秩序。2019年9月4日，互联网金融风险专项整治工作领导小组、网贷风险专项整治工作领导小组联合发布《关于加强P2P网贷领域征信体系建设的通知》[61]，支持在营P2P网贷机构接入征信系统。2020年11月中旬，全国实际运营的P2P网贷机构完全归零。对于虚拟货币，2013年至2014年的监管政策较为宽松，将比特币定位为"虚拟商品"，虽禁止银行、支付机构等为比特币交易提供服务，但允许民众持有，自担风险。而2017年以后，中国监管机构密集出台了一系列监管政策，宣布虚拟货币非法，禁止其交易平台在中国境内运营，对"挖矿"产业采取禁止政策，开始严厉打击虚拟货币洗钱行动。例如，2017年9月央行与工信部等部门联合发布了《防范代币发行融资风险的公告》[62]，2018年银保监会发布了《关于防范以"虚拟货币""区块链"名义进行非法集资的风险提示》[63]等。

2020年以来，经历一系列整顿以后，金融科技监管进入新的阶段。首先，更加突出行业的规范发展。例如，2019年8月，央行

---

[60] http://www.cac.gov.cn/2017-12/15/c_1122114520.htm.
[61] http://www.chinacqcs.net/newsview.asp?ID=297&sortID=11.
[62] http://www.pbc.gov.cn/goutongjiaoliu/113456/113469/3374222/index.html.
[63] http://www.cac.gov.cn/2018-08/24/c_1123317731.htm.

印发《金融科技发展规划（2019—2021）》[64]，制定《金融科技产品认证目录》[65]等明确金融科技技术标准、业务规范、风险管控等政策，出台针对移动支付、网络借贷、数字货币等的监管强化文件。2020年4月，央行发布了《关于开展金融科技应用专项摸排工作的通知》[66]。而在2021年发布的《中国金融稳定报告（2021）》中也专门指出2020年"金融秩序得到全面清理整顿"。在营P2P网贷机构全部停业，非法集资、跨境赌博及地下钱庄等违法违规金融活动得到有力遏制，私募基金、金融资产类交易场所等风险化解取得积极进展，大型金融科技公司监管得到加强。

其次，监管范围涵盖金融业务、数据安全、互联网等多方面，且多部门联合行动。例如，2020年6月，证监会成立了"科技监管局"[67]，负责证券期货行业金融科技发展与监管相关的八项职能；银保监会从7月到12月，陆续出台了《商业银行互联网贷款管理暂行办法》[68]《网络小额贷款业务管理暂行办法》[69]《互联网保险业务监管办法》[70]等。此外，央行还于2020年9月正式实施《金融控股公司监督管理试行办法》[71]，要求金融控股公司必须持牌经营。同时非金融监管机构也陆续介入。例如，2020年8月，最高法规定

---

[64] http://www.gov.cn/xinwen/2019-08/23/content_5423691.htm.
[65] http://www.pbc.gov.cn/goutongjiaoliu/113456/113469/3910551/2019102911275850185.pdf.
[66] https://m.mpaypass.com.cn/download/202005/13111014.html.
[67] http://www.csrc.gov.cn/pub/newsite/kjj/kjjjgzn/202006/t20200610_377980.html.
[68] http://www.gov.cn/xinwen/2020-07/17/content_5527714.htm.
[69] http://www.gov.cn/xinwen/2020-11/03/content_5556884.htm.
[70] http://www.gov.cn/xinwen/2020-12/14/content_5569401.htm.
[71] http://www.gov.cn/zhengce/zhengceku/2020-09/13/content_5543147.htm.

民间借贷最高利率不得超过4倍LPR。[72] 2020年11月，市场监督管理总局发布《关于平台经济领域的反垄断指南（征求意见稿）》[73]，开始广泛征求社会意见。而2021年2月，国务院正式发布了平台经济领域的反垄断指南。[74]

最后，出台了一些促进金融科技发展的机制，以实现支持创新和规范发展的双重目标。人民银行2019年12月启动"监管沙盒"，截至2020年8月已有北京、上海、成都、重庆、粤港澳、苏杭等地区启动金融科技创新监管试点，推出60个试点项目。例如，按照《国务院关于全面推进北京市服务业扩大开放综合试点工作方案的批复》，央行支持在2019年率先在北京市开展金融科技创新监管试点。[75] 2021年9月底，中国人民银行营业管理部（北京）和人民银行深圳中心支行披露，"基于物联网的物品溯源认证管理与供应链金融""基于区块链的产业金融服务""AI Bank Inside产品"和"百行征信信用普惠服务"四个金融科技创新监管工具创新应用项目完成测试。[76] 这标志着中国金融科技的"监管沙盒"制度已经初步形成从"开盒"到"闭盒"的闭环。

监管成效分析

金融科技监管对国内金融科技企业的影响已经显现。蚂蚁金服、陆金所和京东数科原计划登陆资本市场，但目前纷纷采取相应

---

[72] http://www.gov.cn/xinwen/2020-07/22/content_5529143.htm.
[73] http://www.gov.cn/xinwen/2020-11/11/content_5560405.htm.
[74] http://www.gov.cn/xinwen/2021-02/07/content_5585758.htm.
[75] http://www.gov.cn/xinwen/2019-12/06/content_5458990.htm.
[76] https://www.thepaper.cn/newsDetail_forward_14744026.

对策，调整上市策略。例如，2020年11月3日晚，蚂蚁集团因监管被约谈等系列原因暂缓在A股科创板以及港交所上市。按原计划，11月5日蚂蚁集团应在上海和香港两地同步上市，市值将超2万亿元，是全球资本市场有史以来最大规模的一桩IPO。京东数科前身为京东金融。2020年6月起，京东数科开始准备上市。9月11日晚，根据上交所官网披露，上交所显示已受理京东数科科创板发行上市。然而在11月3日，同为金融科技巨头的蚂蚁集团宣布暂缓上市后，京东数科选择归入京东科技集团。

与欧美国家类似，我国消费者隐私和个人数据保护在监管当中的分量进一步凸显。在数据保护方面，拟严格落实《中华人民共和国数据安全法》《中华人民共和国个人信息保护法》等法律法规，建立数据全生命周期安全保护机制，运用匿踪查询、去标记化等措施，严防数据误用、滥用，切实保障金融数据和个人隐私安全。数据安全和法律保障方面，要以能够界定个人信息主体权属和相关人员行为空间的法律来保护个人隐私。技术实现方面，通过数据处理、计算方法、管理技术等确保个人隐私不受侵害。数据治理方面，制度创新与技术创新双管齐下，防止垄断和资本无序扩充。[77]这些措施的出台或落实，将有助于实现中国金融监管与国际接轨的目标。

但目前针对金融科技的监管，还有待于进一步发展和完善。首先，目前的金融监管属于事前监管，即在问题发生之前便进行预判，从而制定出可能的解决方案。这种方法的好处是可以降低风险发生的概率。P2P等互联网金融企业的违规事件可能令监管

---

[77] http://www.jjckb.cn/2021-09/13/c_1310183774.htm.

部门意识到，有时风险成本也许远高于收益。但事前监管的问题在于，监管部门无法确定自身对于风险的预判是否正确。如前所述，监管部门的数据分析和政策制定都有一定滞后性。这种滞后性会使监管部门的预判结果与实际金融科技公司的发展情况并不相符。这种矛盾可能导致预判下的监管政策既不能阻止新阶段出现危机，同时又阻碍金融科技的有用创新。因此，要想继续采取事前监管逻辑，就需要优先解决监管滞后性的问题。例如，依托监管科技，及时地获得金融科技公司发展的评估报告，或者与金融科技公司保持密切联系，确保监管手段能够与金融科技公司的发展相适应。

其次，对于如何做到灵活、同步监管，还没有找到合适的解决方案。不仅中国，欧美国家同样面临类似的问题。现阶段的监管仍集中于法律条文和限制手段。但这种监管方法带来的潜在影响是抑制企业创新。2020年的《中国金融科技创新监管工具》白皮书明确提出要提高监管包容性，拒绝原来的"一刀切"模式，给创新发展留足空间，避免市场主体创新能力受到束缚。当然，这一想法，还需要转化为具体的法律条文或者政策举措。

最后，目前监管主要还是依靠各级主管部门，市场的自我监管与修正机制还不完善。金融科技的发展周期越来越短，涉及的领域越来越广，单靠监管部门可能会更加力不从心。《中国金融科技创新监管工具》白皮书认为，互联网时代金融服务更加虚拟、模糊，风险隐患更具隐蔽性、复杂性和外溢性，无法仅依靠金融管理部门。为此，可能需要鼓励监管科技企业发展。这些企业一方面可以帮助金融科技公司分析监管部门的政策，为其制定合规条文，另一方面也可以协助监管部门及时收集监管数据，提供动态分析报告，进而实施有效的动态与灵活监管。

促进金融科技在我国健康发展,下一步要做的工作仍然很多。

一是要防止监管套利,做到公平监管。要防止金融科技公司以科技之名躲避金融监管。有的金融科技公司进入金融领域办理贷款或其他金融业务,但没有遵守商业银行或者商业贷款机构的监管要求和标准。要加强对头部金融科技公司的监管,避免其利用数据优势、网络优势、算法优势垄断市场和社会资源,要逐步完善推动头部金融科技企业的数据信息共享机制。[78]

二是加快监管科技研发和应用,创新监管方式。提升技术水平是实施有效金融科技监管的前提,目前监管部门的技术手段和人员储备都亟须加强。要提早布局监管科技研发,并着手制订如何利用监管科技的计划。加强大数据、人工智能等领域高水平人才的引进和现有人员的培训力度,提高对重要金融科技机构和业务的风险监测及分析能力,确保能够动态跟踪金融科技创新及风险变化。有调查显示(Ehrentraud et al.,2020),几乎所有接受 BIS 调查的国家都启动了创新中心与监管沙盒计划,为测试企业提供灵活多样的政策支持以及各监管部门联合监管的测试实验环境。应积极探索创新中心、监管沙盒、加速器等新型监管方式,有效促进金融科技发展。

三是完善分类监管,增加金融监管的灵活性和动态性。金融科技作为新兴事物,在金融服务的不同领域发挥作用,例如数字银行、智能投顾、加密资产服务、开放银行等。各国监管者一般采用分类监管的方式,包括建立特定的牌照制度来为金融科技公司授

---

[78] https://baijiahao.baidu.com/s?id=1682476105502327361&wfr=spider&for=pc.

权，并且对特定活动设置要求或者令行禁止等，为金融创新的顺利、合规开展创造良好的制度环境。对于加密资产交易等潜在风险较高的业务，大多数经济体则持审慎态度，例如美国证券交易委员会曾发布风险警示，提醒首次交易发行多利用创新噱头虚假宣传，投资者应警惕诈骗行为等。

四是加强金融科技相关的技术监管。在技术层面，金融监管者的一般操作是，修改已有的规章制度，以适应新的技术。对于云计算、确权、应用程序接口等主要用于提高金融服务效率的技术，监管机构普遍表示积极支持。对于人工智能、分布式记账等能够更深层次影响金融服务运行过程的技术，监管者则持更加谨慎的态度，强调对技术的约束和引导。鉴于人工智能与算法技术在提高效率的同时也会带来歧视、数据垄断等一系列负面问题，监管部门要继续加强对于人工智能下算法技术的监管，保障算法技术的透明度和可追踪性，以及消费者受到算法歧视后可以维权。

五是尊重市场规律，调动市场积极性。有效的监管必须建立在对市场经济尊重的基础上。反垄断，不是要反对具有市场支配地位的平台，而是要反对平台滥用市场支配地位的行为。[79] 要压实平台作为"守门人"的责任，加强行业自律，尽量减少平台自身运营造成的风险外溢。对金融科技创新模式，不一定都通过事前设置各种条条框框加以限制，可以考虑加大事后惩戒力度而加以控制，以避免抑制潜在的重大创新。

六是加强金融科技监管的跨境协调。利用 G20、FSB 等多边国

---

[79] http://www.pbcsf.tsinghua.edu.cn/portal/article/index/id/5354.html.

际组织，积极协调金融科技的跨境监管，减少可能的风险溢出。在国际层面，积极探索"监管沙盒"等创新监管方式，为企业应用金融科技进行跨国业务的监管提供解决方案，共同完善针对金融科技的跨国合作监管机制。

第二十二章　金融科技对货币政策的影响分析

金融与科技的有机融合，创造了更多新的业务模式、应用和产品（FSB，2016；Goldstein et al.，2019）。[①] 随着大科技公司的进入、技术创新步伐加快以及监管框架的变革，金融科技发展前景广阔。金融科技连接性广、多业态渗透融合等特征，在提升金融服务效率、降低金融服务成本的同时，也改变了货币创造和流通，影响了货币政策的传导机制。货币政策需要加快适应上述变化带来的全新挑战。

金融科技对货币政策传导机制的影响

在传统的货币政策理论框架下，货币政策传导机制可以划分为五个渠道，分别是利率渠道、股票价格渠道、汇率渠道、银行贷款渠道与资产负债表渠道（Mishkin，2004）。随着数字货币、虚拟资

---

① 具体形式上，金融科技由早期的金融服务电子化（电子支付、数字银行与众筹等）逐渐拓展到区块链、虚拟货币与智能投顾等领域。

产蓬勃发展，货币政策又增添了一个新的渠道，即虚拟资产渠道（见图22.1）。对于利率、股票价格、汇率与虚拟资产渠道来说，货币政策是通过影响某种资产价格，进而影响实体经济，属于价格机制。对于信贷渠道、资产负债表渠道来说，货币政策则是通过信贷约束机制、信贷市场信息不对称机制发挥作用，属于数量机制。金融科技通过赋能传统金融，既可以提高金融体系运行效率，也可以缓解由于信息不对称、信息传播速度慢等原因造成的摩擦，进而改变资产定价和信贷供给。此外，金融科技还通过增加金融服务类型，改变货币政策的实施环境，间接对货币政策传导造成一定影响。

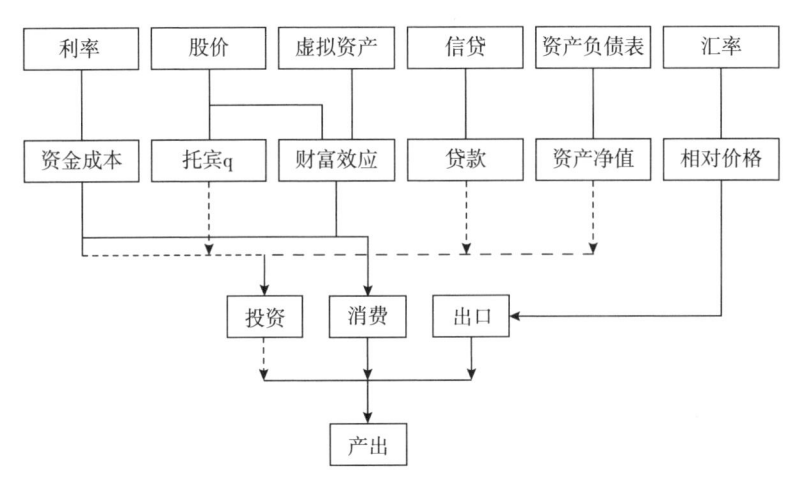

图22.1 货币政策主要传导机制

表22.1 金融科技对货币政策渠道的影响汇总

分类	渠道名称	影响方向	作用机制
价格机制	利率渠道	增强	通过改变资产持有成本、财富、公司价值等，影响公司投资机会与居民消费倾向，进而影响产出
	股票价格渠道	增强	
	汇率渠道	增强	

(续表)

分类	渠道名称	影响方向	作用机制
数量机制	虚拟资产渠道	增强	通过影响信息不对称程度，改变可贷资金，进而影响投资和产出
	资产负债表渠道	减弱	
	银行贷款渠道	减弱	

利率渠道

利率渠道是货币政策影响实体经济最直接的方式。以扩张性货币政策为例，当央行下调利率水平，实体经济的融资成本降低，会增加企业扩大投资和扩大耐用消费品支出的意愿，进而提振总需求。部分研究结果显示，金融科技对货币政策的利率渠道具有放大作用（黄益平和黄卓，2018），具体的作用途径包括以下四个方面。

一是提高信息传递效率。大数据、人工智能等技术的应用，增强了市场主体获取和处理信息的能力，提升了政策信号传播的速度和广度（Mishra and Pradhan，2008）。市场主体对政策利率变动的感知越灵敏，对政策变动意图的理解越深刻，就越能促使货币政策更快发挥作用。

二是减小交易摩擦。金融科技可以进一步提高金融服务电子化水平，简化原有的烦琐流程，打破不同市场之间的界限，有效降低金融交易成本，为套利、对冲、资产配置多元化等市场操作提供更为便利的条件。上述操作，能够减小市场交易摩擦，促进政策利率到市场利率的传导。此外，据研究，数字货币通过替代现金交易，可以进一步减小交易摩擦，提升货币的流通速度，使货币乘数对基准利率的变动更加敏感，提升货币政策通过利率渠道发挥作用的效率（Hawkins，2001；Al-Laham et al.，2009；Adrian et al.，2020）。

三是改善市场预期。金融科技是传统金融与信息科技的融合，能够丰富金融生态，提升金融服务的效率，增加应对不确定性的方式和手段，有助于改善经济主体预期。当经济不确定性降低或者应对不确定性的手段增多，企业将增加投资和雇佣活动（Bloom，2009），家庭也会将更多收入或财富用于当期消费（Giavazzi and McMahon，2010）。因而，投资与消费等经济活动对货币政策冲击的响应也会更及时。

四是帮助打破零利率下限，拓宽货币政策的操作空间。如果央行数字货币顺利替代 M0，下一步可以向央行数字货币注入更多新的特性。例如，计息型 CBDC，央行通过调整 CBDC 利率来间接影响银行存款利率，这一操作甚至可以打破零利率下限的约束。另外，央行推出数字货币，将拓宽货币政策的操作空间，有助于缓冲私人数字货币对货币政策传导机制有效性的冲击。

目前，已有研究开展相关的实证分析。有学者（Mumtaz et al.，2020）利用 25 个国家移动、宽带用户以及虚拟货币交易情况，分析了信息技术和金融科技发展对货币政策的影响。结果发现，金融科技能够显著增强货币政策的利率渠道作用。刘澜飚等（2016）基于中国的宏观金融数据，发现互联网金融提高了银行存贷款规模、利率对银行同业市场利率的敏感度，从而增加货币政策通过利率渠道影响实体经济的有效性。

股票价格渠道

除了利率渠道，股票价格作为货币政策的作用渠道也备受关注。股票价格渠道包括影响托宾 q 和居民财富两个方面。当采取扩张性货币政策时，机构和公众持有的货币量会上升，进而增加对投资风险资产比如股票的需求，助长股价，提升资产市值与重置成本的比值，即托宾 q，进而刺激企业扩大投资（Tobin，1969）。与此同时，股票价格上涨也会通过增加居民财富、刺激居民消费，间接促进总产出（Modigliani，1971）。

高频交易、算法交易等金融技术的广泛应用，会显著增加证券市场的波动性，进而影响居民财富和公司托宾 q，并强化股票价格的渠道（Collins，2020）。基于算法的量化交易方式，其交易速度、交易频率均显著高于传统交易，这一方面会增加市场交易的流动性，促进偏离均衡的市场定价回归。另一方面也要看到，这些交易方式的底层技术一般是基于相似的技术原理，在面临同样的市场环境时，机器运行算法的结果极易造成交易策略趋同，从而丧失传统市场中大量、多元的交易主体所具有的风险分散优势。此外，随着虚拟货币越来越多地朝着可配置资产的方向发展，其高波动性的特征也可能会进一步传导到主流的资本市场当中。

例如，2021 年 3 月，某对冲基金经理（Bill Hwang）旗下的高杠杆基金（Archegos Capital）爆仓，该基金一周内遭抛售 190 亿美元，而高杠杆导致相关股票市值蒸发 330 亿美元，主要国际投行纷纷抛售，而行动较慢的欧洲银行（如瑞士银行）则遭受了巨大损失。该基金的高杠杆很大程度来自差价合约（CFD），而这一新型衍生品作为金融科技发展的产物，利用只有持有股票才需要申报的政策漏洞，导致资金池的杠杆过高与崩盘后资产价格的巨幅波动。该爆仓事件进一步说明金融科技的发展会加剧市场的波动性，对货币政策的效果带来巨大冲击。

汇率渠道

在固定汇率与严格资本管制的情形下，国际贸易与资本流动过程难以对货币政策传导产生影响。但是，随着经济全球化进程的加速、国际贸易与资本账户的开放，以及实施浮动汇率制度，货币政策通过汇率影响实体经济的机制更加受到关注。当采取扩张性货币政策时，国内利率水平下降，本国货币相对外币的吸引力降低，本币贬值，使得本国商品较国外商品更廉价，从而刺激出口，增加总产出。

金融科技进一步打破地理、制度条件对贸易与资本跨境流动的限制，提高了国际金融一体化程度。金融交易减少中间环节，增加交易的透明度，降低外汇市场参与者交易成本。从这个角度看，外汇市场的可及性增强，市场主体对汇率变动的反应会更为敏感，浮动汇率条件下货币政策有效性将增强。不过，对于新兴市场国家和欠发达国家而言，金融科技的渗透，也会让国际资本流动更加便利、隐蔽与分散，增加了绕开管制、跨境监管套利的可能，同时减弱汇率风险隔离墙的作用，削弱货币政策的自主性。

虚拟资产渠道

数字货币发展步伐加快，虚拟货币和稳定币的被接受度提高，央行数字货币也在积极发展，持有数字资产便利性提高，货币替代问题有可能进一步凸显，产生新的"美元化"问题，导致本国货币政策效能下降。如果将数字货币类比外汇资产，货币当局需要在货币主权、央行数字货币与传统货币的平价条件、央行数字货币与传统货币的自由兑换这三者之间选择其二，即所谓的新"三元悖论"（Bjerg，2017）。如果要维持央行数字货币与传统货币之间的自由兑换，同时保留数字货币和传统货币的平价条件，那么货币主权将会受到挑战。

同时，虚拟资产投资作为金融科技发展的直接产物之一，正逐渐成为金融机构与投资者的重要配置方向。以比特币为例，截至 2021 年 5 月，比特币总市值达 43 334 亿人民币左右，其市场价值不可忽视。虚拟资产交易极易受到市场情绪、舆论与政策走向的影响，价格波动显著超过传统资产，比如股票。虚拟资产价格变动剧烈，增加了居民财富的波动风险。当央行降低政策利率时，相对宽松的政策环境有利于营造积极的市场情绪环境，数字货币价格可能上升，从而提高居民持有数字货币的价值，刺激消费，提高产出。

银行贷款渠道

信贷市场中，由于借贷双方信息不对称，往往存在委托代理问题，造成的相关交易成本体现为外部融资相对于内部融资的溢价（Bernanke，1993）。由于一部分企业尤其是中小企业融资渠道有限，而银行具有专业、规模和范围优势，因此它们只能依靠银行贷款。货币政策可以影响银行贷款，改变实体经济面临的融资约束。如果采取扩张性货币政策，会增加银行的准备金和存款，提高银行可发放贷款的能力，受约束的借款人可以融到更多资金，进而增加投资或消费。

影响银行贷款渠道的因素较多，比如银行体系自身是否稳健、银行贷款额度是否受到限制、监管标准是否严格、是否存在替代融资渠道等。金融科技的发展，在一定程度上减少了信贷市场的摩擦，可能会弱化银行贷款渠道的作用。具体来看，影响主要体现为以下几个方面。一是金融科技降低信贷市场中的搜寻难度（Hawkins，2001）。借款人获得贷款的途径因此更多，对单一金融机构的依赖度降低,银行的特许垄断作用下降。二是金融科技提供了更加丰富的融资方式,降低银行在贷款资本与非贷款资本之间的转换成本(Mishra and Pradhan,2008)。这有助于减轻银行的流动性约束,降低信息不对称导致的外部融资溢价。三是金融科技加速金融脱媒。金融机构能够发行更多不受存款准备金约束的新型理财产品(战明华等,2018),影子银行的扩张会削弱银行贷款渠道。总的来看,金融科技降低了信贷市场的信息不对称性,增加了不同资产之间的可替代性,削弱了银行贷款渠道作用。

资产负债表渠道

与银行贷款渠道相似,资产负债表渠道也是源自信贷市场上的信息不对称问题。两者的不同之处在于,银行贷款渠道认为,货币政策可以通过影响货币供应量,进而改变银行贷款规模,该观点更多聚焦于信贷供给端。资产负债表渠道则认为,企业资产负债和现金流状况会影响银行贷款的发放(Bernanke and Gertler,1989;Kiyotaki and Moore,1997;Lian and Ma,2021),该观点更多聚焦于信贷需求侧。根据资产负债表渠道的观点,扩张性货币政策可以影响公司股票价格或者抵押品价格,改善资产负债表状况,比如提高公司净值,从而降低借款时的代理成本,增加信贷规模,降低贷款成本。

金融科技对资产负债表渠道的影响,主要有以下两个方面。一是金融科技的广泛应用,增加了公司财务与信用信息的透明度,有助于降低借贷双方的搜寻成本,从而削弱资产负债表渠道的影响。二是金融科技创造更多数字抵押品,人们对有形抵押品的依赖度下降。近年来陆续出现基于数字资产(如比特币)的抵押贷款业务,一方面为企业融资提供了新的抵押品选择,另一方面也相对减少了对传统土地、住房、设备等有形抵押品的依赖。这对于在数字资产、数据要素方面占优势而在传统抵押品方面相对劣势的新兴金融科技企业而言，是一个全新的发展机会，有利于企业朝着知识型、服务型方向发展。

金融科技影响货币政策传导机制的实证检验

综合上述分析，金融科技对货币政策的影响大体可分为两个方面，一是强化价格机制，二是削弱信贷数量机制。本节将结合我国的实际情况，构建计量模型，通过实证检验金融科技发展对货币政策的影响。从已有的研究看，由于金融科技目前尚处于快速发展的初期阶段，加上数据缺乏，分析其影响的理论文献不少，但实证研究不多。国内的研究基本上都采用北京大学数字金融研究中心发布的"中国数字金融普惠发展指数"（张勋等，2019），或者央行公布的"第三方支付平台交易量"（战明华等，2020；战明华等，2018；刘澜飚等，2016）。这些数据均为时间序列数据，难以分析金融科技发展程度不同的地区所受到异质性影响。而且"中国数字金融普惠发展指数"频率为年度，央行公布的"第三方支付平台交易量"频率为季度，频率都比较低，难以捕捉金融科技对货币政策传导机制的动态影响。本书将采用关键的第三方支付平台支付数据作为代理变量，频率为月度，而且细化到城市层面，可以有效克服上述两个方面的不足。

局部投影模型设定

本书将采用面板数据局部投影模型（Panel Local Projection），

估计金融科技对货币政策传导机制的影响。与传统的 VAR 模型相比，局部投影模型可以估计被解释变量对货币政策冲击的动态脉冲响应函数，而且只关注回归样本附近的局部脉冲响应，不依赖于特定的识别策略，能够较为灵活地更换模型设定，在非线性模型的研究中很有优势（Jorda，2005；Jorda et al.，2016）。

本书关注货币政策对产出、用电量和房价的影响，以及金融科技在货币政策传导过程中发挥的作用。考虑到数据的可得性，我们使用省份层面工业增加值的同比增长率 $Output_{i,t}$ 作为产出的代理变量，省份层面用电量的同比增长率 $Electricity_{i,t}$ 作为用电量的代理变量，城市层面房价的同比增长率 $House_{i,t}$ 作为房价的代理变量。[②] 以上数据频率均为月度，样本区间为 2017 年 1 月—2021 年 4 月。我国货币政策的政策变量，分为数量型和价格型两种。其中，7 天存款类机构质押式回购加权利率（$DR007_t$）作为价格型货币政策的代理指标，M2 同比增长率（$M2_t$）与社会融资总量（SF_t）的同比增长率作为数量型货币政策的代理指标，记为 mp_t。此外，我们还计算了省份月度层面的信贷规模的同比增长率（$Credit_{i,t}$），作为货币政策信贷渠道的代理变量。我们使用月度层面的第三方支付总额，并且将其除以相应省份或城市的常住人口数量，作为金融科技发展水平的代理变量，记为 $digital_{i,t}$。据我们了解，本书是国内第一篇利用面板数据，分析金融科技影响货币政策传导机制的研究。

在基准模型中，我们分析当 t 期有 1 单位货币政策冲击时[③]，省

---

② Wind 百城住宅价格指数。
③ 为了避免内生性，本文将核心解释变量 mp_t 提前一期，即研究 $t-1$ 期货币政策不确定性冲击对系统中其他变量的影响。

份/城市 i 的产出或房价④在 $t+h$ 期的脉冲响应，模型的具体形式为：

$$\Delta_h y_{i,t+h} = \alpha_h + \beta_h mp_t + \gamma_h digital_{i,t} + \sum_{l=1}^{L} \gamma_{h,l} X_{i,t-l} + \alpha_{i,h} + \varepsilon_{i,t+h}, \quad foreachl \in \{1, 2, \cdots L\}, \quad h \in \{1, \cdots H\} \quad (1)$$

其中，H 是本书估计的脉冲响应时间长度，mp_t 是货币政策指标，$X_{i,t-l}$ 是控制变量，L 是控制变量考虑的滞后范围，$digital_{i,t}$ 是人均第三方支付金额。$\Delta_h y_{i,t+h}$ 作为 $t+h$ 期与 t 期 $y_{i,t}$ 的差分，代表了累计脉冲响应；$\alpha_{i,h}$ 是个体层面的固定效应。此外，我们对个体层面的标准差进行了聚类处理。关于控制变量 $X_{i,t}$，包括当地人口总数 $population_{i,t}$、当地平均工资 $wage_{i,t}$、当期汇率 exc_t 等变量，其中，$population_{i,t}$ 用来控制人口可能带来的规模效应，$wage_{i,t}$ 用来控制当地的人均收入水平（可以体现整体富裕程度、消费水平），exc_t 用来控制汇率水平波动可能对当地产出、房价带来的影响。

一般来说，紧缩性货币政策会引起产出水平下降，因此我们猜测，$DR007_t$ 作为货币政策指标时，β_h 显著为负，而当 $M2_t$、SF_t 与 $Credit_t$ 被用作货币政策指标时，β_h 显著为正。在分析金融科技对货币政策作用机制的影响时，我们进一步引入 mp_t 与 $digital_{i,t}$ 的交叉项，如下式所示：

$$\Delta_h y_{i,t+h} = \alpha_h + \beta_h mp_t + \gamma_h digital_{i,t} + \delta_h mp_t * digital_{i,t} + \sum_{l=1}^{L} \gamma_{h,l} X_{i,t-l} + \alpha_{i,h} + \varepsilon_{i,t+h}, \quad foreachl \in \{1, 2, \cdots L\}, \quad h \in \{1, \cdots H\} \quad (2)$$

相关变量与符号的设定，与基准模型的含义相同，此处不再赘述。如果金融科技水平的提高可以放大货币政策的作用效果，那么

---

④ 为保证公式简洁，我们统一采用 $y_{i,t}$ 表示被解释变量。在实际回归中，该变量代表了省工业增加值同比增长率 $Output_{i,t}$ 或者城市房价环比增长率 $House_{i,t}$ 的月度数据。

基于基准模型，我们猜测，$DR007_t$ 作为 mp_t 指标时，δ_h 显著为负，而 $M2_t$、SF_t 与 $Credit_{i,t}$ 作为 mp_t 指标时，δ_h 显著为正。

表 22.2　实证结果汇总

	工业生产 （省份-月度同比）	用电量 （省份-月度同比）	房价 （城市-月度同比）
DR007	增强	增强	增强
M2 同比	增强	增强	减弱
社融同比	增强	增强	减弱
信贷规模同比 （省份-月度）	减弱	减弱	不确定

货币政策对产出的影响

首先，我们检验了当产出作为被解释变量时，货币政策的经济影响以及金融科技如何影响货币政策效果。如图 22.2 所示，分别将 DR007、M2、SF 与 Credit 作为货币政策被解释变量，工业增加值的同比增长率作为 y，对模型（1）进行估计，得到相应的脉冲响应函数。结果显示，DR007 的脉冲响应持续且显著为负，而 M2、SF 与 Credit 的脉冲响应持续且显著为正，说明紧缩性货币政策的确会导致接下来 12 个月内产出增长率的显著下降，而宽松货币政策则会促进产出增长。

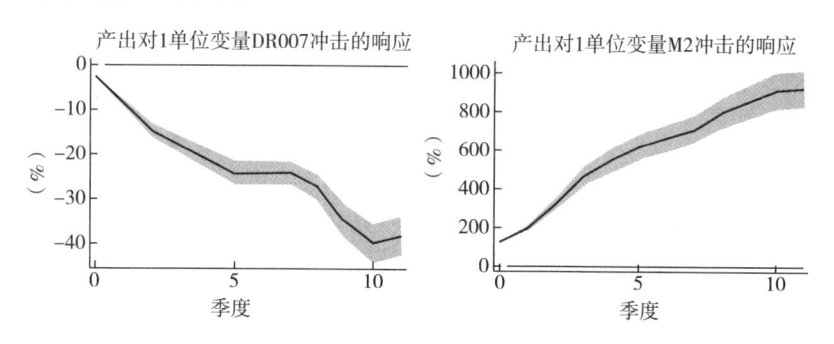

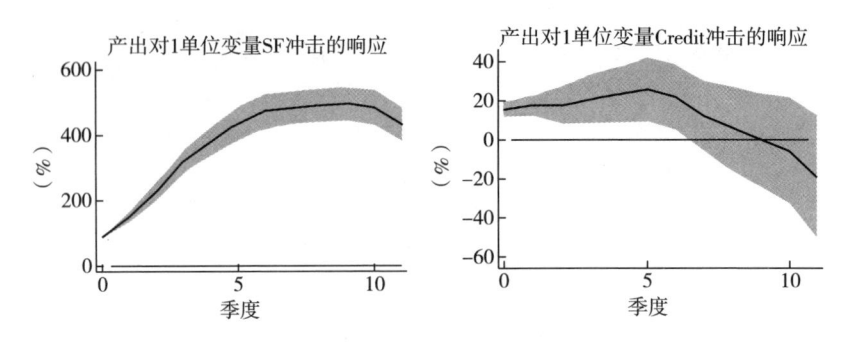

图 22.2　产出对 1 单位货币政策冲击的脉冲响应

注：四张图分别对应 DR007、M2、SF 与 Credit 作为货币政策代理变量的情形，阴影为 1 标准差置信区间。

资料来源：作者计算。

如图 22.3 所示，分别将 DR007、M2、SF 与 Credit 作为货币政策代理变量，工业增加值同比增长率作为被解释变量时，对模型

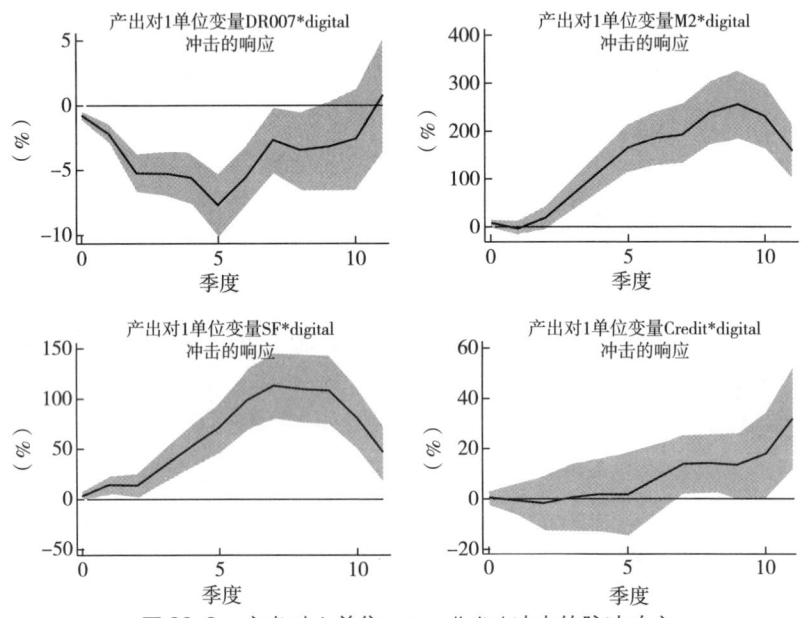

图 22.3　产出对 1 单位 mp * digital 冲击的脉冲响应

注：四张图分别对应 DR007、M2、SF 与 Credit 作为货币政策代理变量的情形，阴影为 1 标准差置信区间。

资料来源：作者计算。

（2）进行估计的脉冲响应。其中，DR007 * digital 的脉冲响应持续且显著为负，而 M2 * digital 与 SF * digital 的脉冲响应持续且显著为正，说明人均电子支付水平的上升，会提高数量型和价格型货币政策的作用效果。此外，我们注意到 Credit * digital 的脉冲响应前期为负，与 Credit 脉冲响应为正的结果相反，表明金融科技可以减弱货币政策的信贷渠道作用。

货币政策对用电量的影响

本节用电力消费作为产出的代理变量，检验前述计量结果的稳健性。如图 22.4 所示，DR007、M2、SF 与 Credit 分别作为货币政策代理变量，用电量的同比增长率作为 y。然后估计模型（1），并进行脉冲响应分析。可以看出，DR007 的脉冲响应持续且显著为负，而 M2、SF 与 Credit 的脉冲响应持续且显著为正，说明紧缩性货币政策的确会导致接下来 12 个月内用电量同比增长率的显著下降，而宽松的货币政策效果则相反，这一结果与前文的分析是一致的。

如图 22.5 所示，进一步估计模型（2），脉冲响应分析结果显示，DR007 * digital 的脉冲响应持续且显著为负，而 M2 * digital 与 SF * digital 的脉冲响应持续且显著为正，说明人均电子支付水平提

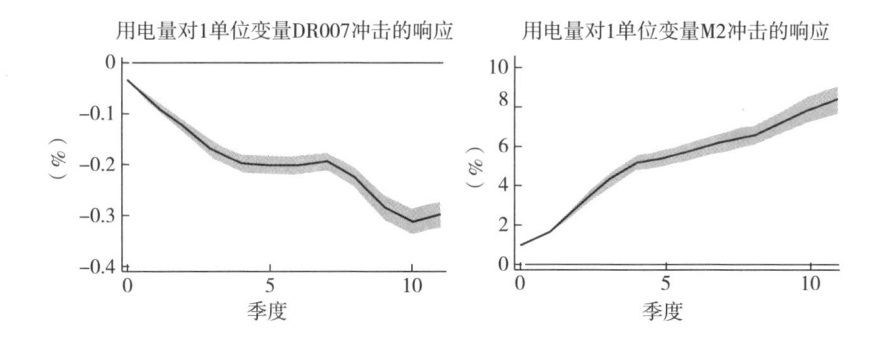

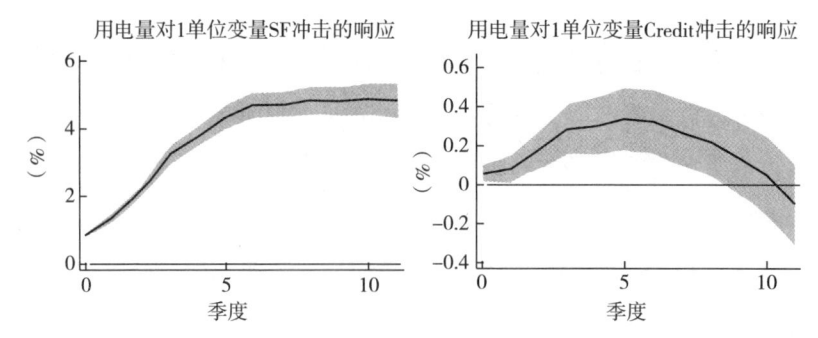

图 22.4　用电量对 1 单位货币政策冲击的脉冲响应

注：四张图分别对应 DR007、M2、SF 与 Credit 作为货币政策代理变量的情形，阴影为 1 标准差置信区间。

资料来源：作者计算。

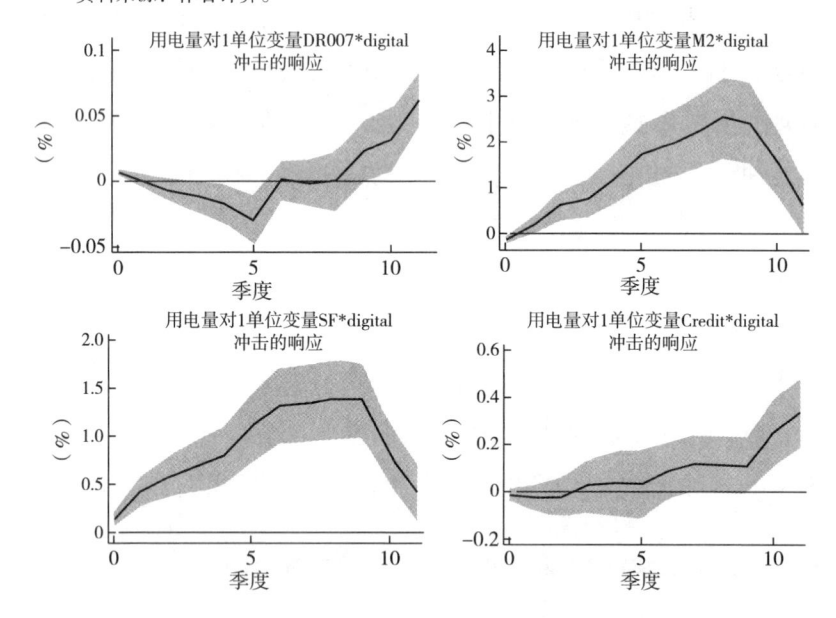

图 22.5　用电量对 1 单位 mp * digital 冲击的脉冲响应

注：四张图分别对应 DR007、M2、SF 与 Credit 作为货币政策代理变量的情形，阴影为 1 标准差置信区间。

资料来源：作者计算。

高，会强化数量型和价格型货币政策的作用效果。此外，我们注意到 Credit * digital 的脉冲响应前期为负，这与 Credit 的脉冲响应为正的结果相反，表明金融科技的发展可能会减弱货币政策的信贷渠道作用。

货币政策对房价的影响

本节进一步检验货币政策对房价的影响。⑤ 如图 22.6 所示，DR007、M2 与 SF 分别作为货币政策代理变量，房价的环比增长率作为被解释变量，估计模型（1），并进行脉冲响应函数分析。结果显示，DR007 的脉冲响应持续且显著为负，而 M2 与 SF 的脉冲响应持续且显著为正，说明紧缩性货币政策的确使接下来 12 个月内房价增长受到抑制，这与前文的分析是一致的。

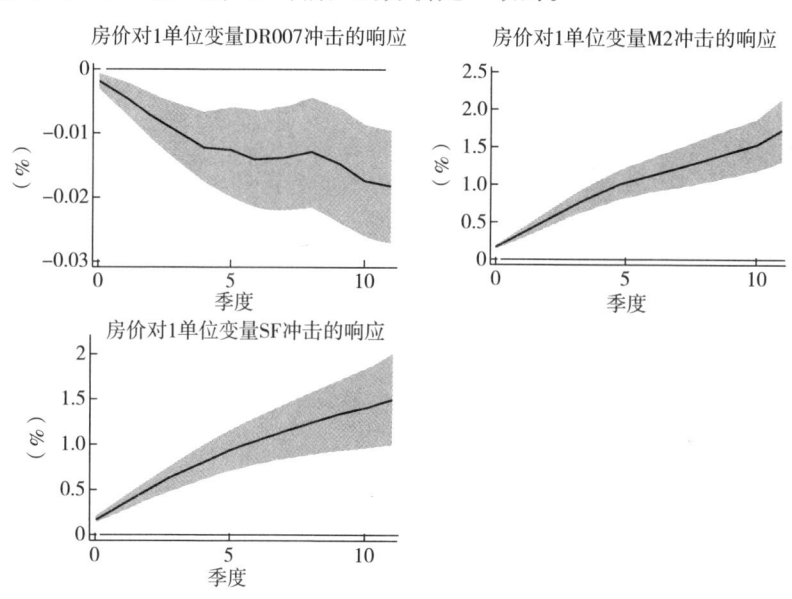

图 22.6 房价对 1 单位货币政策冲击的脉冲响应

注：三张图分别对应 DR007、M2 与 SF 作为货币政策代理变量的情形，阴影为 1 标准差置信区间。

资料来源：作者计算。

---

⑤ 由于房价是城市层面的数据，而信贷是省份层面的数据，因此，在本节中，我们不再对货币政策信贷渠道进行检验。

将 DR007、M2 与 SF 分别作为货币政策代理变量，房价环比增长率作为被解释变量时，对模型（2）进行估计。结果显示，DR007 * digital、M2 * digital 与 SF * digital 的脉冲响应均显著为负（见图 22.7），说明就货币政策对房价的影响而言，金融科技放大了价格型货币政策的作用，但削弱了数量型货币政策的作用。

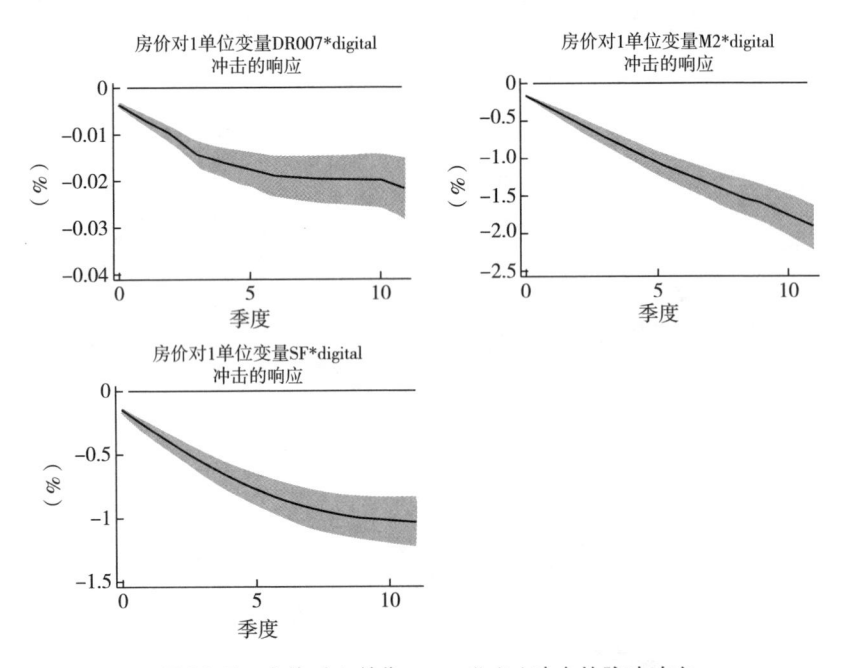

图 22.7 房价对 1 单位 mp * digital 冲击的脉冲响应

注：三张图分别对应 DR007、M2 与 SF 作为货币政策代理变量的情形，阴影为 1 标准差置信区间。

资料来源：作者计算。

我们将这一结果解释为，房地产是居民持有的最主要资产，同时也是一种重要的抵押品。一方面，房地产价格和货币政策的宽松程度、利率水平有关，金融科技可以放大货币政策的资产价格渠道和利率渠道，因此可以观察到房价对 DR007 * digital 变量的响应显著为负。另一方面，金融科技可以增强借贷的便利性，会削弱货币政策的抵押品渠道（属于资产负债表渠道），从而可以观察到房价对 M2 * digital 与 SF * digital 的响应显著为负。因此，对于金融科技是否放大货币政策对房地产价格的影响，结果并不确定。

金融科技对货币政策目标的影响

货币政策的目标可以划分为最终目标（政策目标）、中介目标与操作目标三个层面。最终目标是央行执行货币政策的根本原因，操作目标是央行能够直接控制且表明政策立场的变量，中介目标则是介于最终政策目标与操作工具之间的指标，虽然不直接受到货币政策工具的控制，但是可以实时观测并与最终政策目标之间有紧密的联系。金融科技对上述三个层面的货币政策目标都有影响。

最终目标

在数字经济快速发展的背景下，货币政策的最终目标也应当逐步丰富和与时俱进。金融科技进一步拓展和深化了货币政策最终目标的内涵，具体影响可划分为安全和普惠两个方面。

一方面，随着金融科技的发展，维护金融稳定、防范金融风险等安全议题在货币政策当中的权重应该有所提升。金融科技在提高金融系统运行效率的同时，也给金融系统的稳定性带来了新挑战。尤其是近年来 P2P 借贷、互联网金融问题频发，加强对金融科技创新的关注和监管更加迫切。若不能给予这一潜在风险足够的重视，放任金融科技自由发展，则极有可能引发新一轮金融危机（Dabrowski, 2017）。作为货币政策双支柱之一，宏观审慎框架应该将金融科技的影响考虑在内，统筹维护好经济增长、物价稳定和金融稳定等多重目标（何德旭等，2019）。

与此同时，金融科技的普及和应用，也为货币政策更好地兼顾普惠目标创造了便利条件。当前，我国区域发展仍不平衡不充分，城乡区域发展差距较大，还有不少人无法得到基本的金融服务。金融科技能够触达更多偏远落后地区、中小市场主体、长尾人群，增加金融的普惠性，实现更加包容的发展（张勋等，2019）。事实上，近年来我国已经创设了一些结构性工具来支持中小微企业。下一步，还要充分发挥金融科技的优势，扩大数字普惠金融应用范围，更好地支持实体经济发展。

中介目标

货币政策中介目标的一个重要特点是可以直接观测，并据此判断货币政策的力度和执行效果。在我国，常用的货币政策中介目标为货币市场利率、M2 与社会融资规模。金融科技信贷（FinTech Credit）是金融科技影响中介目标的一个重要途径。金融科技信贷在帮助非银行金融机构扮演商业银行角色的同时，也对传统的商业银行借贷和支付业务形成了替代，而且这些服务创新往往脱离传统的货币政策评价体系（Claessens et al.，2018）。

与此同时，金融科技创新会降低传统货币需求函数的稳定性，减少传统中介变量中的信息含量（Bernoth et al.，2017）。改进方向可能包括丰富货币政策中介目标的内涵，例如收集不同层面的金融产品利率、跟踪最新的金融产品交易数据等，充分利用金融科技相对于传统金融的信息优势。通过完善货币政策中介目标，可以更加全面、实时地掌握货币政策实施动态，有效缓解传统中介目标信息含量降低导致的目标失焦问题。

操作目标

按照货币政策工具的不同,货币政策操作目标可以划分为利率(价格型)和准备金总量(数量型)两种类型。一方面,央行可以通过设定政策利率目标,比如美联储的联邦基金利率,从而实现对市场利率比如商业银行同业拆借利率的调节和控制;另一方面,央行也可以借助存款准备金率、公开市场业务、再贴现政策等工具,控制银行的"自由现金",即超额存款准备金,进而影响市场流动性。

正如前面的分析,金融科技强化了货币政策的利率渠道,央行通过设定政策利率来影响货币市场利率,进而使实体经济资金成本的传导机制更为畅通,利率目标将更加有效。对于数量型货币政策而言,金融科技可能会削弱数量型操作目标的有效性。原因有二,一是金融市场结构变化,金融机构的准备金不再仅限于商业银行的准备金,准备金调控措施的效力下降;二是金融科技改变人们持有现金的习惯,降低了现金存款比,同时活期存款转换为各种理财产品更为便利,货币乘数稳定性下降(刘澜飚等,2016)。

表22.2 最终目标、中介目标、操作目标的内容与金融科技的影响

货币政策目标	具体内容	金融科技对央行执行货币政策的影响
最终目标	物价稳定、充分就业、经济增长、国际收支平衡等	提高安全(金融稳定)和发展(普惠金融)在目标中的重要性
中介目标	M2,社会融资规模,货币市场利率	传统中介指标的信息含量降低,需要丰富中介目标的内容
操作目标	准备金总量(存款准备金、基础货币),利率(政策利率、短期利率)	鼓励政策工具由准备金调控为主的数量型向基于利率走廊调控的价格型转型

推动货币政策进一步适应金融科技的发展

金融科技迅速发展的背景下，货币当局需要考虑金融科技对货币政策的影响，处理好金融科技监管和货币政策的协调关系，不断完善金融基础设施，防范金融科技可能引发的系统性金融风险，加强国际协调。

一是完善金融科技相关的货币政策框架。央行已经发行数字人民币，而且在《中华人民共和国人民银行法》修订征求意见稿中，明确了人民币包括实物和数字两种形式，以及任何单位和个人不得制作、发售代币票券和数字代币，以代替人民币在市场上流通，CBDC的法律地位以及其他流通于市场中的虚拟货币的定位更为清晰。但如果未来CBDC要引入可编程性，则意味着对人民币功能的调整，届时仍需要对相关法律进行修订，明确金融科技在帮助货币政策实现普惠与创新中的作用和定位。进一步优化国债收益率曲线，完善金融科技定价基准。充分利用大数据完善货币统计，尽可能拓展中介目标的覆盖范围，收集更多金融产品的利率，健全利率调控体系。

二是完善货币政策和宏观审慎政策的双支柱调控框架。加强对金融科技平台沉淀资金的监管，促进新的金融服务工具与交易形式规范发展，避免资金加速脱离传统中介，冲击金融稳定。在落实"双支柱"监管框架时，应该考虑是否针对金融科技设立专门的准备金制度、对金融科技信贷与传统的银行贷款的监管是否应一视同仁等问题。

三是加强国际协调。积极参与跨境金融科技业务领域的国际合作和规则制定，加强与国际货币基金组织、国际清算银行等多边组织的合作，提升我国在全球金融科技规则体系中的话语权。完善对金融科技跨境业务的监管，避免出现更多"旁路"削弱国内货币政策自主性。探索与其他国家和地区构造监管沙盒系统，加强金融科技监管方面的国际合作。

第二十三章　即时预测模型的构建与在中国的应用

即时预测（Nowcast）是一种能够跟踪经济运行状况并能够评估引入新信息以后预期调整幅度的量化分析方法。Nowcast 是 Now 和 Forecast 的结合，顾名思义，表明该方法主要针对当前或者未来较短的一段时期，以便获取早期估计结果。即时预测方法在气象预报中应用广泛，有学者（Giannone et al.，2008）将其引入经济研究领域。之后，随着政策制定者、商业机构对高频经济运行监测和政策效果评估的需要不断上升，即时预测的社会关注和实际应用日益广泛。本研究将利用卡尔曼滤波方法和期望最大化算法（也称为 Expectation-Maximum 算法或者 EM 算法），结合大样本混频数据，构建中国经济即时预测模型，及时跟踪经济运行的总体态势。在当前经济下行压力加大、市场信心不足、风险挑战不断增多、各种信息时而矛盾的背景下，客观、及时地把握经济总体运行态势，准确评估形势边际变化和预期调整具有非常重要的意义。

即时预测方法的发展历程

及时跟踪经济运行，在纷繁复杂的经济现象中找出典型周期波动特征规律，并评估不同指标变动对整体经济运行具有何种指示意义，一直都是宏观经济理论和实务界关注的焦点。导致经济波动的因素很多，每一个指标只能反映经济波动的一个侧面，为更加准确地把握经济运行趋势，有学者开创性地利用多条时间序列数据刻画周期特征（Mitchell and Burns，1936，1948），之后许多研究陆续跟进。有的是通过先验方法或者模型推估方式，设置一定的权重，对相关指标直接加总（Marcellino，2006）。在实际应用中常见的领先、同步或者滞后指数，比如 OECD 领先指数，可以归结为此类方法。这一类方法的优点是结构简单，操作方便，但不足之处在于需要严格选择纳入模型的指标，处理"大 N 小 T"，尤其是还存在缺失面板数据的情况时，会力不从心，很难避免过度拟合、估计参数不稳定的问题。为了克服上述挑战，同时尽可能纳入更多有价值的信息，有学者开始引入降维思想，通过线性变换或者提取隐含因子的方式，构建经济运行跟踪指数。在实证宏观经济研究当中，体现化繁为简、数据降维思想的常用方法主要有三种，分别是主成分分析（PCA）、动态因子模型（DFM）和贝叶斯向量自回归模型（BVAR）。

其中，主成分分析方法本质上是将多维数据进行压缩，并通过线性变换，形成新的变量。由于每个新变量包含的信息多寡不同，因此实际应用当中往往只选择方差贡献较大、特征根值大于 1 的变量，从而实现数据降维的目的。这种方法在实证宏观当中有不少应用案例，比如全球金融条件指数（Hatzius et al.，2010）。主成分分析方法很难还原原始输入变量的解释力度，之后有学者（Spearman，

1904）又对主成分方法进行了扩展，通过旋转因子轴使原始变量在主成分上的载荷重新分布，形成了因子分析的基本框架。另外，主成分分析方法的问题在于无法处理有数据缺失或者混频的样本。不过，在估计动态因子模型时，主成分方法不失为一种可以为迭代求解提供初始值的工具（Bok et al.，2017）。

动态因子模型（Dynamic Factor Model）的基本原理是，任何一个单一的经济指标都是经济周期波动在不同领域的具体体现，因此任何一条时间序列数据都可以分解为主成分和异质性成分。其中，主成分用于反映经济的普遍变化规律，而异质成分用于反映数据自身特定的一些变化（Stock and Watson，1989）。而且，这两种成分通常都无法直接观察到。一个相关的稳健推论是，为数不多的隐含变量就能够反映经济变动背后的普遍或者共同因素（Bok et al.，2017）。为此，这种方法能够克服参数较多、过度拟合和信息噪声杂的缺陷，在经济和金融预测中应用非常广泛。

值得注意的是，贝叶斯向量自回归模型也可以用于处理高维、复杂的信息集，并且应用也日益广泛。过去，人们常用小型的向量自回归模型 VAR 对宏观经济进行评估（William、Lupoletti and Webb，1984），但这种方法在处理大型面板数据时会面临"维度诅咒"，局限性较大。之后，有学者（Litterman，1979，1986；Doan，Litterman and Sims，1984）将贝叶斯估计和向量自回归结合，通过人为设定先验分布，对模型参数和后验分布进行估计，再把上一步的后验分布作为先验分布迭代估计，在参数较多、数据较少的情况下能够得到较好的估计结果。BVAR 模型也可以用于处理混频数据，但在模型估计时，还是要首先转化为状态空间模型形式。

另外，不少学者利用动态一般均衡模型跟踪和评估经济运行。

这种方法首先是基于消费者偏好、生产技术，以及财政、货币政策反应方程等设定，有的还引入房地产、金融等部门，构建动态一般均衡模型（DSGE）。然后再求解跨期优化问题，并线性化构建实证计量模型，利用贝叶斯方法估计模型参数（Negro and Schorfheide, 2013）。这种方法在理论上具有很强的内在一致性，在政策评估中的应用也比较广泛，但建模工作量较大，而且构建大型模型会遇到模型求解、数据可得性的障碍。

本书采用的即时预测方法本质上是一种动态因子模型。当然，有学者认为 BVAR 也可以转化成状态空间形式，并利用实时预测技术进行估计（Bok et al., 2017; Brave et al., 2019）。与传统的动态因子模型不同，该方法能够处理混频数据，也就能够处理有缺失的面板序列。以往的方法一般都要求数据完整，没有缺失，但在实际应用当中，各个指标发布的时点不同、频率不同。如果只是将高频数据处理成相对低频的数据，把混频样本转换成同频样本，就会损失很多有价值的高频信息。这种方法能够克服上述障碍，因此特别适合大数据分析。在互联网大数据时代，宏观经济数据来源更加丰富、数据格式更加不规整。这种方法可以纳入更多指标，更大程度地整合和挖掘有价值的信息，对实时跟踪经济走势具有十分重要的意义。此外，对于传统统计工作不完善的新兴市场经济体或发展中国家而言，统计数据口径和方法变化造成的数据缺失问题较为突出，传统分析方法会面临较多限制。本书使用的方法，能够较好克服上述问题。

基于混频数据样本构建即时预测模型，关键是要找到一种能够处理大型不平衡面板序列的一致估计方法。基于混频数据的估计方法大体上始于 20 世纪 70 年代中。登普斯特等人（Dempster, Laird and Rubin, 1977）最早提出在数据缺失的情况下，如何采用迭代的方法计算极大似然估计的结果。怀特（White, 1982）进一步发展了准极大似然估计。有学者（Shumway and Stoffer, 1982）采用 EM 两步估计法处理有数据缺失的情况。沃森等人（Watson and Engle, 1983）在此基础上又发展了一种更为通用的方法，用于估计动态不可观测成分的模型，即动态因子模型，它包含主成分和异质成分两部分，对于两种成分的预测方法并不相同。加赫拉马尼等人（Ghahramani and Hinton, 2000）提出了用卡尔曼滤波的方法估计状态空间模型（DFM）的主成分，斯托克（Stock and Watson, 2002）用特征向量方法估计主成分。对于异质成分，有学者（Giannone, Reichlin and Small, 2008）提出了分步估计的方法，先用 OLS 方法估计主成分，再用卡尔曼滤波估计异质成分。他们也是首次使用气象学预测天气时采用的词汇 Nowcast 为这种方法命名的人。

还有部分学者对大样本情况下动态因子模型的估计结果进行了检验。多兹等人（Doz, Giannone and Reichlin, 2005）证明了在允许异质性成分弱序列和自相关的前提下，EM 算法估计能够得到一个稳健、一致、有效的结果。之后，不少研究都采用极大似然法（MLE）估计主成分。比如，有学者（Mariano and Murasawa, 2013）构建了一个小型动态因子模型，并使用 MLE 方法估计参数，进行 GDP 即时预测。班伯拉等人（Banbura and Modugno, 2010）引入一种筛选矩阵，采用卡尔曼滤波和 EM 算法同时估计主成分和异质成分。库普曼等人（Jungbacker、Koopman and Wel, 2011）改进了状态空间模型，并对卡尔曼滤波的运算进行了加速，提高了算法效率。

即时预测方法不断发展的同时，应用实践范围也在不断拓宽。其中，班伯拉等人（Banbura et al., 2012）首先提出用月度、周度等混频数据对GDP进行即时预测。达洛斯等人（Dahlaus, Guenette and Vasishtha, 2015）使用动态因子模型对金砖五国的GDP进行了预测。舒马赫和布瑞登（Shumacher and Breitung, 2016）构建了一个大型的动态因子模型，利用EM算法结合月度和季度指标，估计月度GDP，并在此基础上对德国月度GDP进行即时预测。班伯拉等人（Banbura and Runstler, 2010）基于月度数据用卡尔曼滤波方法对欧元区GDP做了预测，并且估计了新增信息对于预测值变动的贡献。博克等人（Bok et al., 2017）则用即时预测模型估计了美国季度GDP，并搭建了大家熟知的纽约联邦储备银行Nowcast模型。另一个用于预测美国经济的即时模型是亚特兰大联储的Nowcast模型，该模型主要运用桥方程（Bridge Equation），模拟美国支出法GDP的统计过程。不过与其他即时预测方法不同，亚特兰大联储的方法并没有使用卡尔曼滤波和EM两步估计法，而是直接得到GDP估计值（Higgins, 2014）。除GDP以外，即时预测还被用于估计其他经济指标。如雷斯和沃森（Reis and Watson, 2010）利用动态因子模型预测消费品价格，并基于此分离出导致通货膨胀的价格因素（主成分）及非价格因素（异质成分）。博伊文等人（Boivin, Giannoni and Mihov, 2009）估计了资产价格对宏观经济冲击的脉冲响应。

也有部分学者尝试用即时预测方法对中国的经济指标进行预测。如吉安诺等人（Giannone, Agrippino and Modugno, 2013）采用动态因子模型以及一组不包括金融价格的混频数据预测中国实际GDP，并与AR模型的预测进行对比，结论指出实时跟踪的预测表现要明显优于AR模型。马西森等人（Liu, Matheson and Romeu, 2012）分别利用动态因子模型预测拉丁美洲国家的季度GDP，也得出类似的结论，而且他们认为，基于月度数据的动态因子模型，可以得到比其他模型更为准确的结果。

本书将在综合几位主要学者（Banbura、Modugno，2010；Brandyn Bok et al.，2017）研究的基础上，利用混频数据，对中国 GDP 进行即时预测。与其他类似文献相比，本书的研究主要有三个特点：（1）结合中国数据的实际情况，构建了基于同比时间序列的 GDP 即时预测模型；（2）对不同估计方法进行了对比分析，结果表明本书采用的卡尔曼滤波加 EM 两步估计的方法，得到的预测误差要小于吉安诺等人（Giannone et al.，2008）的方法，也比简单使用 ARMA 模型的效果更好；（3）利用模型能够处理混频数据的优势，模型纳入了日度数据和基于互联网平台数据编制的大数据指数，涉及的信息范围更宽、更新频率更高。

即时预测模型的基本框架

基于混频数据构建即时预测模型，首先要构造一个联立状态空间方程。该方程实质上是一个动态因子模型，而且特别适合处理混频或者观测值有缺失的情况。在动态因子模型中，每一条时间序列可分解为主成分和异质性成分。基于大型面板的宏观实证研究表明，不同时间序列之间的同向变动，能够用一定的主成分变量予以刻画。为此，本书设定每一条时间序列都由 K 个不可观察的因子组成，因子自身的动态则用向量自回归过程刻画。

具体来看，测度方程（Measurement Equation）设定如下：

$$x_t = \alpha + \Lambda F_t + \varepsilon_t \tag{1}$$

其中，x_t 是一个 n 维的列向量，F_t 是 k 维的列向量，表示不可观测的 Λ 是 $n \times k$ 维的矩阵，ε_t 为异质性成分，满足 AR（1）过程，

$$\varepsilon_{i,t} = \beta_i \varepsilon_{i,t} + \xi_{i,t}$$

其中，$\xi_{i,t}$ 分布为 $i.i.d.\ N(0,\Omega)$。

状态转移方程（Transition Equation）设定如下：

$$F_t = \eta_t + A_1 F_{t-1} + A_2 F_{t-2} + \cdots + A_p F_{t-p} + \mu_t \qquad (2)$$

其中，μ_t 分布满足 $i.i.d.\ N(0,\Psi)$。

方程（1）和（2）构成状态空间方程，参数和隐含变量的估计采用卡尔曼滤波和 EM 两步法。吉安诺等人（Giannone et al.，2008）较早利用这种方法估计状态空间方程。该方法在处理大样本数据时，能够比较好地克服模型设定偏误，并得到一致估计结果（Doz et al.，2012）。不过，与吉安诺等人（Giannon et al.，2008）的方法相比，多兹等人（Doz et al.，2012）在利用卡尔曼滤波和 EM 两步法估计的时候，引入了包含空缺变量的标识矩阵，并在此基础上，应用准极大似然方法（Quasi Maximum Likelihood）估计。这种方法的估计效率更高，而且能够对不同类型信息在预测中的贡献进行分解。此外，引入包含空缺变量的标识矩阵，能够更加弹性地处理缺失值，或者能够对某些参数施加限制。为此，本书将使用多兹等人（Doz et al.，2012）的方法构建估计模型。

GDP 增速的即时预测是本书关注的重点。但考虑到我国 GDP 增速发布频率为季度，GDP 增速和其他数据也多以同比增速为主，

经过季节调整以后计算环比的相对较少。为此，本书将采用同比序列。不过，需要把季度GDP增速和月度GDP增速关联起来，两者的具体关系如式（3）所示，其中月度GDP同比增速Y^M不可观测，具体推导类似马里亚诺等人（Mariano and Murasawa，2003）的方法：

$$y_t^Q = Y_t^Q - Y_{t-12}^Q \approx y_t^M + y_{t-1}^M + y_{t-2}^M \quad (3)$$

根据公式（1）、（2）和（3），可以建立以下具体的状态空间方程组：

$$\begin{pmatrix} x_t \\ y_t^Q \end{pmatrix} = \begin{pmatrix} \Lambda & 0 & 0 & 0 & 0 & 0 \\ & \Lambda^Q & \Lambda^Q & \Lambda^Q & 1 & 1 \end{pmatrix} \begin{pmatrix} F_t \\ F_{t-1} \\ F_{t-2} \\ \varepsilon_t^Q \\ \varepsilon_{t-1}^Q \\ \varepsilon_{t-2}^Q \end{pmatrix} + \begin{pmatrix} \varepsilon_t \\ \xi_t^Q \end{pmatrix} \quad (4)$$

$$\begin{pmatrix} F_t \\ F_{t-1} \\ F_{t-2} \\ \varepsilon_t^Q \\ \varepsilon_{t-1}^Q \\ \varepsilon_{t-2}^Q \end{pmatrix} = \begin{pmatrix} A & 0 & 0 & 0 & 0 & 0 \\ I_k & 0 & 0 & 0 & 0 & 0 \\ 0 & I_k & 0 & 0 & 0 & 0 \\ 0 & 0 & 0 & 0 & 0 & 0 \\ 0 & 0 & 0 & 1 & 0 & 0 \\ 0 & 0 & 0 & 0 & 1 & 0 \end{pmatrix} \begin{pmatrix} F_{t-1} \\ F_{t-2} \\ F_{t-3} \\ \varepsilon_{t-1}^Q \\ \varepsilon_{t-2}^Q \\ \varepsilon_{t-3}^Q \end{pmatrix} + \begin{pmatrix} \mu_t \\ 0 \\ 0 \\ \varepsilon_t^Q \\ 0 \\ 0 \end{pmatrix} \quad (5)$$

另外，为了进一步识别新信息引入以后，对 GDP 增速即时预测结果的影响，还需要对信息增量的贡献进行分解。具体来看，基于信息集 Ω_v 对季度 GDP y 的预测可以表示为：

$$P(y \mid \Omega_v) = P(y \mid \Omega_{v-1}) + P(y \mid I_v)$$

其中，I_v 表示信息集 Ω_v 相对于 Ω_{v-1} 的信息增量。其中，信息增量对 y 预测的贡献为：

$$P(y \mid I_v) = E(yI'_v)E(I_vI'_v)^{-1}I_v \tag{6}$$

因此，基于最新信息集的 GDP 预测可以表示为：

$$y_{t \mid \Omega_v} = y_{t \mid \Omega_{v-1}} + B(x_t - x_{t \mid \Omega_{v-1}}) \tag{7}$$

其中，$B(x_t - x_{t \mid \Omega_{v-1}})$ 表示信息增量对 GDP 增速预测的贡献，更加具体的推导可以参见班伯拉等人（Banbura and Modugno，2014）的研究。

样本数据和信息更新

GDP 是一个经过核算得到的变量，无论是生产法、支出法还是收入法，都涉及经济活动的方方面面。从一定程度上说，GDP 本身的波动是其他变量变化的综合反映。因此，分析使用的指标涉及范围越广泛，能够为 GDP 即时预测提供的信息就越丰富。根据中国经济数据的实际情况，本书采用了六个方面的数据样本。一是国家统计局发布的核算数据或者主要产品产量数据，比如季度GDP、社会消费品零售总额、城镇固定资产投资完成额、规模以上工业企业利润、发电量、钢铁和水泥产量等；二是行业协会发布的行业汇总数据，比如乘用车联合会（以下简称乘联会）的狭义乘用车销量、中国汽车协会（以下简称中汽协）发布的汽车销量、工程机械协会发布的挖掘机产量；三是调查类数据，比如中国物流与采购联合会发布的PMI、财新PMI指数，这一类数据也通常被称为软数据，构造和抽样方法相对简单，而且更新时点比较靠前，一般都是在当月月末或者次月月初；四是交易类数据，比如沪深300指数、CRB综合指数、国债利率、存款机构七天质押回购利率等，与其他数据相比，该类数据的更新频率更高；五是重点企业的数据，比如6大发电集团的日均煤耗数，这些重点企业是行业龙头企业，提供的商品和服务属于国民经济循环的关键环节，自身变化与国民经济整体变动的相关性较好；六是大数据指数，比如起重机指数、土建指数、土地拍卖指数、商品消费和服务指数等，这些数据源自平台型、互联网大数据企业日常经营活动，代表性较强。

不同指标的发布时点和频次存在差异。GDP增速往往按季发布，在两次GDP增速发布之间，存在三个月的空档期，在此期间，其他发布更为频繁的指标构成了判断空档期GDP走势的基础。按照各个指标发布的顺序，本书模仿在实际分析过程中获得信息的情景，构建了信息更新流程（见图23.1）。在一个具体季度的开始阶段，可得数据较少，随着时间推移，关于经济运行的信息数量不断增多，并一直持续到该季度结束以后20天左右（也就是该季度GDP数据发布的时点），对本季GDP即时预测的过程也到此结束。

通常，越接近 GDP 发布的时点，能够获得的经济信息就越多，即时预测的结果也会更加精确。换句话说，如果能够更早获得更多的信息，那么对 GDP 即时预测的效果会更好。

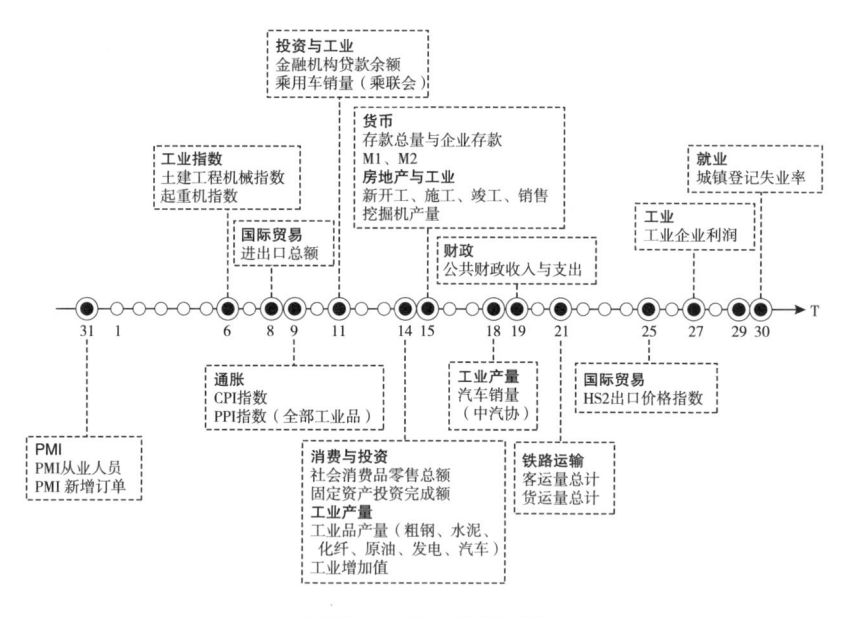

```
投资与工业
金融机构贷款余额
乘用车销量（乘联会）

货币
存款总量与企业存款
M1、M2
房地产与工业
新开工、施工、竣工、销售
挖掘机产量

就业
城镇登记失业率

工业指数
土建工程机械指数
起重机指数

工业
工业企业利润

国际贸易
进出口总额

财政
公共财政收入与支出

                                                                T
31  1      6  8 9   11   14 15   18 19   21    25    27   29 30

PMI
PMI从业人员
PMI新增订单

通胀
CPI指数
PPI指数（全部工业品）

工业产量
汽车销量
（中汽协）

国际贸易
HS2出口价格指数

消费与投资
社会消费品零售总额
固定资产投资完成额
工业产量
工业品产量（粗钢、水泥、
化纤、原油、发电、汽车）
工业增加值

铁路运输
客运量总计
货运量总计
```

图 23.1　信息更新流程

注：上述用于示意信息流的数据皆为月度频率，日度和周度数据图中并未展示。

此外，估计状态空间方程时，应该使用平稳的时间序列。为此，还需要对上述数据进行处理。一类数据已经是平稳序列，比如 PMI 指数，将其纳入模型以前不再做任何处理；另一类数据是累计同比增速，需要将其处理成当月同比。同时，为了纳入更多大数据指标，样本时间段选在 2017 年 1 月—2019 年 11 月。在做稳健性分析时，还会采用 2010 年 1 月—2019 年 11 月的数据样本进行验证。

即时预测结果分析

根据图 23.1 的信息更新进程，我们对 2019 年第四季度各月的 GDP 增速进行即时预测，为及时评估经济总体走势提供重要支撑。图 23.2 给出了基于 11 月发布信息对 10 月、11 月和 12 月 GDP 增速的 Nowcast 结果，每天更新一次。具体来看，根据 10 月份发布数据对 10 月 GDP 的预测结果是 6.06%。但 11 月 1 日公布 PMI 指数以后，10 月 GDP 增速预测值相应下调至 6.0%，下调幅度为 0.06 个百分点。之后逐步保持稳定，但在 11 月 4 日，由于 CRB 指数涨幅有所扩大，当月 GDP 增速提升至 6.01%。之后随着价格逐步回落，GDP 增速预测值再度回调。但 11 月 6 日公布起重机和土建指数以后，GDP 增速预测值逐步由降企稳。随着货物进出口贸易的超预期，10 月 GDP 增速再度上调了 0.01 个百分点，公布 CPI 和 PPI 以后，数据继续上调。之后保持相对稳定，并一直持续到 11 月 13

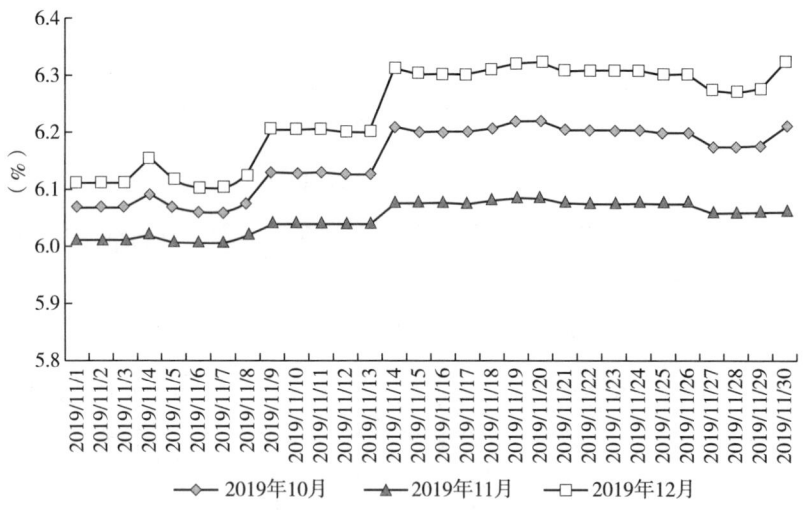

图 23.2　基于 11 月发布信息对 2019 年第四季度各月 GDP 增速的 Nowcast 结果

日。11 月 14 日，国家统计局集中发布工业、消费、投资和主要工业品产量等数据，相应的，GDP 增速有所上调，主要贡献来自汽车产量跌幅的收窄。另外，在 11 月 18 日中汽协公布的汽车销售数据、11 月 19 日公布的财政收入和支出数据，均对 GDP 增速预测有一定的上调作用。但 11 月 21 日物流增速、工业企业利润降幅扩大，对 GDP 增速的预测回调至 6.05%。

类似的，每更新一次信息，11 月和 12 月的 GDP 增速也会随之发生相应变化。按照设定的信息发布流程，一旦时间超过 11 月 27 日（对应 10 月的最后一个数据公布以后，即规模以上工业企业利润变化），对 10 月当月 GDP 增速的实时预测终止。换句话说，11 月 30 日中国物流与采购联合会发布 11 月当月的 PMI，只会对 11 月和 12 月以及后续的 GDP 增速预测产生影响，不再影响 10 月 GDP。以此类推，11 月 GDP 增速的实时预测要持续到 12 月下旬。因此，基于第四部分的信息迭代更新流程，在四季度 GDP 实际公布之前，利用实时预测方法，我们至少可以得到 10 月、11 月两个月 GDP 增速的即时预测，同时能够基于 12 月和下个季度之初发布的部分数据预先估计 12 月的 GDP 增速。模型如果能够引入更多高频数据，对 12 月 GDP 增速实时预测的精准度会进一步提升。

除了能够把握经济总体走势，即时预测还能估计不同指标变化对 GDP 增速预测值修正的贡献。以对 12 月 GDP 增速的即时预测为例，如图 22.3 所示，一年以来，对该月 GDP 增速的预测总体呈现向下修正的态势。其中，在 2019 年 2 月、2019 年 6 月和 2019 年 9 月下修幅度较大，其中向下修正的主要贡献是乘用车联合会发布的狭义乘用车、出口价格和水泥价格增幅下行。6 月预测下修，除了二季度 GDP 增速下行导致对四季度 GDP 增速的预测下修以外，其他贡献较大的是上证综合指数、存款机构 7 天回购质押利率、失业率。和二季度末相比，9 月预测下修是因为 PPI、乘联会狭义乘用车销售量、国内原油产量和社会消费品零售总额变化。

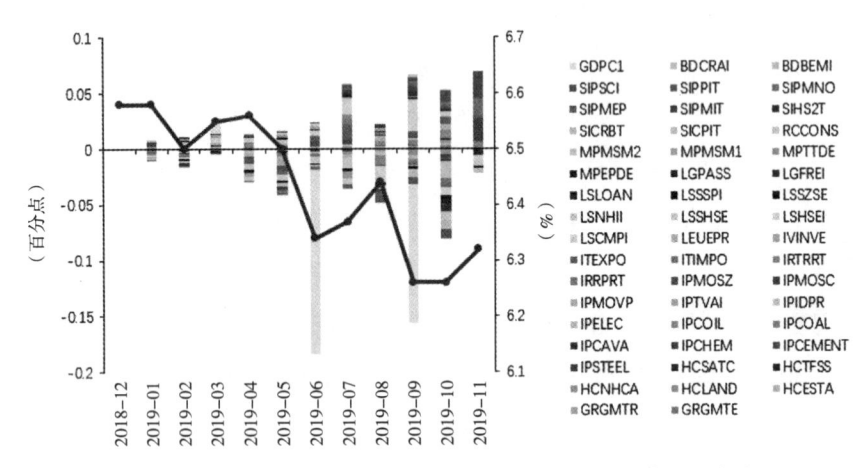

图 23.3 过去一年来对 2019 年 12 月 GDP 增速预测值的历次修正
资料来源：作者计算。

此外，利用即时预测方法还能把握某一个月内预期的动态变化。PMI 指数由于发布时间较早，一般在早期的预测当中能够带来较为丰富的增量信息，影响权重较大。比如 11 月 30 日公布的 PMI 指数，调高 12 月当月 GDP 0.04 个百分点，占当期贡献的 80% 以上。但是随着其他经济指标的陆续公布，PMI 指数对经济增速的贡献逐步下降，比如 PMI 指数在 11 月初为 0.004 百分点，但到了月末（新一期 PMI 数据公布之前）PMI 指数的贡献下降大约一半，但在新一期数据公布以后，贡献再一次上升。这实际上也从一个侧面表明，越早发布的指标，对预期形成的影响权重越重要。除了定量评估相对重要性以外，我们还可以根据指标评估当月 GDP 增速的方向。比如每一期的 PMI 指数对 GDP 增速的修正，会随着时间的

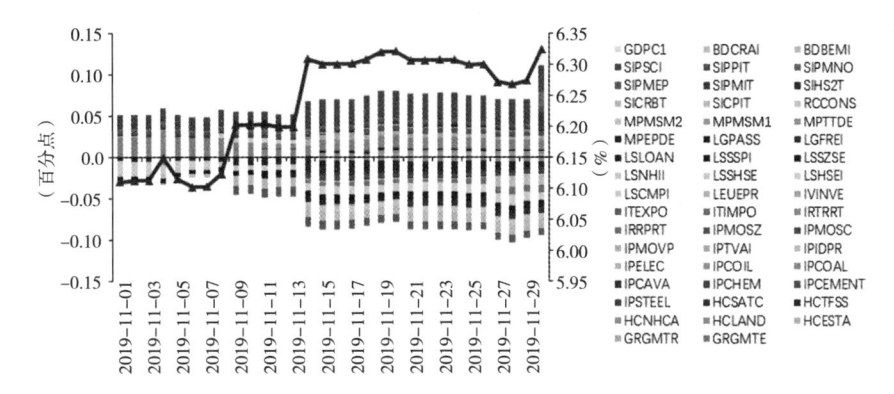

图 23.4　2019 年 11 月每天对 2019 年 12 月 GDP 增速预测值的修正
资料来源：作者计算。

变化逐步递减，但对于当月整体经济运行方向的指示意义较好。

除了关心预测值变化趋势和各种指标对预期变化的贡献，在实际应用中，人们通常也关注 GDP 增速水平，这就涉及模型预测的准确性问题。从样本内估计或者引入新信息以后的估计看，即时预测模型的准确度更好，解释力更强。在做样本外推时，即时预测值变化呈现某种程度均值回归特征，这主要是因为隐含变量的样本外动态有均值回归的特点。与一般的趋势惯性外推模型比如自回归移动平均模型（ARMA）不同，即时预测模型体现的均值回归思想，在一定程度上是认为经济增速从长期看还是会逐步回到潜在增长水平。因此，如果经济增速低于潜在增速，隐含的意思是未来一段时期，经济增速应该会逐步回升至潜在水平，反之亦然。因此，在解读第四季度 11 月和 12 月 GDP 增速的样本外预测结果时，应该注意将样本外推造成的均值回归因素考虑在内。当然，均值回归因素的存在并不影响我们对信息增量贡献的判断。

结果的稳健性检验

为了进一步验证即时预测结果的稳健性，我们基于同样时间段的样本，利用吉安诺等人（Giannone et al., 2008）的方法和ARMA模型对GDP值进行样本内和样本外预测，并比较其预测结果。其中，吉安诺等人（Giannone et al., 2008）的方法能够处理混频数据，之前的数据样本可以直接应用。ARMA模型不能处理混频数据，因此需要将所有高频数据处理成季度均值。首先采用2010年1月—2017年12月数据分别对实时跟踪模型和ARMA模型进行样本内预测，结果如图23.5所示。随后我们根据样本内的预测模型，对2018年1月至2018年12月的中国GDP进行样本外预测，预测结果如图23.6所示。

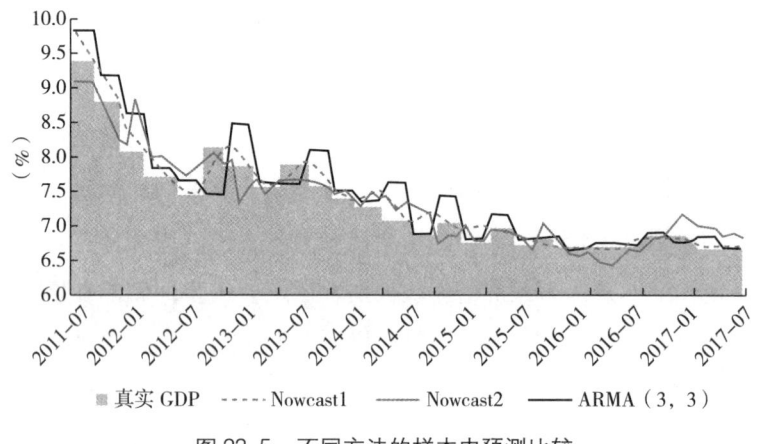

图23.5 不同方法的样本内预测比较

在对比基于不同方法得到的样本内及样本外预测结果时，本书分别采用了三种不同标准，即均分误差（MSE）、均方根误差

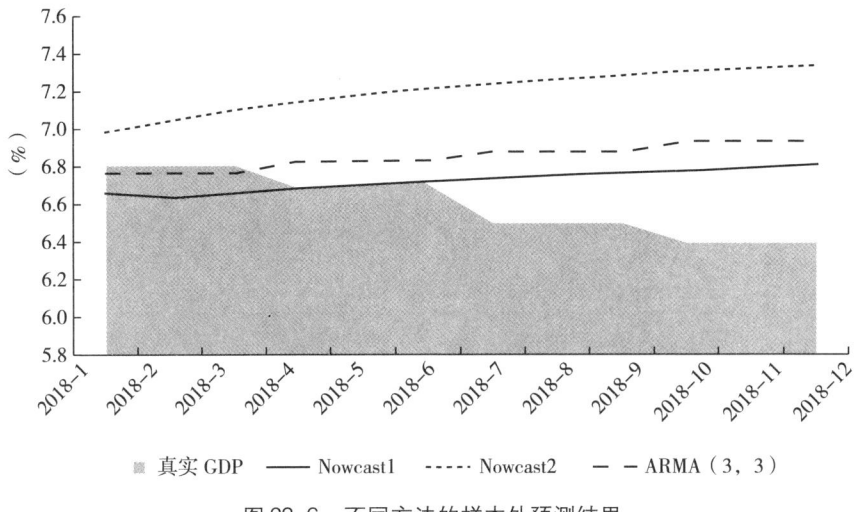

图 23.6　不同方法的样本外预测结果

（RMSE）和平均绝对误差（MAE）。其中，在样本量一定时，评价点估计结果好坏的标准，往往为估计值与真值之间距离的函数。最常用的函数是距离的平方，即均方误差。

$$MSE = \frac{1}{n}\sum_{i=1}^{n}(y_i - \widehat{y_i})^2$$

均方根误差则是均方误差的平方根。

$$RMSE = \sqrt{\frac{1}{n}\sum_{i=1}^{n}(y_i - \widehat{y_i})^2}$$

平均绝对误差是另一种检验模型预测偏差的方法，它是指目标值和预测值之差的绝对值之和。相较于 MSE，MAE 稍复杂，但是在处理异常值时稳健性更好。

$$MAE = \frac{1}{n}\sum_{i=1}^{n}|y_i - \widehat{y_i}|$$

表 23.1 是采用以上方法对三个预测模型的偏差评估结果。结果显示，无论采用哪种评估方法，第一种实时跟踪模型（Nowcast1）样本内与样本外的预测结果相较于其他两个模型都更加贴近实际值。

表 23.1　模型预测结果偏差评估

样本内	Nowcast1	Nowcast2	ARMA (3, 3)
MSE	0.021	0.092	0.083
RMSE	0.146	0.303	0.288
MAE	0.086	0.217	0.215
样本外	Nowcast1	Nowcast2	ARMA (3, 3)
MSE	0.060	0.432	0.111
RMSE	0.244	0.657	0.333
MAE	0.200	0.603	0.267

分析结论

及时把握经济运行状态，量化新的信息在预期形成当中的贡献，对于提高经济分析的针对性和精准性具有十分重要的意义。随着更多高频数据和大数据的出现，也需要有合适的方法，能够克服"维度诅咒"，从而充分采纳这些有巨大潜在价值的信息，增加形势研判的及时性。为此，本书结合大样本的混频数据，构建了中国经济即时预测模型，对主要经济指标进行高频跟踪和分析，研究采用卡尔曼滤波和 EM 两步估计法对模型参数以及隐含变量进行估计。与其他传统方法相比，本书搭建的 GDP 实时预测模型主要有以下三个方面的特点：一是能够对中国 GDP 增速进行即时预测，填补了 GDP 数据按季度发布造成的数据空档，同时能够纳入更多有价值的高频信息；二是能够动态展现各类指标变化对 GDP 走势的影响，并评估相应指标在经济形势分析当中的分量；三是本书构建的模型包容性较好，也能够对物价、投资等其他重要指标进行混频即时预测。

本研究的重点在于根据已有信息，对经济运行趋势进行及时跟踪。稳健性分析已经表明，本书使用的即时预测方法，无论是样本内和样本外预测，都比吉安诺等人（Giannone et al., 2008）的方法以及 ARMA 模型更贴近实际值。但需要指出的是，即时预测的样本外预测具有均值回归特征。在经济转型阶段，经济增速走势可能带有一定的趋势性，这种情况下，不排除惯性外推优于均值回归的可能。这也恰恰是本研究对样本外预测采取更为谨慎态度的原因，而把更多的精力用于高频跟踪经济实际动态，并评估不同信息增量对即时预测结果的贡献。在后续的研究中，短期的样本外预测可考虑拓展的混频 BAVR 模型、MIDAS 模型，综合运用不同方法，纳入更多高频信息和大数据信息，以进一步提升短期预测可靠性。

第二十四章　总结与展望

为了有效应对数字化转型的挑战，宏观管理需要适应数字经济增长模式的变化，有效处理政府与市场关系，推动数字生产力发展，促进宏观稳定、结构平衡和福利增进。管理框架主要由三个部分组成。在供给侧，重点围绕提高数据生产力和扩大社会总剩余来管理增长，缓解结构阵痛，类似于工业经济时代的供应侧管理。在需求侧，重点围绕数字经济波动和风险形成的内在机制来管理周期，类似工业经济时代的需求管理。在收入侧，重点围绕数据参与价值创造过程来管理收入和财富分配。

数字时代的供给管理变化

工业时代，生产往往需要投入各种物料，常见的生产方式是生产线、厂房中的大规模标准化流水线生产，将难以编码的隐性知识显性化，典型的组织形式是企业或者公司。供给管理的目的在于提高劳动生产率，改进资本回报。通过采取减税、放松管制和市场取向改革等关键措施，释放资本等要素活力、提高要素配置效率，扩大生产。实现均衡的核心逻辑是供给创造需求，依靠价格和库存灵

表 24.1　工业和数字时代的供给管理对比

供给管理	工业经济	数字经济
生产方式	• 生产单元是生产线 • 主要投入是资本、劳动力和各种原材料 • 典型组织形式是公司或企业	• 生产单元是人工智能和算法 • 主要投入是数据 • 典型组织形式是平台、分布式开源组织
管理目标	• 提高劳动生产率,改进资本回报	• 提高数据生产力,即将数据转为价值的效率,增加社会总剩余(消费者和生产者剩余)
关键措施	• 实施减税、放松管制和市场取向的改革,释放资本等要素活力	• 促进数据顺畅流动、公平税负、透明监管,释放数据要素活力
核心逻辑	• 供给创造需求,依靠价格和库存灵活调节促进供求平衡 • 依靠涓滴经济学促进公平	• 依靠数字技术和生产方式,实现供需大规模协作,节约时间、提升效率,同时满足更加个性的需求 • 依靠数字赋能,消除数字垄断租金,防止极化

活调节促进供需匹配,依靠涓滴经济学促进公平。

　　在数字时代,生产方式是人工智能和算法,主要投入是数据,典型组织形式是平台,连接触达更广泛,规模范围更大。与工业经济相比,数字经济通过人工智能、大数据等方法,将个人特征、活动信息、情感偏好等更为隐秘或主观的东西显性化,促进了大规模柔性定制生产。供给管理的目的是提高将数据转化为价值的效率,提升数据生产力,增加社会总剩余。社会总剩余由生产者剩余和消费者剩余组成,前者是生产者获取的利润,相对客观,后者是消费者支付意愿和实际支付价格之间的差异,能够反映消费者的真实福利,相对主观。

　　供给管理的关键手段包括促进数据共享流动、实施公平税负和透明监管。数据要素非竞争性、网络外部性和指数级增殖性特征突出，只有更顺畅流动、更大范围连接、更多层次融合，才能发挥数据要素的潜力。数字经济的虚拟商业存在和价值转移，打破了传统边界，平台企业通过交叉补贴谋求竞争优势，税负必须公平，才能促进公平竞争。同时，侵犯隐私、算法不透明的问题更为突出，数字基础设施更多为私人部门所建设和控制。因此数据收集、算法治理以及数字基础设施接入标准需要更加透明。

数字经济供求均衡的核心逻辑是依靠数字技术和生产方式，实现供求的精确匹配，在提升效率的同时满足更加个性的需求。与传统工业化大生产不同，数字革命使大规模柔性生产和即时响应成为可能，消费者参与创新频率更高，按需生产特征更突出，使用者付费机制更为常见，供需更加匹配。促进公平方面，则依靠数字赋能，增强中小市场主体和个人参与数字经济活动的能力，避免数据要素的高度聚集造成极化，消除数字垄断租金。

数字时代的需求管理变化

工业时代，尤其是凯恩斯革命以来，市场经济国家需求管理的核心是平抑经济周期，促进供求平衡，调控目标包括稳定物价、就业、经济增长以及平衡国际收支。关键措施包括通过逆周期管理，尤其是投资，弥合产出缺口；通过宏观审慎管理，抑制资本的内在不稳定性，避免经济大起大落。核心逻辑是价格和工资不能灵活调整，导致周期性失业甚至长期失业，同时由于资本天然的内在不稳定性，自由放任会导致经济过度波动甚至金融危机。宏观稳定是可持续增长的必要条件，宏观经济过度波动、产出缺口长期不能弥合会造成社会资源浪费,抑制增长潜力。对于追赶型经济体,增速在需求管理中的分量更重。

表24.2 工业和数字时代的需求管理对比

需求管理	工业经济	数字经济
管理目标	• 平抑经济周期,稳定物价,促进就业和经济增长,平衡国际收支	• 实现宏观稳定、促进结构平衡和增加社会福利
关键措施	• 通过逆周期管理,尤其是投资,弥合产出缺口 • 通过宏观审慎管理,抑制资本的内在不稳定性,避免经济大起大落	• 从投资拉动转向促消费和福利 • 从缓解周期性失业和摩擦性失业转向减轻技术性失业 • 从关注最终产品和服务价格通胀转向关注资产和数字产品价格 • 从关注国际收支平衡转向提升数字贸易竞争力 • 从避免"大而不能倒"到防范"过度连接而不能倒"(too-linked-to-fail)
核心逻辑	• 集中在投资和收入总量层面 • 价格不能灵活调整,导致周期性失业 • 资本内在不稳定,自由放任会导致过度波动甚至金融危机	• GDP等总量指标与结构平衡、个体福利之间的映射关系发生改变,难以准确反映免费商品和服务、无形资产、商品和服务质量改进以及消费者福利变化 • 数字经济的强连接性和互动性 • 宏微观界限被打破,更有条件实施直达个体的调控

数字时代,需求管理的目标是实现宏观稳定、促进结构平衡和增加社会福利,调控应从着重投资拉动型转向消费改善和福利增进型。核心逻辑在于,GDP指标与结构平衡、个体福利之间的映射关系发生改变,难以准确刻画免费商品和服务、无形资产、商品和服务质量改进,以及消费者福利变化。总量平衡掩盖了结构不均衡,

尤其是数字经济下,"被平均"的问题更为突出,需要更加关注结构平衡和个体福利改进。同时,数字经济时代,投资、失业、通胀等关键指标的波动特征、金融风险的内在机制将发生重大改变,调控工具更加精准化,需求管理的重点和方式也将相应调整。

需求管理的关键措施包括以下五个方面。

一是从投资拉动转向促进消费和福利。数字技术和数字生产方式对传统物质资产的使用更为集约、高效,本质上是资本集约型的。同时数字服务部门的比重提高,通过增加投资尤其是实物投资,撬动企业利润和居民收入,进而稳定需求的传统渠道效力受限。供给和消费界限模糊,消费即生产,提升资本回报和数字红利需要更多偏向消费和社会福利。

二是从缓解周期性失业和摩擦性失业转向减轻技术性失业。数字经济时代,价格和工资调整更加灵活,加上劳动可分性更强,周期性失业冲击可能减缓。大数据的普及应用,劳动力市场信息不对称问题减弱,求职者和岗位的搜寻匹配能力增强,加上零工经济发展,摩擦性失业压力预计有所缓解。与工业化大生产相比,数字经济也是劳动节约型的,数字化、智能化生产方式的普及,会导致更多技术性失业,更多传统领域劳动力可能因为不具备相应的数字技能,被长期锁定在低端,甚至退出劳动力市场。

三是从关注最终产品和服务价格通胀转向关注资产和数字产品价格。受摩尔定律作用的影响,数字产品和服务迭代升级更频繁,质量提升更快,供给弹性更高,大量产品和服务免费,价格信息更为透明,价格调整成本下降,数字经济在某种程度上也是物价抑制型的。同时,数字货币和智能合约结合,使货币政策更容易突破名义利率零下限的约束。坚持工业时代通胀目标制,可能面临测度不准和必要性不足的挑战。与此同时，数字时代信用创造渠道更多元化，资金成本更低，更容易进一步推高资产价格。资产价格高低，与当下投资并用于未来生活支出费用的收益有关，也影响未来消费福利，因此调控有必要将资产价格纳入考量范围（周小川，2020）。同时，数据和数字化产品的差异化定价策略也应该纳入监管范围。

四是促进国际收支平衡转向提升数字贸易竞争力。工业经济时代的全球化更多是商品生产的全球化，而数字经济时代数字贸易成为贸易的新引擎，数字内容生产平台化和数字服务全球化的趋势并存，数据跨境流动、数字比较优势和数字规则话语权相互强化，国际收支自动平衡机制受到挑战。人工智能、云计算等数字产业高度聚集，传统出口导向型政策效力下降，发达国家可能收割大部分数字红利，不同国家或地区间增速收敛趋势进一步减弱。促进数据要素的开放共享，加强对大科技公司监管，促进本土数字贸易竞争的重要性显著提升。

五是从避免"大而不能倒"转变为防范"过度连接而不能倒"。社会信任网络的拓展和深化提升了信息传递效率，同时也增加了风险传染的可能性。算法交易加剧羊群效应，金融科技手段便利了监管套利甚至违法犯罪活动，传统金融的"大而不能倒"演变为云计算、信用评分系统、大科技公司等的"过度连接而不能倒"，风险外溢效应更加突出。

数字时代的收入管理变化

工业时代，收入侧调控的核心是解决资本集中兼并造成的收入和财富分配失衡，促进社会公平正义。改善收入分配可以通过初次分配、再分配和第三次分配实现。其中，初次分配主要取决于要素定价是否合理，以及机会公平和可及性；再分配则主要依靠累进税制和社会保障体系；第三次分配是指捐赠和慈善。核心逻辑是私人财产的竞争性和排他性，以及资本收益相对于劳动收入占比的提升，会导致资本进一步集中，如果不施加适当节制，会造成巨大的收入和财富差距。

表24.3 工业和数字经济时代的收入管理对比

收入管理	工业经济	数字经济
管理重点	● 解决资本集中兼并造成的收入和财富分配失衡	● 解决因为数字经济巨大网络外部性和规模效应造成的收入和财富分配失衡，促进生产者和消费者剩余合理划分
关键手段	● 初次分配：要素市场配置，促进参与和机会公平 ● 再分配：累进税和社会保障 ● 第三次分配：捐赠和慈善	● 初次分配：消除数字鸿沟，避免平台滥用优势地位，明确数据要素权属，完善消费者参与价值创造的回报机制 ● 再分配：避免数字经济价值的时空转移扩大群体和区域差距 ● 第三次分配：共享经济、网络慈善
核心逻辑	● 私人产权竞争性和排他性 ● 资本收益相对于劳动收益占比提升	● 数据要素的公共性或准公共性 ● 范围经济和包容性

数字时代，数据要素参与价值创造和分配，收入侧调控的核心是解决数字经济巨大网络外部性和规模效应造成的收入和财富分配失衡问题。在初次分配环节，要消除数字鸿沟，加强数字赋能；避免平台滥用对中小企业、线下企业的不对称竞争优势以及对消费者实施价格歧视；明确数据要素所有权归属，探索消费者参与价值创

造的回报机制。在再分配环节,要完善数字相关的税收制度,避免数字经济价值的时空转移扩大群体和区域差距,同时健全基本社会保障,缓解技术性失业冲击,鼓励更加灵活的就业形态。在第三次分配环节,要充分发挥社会信任网络功能,通过共享经济、网络慈善等方式,增强社会风险共担的能力。核心逻辑是发挥数字经济的连接和触达性强的特点,给予各类经济主体更多参与分享数据红利的机会,增强经济发展的包容性;通过数字化手段,降低私人财产的竞争性和排他性,为社会发展提高更多公共和准公共产品或服务。

数字时代的总供求模型拓展示意

基于对数字时代供给、需求和收入管理的演进分析,本节将纳入数字化发展进程中数据要素的影响机制,为便于简化理解,示意性构建适应于数字经济时代的总供给—总需求调控框架。

总供给调节机制

在供给端,存在两个生产部门。其中一个是产品和服务生产部门,即投入数据、资本和劳动力(也可以认为是时间),产出可以作为中间品或者最终品的产品和服务。另一个是数字要素的生产部门。数字要素的产生,更多可以看成生产活动或其他经济社会活动的副产品,因此数据要素的多少,取决于经济规模和参与经济活动的人数。示意性的表达式如下。

产品和服务生产函数:

$$Y = F(D,K,N)$$

其中，Y 表示产出，D 表示投入的数据要素，K 表示资本，N 表示投入的劳动时间。

数据要素生产函数：

$$D = G(Y,N)$$

其中，D 表示数据要素的数量，Y 表示产品和服务表征的经济规模，N 表示投入的劳动时间（或者理解为参与数字经济活动的人数，或者连接性增强，体现更多异质性）。为了讨论方便，这里借鉴了琼斯（Jones and Tonetti，AER，2020）研究中的设定，在产品和服务生产函数中只引入数据流量。

如图 24.1 所示，数字化变革对供给端的影响机制如下。从数据要素生产函数看（DD' 曲线），要获取更多的数据要素，要么通过扩大经济规模，要么增加投入劳动或者活动时间，因此 DD' 曲线向右移动。从产品和服务生产函数看（YY' 曲线），要提高产出，要么增加数据投入，要么投入劳动或者时间。因此数据要素投入增加，YY' 曲线向右移动。这同时也体现了数字经济发展节约劳动的特点。综合结果是，数据要素增加，产品和服务产出增加，这意味着总供给曲线右移，但对劳动投入的影响并不确定。

需要指出的是，这里隐含了一个假设，即总供给曲线不是垂直的，或者说劳动供给是有弹性的。实际上，正如 YY' 曲线变动所示，数字化是劳动集约型的，数字化程度提升不排除会增加长期失业的可能。同时，随着零工经济的发展，劳动供给会更为灵活多

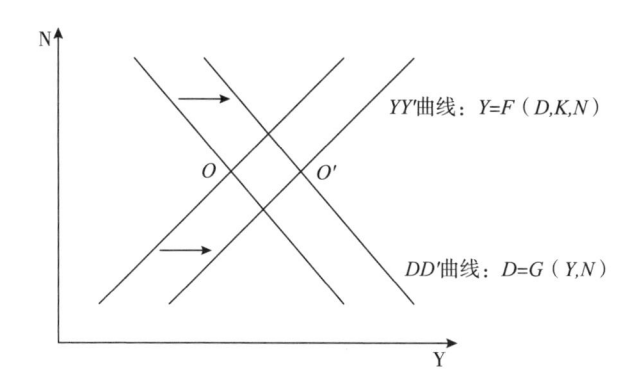

图 24.1　数据要素增加对供给端的影响

样。总体上看,劳动力市场供给弹性上升,劳动力市场的均衡将更多取决于劳动力需求的变化。或者说,作为产品和服务生产过程的投入,劳动力的重要性下降,但作为参与经济活动的数据要素的生产者,劳动的重要性又有所提升。

总需求调节机制

需求端包括两个市场,一个是货币市场,另一个是产品和服务市场。货币市场与产品和服务市场均衡方程均引入数据要素或相关影响机制。

货币市场均衡方程示意如下:

$$M/P(D) = L(i,D,Y)$$

其中,M 为名义货币供应量,P 为价格水平。$P(D)$ 表示价格水平受到数字化变革的影响。通常,数字化程度越高,物价水平就越低。原因至少有两个方面,一是数字经济的连接性强,市场范围更大,交易成本更低；二是消费者参与了数据生产过程，消费活动产生的相关信息，有助于厂商改进产品和服务，也有相应的价值，未来厂家可以通过加大优惠力度或者提供更多免费服务的方式实现价值交换。L 表示货币需求，i 是利率，D 表示数据要素，Y 表示产出。数据要素越多，创造信用的渠道就越多，对央行货币需求也就越低。

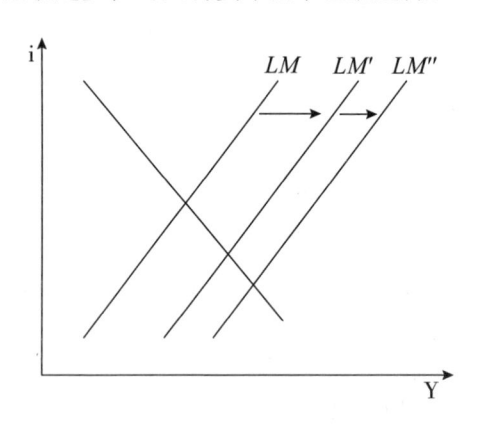

图 24.2 货币市场均衡的调节机制

数据要素作用货币市场均衡大体上有两个机制。一是价格效应，数据要素越多，产品和服务价格越低，真实货币供给越多，利率水平下降，对产品和服务的需求增加，LM 曲线右移。另一个是货币需求效应，数据要素越多，信用创造机制更丰富，单位实体产出对应的货币需求下降。相应的，利率下降，需求增加，LM 曲线也右移。综合来看，数据要素的变化，在一定程度上有助于增加需求，但同时也会压低资本要素的价格。

产品和服务市场均衡方程示意如下：

$$s(D)Y = I(i,D) + G$$

其中，s 表示储蓄率，$s(D)$ 表示数据要素变化会影响储蓄倾向，隐含的一个假定是，数字化让更多人尤其是低收入群体获取金融服务更为便利，因此风险规避程度下降，预防性储蓄动机减弱。I 表示投资需求，受利率和数字化程度影响。数字化是资本抑制型的，数字化的连接和整合，比如共享经济的发展，使传统资产的利用效率提高，投资需求相应下降。G 表示政府支出。

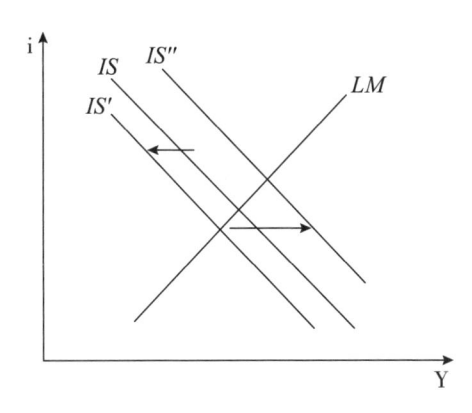

图 24.3　产品和服务市场均衡的调节机制

产品和服务市场的调节机制大体也可以分为两个方面。一是投资抑制效应。数字化发展对投资有一定抑制，原因是依靠厂房、机器的工业生产模式发生了改变，过去的专门化知识生产也可能由于消费者参与其中，减少了相应的投资需求。尤其是物联网的发展，提高了消费品的智能化程度，而且这些消费品本身也成为数据感知和计算的节点。因此，数字化程度越高，意味着 IS 曲线会越向左移动。当然，考虑到数字化领域内部也增加了对新型基础设施的投资需求，因此可以缓冲一部分 IS 曲线左移的幅度。另一个机制是降低预防性储蓄动机，这是金融服务普及以及社会保障覆盖范围更广的结果，因此以下简称普惠效应。金融科技的发展，使更多过去无法获得正规金融服务的群体可以享受相应的金融服务，从而缓解融资约束。同时，数字化手段提高了识别能力，更容易实施精准转移支付。上述作用都有助于降低预防性储蓄动机，推动储蓄率下降，积累减少，为此利率上升，IS 曲线向右移动。

因此，数字化发展一方面可能会减少积累倾向，推高利率，另一方面可能会减少投资需求，拉低利率。IS 曲线移动对利率的净效应取决于上述两个机制作用的相对大小。如果对投资的紧缩效应过大，均衡利率下降显著，利率政策受到制约，则可以通过扩大消费或者政府支出来解决，又或者通过可编程的央行数字货币突破零下界，增强央行货币政策有效性。

综合来看，当引入数据要素以后，总需求变动取决于价格的紧缩效应、普惠效应、货币需求缩减效应与投资节约效应的相对大小。前三种效应推动总需求曲线往右移动，扩大总需求，而投资节约效应会让总需求曲线向左移动。利率变动则取决于价格紧缩效应、货币需求缩减、投资节约效应之和与普惠效应的相对大小。投资节约效应推动总需求曲线向左移动，同时拉低总需求和利率。数字化发展对传统投资有明显的缩减效应，更有可能拉低利率，而且新型基础设施方向不确定、迭代速度快，更适合私人部门投入，通过稳投资来稳增长的传统方式面临较大局限性。未来可能需要更加倚重于数字化手段释放居民消费潜力，或者加大民生领域的公共支出。价格紧缩效应、货币需求缩减效应也会导致利率水平回落，而普惠效应将减少储蓄倾向、增加投资需求，从而推高利率。

全社会物价水平走势，则取决于总需求和总供给曲线的移动。数字要素增加，总供给曲线往右移动，压低价格，而总需求曲线变动具有不确定性，综合效应可能是全社会物价水平走低。

展望

过去近一百年的时间里,宏观调控都是基于均衡回归的思想,而且大多时候表现不错。这有点像牛顿的万有引力模型,在弱场低速条件下近似正确。当然,每一次大的危机之后,宏观经济学也会不断完善自身。例如,引入多重均衡分析自我加强和锁定效应,引入有限理性分析短视行为和市场过度波动,引入抵押品机制模拟经济周期大幅波动,等等。类似的,在深入理解数字化如何影响政策传导机制的前提下,也可以引入数据变量,改进现有均衡模型。不过,对传统稳态均衡模型的修补,仍难以解决经济学领域的模式形成、结构变迁等复杂性问题。这一潜在缺陷在数字时代可能会体现得更为明显。

基于均衡的宏观调控演进

现代主流宏观经济学发端于20世纪30年代,之后它面对不同的紧迫问题,经历了多次发展和变化。在大萧条之前,宏观管理基本上遵循自由放任的范式,政府积极干预较少,导致资本主义世界失业、金融危机频发,甚至引发更为严重的社会危机。大萧条催生罗斯福新政和凯恩斯革命,标志着工业社会政府开始积极参与宏观经济管理。尤其是《就业、利息和货币通论》提出的有效需求理论,为政府实施积极的宏观干预提供了支持(Keynes,2012)。由于有效需求不足,经济可能会掉到一个较低的均衡程度,即陷入长期停滞的困境,要实现充分就业、摆脱通货紧缩,必须依靠大力度的投资扩张(Hansen,1939)。

在经历二战后的经济复苏之后,过度的宏观干预,加上美元与黄金脱钩、两次石油危机,导致主要西方国家都面临高失业率和高通胀并存的两难局面,凯恩斯经济学遭遇挑战,货币主义、理性预期理论兴起,新古典经济学得到较快发展。与之前的宏观经济学相比,新古典经济学更加强调微观基础、一般均衡、供给冲击、经济自动调节和回归机制。20世纪90年代,东西方冷战结束,全球化深入推进,一批经济学家结合宏观调控的实际,将凯恩斯经济学纳入一般均衡框架,并引入不完全竞争、调整摩擦等机制,发展出动态一般均衡的新凯恩斯框架,可以同时分析供给、需求、货币等冲击的影响。

2008年的国际金融危机再次表明传统宏观调控范式有着很大局限,需要稳定不稳定的资本(Minsky,2015)。而且,国际金融危机之后,全球经济多年呈现"低增长、高债务"局面。尽管主要经济体采取超常规刺激政策,多国实施超低利率甚至负利率,大幅提高财政赤字率,但全球经济和贸易持续低迷,债务水平大幅攀升,金融风险不断累积(IMF,2021)。在这样的背景下,主流的宏观经济学家也开始反思,他们认为在危机之前使用的宏观经济学分析方法,比如动态一般均衡模型,适用于有规律且能自我修正的波动。但实际经济运行过程当中,存在不少"黑暗的角落",比如银行挤兑、资本流动中断、零利率等,这些问题一直以来被有意或无意地忽视了,结果酿成系统性的风险。宏观经济学模型要更多关注金融活动的影响,以及非线性变化和可能的危害(Blanchard,2014)。

考虑涌现和复杂性因素的宏观调控

从宏观经济学的演进看,对传统稳态均衡模型的修复,仍难以解决经济学领域的模式形成、结构变迁问题。实际上,早就有不少经济学家注意到这一点，并试图从动态演化的角度发展一套新的理论框架。其中，凡勃伦强调了"累积性因果"，认为个人的经济生活历程是手段与目的相适应的累积过程，而且随着这个过程的推进，目的本身也会有相应的累积变化，行为主体和其周遭的环境在任何时候都是既往过程的结果（Veblen，1898）。熊彼特则在《经济发展理论》（1990）当中，将其观点和进化论观点联系在一起，认为企业家的创新活动是引起经济周期的一个内生因素，创新类似于生物学的"突变"。

在金融领域，一些更加靠近市场的人士也注意到均衡模型的局限性。巴格霍特（Baghot，2017）认为"钱不能自己管理自己"。索罗斯（2016）对合理预期理论和有效市场假说等均衡理论进行了批判，认为"那种相信经济市场会自动趋于平衡，同时通过政府干预可以确保资源得到最优分配的观念是具有误导性的"。金融市场的种种现象，说明了"反身性"（reflexivity）较均衡决定更有解释力。反身性是指，在任何包含思维参与者的情景中，"参与者思想和参与者所参与情景之间存在的反馈循环"。

数字时代来临之后，均衡模型的上述局限被进一步放大。数字化背景下，技术迭代、结构演变和个人预期调整提速，开放性、连接性增强，均衡或者闭合解不一定是缺省结果。微观个体加总以后，更容易涌现更多个体层面所不具备的宏观特性。或者说，宏观表现难以还原成单个个体行为。海量个体预期、行为策略甚至个体偏好对总体结果变化的调整适应加快，因此认为它们外生不变，或者渐趋一致的简单假设，更难成立。

与前面基于均衡范式的发展和修补相比，从均衡转向涌现或者进化范式，这种转换来得更加彻底。在涌现的研究范式下，各种制度、技术、政策、资源等约束条件被看成诱发进一步行动策略的触发机制,而且这种系统性的改变,可能会让经济不再收敛到原来的均衡。类似阿瑟提及的技术进化"垫脚石"、诺思在制度变迁分析中提到的路径依赖、新均衡的涌现,本质上是一种组合进化,取决于原来的简单技术或者规则,以及对其特定的更复杂的需求。

从均衡转向涌现,意味着宏观调控需要考虑更多复杂性和时间累积效应。行为主体的策略和预期不仅会催生新的均衡,而且新的均衡以及不同主体之间的互动又会反过来塑造行为主体的认知,并改变其下一步的行动策略和预期(Arthur,2018)。网络连接性、正反馈、范围经济、规模报酬递增等成为经济系统当中不可忽略的特性。当然,网络连接性和正反馈不光会使系统越来越复杂,有时候也会造成"复杂性的坍塌",对应的是经济危机或者金融危机。复杂性的逆转,将伴随着资产负债表破坏、大规模失业、动物精神的低迷等,完全不同于传统均衡模型预示的均值回归。

随着信息收集和计算能力的不断增强,结合大数据,涌现分析范式能够和传统经济学模型互为补充,已经在金融风险(Macchiati et al.,2021)、资产定价(Winton Research,2018)、技术创新(Arthur,2018)、贸易分工(Hidalgo and Hausmann,2009)、产业组织(Axtell,2001)等方面发挥了一定作用。基于主体的建模方法(Agent Based Modelling)被广泛应用于"自下而上"地捕捉复杂系统的涌现进化行为(Turrell,2016;Dawid and Gatti,2018)。比较早的应用案例是谢林在20世纪60年代末和70年代初对种族隔离的分析(Schelling,1969,1971)。之后,圣塔菲研究所的三位学者用计算机模拟了股票市场的运行,探讨集群交易、肥尾等非均衡现象(Lebaron、Arthur and Palmer,1999)。英格兰银行也引入该方法分析公司债券和房地产市场波动（Braun-Munzinger et al.，2016；Baptista et al.，2016）。

结合已有的理论发展和实践案例，上述分析大体上可以归纳为"认知与结构—行为与互动过程—总体结果与个体反馈"这样的框架。具体来说，首先要思考规则、政策或技术演变，将给各行为主体带来何种激励。在此基础上，针对特定主体的行为以及不同主体之间的行为互动构建分析模型，类似军事沙盘推演、传染病扩散推演、金融体系风险压力测试。在分析过程当中，可以借助大数据和机器学习，采取更少的假设，透视更微观的结构，模拟更复杂的行为。接着再导出结果，观察是否合意，识别可能的薄弱环节或者风险点。然后，再进入新一轮的迭代，观察涌现的动态变化。

总的来说，涌现和进化的分析方法还在不断发展，尤其是构建一个相对完整和逻辑一致的模型体系，难度更大，需要拥有良好的编程技巧、谨慎对待分析结果和合理设定个体行为。但要看到，随着大数据和人工智能技术的发展，涌现和演化的思维与传统分析方法互为补充的可行性进一步提高。这将在很大程度上丰富数字时代的宏观分析手段和宏观政策工具箱，相关创新工作值得深入推进。

致　谢

在国务院发展研究中心党组的领导和支持下，宏观部团队从2014年开始探索利用大数据支持宏观决策，并联合相关部委、平台、大数据企业开发了系列大数据指数、算法和模型，覆盖了国民经济循环的重要场景、重点领域和关键环节。随后，于2018年正式成立"宏观决策大数据实验室"，组织一批交叉学科人才，集中攻关，专门开发了宏观决策辅助系统和可视化平台，进一步完善了大数据服务决策咨询的机制和框架。尤其是2020年新冠肺炎疫情暴发以来，及时、高频、全面的大数据特点在支持决策方面的优势更加凸显，在服务中央宏观决策中发挥了积极作用。

在开发和利用大数据的实践当中，我们真切感到，随着数字技术加快扩散和数字经济快速渗透，经济运行的微观基础正在发生改变，同时对宏观管理也带来了新的机遇和挑战，一系列反常的新现象、新问题，对基于工业经济的现行主流宏观管理框架形成冲击，系统梳理和研究数字时代宏观管理也显得更为迫切。为此，2020年5月我们启动了本书的写作，并作为2021年国务院发展研究中心一项重点课题开展研究，于2022年3月完成初稿。其间，宏观部同事王莹莹、李承健、雷潇雨、董倩、刘瑾钰、武士杰等，以及国研大数据研究院研究人员周心怡、章宝月参与本书部分章节写作。在资料、数据收集方面，先后在宏观部实习的奚剑明、秦韶聪、姜泽君、徐臻阳、赵乘、冯业倩、杜双成同学做了大量工作。中信出版集团的吴素萍、马媛媛和栗源女士在较短时间之内，高水平完成了本书编辑，并对具体结构和文字提出了不少建设性意见。在此，一并表示诚挚感谢！

数字宏观是一个前沿性和开放性的课题，在国际国内讨论还不是很充分。这本书只是我们相关研究工作的一种尝试，由于能力和水平有限，存在不少不当之处，敬请各位专家和读者批评，并期望这本书能引发更多更深入的讨论。

参考文献

Acemoglu, D., Ali Makhdoumi, Azarakhsh Malekian, Asuman Ozdaglar, 2019. Too Much Data: Prices and Inefficiencies in Data Markets, NBER Working Papers 26296.

Acemoglu, D., Laibson, D., and List, J. A., 2014, "Equalizing Superstars: The Internet and the Democratization of Education", American Economic Review, 104 (5), pp. 523 ~527.

Acemoglu, Daron and Pascual Restrepo, (2020), Robots and Jobs: Evidence from US Labor Markets, Journal of Political Economy, vol. 128, no. 6.

Ackoff, R. L. (1989). From Data to Wisdom, Journal of Applies Systems Analysis, Volume 16, 1989 p 3 – 9.

Acquisti, A., and Gross, R., 2009, "Predicting Social Security Numbers from Public Data", Proceedings of the National Academy of Sciences, 106 (27), pp. 10975 ~10980.

Acquisti, A., and Tucker, C., 2010, "Guns, Privacy, and Crime", WEIS.

Adrian Tobias, Gita Gopinath, Martin Mühleisen, Rhoda Weeks – Brown, 2020. Digital money across borders: macrofinancial implications, IMF Staff Report.

Afuah, A., 2003, "Redefining Firm Boundaries in the Face of the Internet: Are Firms Really Shrinking?", Academy of Management Review, 28 (1), pp. 34 ~53.

Afuah, A., and Tucci, C. L., 2003, Internet Business Models and Strategies: Text and Cases, McGraw – Hill New York.

Aghion, P., Peter Howitt, (1992), A Model of Growth through Creative Destruction, Econometrica, 1992, vol. 60, issue 2, 323 – 51.

Aghion, Philippe, and Peter Howitt. 1992. "A Model of Growth through Creative Destruction." Econometrica 60 (2): 323 – 351.

Agur, Itai, Anil Ari, and Giovanni Dell'Ariccia. "Designing Central Bank Digital Currencies." Journal of Monetary Economics 125, (2021; 2022): 62.

Aker, Jenny C. "Information from Markets Near and Far: Mobile Phones and Agricultural Markets in Niger." American Economic Journal. Applied Economics 2, no. 3 (2010): 46 – 59.

Al – Laham, M., Al – Tarawneh, H. and Abdallat, N., 2009. Development of electronic money and its impact on the central bank role and monetary policy. Issues in Informing Science and Information Technology, 6, pp. 339 – 349.

Ali M, El Haddadeh R, Eldabi T, Mansour E. Simulation Discounted Cash Flow Valuation for Internet Companies [J]. International Journal of Business Information Systems, 2008, 5.

Ame, L. "Etude sur les tarifs de douane et les traites se commerce" Paris, 1876.

Anderson, C. 2006, The Long Tail: Why the Future of Business Is Selling Less of More, Hachette Books.

Andrew B. Abel, Janice C. Eberly. Investment, Valuation and Growth Options [J]. Journal of Finance, 2003, 54 (5): 1553 – 1607.

Anenberg, E., and Kung, E., 2015, "Information Technology and Product Variety in the City: The Case of Food Trucks", Journal of Urban Economics, vol. 90, pp. 60 ~ 78.

Anonymous. Research and Markets Adds Report: Valuation: Measuring and

Managing the Value of Companies and Download – 5th Edition [J]. Wireless News, 2011.

Archak, N., Ghose, A., and Ipeirotis, P. G., 2011, "Deriving the Pricing Power of Product Features by Mining Consumer Reviews", Management Science, 57 (8), pp. 1485~1509.

Arrow, K. J., (1972), Gifts and Exchanges, Philosophy & Public Affairs, Vol. 1, No. 4 (Summer, 1972), pp. 357.

Athey, S., Calvano, E., and Gans, J. S., 2018, "The Impact of Consumer Multi-Homing on Advertising Markets and Media Competition", Management Science, 64 (4), pp. 1574~1590.

Avery, J., Steenburgh, T. J., Deighton, J. A., and Caravella, M., 2009, "Adding Bricks to Clicks: The Contingencies Driving Cannibalization and Complementarity in Multichannel Retailing", Harvard Business School Working Paper.

Axtell, Robert L. 2001. "Zipf Distribution of U.S. Firm Sizes." Science 293 (5536), 1818–1820.

Azad, Rohit and Anupam Das. "Has Globalisation Flattened the Phillips Curve?" Economic and Political Weekly 50, no. 2 (2015): 42–48.

Ba, S., and Pavlou, P. A., 2002, "Evidence of the Effect of Trust Building Technology in Electronic Markets: Price Premiums and Buyer Behavior", MIS Quarterly, 26 (3), pp. 243~268.

Bagehot, W., 1878. Lombard Street. A Description of the Money Market, 6th ed. Kegan Paul, London.

Bagehot, Walter, (2017), Lombard Street – A Description of the Money Market, Hansebooks, February 6.

Bai, X., Marsden, J. R., Ross Jr, W. T., and Wang, G., 2020, "A Note on the Impact of Daily Deals on Local Retailers't Online Reputation: Mediation Effects of the Consumer Experience", Information Systems Research, 31 (4), pp. 1132~1143.

Bajari, P. , Victor Chernozhukov, Ali Hortaçsu, Junichi Suzuki, (2019). The Impact of Big Data on Firm Performance: An Empirical Investigation, NBER Working Paper 24334.

Bakos, Y. J. , 2001, "The Emerging Landscape for Retail E-Commerce", Journal of Economic Perspectives, 15 (1), pp. 69~80.

Baldwin, Robert E. "U. S. Trade Policy since 1934: An Uneven Path Toward Greater Trade Liberalization. " The Oxford Handbook of International Commercial Policy, 2012.

Bales, Katie, and Alan Bogg, Tonia Novitz, (2017), Choice and Voice in Mondern Working Practices: An Evidence Informed Respons to the Taylor Review, Policy Bristol, Policy Report 14.

Ball, L. , N. Mankiw, and D. Romer. (1988) "The New Keynesian Economics and the Output-Inflation Trade-Off. " Brookings Papers on Economic Activity, 1, 1-65.

Baptista R. , and J Doyne Farmer, Marc Hinterschweiger, Katie Low, Daniel Tang and Arzu Uluc, (2016), Macroprudential policy in an agent-based model of the UK housing market, Bank of England, Staff Working Paper No. 619.

Baten, Jörg. (2016). A History of the Global Economy. From 1500 to the Present. Cambridge University Press.

Battiston, S. , and J. Doyne Farmer, Andreas Flache, Diego Garlaschelli, Andrew G. Haldane, Hans Heesterbeek, Cars Hommes, Carlo Jaeger, Robert May, Marten Scheffer, (2016), Complexity theory and financial regulation, Science, Vol 351, Issue6275.

Bayus, B. L. , 2013, "Crowdsourcing New Product Ideas over Time: An Analysis of the Dell Ideastorm Community", Management Science, 59 (1), pp. 226~244.

Bellinger, G. , Durval Castro, Anthony Mills, (2003), Data, Information, Knowledge, and Wisdom, http://www. systems-thinking. org/dikw/dikw. htm.

Benati, Luca. "The Time – Varying Phillips Correlation." Journal of Money, Credit and Banking 39, no. 5 (2007): 1275 – 1283.

Benigno, Gianluca and Luca Fornaro. "Stagnation Traps." The Review of Economic Studies 85, no. 3 (304) (2018): 1425 – 1936.

Benson, A., Sojourner, A., and Umyarov, A., 2020, "Can Reputation Discipline the Gig Economy? Experimental Evidence from an Online Labor Market", Management Science, 66 (5), pp. 1802 ~ 1825.

Berger, J., 2014, "Word of Mouth and Interpersonal Communication: A Review and Directions for Future Research", Journal of Consumer Psychology, 24 (4), pp. 586 ~ 607.

Bernanke, B. S., 1993. Credit in the Macroeconomy. Quarterly Review – Federal Reserve Bank of New York, 18, pp. 50 – 50.

Bernanke, B. S. and Gertler, M., 1986. Agency costs, collateral, and business fluctuations.

Bernoth, K., Gebauer, S. and Schäfer, D., 2017. Monetary policy implications of financial innovation. Monetary Dialogue, May.

Binyamini, A., and Razin, A., (2008). Inflation – output tradeoff as equilibrium outcome of globalization. Israel Economic Review, 6.

BIS, (2019), Investigating the impact of Global stablecoins, Written by G7 Working Group on Stablecoins. https://www.bis.org/cpmi/publ/d187.pdf.

Bjerg, O., 2017. Designing new money – the policy trilemma of central bank digital currency.

Blanchard, O. (2014), Where dangers lurks't, Finance and Development, 373. Dawid, H., D. Delli Gatti, (2018), Agent – Based Macroeconomics, Working Papers in Economics and Management, No. 02 – 2018.

Blanchard, O. (2014), Where dangers lurks't, Finance and Development, Bordo, Michael D. and Andrew T. Levin. (2017). Central Bank Digital Currency and the Future of Monetary Policy, NBER WORKING PAPER 23711.

Blanchard, Olivier and Tirole, Jean, (2021), The major future economic challenges, https: //www. strategie. gouv. fr/english – articles/major – future – economic – challenges – olivier – blanchard – and – jean – tirole.

Blanchard, Olivier. "The Phillips Curve: Back to the 60s?" The American Economic Review 106, no. 5 (2016): 31 – 34.

Blanning, Tim (2007). The Pursuit of Glory: Europe, 1648 – 1815. Penguin Books.

Bloomfield, A. I., 1959. Monetary Policy under the International Gold Standard, 1880 – 1914. Federal Reserve Bank of New York, New York.

Bloom N., 2009, "The Impact of Uncertainty Shocks", Econometrica, 77 (3): 623 – 685.

Boar Codruta, and Wehrli Andreas, 2021, Ready, steady, go? – Results of the third BIS survey on central bank digital currency, BIS Papers No. 114.

Board of Governors of the Federal Reserve System, Federal Reserve Bulletin 1971.

Board of Governors of the Federal Reserve System, Federal Reserve Bulletin 1991.

Bok, B., Caratelli, D., Giannone, D., Sbordone, A., Tambalotti, A. (2017), Macroeconomic Nowcasting and Forecasting with Big Data, Federal Reserve Bank of New York Staff Reports Staff Report No. 830.

Bolton, G. E., Katok, E., and Ockenfels, A., 2004, "How Effective Are Electronic Reputation Mechanisms? An Experimental Investigation", Management Science, 50 (11), pp. 1587 ~ 1602.

Bond R M. Fariss C J, Jones JJ, Kramer ADI, Marlow C, Settle JE, Fowler JH. A 61 – million – person experiment in social influence and political mobilization. Nature, 2012, 489 (7415): 295 – 298.

Boskin, Michael J. , Ellen R. Dulberger, Robert J. Gordon, Zvi Griliches, and Dale Jorgenson. "Toward a More Accurate Measure of the Cost of Living: Final Report to the Senate Finance Committee." Washington, DC: Advisory Commission to Study the Consumer Price Index. (1996).

Bourreau, M. , Alexander de Streel, (2020), The Regulation of Personalized Pricing in the Digital Era. OECD DAF/COMP/WD (2018) 150.

Brave, Scott A. , Butters, R. Andrew, Justiniano, Alejandro (2019), Forecasting economic activity with mixed frequency BVARs, International Journal of Forecasting (35), 1692 – 1707.

Briscoe B, Odlyzko A, Tilly B. Metcalfe'ts law is wrong. IEEE Spectrum, 2006, 43 (7): 34 – 39.

Brown, Jeffrey R. and Austan Goolsbee. "Does the Internet Make Markets More Competitive? Evidence from the Life Insurance Industry." The Journal of Political Economy 110, no. 3 (2002): 481 – 507.

Brynjolfsson, E. , and Kahin, B. , 2002, Understanding the Digital Economy: Data, Tools, and Research. MIT press.

Brynjolfsson, E. , and Oh, J. , 2012, "The Attention Economy: Measuring the Value of Free Digital Services on the Internet", Proceedings of the International Conference on Information Systems.

Brynjolfsson, E. , and Smith, M. D. , 2000, "Frictionless Commerce? A Comparison of Internet and Conventional Retailers", Management Science, 46 (4), pp. 563 ~ 585.

Brynjolfsson, E. , Hu, Y. , and Rahman, M. S. , 2009, "Battle of the Retail Channels: How Product Selection and Geography Drive Cross – Channel Competition", Management Science, 55 (11), pp. 1755 ~ 1765.

Brynjolfsson, E. , Hu, Y. , and Simester, D. , 2011, "Goodbye Pareto Principle, Hello Long Tail: The Effect of Search Costs on the Concentration of Product

Sales", Management Science, 57 (8), pp. 1373~1386.

Brynjolfsson, E., Hu, Y., and Smith, M. D., 2003, "Consumer Surplus in the Digital Economy: Estimating the Value of Increased Product Variety at Online Booksellers", Management Science, 49 (11), pp. 1580~1596.

Brynjolfsson, Erik and Collis, Avinash. How Should We Measure the Digital Economy? [J]. Harvard Business Review, 2019, 97 (6): 140-148.

Brynjolfsson, Erik and Michael D. Smith. "Frictionless Commerce? A Comparison of Internet and Conventional Retailers." Management Science 46, no. 4 (2000): 563-585.

Brynjolfsson Erik, Avinash Collis, W. Erwin Diewert, Felix Eggersm Kevin J. Fox, (2018), The Digital Economy, GDP and Consumer Welfare: Theory and Evidence.

Büschken, J., and Allenby, G. M., 2016, "Sentence-Based Text Analysis for Customer Reviews", Marketing Science, 35 (6), pp. 953~975.

Buchak, G., Gregor Matvos, Tomasz Piskorski, and Amit Seru. (2018). Fintech, Regulatory Arbitrage, and the Rise of Shadow Banks, NBER Working Paper No. 23288.

Bukht, R., and Heeks, R., 2017, "Defining, Conceptualising and Measuring the Digital Economy", SSRN Working Paper, No. 68.

Burns, A. F., Mitchell, W. C. (1946). "Measuring business cycles". NBER Studies in Business Cycles No. 2, New York.

Burtch, G., Hong, Y., Bapna, R., and Griskevicius, V., 2018, "Stimulating Online Reviews by Combining Financial Incentives and Social Norms", Management Science, 64 (5), pp. 2065~2082.

C-TB Ho, C-K Liao, H-T Kim. Valuing Internet Companies: A DEA-based Multiple Valuation Approach [J]. The Journal of the Operational Research Society, 2011, 62 (12): 2097-2106.

Cao, Z., Hui, K. - L., and Xu, H., 2018, "When Discounts Hurt Sales: The Case of Daily – Deal Markets", Information Systems Research, 29 (3), pp. 567 ~ 591.

Cardoso, José Luís and Pedro Lains. "Introduction: Paying for the Liberal State." In, 1 – 26, 2010.

Carriere – Swallow, Y., Vikram Haksar. (2019). The Economics and Implications of Data: An Integrated Perspective, IMF Departmental Paper No. 19/16.

Cavallo, Alberto. "Are Online and Offline Prices Similar? Evidence from Large Multi – Channel Retailers." The American Economic Review 107, no. 1 (2017): 283 – 303.

Cha, Myung Soo. Did Takahashi Korekiyo Rescue Japan from the Great Depression?. Vol. 63. New York, USA: Cambridge University Press, 2003.

Charbonneau, K., Alexa Evans, (2017), Subrata Sarker and Lena Suchanek, Digitalization and Inflation: A Review of the Literature, Bank of Canada, Staff Analytical Note 2017 – 20.

Chau, M., and Xu, 2012, "Business Intelligence in Blogs: Understanding Consumer Interactions and Communities", MIS Quarterly, 36 (4), pp. 1189 ~ 1216.

Chevalier, J. A., and Mayzlin, D., 2006, "The Effect of Word of Mouth on Sales: Online Book Reviews", Journal of Marketing Research, 43 (3), pp. 345 ~ 354.

Claessens, S., Frost, J., Turner, G. and Zhu, F., 2018. Fintech credit markets around the world: size, drivers and policy issues. BIS Quarterly Review September.

Clark, GreGroy. (2009). The Macroeconomic Aggregates for England: 1209 – 2008, UC Davis, Economics WP 09 – 19.

Clark, GreGroy. (2016). Microbes and Markets: Was the Black Death an Economic Revolution? Journal of Demographic Economics, 82 (2), 139 – 165.

Clarke, Stephen V. O. "Central Bank Cooperation 1924 – 1931", New York, 1967.

Clay, Karen, Ramayya Krishnan, and Eric Wolff. "Prices and Price Dispersion on the Web: Evidence from the Online Book Industry. " The Journal of Industrial Economics 49, no. 4 (2001): 521 - 539.

Coase, R. H. , (1960). The Problem of Social Cost, Journal of Law and Economics, Vol. 3, pp1 - 44.

Coase R H . The Nature of the Firm [M]. Oxford University Press, 1991.

Coin Rivet. (2019). Cryptocurrency and Crime, https://d1mjtvp3d1g20r. cloudfront. net/2019/02/28165829/Definitive - Guide - to - Crypto - and - Crime. pdf.

Collins, William T. , 2020, "Noise Traders, Fintech, and Equity Market Volatility". University Honors Program Theses. 544.

Conference of the Institute for the Study of Free Enterprise Systems. (Oct. , 1990), pp. S71 - S102.

Crémer J. , Yves - Alexandre de Montjoye, Heike Schweitzer. (2019). Competition Policy for the Digital Era, European Commission Report.

Crouzet, N. and Eberly, J. (2018). Understanding weak capital investment: The role of market concentration and intangibles. In prepared for the Jackson Hole Economic Policy Symposium.

Csonto, B. , Yuxuan Huang, and Camilo E. Tovar. (2019). Is Digitalization Driving Domestic Inflation? IMF Working Paper 19/271.

Cui, R. , Li, J. , and Zhang, D. , 2020, "Reducing Discrimination with Reviews in the Sharing Economy: Evidence from Field Experiments on Airbnb", Management Science, 66 (3), pp. 1071~1094.

Dabrowski, M. , 2017. Potential impact of financial innovation on monetary policy. briefing paper prepared for the European Parliament'ts Committee on Economic and Monetary Affairs (Monetary Dialogue), IP/A/ECON/2017 - 02, PE, 602, p. 29.

Dana Jr, J. D. , and Orlov, E. , 2014, "Internet Penetration and Capacity Utilization in the US Airline Industry", American Economic Journal: Microeconomics, 6 (4), pp. 106 ~ 137.

Dawid, H., D. Delli Gatti, (2018), Agent – Based Macroeconomics, Working Papers in Economics and Management, No. 02 – 2018.

"DCMS Economic Estimates 2019." Department for Culture, Media and Sport, DCMS, www.culture.gov.uk/.

Debdas Rakshit L. EVA Based Performance Measurement: a Case Study of Dabur India Limited [J]. Vidyasagar University Journal of Commerce, 2011, 3: 23 – 49.

Dellarocas, C., 2003, "The Digitization of Word of Mouth: Promise and Challenges of Online Feedback Mechanisms", Management Science, 49 (10), pp. 1407 ~ 1424.

Dell't Ariccia, Giovanni, Dalida Kadyrzhanova, Camelia Minoiu, and Lev Ratnovski. "Bank Lending in the Knowledge Economy." The Review of Financial Studies 34, no. 10 (2021): 5036 – 5076.

Development, Economics And Statistics Administration, 1 June 1999.

Dewey, J., 1910, How We Think, Boston. MA: DC Heath. Ch. 8.

"Digital Economy." Bureau of Economic Analysis, U.S. Department of Commerce, www.bea.gov/data/special – topics/digital – economy.

Dinner, I. M., Van Heerde, H. J., and Neslin, S., 2011, "Driving Online and Offline Sales: The Cross – Channel Effects of Digital Versus Traditional Advertising", Tuck School of Business Working Paper, 2012 – 103.

Dowell, S. A History of Taxation and Taxes in England from the Earliest Times to the Present Day. 4 vols New York, 1883. 3rd edn 1965.

Driek Desmet, Tracy Francis, Alice Hu, Timothy M. Koller, George A. Riedel. Valuing dot – corns [J]. The McKinsey Quarterly, 2000, 2: 148 – 157.

Dunham, A. L. The Anglo – Freach Treaty of Commerce of 1860 and the Progress of Industrial Revolution in France. Ann Arbor, 1930.

Eggertsson, Gauti B., Neil R. Mehrotra, and Jacob A. Robbins. "A Model of

Secular Stagnation: Theory and Quantitative Evaluation. " American Economic Journal. Macroeconomics 11, no. 1 (2019): 1 –48.

Eggertsson, Gauti B. and Paul Krugman. "debt, Deleveraging, and the Liquidity Trap: A Fisher – Minsky – Koo Approach. " The Quarterly Journal of Economics 127, no. 3 (2012): 1469 –1513.

Ehrentraud, J., Ocampo, D. G., Garzoni, L. and Piccolo, M., 2020. Policy responses to fintech: a cross – country overview. Bank for International Settlements, Financial Stability Institute.

Eli Bartov, Stephen R. Goldenber, Myung – Sun Kim. The Valuation Relevance of Earnings and Cash Flows: An International Perspective [J]. Journal of International Financial Management and Accounting, 2001 (12): 108 –131.

Eliot, T. S. (1934), The Rock, Faber and Faber Limited.

Ellison, G., and Ellison, S. F., 2018, "Match Quality, Search, and the Internet Market for Used Books", National Bureau of Economic Research Working Paper, No. w24197.

Ertekin, N., Agrawal, A., 2021, "How Does a Return Period Policy Change Affect Multichannel Retailer Profitability?", Manufacturing & Service Operations Management, 23 (1), pp. 210~229.

Euromonitor International. 2014. Internet vs Store – based. Shopping: The Global channel Retailing. London: Euromonitor International.

European Commission, (2021), Commission Implementing Decision on the financing of the Digital Europe Programme and the adoption of the multiannual work programme for 2021 – 2022. https://ec. europa. eu/newsroom/repository/document/2021 – 46/C _ 2021 _ 7914 _ 1 _ EN _ annexe _ acte _ autonome _ cp _ part1 _ v3 _ x3qnsqH6g4B4JabSGBy9UatCRc8_81099. pdf.

Farboodi, M., Mihet, R., Philippon, T., Veldkamp, L. (2019). Big Data and Firm Dynamics, NBER Working Paper 25515.

Ferguson, Daniel, (2021), Uber at the Supreme Court: Who is a worker, https://commonslibrary.parliament.uk/uber-at-the-supreme-court-who-is-a-worker/.

Fiedler, S., Gern, K. J., Kooths, S. and Stolzenburg, U., 2017. Financial innovation and monetary policy: challenges and prospects. Monetary Dialogue - In - Depth - Analysis. European Parliament.

Fitriasari, F., 2020, "How Do Small and Medium Enterprise (SME) Survive the Covid-19 Outbreak?", Jurnal Inovasi Ekonomi, 5 (2).

Flinn, M. W. "The Poor Employment Act of 1817." *The Economic History Review* 14, no. 1 (1961): 82.

Forman, C., Ghose, A., and Goldfarb, A., 2009, "Competition between Local and Electronic Markets: How the Benefit of Buying Online Depends on Where You Live", Management Science, 55 (1), pp. 47~57.

Fraser, Derek. The Evolution of the British Welfare State: A History of Social Policy since the Industrial Revolution. London: Macmillan, 1973.

Freund, Caroline L. and Diana Weinhold. "The Effect of the Internet on International Trade." Journal of International Economics 62, no. 1 (2004): 171-189.

Friedrich Ebert Stiftung. Digital labour markets in the platform economy: mapping the political challenges of crowd work and gig work. 2017.

Frost, Jon, Leonardo Gambacorta, Yi Huang, Hyun Song Shin, Pablo Zbinden. (2019). Bigtech and the changing structure of financial intermediation. BIS working papers, No 779.

Frydman, Carola, Eric Hilt, and Lily Y. Zhou. "Economic Effects of Runs on Early "Shadow Banks": Trust Companies and the Impact of the Panic of 1907." The Journal of Political Economy 123, no. 4 (2015): 902-940.

FSB, 2016, https://www.fsb.org/work-of-the-fsb/financial-innovation-and-structural-change/fintech/.

FSB, FinTech credit Market structure, business models and financial stability implications, 2017b.

Gal-Or, E., and Ghose, A., 2005, "The Economic Incentives for Sharing Security Information", Information Systems Research, 16 (2), pp. 186~208.

Garber, Peter M.. (2000), Famous First Bubbles, The Fundamentals of Early Manias, The Mit Press, pp. 118.

Gelderblom, Oscar and Joost Jonker. (2004). Completing a Financial Revolution: The Finance of the Dutch East India Trade and the Rise of the Amsterdam Capital Market, 1595-1612, The Journal of Economic History, Vol. 64, No. 3, pp. 641-672.

Gertler, Paul, Brett Green, (2022), Testing Financial Innovation, Increasing Loan Repayment Using Digital Collateral, https://voxdev.org/topic/finance/testing-financial-innovations-increasing-loan-repayment-using-digital-collateral.

Giannone, D., L. Reichlin, and D. Small (2008): "Nowcasting: The real-time informational content of macroeconomic data," Journal of Monetary Economics, 55 (4), 665-676.

Giavazzi, F. and McMahon M. F., 2010, "Policy Uncertainty and Precautionary Savings", NBER Working Paper No. w13911.

Giglio, Stefano and Tiago Severo. "Intangible Capital, Relative Asset Shortages and Bubbles." Journal of Monetary Economics 59, no. 3 (2012): 303-317.

Gig Work, Online Selling and Home Sharing. Pew Research Center, 2016.

Gilder G. Metcalf's law and legacy. Forbes ASAP, 1993, 152 (6): 158-159.

Godin, Benoît, Joseph P. Lane, (2013), "Pushes and Pulls": The Hi (story) of the Demand Pull Model of Innovation, Project on the Intellectual History of Innovation, Working Paper No. 13.

Goetzmann, William N. (2017), Money Changes Everything: : How Finance Made Civilization Possible, Princeton University Press.

Goh, J. M., Gao, G., and Agarwal, R., 2016, "The Creation of Social Value: Can an Online Health Community Reduce Rural – Urban Health Disparities?", MIS Quarterly, 40 (1), pp. 247~263.

Goldfarb, A., 2014, "What Is Different About Online Advertising?", Review of Industrial Organization, 44 (2), pp. 115~129.

Goldfarb, A., and Tucker, C., 2019, "Digital Economics", Journal of Economic Literature, 57 (1), pp. 3~43.

Goldfarb, Avi, and Catherine Tucker., 2011, "Online Advertising", Advances in Computers, 3, pp. 289~315.

Goldsmith, Financial Intermediaries in the American Economy since 1900 and Historical Statistics (1976).

Goldstein, I., Jiang, W. and Karolyi, G. A., 2019. To FinTech and beyond. The Review of Financial Studies, 32 (5), pp. 1647–1661.

Goolsbee, A. J., 2000, "In a World without Borders: The Impact of Taxes on Internet Commerce", The Quarterly Journal of Economics, 115 (2), pp. 561~576.

Goolsbee, Austan D. and Peter J. Klenow. "Internet Rising, Prices Falling: Measuring Inflation in a World of E – Commerce." AEA Papers and Proceedings 108, (2018): 488–492.

Goos, M., and A. Manning, "Lousyand Lovely Jobs: the Riseing Polarization of Work," Review of Economics and Statistics 89, no. 1: 118–133.

Gordon, L. A., Loeb, M. P., 2002, "The Economics of Information Security Investment", ACM Transactions on Information and System Security, 5 (4), pp. 438~457.

Gordon, Robert J. (2016). The Rise and Fall of American Growth: The US Standard of Living since the Civil War, Princeton University Press.

Gorodnichenko, Yuriy and Oleksandr Talavera. "Price Setting in Online Markets: Basic Facts, International Comparisons, and Cross – Border Integration." The

American Economic Review 107, no. 1 (2017): 249 – 282.

Gough, Ian. The Political Economy of the Welfare State. London: Macmillan, 1980.

Groshen, Erica L., Brian C. Moyer, Ana M. Aizcorbe, Ralph Bradley, and David M. Friedman. "How Government Statistics Adjust for Potential Biases from Quality Change and New Goods in an Age of Digital Technologies: A View from the Trenches." The Journal of Economic Perspectives 31, no. 2 (2017): 187 – 210.

Grossman S J, Hart O D. One Share/One Vote and the Market for Corporate Control [J]. Journal of Financial Economics, 1987, 20.

Han, J., Meyer, B. D., and Sullivan, J. X. 2020, "Income and Poverty in the Covid – 19 Pandemic", National Bureau of Economic Research Working Paper, No. w27729.

Hansen, A., 1939. Economic progress and declining population growth. Am. Econ. Rev. 29 (1), 1 – 15.

Hansen, Alvin H. (1939). Economic progress and declining population growth. The American Economic Review 29, no. 1.

Hans H. Bauer, Maik Hammerschmidt. Customer – based corporate valuation [J]. Management Decision, 2005, 43 (3).

Harris M, Raviv A. Corporate governance. Voting rights and majority rules [J]. Journal of Financial Economics, 1988, 20 (1 – 2): 203 – 235.

Hatzius, J., Hooper, P., Mishkin, F., Schoenholtz, K. L., Watson, M. W. (2010), Financial Conditions Indexes: A Fresh Look After The Financial Crisis, NBER Working Paper 16150.

Hawkins, J., 2001. Electronic finance and monetary policy. BIS Papers, 7, pp. 98 – 105.

Hazell, J., Herreno, J., Nakamura, E., and Steinsson, J., The slope of the phillips curve: evidence from U. S. states. 2020. NBER Working Paper 28005.

Heckel, M. von. Lehrbuch der Finanzwissenschaft. 2 vols. Leipzig, 1907, 1911.

Henry, David, et al. "THE EMERGING DIGITAL ECONOMY II." Office of Policy.

Hidalgo, C. A., Hausmann R. (2009). The building blocks of economic complexity. Proc Natl Acad Sci USA, 106 (26): 10570 - 5.

Higgins, P. (2014), GDPNow, A Model for GDP "Nowcasting", Federal Reserve Bank of Atlanta Working Paper 2014 - 7.

Hilary Allen, (2021), Stablecoins: How Do They Work, How Are They Used, and What Are Their Risk? Hearing Before the U.S. Senate Committee on Banking, Housing, and Urban Affairs.

Hippel, Eric, S. Ogawa, and J. Jong. "The Age of the Consumer - Innovator." Mit Sloan Management Review 53.1 (2011): 27 - 35.

Hollenbeck, B., 2018, "Online Reputation Mechanisms and the Decreasing Value of Chain Affiliation", Journal of Marketing Research, 55 (5), pp. 636~654.

Hollenbeck, B., Moorthy, S., and Proserpio, D., 2019, "Advertising Strategy in the Presence of Reviews: An Empirical Analysis", Marketing Science, 38 (5), pp. 793~811.

Hong, C. KatzmJ., Kolensnikov, V., Lu, W., Wang, X. (2019), Covert Security with Public Verifiability: Faster, Leaner, and Simpler, https://u.cs.biu.ac.il/~lindell/TPMPC2019/Vlad_ Kolesnikov_ TPMPC2019.pdf.

Howell, S. T., Marina Niessner, and David Yermack. (2019). Initial Coin Offerings: Financing Growth with Cryptocurrency Token Sales, NBER Working Paper No. 24774.

Hu, Yu (Jeffrey), Duncan Simester, and Erik Brynjolfsson. "Goodbye Pareto Principle, Hello Long Tail: The Effect of Search Costs on the Concentration of Product Sales." Management Science 57, no. 8 (2011): 1373 - 1386.

Huang, N., Hong, Y., and Burtch, G., 2016, "Social Network Integration and User Content Generation: Evidence from Natural Experiments", MIS Quarterly, 41 (4), pp. 17 – 001.

Huyghe, E., Verstraeten, J., Geuens, M., and Van Kerckhove, A., 2017, "Clicks as a Healthy Alternative to Bricks: How Online Grocery Shopping Reduces Vice Purchases", Journal of Marketing Research, 54 (1), pp. 61~74.

IMF, (2021), Global Financial Stability Report, April 2021: Preempting a Legacy of Vulnerabilities.

International Monetary Fund, www.imf.org/en/home.

Irwin, Douglas A. "The Aftermath of Hamilton's "Report on Manufactures"". The Journal of Economic History 64, no. 3 (2004): 800 – 821.

Jabr, W., Liu, B., Yin, D., and Zhang, H., 2020, "Online Word – of – Mouth", in MIS Quarterly Research Curations, Ashley Bush and Arun Rai, Eds., http://misq.org/research – curations.

Jan de Vries, Ad van der Woude. (1997). The First Modern Economy: Success, Failure, and Perseverance of the Dutch Economy, 1500 – 1815. Cambridge University Press, 0th Edition.

Jane, P., G. Howard. Institutional responses on strengthened intellectual property rights in agriculture and needs'tassessment on intellectual property management of public research institutions in Asian developing countries [J]. Journal of Research Administration, 2011, 2 (42): 42 – 58.

Jensen, Robert. "The Digital Provide: Information (Technology), Market Performance, and Welfare in the South Indian Fisheries Sector." The Quarterly Journal of Economics 122, no. 3 (2007): 879 – 924.

Jevons, W. S., 1875, "The Solar Period and the Price of Corn." First published in Jevons, Investigations in Currency and Finance. London: Macmillan, 1884. Pp. 194 – 205.

Jieru, D., Canjun, X., Mengzhou, Z., and Xiying, Z., 2020, "Research on the Influence of the Change of Consumption Concept on the Development of Digital Products in the Post Epidemic Era," Proceedings of the E3S Web of Conferences: E3S Web of Conferences, vol. 179, p. 02072.

Joachim Englisch, Johannes Becker, International Effective Minimum Taxation – The GLOBE Proposal, World Tax Journal, Vol. 11, No. 4, 2019.

John Burr William. The Theory of Investment Value. Journal of Political Economy, 1939, 47 (2): 276 – 27.

John C. Panzar and Robert D. Willig. "Economies of Scope." American Economic Review 71. 2 (1981): 268 – 272.

Jones, C. I., Tonetti, C. (2020), Nonrivalry and the Economics of Data, America Economic Review, 110 (9): 2819 – 2858.

Jordà, Ò., 2005. Estimation and inference of impulse responses by local projections. American Economic Review, 95 (1), 161 – 182.

Jordà, Ò., Schularick, M. and Taylor, A. M., 2016. Sovereigns versus banks: credit, crises, and consequences. Journal of the European Economic Association, 14 (1), pp. 45 – 79.

Jorgenson, Dale, W., Mun S. Ho, and Kevin J. Stiroh. (2008). A Retrospective Look at the U. S. Productivity Growth Resurgence. Journal of Economic Perspectives, 22 (1): 3 – 24.

Jovanovic B, Rousseau P L. General purpose technologies [M] //Handbook of economic growth. Elsevier, 2005, 1: 1181 – 1224.

Jo Y. J., Matsumura M., Weinstein D. E, The Impact of E – Commerce on Relative Prices and Consumer Welfare. National Bureau of Economic Research, 2019.

Judd, K. L. (1985). On the Performance of Patents. Econometrica, 53 (3), 567 – 585.

Kaminska, Izabella. (2019). Will fintechs sink or swim when floats are regulated?

https: //www. ft. com/content/00fd79b8 - 0d11 - 3688 - a2bb9cd51e44e511.

Katz, Michael L. , Carl Shapiro. (1985). Networt Externalities, Competition and Compatibility, American Economic Review 75, No3, pp424 - 440.

Kennedy, . 2016, Three Paths to Update Labor Law for the Gig Economy. Working Paper (http: //www2. itif. org/2016 - labor - law - gig - economy. pdf).

Kenneth Leung, Marco Pagani, Janis K. Zaima. Portfolio Strategies using EVA, earnings ratio or book - to - market [J]. Review of Accounting and Finance, 2009 8 (1): 76 - 86.

Khern - am - nuai, W. , Kannan, K. , and Ghasemkhani, H. , 2018, "Extrinsic Versus Intrinsic Rewards for Contributing Reviews in an Online Platform", Information Systems Research, 29 (4), pp. 871 ~ 892.

Kim, R. Y. , 2020, "The Impact of Covid - 19 on Consumers: Preparing for Digital Sales", IEEE Engineering Management Review, 48 (3), pp. 212 ~ 218.

Kissinger, Henry A. , Eric Schmidt, Daniel Huttenlocher, (2021), The Age of AI and Our Human Future, Little, Brown and Company.

Kremer, M. , Brannen, C. , and Glennerster, R. , 2013, "The Challenge of Education and Learning in the Developing World", Science, 340 (6130), pp. 297 ~ 300.

Kroft, K. , and Pope, D. G. , 2014, "Does Online Search Crowd Out Traditional Search and Improve Matching Efficiency? Evidence from Craigslist", Journal of Labor Economics, 32 (2), pp. 259 ~ 303.

Kuhn, Peter, and Hani Mansour, "Is Internet Job Search Still Ineffective?" The Economic Journal 124, no. 581, (Apr. 2014): 1213 - 1233.

Kumar, A. , Mehra, A. , and Kumar, S. , 2019a, "Why Do Stores Drive Online Sales? Evidence of Underlying Mechanisms from a Multichannel Retailer", Information Systems Research, 30 (1), pp. 319 ~ 338.

Kumar, N. , Venugopal, D. , Qiu, L. , and Kumar, S. , 2019b, "Detecting Anomalous Online Reviewers: An Unsupervised Approach Using Mixture Models", Journal of Management Information Systems, 36 (4), pp. 1313~1346.

Kushwaha, T., and Shankar, V., 2013, "Are Multichannel Customers Really More Valuable? The Moderating Role of Product Category Characteristics", Journal of Marketing, 77 (4), pp. 67~85.

Laney, Douglas B. (2017). Infonomics: How to Monetize, Manage, and Measure Information as an Asset for Competitive Advantage, Routledge; 1st edition.

Laudon, Kenneth C. (1997). Extensions to the Theory of Markets and Privacy: Mechanics of Pricing Information. New York University Stern School of Business Working Paper IS-97-4.

Lawrence, J. M., Crecelius, A. T., Scheer, L. K., and Patil, A., 2019, "Multichannel Strategies for Managing the Profitability of Business-to-Business Customers", Journal of Marketing Research, 56 (3), pp. 479~497.

League of Nations, Gold Delegation of the Financial Committee. The course and Control of Inflation: A review of Monetary Experience in Europe after World War One. New York, 1946.

Lebaron, B., W. B. Arthur, and R. Palmer, (1999), Times Series Properties of an Artificial Stock Market, Journal of Econ. Dynamics and Control, 23, 1487–1516.

Le Bris, David & Goetzmann, William N. & Pouget, Sébastien, 2019. "The present value relation over six centuries: The case of the Bazacle company," Journal of Financial Economics, Elsevier, vol. 132 (1), pages 248–265.

Lee, T. Y., and Bradlow, E. T., 2011, "Automated Marketing Research Using Online Customer Reviews", Journal of Marketing Research, 48 (5), pp. 881~894.

Lewis, Michael, (2014). Flash Boys: A Wall Street Revolt, W. W. Norton & Company, Reprint Edition.

Li, X., 2016, "Could Deal Promotion Improve Merchants' Online Reputations? The Moderating Role of Prior Reviews", Journal of Management Information Systems,

33 (1), pp. 171~201.

Li, X., 2018, "Impact of Average Rating on Social Media Endorsement: The Moderating Role of Rating Dispersion and Discount Threshold", Information Systems Research, 29 (3), pp. 739~754.

Lian, C. and Ma, Y., 2021. Anatomy of corporate borrowing constraints. The Quarterly Journal of Economics, 136 (1), pp. 229-291.

Lindert, Peter H. "Key Currencies and Gold 1900-1913." In , edited by Aliber, Robert Z., ed, 620-698, 2000.

Lobschat, L., Osinga, E. C., and Reinartz, W., 2017, "What Happens Online Stays Online? Segment-Specific Online and Offline Effects of Banner Advertisements", Journal of Marketing Research, 54 (6), pp. 901~913.

Lovett, M. J., Peres, R., and Shachar, R., 2013, "On Brands and Word of Mouth", Journal of Marketing Research, 50 (4), pp. 427~444.

López González, J. and J. Ferencz. (2018). Digital Trade and Market Openness, OECD Trade Policy Papers, No. 217, OECD Publishing, Paris.

Lucas, Robert E., Jr. 1988. "On the Mechanics of Economic Development." Journal of Monetary Economics 22 (1): 3-42.

Lumpkin, Gregory G Dess. E-Business Strategies and Internet Business Models: How the Internet Adds Value [J]. Organization Dynamics, 2012 (2).

Luo, X., Zhang, Y., Zeng, F., and Qu, Z., 2020, "Complementarity and Cannibalization of Offline-To-Online Targeting: A Field Experiment on Omnichannel Commerce", MIS Quarterly, 44 (2), pp. 957~982.

Macchiati, V., Brandi, G., Di Matteo, T. et al. (2021). Systemic liquidity contagion in the European interbank market. J Econ Interact Coord. https://doi.org/10.1007/s11403-021-00338-1.

Maddison, Angus. 2010. The World Economy. Paris: OECD Development Centre.

Makarov, I., Schoar, A. (2021). Blockchain Analysis of the Bitcoin Market,

NBER Working Paper 29396.

Marcellino, Massimiliano, "Chapter 16 Leading Indicators," Handbook of Economic Fore-casting, 2006, 1, 879-960.

Mario Spremic. The Impact of the Enterprise Resource Planning Systems on Company'ts E business Efficiency [J]. Journal of American Business Review, 2013.

Mazzella, F., Sundararajan, A., D'tEspous, V. and Möhlmann, M.. (2016) How digital trust powers the sharing economy. IESE Insight, Third Quarter (30). pp. 24-30.

McCord, N., The Auti-Corn Law League 1838-1846. London. 1958.

Meager, R. (2019): \ Understanding the Average Impact of Microcredit Expansions: A Bayesian Hierarchical Analysis of Seven Randomized Experiments," American Economic Journal: Applied Economics, 11, 57-91.

Metcalfe B. Metcalfe'ts law after 40 years of Ethernet. IEEE Computer, 2013, 46 (12): 26-31.

Metzler, Mark. "From Foot Soldier to Finance Minister: Takahashi Korekiyo, Japan's Keynes (Review)." *The Journal of Japanese Studies* 35, no. 1 (2009): 163-166.

Michau, Jean-Baptiste. "Secular Stagnation: Theory and Remedies." Journal of Economic Theory 176, (2018): 552-618.

Mishkin, Frederic S., "Inflation Dynamics", 2007, NBER Working Paper 13147.

Mishkin Frederic, S., 2004. The economics of money, banking, and financial markets. Mishkin Frederic-Addison Wesley Longman.

Mishra, P. K. and Pradhan, B. B., 2008. Financial innovation and effectiveness of monetary policy. Available at SSRN 1262657, 3.

Mitchell, W., Burns, A. F. (1938). "Statistical indicators of cyclical revivals". NBER, New York. Reprinted in: Moore, G. H. (Ed.), Business Cycle

Indicators. Princeton University Press, Princeton, 1961. Chapter 6.

Modigliani, F., 1971. Monetary policy and consumption. Consumer spending and monetary policy: the linkages, pp. 9 – 84.

Moggridge, Donald E., British Monetary Policy, 1924 – 31: The Norman Conquest of $4.86. Cambridge, Mass., 1972.

Montaguti, E., Neslin, S. A., and Valentini, S., 2016, "Can Marketing Campaigns Induce Multichannel Buying and More Profitable Customers? A Field Experiment", Marketing Science, 35 (2), pp. 201~217.

Morton, Fiona Scott, Florian Zettelmeyer, and Jorge Silva – Risso. "Internet Car Retailing." The Journal of Industrial Economics 49, no. 4 (2001): 501 – 519.

Morton, F. S., Zettelmeyer, F., and Silva - Risso, J., 2001, "Internet Car Retailing", The Journal of Industrial Economics, 49 (4), pp. 501~519.

Morys, Matthias. "Discount Rate Policy Under the Classical Gold Standard: Core Versus Periphery (1870s – 1914)." Explorations in Economic History 50, no. 2 (2013): 205 – 226.

Mukhopadhyay, T., Kekre, S., and Kalathur, S., 1995, "Business Value of Information Technology: A Study of Electronic Data Interchange", MIS Quarterly, 19 (2), pp. 137~156.

Mumtaz, M. Z., Smith, Z. A. and Mahmood, Z., 2020. Do Fintech Activities Affect Monetary Policy?. Macroeconomic Stabilization in the Digital Age, p. 328.

Muralidharan, K., Singh, A., and Ganimian, A. J., 2019, "Disrupting Education? Experimental Evidence on Technology – Aided Instruction in India", American Economic Review, 109 (4), pp. 1426~1460.

Neal, Lawrence. "The Financial Crisis of 1825 and the Restructuring of the British Financial System." Review – Federal Reserve Bank of St. Louis 80, no. 3 (1998): 53.

Negro, M. D., Schorfheide, F. (2013), DSGE Model – Based Forecasting,

Chapter2, Handbook of Economic Forecasting, Volume 2A.

Nicolas, C. Les budgets de la France depuis le commencement du XIXe siecle. Paris, 1883.

Obstfeld, M., Shambaugh, J. C., Taylor, A. M., 2005. The trilemma in history: tradeoffs among exchange rates, monetary policies, and capital mobility. The Review of Economics and Statistics 87, 423 – 438.

Odlyzko, Andrew. (2003). Privacy, Economics, and Price Discrimination on the Internet. ICEC2003: Fifth International Conference on Electronic Commerce, pp. 355 – 366.

OECD, Addressing the Tax Challenges of the Digital Economy, Action 1 – 2015 Final Report, Paris: Organisation for Economic Co – operation and Development, 2015.

OECD, STANDatabase, ISICRev. 4, www.oecd.org/sti/stan; Eurostat, National Accounts Statistics and national sources, June 2014. See chapter notes.

OECD, Statement on a Two – Pillar Solution to Address the Tax Challenges Arising from the Digitalisation of the Economy, OECD/G20 Base Erosion and Profit Shifting Project, Paris: Organisation for Economic Co – operation and Development, 2021b.

OECD, Tax Challenges Arising from Digitalisation – Economic Impact Assessment: Inclusive Framework on BEPS, OECD/G20 Base Erosion and Profit Shifting Project, Paris: Organisation for Economic Co – operation and Development, 2020b.

OECD, Tax Challenges Arising from Digitalisation – Interim Report 2018: Inclusive Framework on BEPS, OECD/G20 Base Erosion and Profit Shifting Project, OECD PUBLISHING, 2018.

OECD, Tax Challenges Arising from Digitalisation – Report on Pillar One Blueprint: Inclusive Framework on BEPS, OECD/G20 Base Erosion and Profit Shifting Project, Paris: Organisation for Economic Co – operation and Development, 2020a.

OECD, Two – Pillar Solution to Address the Tax Challenges Arising from the Digitalisation of the Economy, OECD/G20 Base Erosion and Profit Shifting Project, Paris: Organisation for Economic Co – operation and Development, 2021a.

Organisation for Economic Co – operation Development. OECD Science, Technology and Innovation Outlook. (2016). https://www.oecd – ilibrary.org/science – and – technology/oecd – science – technology – and – innovation – outlook – 2016_sti_in_outlook – 2016 – en.

Ormerod P. Social network scan spread the Olympic effect. Nature, 2012, 489 (7416): 337 – 337.

Pastor, Lubos and Pietro Veronesi. "Technological Revolutions and Stock Prices." The American Economic Review 99, no. 4 (2009): 1451 – 1483.

Peitz, M., and Waldfogel, J., 2012, The Oxford Handbook of the Digital Economy. Oxford University Press.

Perez, Carlota, (2003), Technological Revolutions and Financial Capital: The Dynamics of Bubbles and Golden Ages, Edward Elgar Pub.

Perrotta C. (1993) Early Spanish Mercantilism: The First Analysis of Underdevelopment. In: Magnusson L. (eds) Mercantilist Economics. Recent Economic Thought Series, vol 33. Springer, Dordrecht.

PWC (2021), CryptoAssets, https://viewpoint.pwc.com/dt/us/en/pwc/accounting_guides/crypto – assets – guide/assets/crypto9202021.pdf.

Quah, Danny T. (1996). The Invisible and the Weightless Economy, Center for Economic Performance Occasional Paper No. 12, April 1996.

Rangaswamy, A., and Gupta, S., 2000, "Innovation Adoption and Diffusion in the Digital Environment: Some Research Opportunities", New Product Diffusion Models, vol. 2000, pp. 75 ~ 96.

Rao, J. M., and Reiley, D. H., 2012, "The Economics of Spam", Journal of Economic Perspectives, 26 (3), pp. 87 ~ 110.

Reed DP. That Sneaky exponential—Beyond Metcalfe'ts law to the power of community building. Context Magazine, 1999, 2 (1). http://www.reed.com/dpr/locus/-gfn/reedslaw.html, Jan. 2015.

Rees, J. F. A short Fiscal and financial history of England 1815 – 1918, London 1921.

Reinsdorf, M., Schreyer, P. (2019). Measuring consumer inflation in a digital economy, OECD Statistics Working Papers 2019/01.

Reinsel, D., John Gantz, John Rydning. (2018). The Digitization of the World: From Edge to Core. https://www.seagate.com/www-content/our-story/trends/files/idc-seagate-dataage-whitepaper.pdf.

Rivera – Batiz, Luis and Paul Romer. 1991. "Economic Integration and Endogenous Growth." The Quarterly Journal of Economics 106 (2): 531 – 555.

Robert, M., 1993, Strategy Pure and Simple: How Winning CEOs Outthink Their Competition. McGraw – Hill Sydney.

Rochet J C, Tirole J. Platform Competition in Two – Sided Markets [J]. CPI Journal, 2014, 10.

Rohm, A. J., and Swaminathan, V., 2004, "A Typology of Online Shoppers Based on Shopping Motivations", Journal of Business Research, 57 (7), pp. 748~757.

Romer, Paul M. 1986. "Increasing Returns and Long – Run Growth." Journal of Political Economy 94 (5): 1002 – 1037.

Romer, Paul M. 1990. "Endogenous Technological Change." Journal of Political Economy 98 (5): 71 – 102.

Romer PM (1987). Growth Based on Increasing Returns Due to Specialization. American Economic Review, 77 (2), 56 – 62.

Rowan, P., Miller, M., Zhang, B. Z., Appaya, S., Ombija, S., Markova, D. and Papiasse, D., 2021. 2020 Global COVID – 19 FinTech Regulatory Rapid Assessment Study. Available at SSRN.

Rowley, J. (2007). The wisdom hierarchy representations of the DIKW hierarchy. Journal of Information Science, 33, 163 – 180.

Sanchez, Marcelo. "Inflation Uncertainty and Unemployment Uncertainty: Why Transparency about Monetary Policy Targets Matters." Economics Letters 117, no. 1 (2012): 119 – 122.

Saraswati, B. D., Maski, G., Kaluge, D. and Sakti, R. K., 2020. The effect of financial inclusion and financial technology on effectiveness of the Indonesian monetary policy. Business: Theory and Practice, 21 (1), pp. 230 – 243.

Satoshi Nakamoto, (2008), Bitcoin: A Peer – to – Peer Electronic Cash System, https://bitcoin.org/bitcoin.pdf.

Saul, S. B., "Studies in British Overseas Trade 1870 – 1914", Liverpool, 1960.

Sayers, R. S., "The Bank of England 1891 – 1944", 3 vols, Cambridge, 1976.

Òscar Jordà, Moritz Schularick, and Alan M. Taylor. 2017. "Macrofinancial History and the New Business Cycle Facts." in NBER Macroeconomics Annual 2016, volume 31, edited by Martin Eichenbaum and Jonathan A. Parker. Chicago: University of Chicago Press.

Òscar Jordà, Moritz Schularick, and Alan M. Taylor. 2017. "Macrofinancial History and the New Business Cycle Facts." in NBER Macroeconomics Annual 2016, volume 31, edited by Martin Eichenbaum and Jonathan A. Parker. Chicago: University of Chicago Press.

Schelling, T. C. (1971) Dynamic Models of Segregation. Journal of Mathematical Sociology, 1, 143 – 186.

Schelling, Thomas C. (1969). Models of Segregation, The American Economic Review, Vol. 59, No. 2, Papers and Proceedings of the Eightyfirst Annual Meeting of the American Economic Association (May, 1969), pp. 488 – 493.

Schelling, Thomas C. (1971) Dynamic Models of Segregation. Journal of Mathematical Sociology, 1, 143 – 186.

Schumpeter. , E. B. , Allen, G. C. , Penrose, E. F. , "*Industrialization of Japan and Manchukuo,*" . New York, 1940.

Schumpeter, J. A. , The Crisis of the Tax State BT: The Economics and Sociology of Capitalism [J]. 1991.

Sculley, D. , Holt, G. , Golovin, D. , Davydov, E. , Phillips, T. , Ebner, D. , Chaudhary, V. , and Young, M. (2014). Machine learning: The high interest credit card of technical debt.

Shapiro, C. , Carl, S. , and Varian, H. R. , 1998, Information Rules: A Strategic Guide to the Network Economy, Harvard Business Press.

Siegel, Robert, Wessel, Maxwell, Levie, & Aaron. (2016). The problem with legacy ecosystems. Harvard Business Review, 94 (11), 68 – 74.

Smith, A. , 1950, An Inquiry into the Nature and Causes of the Wealth of Nations (1776), Library of Economics and Liberty.

Smith, M. D. , Bailey, J. , and Brynjolfsson, E. , 2001, Understanding Digital Markets: Review and Assessment, Cambridge and London: MIT Press.

Solow, Robert M. (1987). "We'td Better Watch Out" review of Manufacturing Matters: The Myth of the Post – Industrial Economy, by Stephen S. Cohen and John Zysman, New York Times, July 12, 1987.

Spearman, C. , 1904. "General Intelligence," Objectively Determined and Measured. The American Journal of Psychology, 15 (2), 201 – 292.

Stellinga B. , de Hoog J. , van Riel A. , de Vries C. (2021) The History of Money Creation. In: Money and Debt: The Public Role of Banks. Research for Policy (Studies by the Netherlands Council for Government Policy). Springer, Cham.

Stigler, and J. George . "The Division of Labor is Limited by the Extent of the Market. " Journal of Political Economy 59. 3 (1951): 185 – 193.

Stigler, G. , 1961, "The Economics of Information", Journal of Political Economy, 69 (3), pp. 213 ~ 225.

Strutz, G. Die Neuordnung der direkten Staatssteuern in Preussen. Berlin, 1902.

Summers, L. H. , 2014. Reflections on the new secular stagnation hypothesis't. In: Coen, Teulings, Baldwin, Richard (Eds.) , Secular Stagnation: Facts, Causes and Cures. CEPR Press, London.

Sun, Y. , Shao, X. , Li, X. , Guo, Y. , Nie, K. , 2019, "How Live Streaming Influences Purchase Intentions in Social Commerce: An IT Affordance Perspective", Electronic Commerce Research and Applications, vol. 37, p. 100886.

Super Court of UK, (2021), Judgement: Uber BV and the other (Appellants) vAslam and othes (Respondents), https://www. supremecourt. uk/cases/docs/uksc-2019-0029-judgment. pdf.

Swann GM. The functional form of network effects. Information Economics and Policy, 2002, 14 (3): 417-429.

Tambe P , Hitt L , Rock D , et al. Digital Capital and Superstar Firms [J]. NBER Working Papers, 2020.

Tapscott, Don. The digital economy: Promise and peril in the age of networked intelligence [M]. New York: Mc Graw-Hill, 1996 Vol. 1.

Thomas, R and Dimsdale, N, 2017, "A Millennium of UK Data", Bank of England OBRA dataset, http://www.bankofengland. co. uk/research/Pages/onebank/threecenturies. aspx.

Times Higher Education, (2021), Digital Literacy In the UK, THE Consultancy April, 2021.

Timoshenko, A. , and Hauser, J. R. , 2019, "Identifying Customer Needs from User-Generated Content", Marketing Science, 38 (1), pp. 1~20.

Tobin, J. , 1969. A general equilibrium approach to monetary theory. Journal of money, credit and banking, 1 (1), pp. 15-29.

Trenz, M. , Veit, D. , and Tan, C. W. , 2020, "Disentangling the Impact of Omnichannel Integration Services on Consumer Behavior in Integrated Sales Channels", MIS Quarterly, 44 (3), pp. 1207~1258.

Turrell, Arthur, (2016), Agent - based models: understanding the economy from the bottom up, Bank of England, Quarterly Bulletin 2016 Q4.

UNESCO, (2018), A Global Framework of Reference on Digital Literacy Skills for Indic ator 4.4.2. Information Paper No. 51.

Varian, H. (2018). Artificial Interlligence, Economics, and Industrial Organization, NBER Working Paper 24839.

Varian, Hal, (2017), Measurement Challenges in High Tech: Silicon and Statistics, https://apps.bea.gov/fesac/meetings/2017 - 06 - 09/Varian - Presentation.pdf.

Varian, Hal R., J. Farrell, and C. Shapiro. "The Economics of Information Technology." Cambridge University Pre (2004).

Varian, Hal R. Intermediate Microeconomics: A Modern Approach. 6th ed. New York: Norton, 2003.

Varian, H. R., 1980, "A Model of Sales", The American Economic Review, 70 (4), pp. 651~659.

Veblen, T. (1898). Why is Economics not an Evolutionary Science? The Quarterly Journal of Economics, 12 (4), 373 - 397.

Wagner, A. (1890), Finanzwissenchaft, 3 edition Leipzig in R. A. Musgrave and A. T. Peacock (eds.) (1958) Classics in the Theory of Public Finance, London. Macmillan.

Wang, K., and Goldfarb, A., 2017, "Can Offline Stores Drive Online Sales?", Journal of Marketing Research, 54 (5), pp. 706~719.

Weiss, L., 2014. America Inc. ?: Innovation and Enterprise in the National Security State. New York: Cornell University Press.

White, Halbert, "Maximum Likelihood Estimation of Misspecied Models", Econometrica, January 1982, 50 (1), 1 - 25.

Winton Research, (2018), If We Don't Believe Markets are "Efficient", What Do We Believe? https://assets.winton.com/cms/Images/Research/If-We-Dont-Believe-Markets-Are-Efficient/2018-03_Winton-Research_If-We-Dont-Believe-Markets-Are-Efficient.pdf.

World Development Report 2019: The Changing Nature of Work. The World Bank, 2020.

Wu, J., Huang, L., and Zhao, J. L., 2019, "Operationalizing Regulatory Focus in the Digital Age: Evidence from an E-Commerce Context", MIS Quarterly, 43 (3), pp. 745~764.

Wu, S., Banker, R. D. (2010). Best Pricing Strategy for Information Services, Journal of The Association for Information Systems, 11 (6).

Wu X, Kumar V, Quinlan J R, et al. Top 10 algorithms in data mining [J]. Knowledge and information systems, 2008, 14 (1): 1-37.

Xu, X., Wu, J. H., and Li, Q., 2020, "What Drives Consumer Shopping Behavior in Live Streaming Commerce?", Journal of Electronic Commerce Research, 21 (3), pp. 144~167.

Yang, H., 2013, "Targeted Search and the Long Tail Effect", The RAND Journal of Economics, 44 (4), pp. 733~756.

Yao. A. C. How to Generate and Exchange Secrets. FOCS 1986: 162-167.

Yunus, Muhammad. 2006. "Muhammad Yunus—Nobel Lecture." Speech, Nobel Peace Prize, Oslo, December 10, 2006. https://www.nobelprize.org/nobel_prizes/peace/laureates/2006/yunuslecture-en.html.

Zetzsche, D, R Buckley, D Arner, and J Barberis, (2017): "From FinTech to TechFin: The Regulatory Challenges of Data-Driven Finance", New York University Journal of Law and Business.

Zhang, L., 2018, "Intellectual Property Strategy and the Long Tail: Evidence from the Recorded Music Industry", Management Science, 64 (1), pp. 24-42.

埃里克·布莱恩约弗森，安德鲁·麦卡菲．第二次机器革命：数字化技术将如何改变我们的经济与社会［M］．北京：中信出版集团，2014．

安格斯·麦迪森．中国经济的长期表现：公元960—2030年［M］．上海：上海人民出版社，2007．

岸本美绪．中国清代的物价与经济波动［M］．北京：社会科学文献出版社，2010．

巴曙松，巴晴．双重股权架构的香港实践［J］．中国金融，2018（11）：76－78．

白彦锋，赵聪．美国关税政策的历史演变与现实启示［J］．创新，2020，14（6）：1－12＋127．

彼得·弗兰克潘．丝绸之路：一部全新的世界史［M］．杭州：浙江大学出版社，2016．

布莱恩·阿瑟．复杂经济学［M］．杭州：浙江人民出版社，2018．

蔡宁伟．社会形态决定组织形态？——基于组织形态的变迁、特征与价值的思考［J］．清华管理评论，2021（Z1）：30－37．

蔡亚杰．企业价值评估方法比较与选择［J］．合作经济与科技，2012（12）：36－37．

查默斯·约翰逊．通产省与日本奇迹［M］．吉林：吉林出版集团，2010．

陈昌盛，李承健，江宇．面向国家治理体系和治理能力现代化的财税改革框架研究［J］管理世界，2019，7：8－14．

陈昌盛，许伟，兰宗敏，等．"十四五"时期我国发展内外部环境研究［J］．管理世界，2020（10）．

陈昌盛，许伟，李承健．数字经济发展究竟有多集中？［J］．发展研究，2021（8）：35－39．

陈丰．透过美国货币政策的历史演变看美联储加息［J］．国际金融，2017（03）：19－24．

陈建华．企业价值评估方法选择及应用［J］．财经界（学术版），2017

（8）：64.

陈晰．上市公司市盈率影响因素的实证研究——基于上证180指数样本股的数据［J］．财会研究，2011（6）．

陈晓璐，姚靠华，徐著．IPO企业价值影响因素的实证检验［J］．统计与决策，2009（6）．

此本臣吾．数字资本主义［M］．上海：复旦大学出版社，2020．

大卫·哈克特·费舍尔．价格革命：一部全新的世界史［M］．桂林：广西师范大学出版社，2021．

戴建国．从佃户到田面主：宋代土地产权形态的演变［J］．中国社会科学，2017（3）．

戴维·兰德斯，乔尔·莫克尔，威廉·鲍莫尔．历史上的企业家精神：从古代美索不达米亚到现代［M］．北京：中信出版集团，2021．

单炳亮．公司价值评估理论的发展［J］．当代经济科学，2004（1）．

单文字．企业价值评估方法及其适用性初探［J］．现代经济信息，2015（16）：129.

道格拉斯·诺思，罗伯斯·托马斯．西方世界的兴起［M］．北京：华夏出版社，2009．

道格拉斯·诺思．理解经济变迁过程［M］．北京：中国人民大学出版社，2008．

道格拉斯·诺思．理解经济变迁过程［M］．北京：中国人民大学出版社，2013．

德勤中国．领导社会企业：以人为本进行企业重塑［R/OL］．2019德勤全球人力资本趋势报告，2019．

丁建定．西方国家社会保障制度史［M］．北京：高等教育出版社，2010．

丁健．浅谈基于EVA的企业价值评估的方法及应用［J］．新财经（理论版），2012（1）：50-70.

范鑫．数字经济发展、国际贸易效率与贸易不确定性［J］．财贸经济，

2020，41（8）：145 - 160.

菲利普·阿吉翁，赛利娜·安托南，西蒙·比内尔. 创造性破坏的力量[M]. 北京：中信出版集团，2021.

冯俏彬. "十四五"：建立现代财政制度的重点领域与关键环节[N]. 中国经济时报，2021 - 4 - 7.

弗朗西斯·福山. 信任：社会美德与创造经济繁荣[M]. 桂林：广西师范大学出版社，2016.

弗里德里希·冯·哈耶克. 货币的非国家化：对多元货币理论与实践的分析[M]. 海口：海南出版社，2019.

付东普，王刊良. 评论回报对在线产品评论的影响研究——社会关系视角[J]. 管理科学学报，2015（11）.

高蓓，张明，邹晓梅. 美、欧、日资产证券化比较：历程、产品、模式及监管[J]. 国际经济评论，2016（4）：140 - 155 + 8.

葛孟超. 截至去年底央行征信系统收录11亿自然人[N]. 人民日报，2021 - 1 - 26.

贡德·弗兰. 白银资本：重视经济全球化中的东方[M]. 成都：四川人民出版社，2017.

郭林，杨斌，丁建定. 政府职能与社会保障制度体系发展目标嬗变研究[J]. 浙江社会科学，2013（9）：78 - 84 + 157 - 158.

郭敏，方梦然. 美国金融监管改革成效及启示[J]. 现代国际关系，2018（9）：27 - 34 + 63.

郭树清. 金融科技发展、挑战与监管，2020年12月8日在新加坡金融科技节上的演讲.

海曼·P·明斯基. 稳定不稳定的经济[M]. 北京：清华大学出版社，2015.

何德旭，余晶晶，韩阳阳. 金融科技对货币政策的影响[J]. 中国金融，2019（24）：59 - 60.

何梦杰，汪进．中国私募股权投资估值困境的产生机理及解决思路［J］．学术月刊，2009，41（5）．

何平．中国历史上的钱荒［J］．中国金融，2016（15）．

何杨，陈俐．经济数字化的税收挑战［J］．中国财政，2019（18）：16-19．

黄洁．基于DCF估价模型的中国网络公司价值评估［D］．北京：北京邮电大学，2013．

黄敏学，王艺婷，廖俊云，等．评论不一致性对消费者的双面影响：产品属性与调节定向的调节［J］．心理学报，2017（3）．

黄益平，黄卓．中国的数字金融发展：现在与未来［J］．经济学（季刊），2018（4）：1489-1502．

贾尼·瓦吉，彼得·格罗尼维根．经济思想简史：从重商主义到货币主义［M］．北京：电子工业出版社，2017．

荐敏，郭淑芳．现金流量折现法运用的前提及局限性［J］．中国科技信息，2011．

金融科技理论与应用研究小组．金融科技知识图谱［M］．北京：中信出版集团，2021．

金水红，叶中行，奚玉芹．价值评估［M］．北京：清华大学出版社，2004．

鞠雪楠，赵宣凯，孙宝文．跨境电商平台克服了哪些贸易成本？——来自"敦煌网"数据的经验证据［J］．经济研究，2020，55（2）：181-196．

卡尔·夏皮罗，哈尔·R·瓦里安．信息规则：网络经济的策略指导［M］．北京：中国人民大学出版社，2017．

孔庆林，颜泽芬．"羊毛出在猪身上"引发的会计核算基础思考［J］．财会月刊，2016（34）：86-88．

寇宗来，赵文天．分工视角下的数字化转型［J］．北京交通大学学报（社会科学版），2021，20（3）：50-59．

雷纳·格鲁塞．蒙古帝国史［M］．北京：商务印书馆，1989．

李秉坤，钱欣．企业价值评估收益法应用问题及其完善［J］．哈尔滨商业大学学报（社会科学版），2014（3）：101－110．

李伯重．火枪与账簿：早期经济全球化时代的中国与东亚世界［M］．北京：生活·读书·新知三联书店，2017．

李伯重．中国与十七世纪危机：全球史视野中的明清易代［J］．社科院专刊，2017（420）．

李海舰，田跃新，李文杰．互联网思维与传统企业再造［J］．中国工业经济，2014（10）．

李新宽．国家与市场：英国重商主义时代的历史解读［M］．北京：中央编译出版社，2013．

李雪，许一婷．上市公司企业价值评估方法的选择与应用［J］．财务与会计（理财版），2011（3）：57－58．

李英，王威，李青．企业价值评估方法比较分析［J］．内蒙古科技与经济，2010（2）．

李中清，王丰．马尔萨斯模式和中国的现实：中国1700－2000年的人口体系［J］．中国人口科学，2000，77．

廖理，汪毅慧．实物期权理论与企业价值评估［J］．数量经济技术经济研究，2001（3）：98－101．

刘长昕．网络企业价值评估方法的探讨［J］．时代金融，2011（18）：199－202．

刘聪．我国企业价值评估方法体系与问题研究［J］．中国管理信息化，2015，18（19）：15－17．

刘澜飚，齐炎龙，张靖佳．互联网金融对货币政策有效性的影响——基于微观银行学框架的经济学分析［J］．财贸经济，2016，37（1）：61－73．

刘强，谢雪．贸易保护主义的回归：1881—1891年英国公平贸易运动［J］．财经问题研究，2021（8）：22－30．

刘守刚．西方国家成长的财政逻辑［J］．财政科学，2021（1）：126－

136 + 149.

刘希良. 对企业价值评估方法比较选择的探究［J］. 技术与市场，2008（11）.

刘晓梅，闫天宇. 英国福利思想与制度变化的再思考［J］. 社会保障研究，2020（4）：93 - 101.

刘艳. 企业价值评估的方法及应用［J］. 经济理论研究，2009（4）.

刘怡，耿纯，张宁川. 电子商务下的销售新格局与增值税地区间分享［J］. 税务研究，2019（9）：25 - 34.

刘玉平. 关于资产评估价值类型的思考［J］. 中国资产评估，2002（2）：14 - 17.

刘元春. 网络零售征税的中外比较研究［J］. 经济论坛，2017（1）：94 - 98.

刘泽. 互联网行业的马太效应与应对策略研究［J］. 金融理论与教学，2014（6）：80 - 82.

卢向华，冯越. 网络口碑的价值——基于在线餐馆点评的实证研究［J］. 管理世界，2009（7）.

罗杰斯. 创新的扩散［M］. 北京：中央编译出版社，2002.

罗珉，李亮宇. 互联网时代的商业模式创新：价值创造视角［J］. 中国工业经济，2015（1）.

马北雁. 公司价值评估方法的分类和应用简评［J］. 平安研究，2002（7）.

马跃，陈光，曾东红. 发达国家基础科学研究政策及其对我国的启示［J］. 技术与创新管理，2006（6）：10 - 14.

迈克尔·波特. 国家竞争优势［M］. 北京：中信出版社，2007.

尼古拉斯·卢曼. 信任：一个社会复杂性的简化机制［M］. 上海：上海人民出版社，2005.

倪峰，侯海丽. 美国高关税及贸易保护主义的历史基因［J］. 世界社会主义研究，2019，4（1）：48 - 57 + 95.

裴长洪，倪江飞，李越. 数字经济的政治经济学分析［J］. 财贸经济，

2018（9）．

彭信威．中国货币史［M］．北京：中国人民大学出版社，2020．

戚聿东，肖旭．数字经济时代的企业管理变革［J］．管理世界，2020，36（6）：135－152＋250．

乔西·劳尔．美国征信史：数据经济的崛起和个人隐私的博弈［M］．刘新海，译．北京：中国金融出版社，2022．

乔治·索罗斯．金融炼金术［M］．海口：海南出版社，2016．

邵会莲．英国工业革命中运河运输业发展的经验教训［J］．世界历史，1998（2）：37－44＋129．

申广军，刘超．信息技术的分配效应：论"互联网＋"对劳动收入份额的影响［J］．经济理论与经济管理，2018（1）．

沈欣悦，原瑞阳，朱亮韬，等．苏宁危机何来［J］．财新周刊，2021（11）．

沈梓鑫，贾根良．2018：美国小企业创新风险投资系列计划及其产业政策——兼论军民融合对我国的启示［J］．学习与探索，2018，1：120－129．

沈梓鑫，江飞涛．美国产业政策的真相：历史透视、理论探讨与现实追踪［J］．经济社会体制比较，2019（6）：92－103．

数据管理协会（DAMA 国际）．数据管理知识体系指南［M］．北京：机械工业出版社，2020．

斯坦利·L·恩格尔曼，罗伯特·E·高尔曼．剑桥美国经济史（第三卷）：20 世纪［M］．北京：中国人民大学出版社，2008．

苏佳，戴亮．企业价值评估基本方法研究综述［J］．经贸实践，2017（16）：84－85．

托马斯·克里特高尔，詹姆斯·拿伦．黄金、通缩与1893大恐慌［J］．宾国澍，译．金融市场研究，2016（6）：125－129．

托马斯·罗伯特·马尔萨斯．人口原理［M］．北京：中国人民大学出版社，2018．

万志英. 剑桥中国经济史: 古代到19世纪 [M]. 北京: 中国人民大学出版社, 2018.

王聪聪, 党超, 徐峰, 等. 互联网金融背景下的金融创新和财富管理研究 [J]. 管理世界, 2018 (12): 168-170.

王金龙, 刘方爱, 朱振方. 一种基于用户相对权重的在线社交网络信息传播模型 [J]. 物理学报, 2015 (5): 11.

王楠. 美国社会保障制度的发展经验与启示 [J]. 中国国情国力, 2017 (8): 68-70.

王章辉. 英国经济史 [M]. 北京: 中国社会科学出版社, 2013.

威廉·配第. 赋税论 [M]. 北京: 中国社会科学出版社, 2010.

魏嘉文, 田秀娟. 互联网2.0时代社交网站企业的估值研究 [J]. 企业经济, 2015 (8): 105-108.

吴汉洪, 孟剑. 双边市场理论与应用述评 [J]. 中国人民大学学报, 2014, 28 (2): 149-156.

吴婷婷, 王俊鹏. 我国央行发行数字货币: 影响、问题及对策 [J]. 西南金融, 2020 (7): 25-37.

吴云, 张涛. 危机后的金融监管改革: 二元结构的"双峰监管"模式 [J]. 华东政法大学学报, 2016, 19 (3): 106-121.

悉尼·霍默, 理查德·西勒. 利率史 [M]. 北京: 中信出版集团, 2010.

习近平. 国家中长期经济社会发展战略若干重大问题 [J]. 求是, 2020 (21).

小艾尔弗雷德·D. 钱德勒. 企业规模经济与范围经济: 工业资本主义的原动力 [M]. 张逸人, 等, 译. 北京: 中国社会科学出版社, 1999.

谢平, 刘海二. ICT、移动支付与电子货币 [J]. 金融研究. 2013 (12): 1-14.

熊彼特. 资本主义、社会主义和民主 [M]. 北京: 商务印书馆, 1979.

熊鸿儒. 我国数字经济发展中的平台垄断及其治理策略 [J]. 改革, 2019

(7): 52-61.

徐滨. 一八二五年英国金融危机中的政府应对及制度变革[J]. 历史研究, 2017 (5): 164-177+192.

徐忠, 邹传伟. 金融科技: 前沿与趋势[M]. 北京: 中信出版集团, 2020.

许伟, 刘新海. 国务院发展研究中心调研报告: 探索多元数据交易, 促进数据流通应用[R/OL]. 2022-1-30.

许宪春, 王洋, 刘婉琪. GDP核算改革与经济发展[J]. 经济纵横, 2020 (10).

杨德勇, 刘笑彤, 赵袁军. 互联网金融背景下中国货币政策工具的使用研究——基于金融市场反应机制及VEC模型的实证分析[J]. 武汉金融, 2017 (2): 26-32.

杨栋梁. 日本后发型资本主义经济政策研究[M]. 北京: 中华书局, 2007.

杨蕙馨, 李峰, 吴炜峰. 互联网条件下企业边界及其战略选择[J]. 中国工业经济, 2008 (11): 88-97.

杨伟国, 张成刚, 辛茜莉. 数字经济范式与工作关系变革[J]. 中国劳动关系学院学报, 2018, 32, 189 (05): 56-60.

姚前. 区块链与央行数字货币[J]. 清华金融评论. 2020 (3).

叶胥, 杜云晗, 何文军. 数字经济发展的就业结构效应[J]. 财贸研究, 2021 (4): 1-13.

殷国鹏. 消费者认为怎样的在线评论更有用?——社会性因素的影响效应[J]. 管理世界, 2012 (12).

余玲铮, 魏下海, 吴春秀. 机器人对劳动收入份额的影响研究——来自企业调查的微观证据[J]. 中国人口科学, 2019 (4).

余晓晖. 建立健全平台经济治理体系: 经验与对策[J]. 人民论坛·学术前沿, 2021 (21).

约翰·昂伯克. 加州淘金热的产权研究[M]. 桂林: 广西师范大学出版

社，2021.

约瑟夫·阿洛伊斯·熊彼特. 经济分析史［M］. 北京：商务印书馆，1992.

约瑟夫·奈. 人工智能的机遇与挑战［J］. 财新周刊，2021（50）.

约瑟夫·熊彼特. 经济发展理论［M］. 北京：商务印书馆，1990.

詹姆斯·贝森. 创新、工资与财富：为什么技术进步、财富增加，你的工资却止步不前［M］. 北京：中信出版集团，2017.

战明华，汤颜菲，李帅. 数字金融发展、渠道效应差异和货币政策传导效果［J］. 经济研究，2020（5）：22－38.

战明华，张成瑞，沈娟. 互联网金融发展与货币政策的银行信贷渠道传导［J］. 经济研究，2018（53）：63－76.

张峰，刘璐璐. 数字经济时代对数字化消费的辩证思考［J］. 经济纵横，2020（2）.

张勋，万广华，张佳佳，等. 数字经济、普惠金融与包容性增长［J］. 经济研究，2019（8），71－86.

张勋，杨桐，汪晨，等. 数字金融发展与居民消费增长：理论与中国实践［J］. 管理世界，2020（11）.

张亚光. 中国古代经济周期理论及其政策启示［J］. 经济学动态，2011（8）.

张永林. 互联网，信息元与屏幕化市场——现代网络经济理论模型和应用［J］. 经济研究，2016（9）.

赵红军. 气候变化是否影响了我国过去两千年间的农业社会稳定？一个基于气候变化重建数据及经济发展历史数据的实证研究［J］. 经济学（季刊），2012，11（2）.

赵江. 基于电商平台的定向广告投放机制和策略研究［D］. 南京：东南大学，2015.

赵涛，张智，梁上坤. 数字经济，创业活跃度与高质量发展——来自中国城市的经验证据［J］. 管理世界，2020（10）.

郑也夫．信任论［M］．北京：中信出版集团，2015．

郑志刚．从"股东"中心到"企业家"中心：公司治理制度变革的全球趋势［J］．金融评论，2019，11（1）：58－72＋124－125．

中村隆英．昭和经济史［M］．东京：岩波书店，1989．

周光友，施怡波．互联网金融发展、电子货币替代与预防性货币需求［J］．金融研究，2015（5）：67－82．

周小川．拓展通货膨胀的概念与度量［J］．中国金融，2020（24）．

朱嘉明．从自由到垄断：中国货币经济两千年（上）［M］．台北：远流出版事业股份有限公司，2012．

朱青．数字服务税对于我国是一把"双刃剑"［N］．经济观察报，2021－1－23．

朱岩．数字消费引领经济转型升级［N］．中国工业报，2019－7－4．

宗利成，李强．美俄日三国国家科技创新政策比较研究［J］．亚太经济，2021（02）：74－80．